Bernard Sumner

NEW ORDER, JOY DIVISION UND ICH

Bernard Sumner

NEW ORDER, JOY DIVISION UND ICH

Die Autobiografie

Aus dem Englischen übersetzt von Paul Fleischmann

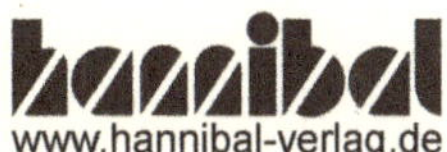

www.hannibal-verlag.de

Für meine Familie
die Band
alle loyalen Freunde und Mitstreiter
und all jene, die von uns gegangen sind
Ian, Martin, Rob, Tony

Impressum

Der Autor: Bernard Sumner
Deutsche Erstausgabe 2015

Englische Originalausgabe by Bantam Press, einem Imprint von Transworld Publishers,
A Random House Group Company, mit dem Titel
„Chapter and Verse – New Order, Joy Division and me"
ISBN: 978-0-593073179

Druck: CPI Books, Ebner & Spiegel GmbH, Ulm
Coverfoto: © Anton Corbijn
Fotos Innenteil: © Bernard Sumner
Lektorat: Verena Zankl
Übersetzung: Paul Fleischmann
Layout und Satz: Thomas Auer, www.buchsatz.com

Hannibal Verlag, ein Imprint der KOCH International GmbH, A-6604 Höfen
www.hannibal-verlag.de

ISBN: 978-3-85445-471-7
Auch als E-Book erhältlich mit der ISBN 978-3-85445-472-4

Printed in Germany

Inhalt

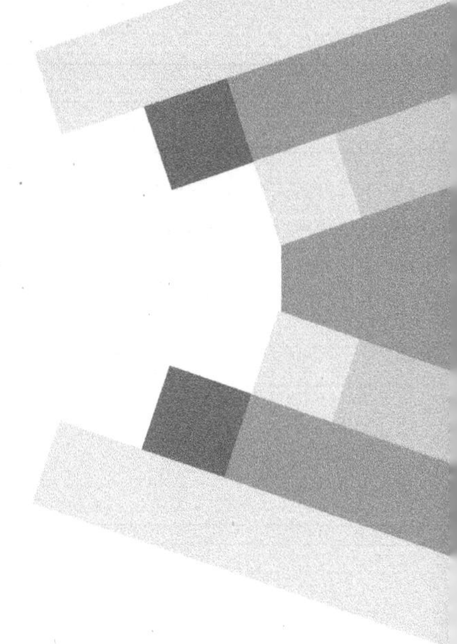

Zeit

Die Zeit ist schon eine sonderbare Sache. Wenn man sie noch vor sich hat, ist sie etwas, das man als selbstverständlich ansieht und das nur langsam vergeht. Wenn man dann älter wird, verfliegt sie schneller. Wenn ich zurückblicke, scheine ich bereits einen sehr langen Weg zurückgelegt zu haben – alles wirkt so weit entfernt und wie ein Traum.

Ich wurde an einem kalt-grauen, nordenglischen Wintertag im Januar 1956 in einem Krankenhaus namens Crumpsall in Manchester geboren und kann mir ausmalen, wie die Stadt in den Fünfzigerjahren ausgesehen hat: schwarz und weiß, grobkörnig, mit eigentümlich aussehenden Autos und schwarzen Lastern mit Scheinwerfern und Kühlergrills, die an strenge Visagen erinnerten, Nebel, das Midland Hotel, die Zentralbibliothek, der Irwell-Fluss, das miese Essen, der Regen. Deshalb zogen wir nach Salford, acht Kilometer entfernt.

Ich wohnte in der Alfred Street 11, Lower Broughton, Salford 7, hinter einer roten Eingangstür, in einem Reihenhaus, vorrangig umgeben von anständigen Menschen aus der Arbeiterklasse. Meine Familie bestand aus meiner Mutter Laura, meiner Großmutter, die ebenfalls Laura hieß, sowie meinem Großvater John. Sie alle hießen im Nachnamen Sumner.

Freilich erinnere ich mich nur bruchstückhaft an diese angeblich prägenden Jahre, aber seht euch ruhig die peinlichen Fotos an. In meiner frühesten Erinnerung sitze ich auf einer braunen Couch und spiele mit einer rot- und cremefarbenen Gitarre, auf der „Teen Time“ geschrieben stand.

So fing alles an.

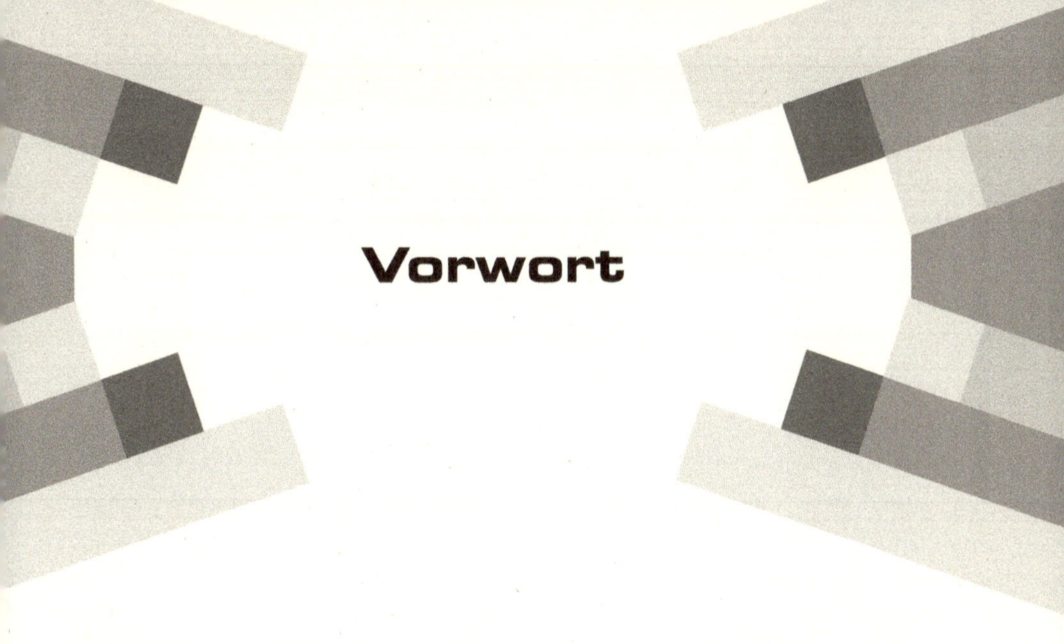

Vorwort

Während ich das hier schreibe, mache ich mich startklar, um mit New Order in Chile, Argentinien, Uruguay und Brasilien auf Tour zu gehen. Wir haben uns in diesen Ländern nie sonderlich ins Rampenlicht gedrängt – andererseits taten wir das außerhalb von Großbritannien nirgendwo besonders nachdrücklich. Trotzdem werden wir vor vollen Häusern spielen – und das so weit von unserer Heimat Manchester entfernt, wie man sich nur irgendwie vorstellen kann. Joy Division und New Order sind Phänomene internationalen Ranges. Unsere Musik wird auf der ganzen Welt gehört und ich bin mir nicht sicher, wie oder warum das passiert ist: Beide Bands sind nicht unbedingt konventionelle Popgruppen, die Hits am Fließband ablieferten und viel im Top-40-Radio gespielt wurden. Und trotzdem ist es uns irgendwie gelungen, eine große wie loyale Anhängerschaft rund um den Globus zu erspielen. Sogar dort, wo man es von vornherein am wenigsten erwarten würde. Erst vor kurzem sah ich im Fernsehen einen Nachrichtenbericht aus dem Nahen Osten. Leute eilten darin während eines Raketenangriffs zu einem Luftschutzbunker, als plötzlich eine Teenagerin durchs Bild rannte, die ein *Unknown Pleasures*-Shirt trug.

Auch die Langlebigkeit unserer Musik erstaunt mich stets aufs Neue. Joy Division begannen 1977 – und jetzt sind wir hier, mehr als drei Jahrzehnte später, so populär wie eh und je und gewinnen fortlaufend neue Generationen von Hörern für uns. Auf unserer jüngsten Tour erkundigte ich mich bei ein paar der Fans, die noch keine 20 waren, wie sie New

Order entdeckt hätten. In der Regel waren ihre älteren Geschwister für den ersten Kontakt verantwortlich. Manche hatten die Plattensammlungen ihrer Eltern nach Brauchbarem durchstöbert und waren dabei auf uns gestoßen, was ich fantastisch finde.

All dies trägt dazu bei, dass wir mit New Order tolle Zeiten durchleben dürfen. In den letzten paar Jahren waren wir so ausgelastet und erfolgreich wie kaum jemals zuvor in der Geschichte unserer Band, die wir vor über 30 Jahren gegründet hatten. In vielerlei Hinsicht gehörten diese Jahre auch zu den schönsten. Was 2011 mit ein paar Benefiz-Konzerten anfing, führte zu einer Reihe von Festival-Gigs, und bevor wir uns versahen, befanden wir uns auf einer mehrmonatigen Welttournee. Seit damals kam es gleich zu mehreren Neuauflagen.

Diese Tour unterstrich neuerlich die ganz spezielle Verbindung, die zwischen Fans und New Order beziehungsweise Joy Division zu bestehen scheint. Egal wo ich hingehe, treffe ich eine ganze Bandbreite von Menschen, jung und alt, die mir Alben für ein Autogramm reichen und mir sagen, wie viel ihnen unsere Musik bedeute und dass sie der Soundtrack zu ihrem Leben gewesen sei oder immer noch sei. Oft fragen sie, ob sie ein Foto mit mir machen dürfen. Sie stehen dann neben mir und halten ihre iPhones, um den Schnappschuss zu knipsen, und ich sehe, wie ihre Hände zittern. Sie sind so leidenschaftliche Fans unserer Musik, dass es ihnen schwerfällt, die Kamera stillzuhalten. Es ist ein unbeschreibliches Gefühl, ein Teil von etwas zu sein, das einen solchen Einfluss auf jemandes Leben hat, egal, ob diese Menschen nun aus einem Vorort von Manchester oder aus den Vororten von Lima, Auckland, Tokio, Berlin oder Chicago stammen.

Die Fans von New Order sind unerschütterlich in ihrer Loyalität. Sie *mögen* New Order nicht bloß, sie fühlen sich tief verbunden mit der Band und ihrer Musik. Es geht weit darüber hinaus, einfach Gefallen an einer eingängigen Nummer zu finden, nein, es ist etwas ungemein Persönliches. Es ist nicht bloß so, dass sie uns hören, während sie sich um den Abwasch kümmern, oder uns gelegentlich im Radio wahrnehmen. Es handelt sich hier um Menschen, deren Leben sich geändert hat, die eine Art von Trost oder Inspiration in unserem Werk gefunden haben.

Der Hauptfaktor dabei ist natürlich die Musik an sich: Die Leute finden darin etwas, das auf eine sehr nachhaltige Weise ihr eigenes Leben wiedergibt. Für mich war es stets eine Lektion in Demut, von Menschen zu hören, was ihnen unsere Musik bedeutet. Jedoch war das immer eine eher einseitige Unterhaltung. Das heißt: bis jetzt.

Ich bin von Natur aus ein sehr zurückgezogener Typ und habe es stets vorgezogen, die Musik für mich sprechen zu lassen. Über die Jahre hinweg hab ich zahllose Interviews über die Bands, in denen ich spielte, beziehungsweise die Musik, die ich machte, gegeben, aber nie zuvor habe ich dabei irgendetwas davon mit meinem Privatleben in Verbindung gebracht. Mein Leben in der Musik ist komplett von der Person, die ich bin, und den Dingen, die mir widerfahren sind, geprägt. Bei unserer Musik ging es etwa nie darum, auf seinem Instrument besonders virtuos zu sein. Sie ist ohne Einschränkung das Produkt unserer Persönlichkeiten und die Summe all unserer Erfahrungen.

Doch obwohl die privaten Aspekte meines Lebens unverzichtbar für meine Kreativität sind, war mir immer sehr unwohl dabei, über sie zu sprechen. Ich errichtete bereits früh eine Barrikade zwischen meinem privaten und meinem öffentlichen Ich, durch die ich nur selten – falls überhaupt – Durchlass gewährte.

Seit wir jedoch wieder angefangen haben, auf Tour zu gehen, und ich die Reaktionen der Konzertbesucher gesehen habe und gehört habe, was ihnen unsere Musik bedeutet, bin ich ins Grübeln gekommen. Ich habe begriffen, dass ich den Leuten einen Einblick hinter die Kulissen meiner Story schulde, weil ich denke, dass niemand unsere Musik zur Gänze verstehen kann, ohne eine Ahnung davon zu haben, woher sie eigentlich kommt. Das Leben formt einen und das, was das Leben mit einem macht, beeinflusst seine Kunst. Es ist an der Zeit für mich, einige Lücken auszufüllen. Vielleicht hilft es den Leuten dabei, zu verstehen, warum unsere Musik sie so berührt.

Ich habe das Gefühl, dass ich in meinem Leben an einem Punkt angelangt bin, an dem ich meine Geschichte erzählen sollte, bevor ich es vielleicht nie mehr mache. Auf den folgenden Seiten finden sich viele Dinge, bei denen es mir schwerfiel, über sie zu sprechen – Dinge, über die ich noch nie öffentlich geredet habe, die allerdings für ein umfassendes Verständnis meiner Person, meiner Bands und der Musik, die ich half zu kreieren, unbedingt notwendig sind. Mein Schweigen zu Themen abseits meiner Bands hat dazu geführt, dass sich Mythen und Unwahrheiten als Tatsachen etablieren konnten, weswegen ich hoffe, dass ich ein paar der fälschlich entstandenen Eindrücke korrigieren und so viele Mythen wie möglich entkräften kann.

Außerdem ist das, was wirklich geschah, eine viel, viel bessere Story.

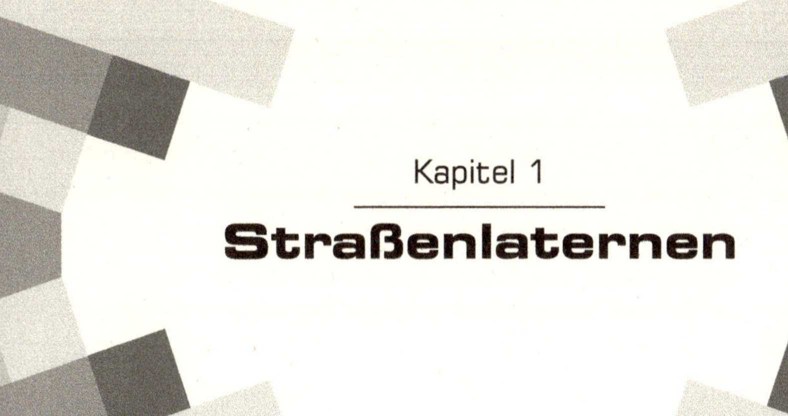

Kapitel 1

Straßenlaternen

Los Angeles brachte die Beach Boys hervor, Düsseldorf gab uns Kraftwerk und New York schenkte uns Chic. Manchester hingegen zeichnet für Joy Division verantwortlich.

Die Harmonien der Beach Boys waren voller Wärme und Sonnenschein, Kraftwerks bahnbrechender elektronischer Pop war erfüllt von Deutschlands wirtschaftlicher und technologischer Wiedergeburt, wohingegen in der Musik von Chic der vergnügliche Hedonismus des New Yorks der späten Siebzigerjahre mitschwang. Joy Division wiederum klangen nach Manchester: kalt, karg und mitunter auch trostlos.

Es gab in meiner Jugend einen Moment, der meiner Meinung nach perfekt illustriert, woher die Musik von Joy Division kam. Es war weniger ein besonderer Vorfall, sondern eher ein Schnappschuss, eine Fotografie, ein Bild vor meinem geistigen Auge, das ich nie wieder vergaß. Ich war ungefähr 16 Jahre alt. Es war eine kalte, traurige Winternacht und ich hing mit ein paar Freunden im Salforder Ortsteil Ordsall ab. Wir hatten keine spezielle Beschäftigung, waren zu alt und ruhelos, um zuhause herumzusitzen, aber noch zu jung, um irgendwo etwas trinken zu gehen. Ich bin mir ziemlich sicher, dass Peter Hook mit dabei war, genauso wie ein anderer Freund namens Gresty, aber die Kälte hatte jegliche Unterhaltung erstickt. Über Salford hing in dieser Nacht ein dicker Nebel, die Art von gefrierendem, an Zuckerwatte erinnernden Nebel, dessen Kälte einen bis in die Knochen frösteln lässt. Unseren Atem stießen wir in Schwaden aus, unsere Schultern hatten wir hochgezogen und unsere Hände tief in unsere

Taschen gegraben. Aber das, woran ich mich am meisten erinnern kann, ist der Blick die Straße rauf und der Nebel, der den orange scheinenden Straßenlaternen dreckige Heiligenscheine zu verleihen schien. Es gab einem ein Gefühl, als hätte man die Grippe. Das Licht, das diese Natriumdampflampen absonderten, war im besten Falle trübe, aber der Nebel – angereichert mit Schmutz und Industrieabgasen – degradierte sie zu einer Reihe von verschwommenen Kügelchen, aufgefädelt entlang des Straßenrands.

Die Stille wurde plötzlich vom brüllenden Schrei eines Motors sowie dem Quietschen von Autoreifen durchschnitten. Ein Wagen raste um die Kurve. Seine Scheinwerfer blendeten uns für einen Augenblick und ich hörte ein Mädchen, das in dem Wagen saß, wie am Spieß kreischen. Ich konnte keine Insassen erkennen. Da war nur dieser rohe, angsterfüllte Schrei, während das Auto die Straße hinauf jagte und im Nebel verschwand. Rasch wurde es wieder still und ich dachte mir, dass es doch mehr als das hier geben müsse.

Wenn man von außen keinerlei Impuls erhält, bleibt einem nichts anderes übrig, als die Inspiration in sich selbst zu suchen – und als ich genau das tat, setzte ich damit eine Kreativität in Gang, die mir schon seit jeher innegewohnt hatte. Es passte zu mir und meinem Leben, etwas Greifbares zu erschaffen, etwas, durch das ich mich ausdrücken konnte. Manche Leute können sich durch eine Leinwand ausdrücken, andere schreiben oder finden ihre Erfüllung im Sport. Für mich beziehungsweise die Menschen, mit denen ich gemeinsam Joy Division kreierte, war Musik das geeignete Ventil. Unser Sound war der Klang der Nacht – kalt, düster und industriell – und entstammte unserem Innersten.

Manchester war kalt und trostlos am Tag meiner Geburt. Es war der 4. Januar 1956, ein Mittwoch, als ich im North Manchester General Hospital in Crumpsall zur Welt kam. Seit Ende des Zweiten Weltkriegs war gerade einmal ein Jahrzehnt verstrichen und seine Auswirkungen waren immer noch im ganzen Land spürbar. In vielen Städten waren die Einschlagstellen der Bomben noch gut sichtbar. Die Entbehrungen der Nachkriegsjahre – die Fleischrationierung hatte erst 18 Monate vor meiner Geburt geendet – sowie die Erlebnisse der Generationen davor waren noch in allzu lebhafter Erinnerung. Auch das Schreckgespenst des Krieges hatte sich nicht vollkommen vertreiben lassen – die Suez-Krise köchelte vor sich hin und die Spannungen des Kalten Krieges erreichten nach der Gründung des Warschauer Pakts im Jahr zuvor einen ersten Höhepunkt. Und doch war nicht alles nur schlecht. Es gab Anzeichen dafür, dass eine Veränderung bevorstand. Obwohl ich zugegebenermaßen kein großer Fan der Fünfzigerjahre bin, stand am Tag meiner Niederkunft ausgerechnet Bill Haleys „Rock Around The Clock" – eine der einflussreichsten Singles des Jahrhunderts – an der Spitze der Charts. Und nur sechs Tage später würde sich Elvis in Nashville in die RCA Studios begeben, um „Heartbreak Hotel" aufzunehmen.

Ich habe wohl zu Beginn eines enormen kulturellen Umbruchs das Licht der Welt erblickt und meine Geburt selbst war auch alles andere als gewöhnlich. Meine Mutter, Laura Sumner, litt an Zerebralparese. Sie war hundertprozentig gesund auf die Welt gekommen, aber nach ungefähr drei Tagen stellten sich bei ihr Krämpfe ein, die einen Zustand zur Folge hatten, der meine Mutter für ihr restliches Leben an einen Rollstuhl fesseln sollte. Sie würde nie gehen können und immer große Schwierigkeiten dabei haben, ihre Bewegungen zu kontrollieren. Ihre Verfassung wirkte sich zudem auf ihre Fähigkeit zu sprechen aus.

Meinen Vater lernte ich nie kennen. Er hatte sich vor meiner Geburt aus dem Staub gemacht und ich weiß bis heute nicht, wer er war. Seltsamerweise hat mir das nie etwas ausgemacht. Auf jeden Fall glaube ich nicht, dass es irgendwelche Auswirkungen auf mich gehabt hat. Wahrscheinlich ist er mittlerweile tot. Zumindest habe ich so ein Gefühl. Aber selbst wenn er noch leben würde, hätte ich kein Interesse an einem Treffen. Ich bin der Meinung, dass man etwas, das man ohnehin nie hatte, nicht unbedingt vermisst.

Die Alfred Street war eine kleine, gepflasterte Straße mit viktorianischen Reihenhäusern. Sie lag nicht weit von einem Gefängnis namens Strangeways Prison entfernt und auch der Irwell floss ganz in der Nähe. Lower Broughton war eine typische Salforder Arbeiterklasse-Gegend, angepasst an die Bedürfnisse der Industrie. Auch die Straße, die Tony Warren zur Fernsehserie *Coronation Street* inspirierte, befand sich nur einen Katzensprung entfernt. Die Alfred Street und ihre direkte Nachbarschaft stellten die Arbeitskräfte für eine Reihe von örtlichen Fabriken. Innerhalb eines kurzen Spaziergangs konnte man eine Miniaturversion der gesamten Industrie des englischen Nordwesten bestaunen: Da gab es eine Eisenhütte, eine Kupferhütte, eine Textilfabrik, eine Farbenfabrik, einen Chemiebetrieb, eine Baumwollspinnerei, eine Sägemühle und eine Bronzegießerei. Der Song „Dirty Old Town", diese eindringliche Ode an die Liebe in einer nordenglischen Industrielandschaft, war zum Beispiel über Lower Broughton geschrieben worden. In der Nähe des Strangeways-Gefängnisses zu wohnen, bot einen zusätzlichen ernüchternden Einblick in die Schattenseiten des Lebens: Ich erinnere mich noch, dass ich als Junge meinen Großvater fragte, wer die Männer seien, die in seltsamen Uniformen und in einer Reihe entlang der Straße Löcher gruben. Er erklärte mir, dass sie Gefängnisinsassen seien, die zur Arbeit in einer Sträflingskolonne bestimmt worden sind.

Das Haus meiner Großeltern hatte die Nummer elf. Als ich geboren wurde, lebte meine Mutter immer noch bei ihnen, weil sie so viel Pflege benötigte. Unser Haus war sowohl für die Gegend als auch für die damalige Zeit in vielerlei Hinsicht typisch: Im Erdgeschoss befand sich eine Küche, ein Wohnzimmer und ein Empfangszimmer für spezielle Anlässe (in unserem Fall war es das Schlafzimmer meiner Mutter, da sie keine Treppen steigen konnte). Die Toilette befand sich außerhalb des Hauses. Badezimmer hatten wir keines. Mein Schlafzimmer lag über dem Wohnzimmer im ersten Stock, das meiner Großeltern war über dem Empfangszimmer. Ebenso im ersten Stock gab es eine kleine Abstellkammer, die mir als Kind echt unheimlich war. Mein Großvater war während des Zweiten Weltkriegs nämlich ein Luftschutzhelfer gewesen und die Kammer war immer noch randvoll mit Gasmasken, Sandsäcken, Verdunkelungsvorhängen und allen anderen Kriegsutensilien. Ich weiß nicht, ob es daran lag, dass ich Geschichten vom Krieg und den schrecklichen Ereignissen gehört hatte, aber an diesem Zimmer war etwas, das mich stets verängstigte. Also mied ich es.

Mein Großvater, John Sumner, war ein sehr kluger und interessanter Mann. Für mich war er wie ein Vater. Er war in Salford geboren und aufgewachsen und arbeitete als Ingenieur in der Vickers-Fabrik in Trafford Park. Seinen eigenen Vater hatte er verloren, als er zehn Jahre alt war – mein Urgroßvater war als Teil des Manchester-Regiments in den Ersten Weltkrieg gezogen und 1917 in der dritten Flandernschlacht gefallen.

Mein Großvater hatte eine Gewohnheit, der er zwei Mal am Tag nachging, einmal am Morgen, bevor er in die Arbeit ging, und einmal am Abend, wenn er wieder heimkam: Er kam bei der Eingangstür herein und marschierte geradewegs durchs Haus und verkündete: „Frische Luft! Ich brauche frische Luft!" Dann ging er in den Hinterhof und genehmigte sich eine Reihe von tiefen Atemzügen. Das Problem dabei war, dass am Ende unserer Straße die Wheathill-Chemiefabrik giftige Abgase absonderte, es war schrecklich. An manchen Tagen durfte man gar nicht vor die Tür gehen, da sie dort irgendetwas verbrannten. Ich habe heute noch beinahe diesen beißenden Geruch in der Nase, wenn ich daran denke. Doch mein Großvater atmete alles unbekümmert ein, während er frohlockend die gesundheitlichen Vorzüge von frischer Luft pries.

Meine Großmutter Laura war ein herzensguter und sehr fürsorglicher Mensch. Sie stammte aus einer alten Salforder Familie namens Platt. Schon ihre Mutter – meine Urgroßmutter – hatte Laura geheißen. In meiner Familie galt die Tradition, die Mädchen nach ihren Müttern zu nennen. Deswegen wurde meine Großmutter „Little Laura" gerufen, während meine Urgroßmutter als „Big Laura" bekannt gewesen war. Meine Urgroßmutter lebte genau gegenüber dem Chemiebetrieb. Ich glaube, dass sie acht oder neun Töchter zur Welt gebracht hatte, bevor sie schließlich einen Jungen gebar und entschied, es nun gut sein lassen zu können. Ich erinnere mich an die Besuche bei ihr, als ich noch sehr jung war. Auch meinen Urgroßvater sah ich dort. Er war ein echt lieber Kerl, der als Radklopfer bei der Bahn arbeitete. Ich weiß noch, dass er ein warmherziger, angenehmer Mensch war, aber eines Tages wurde mir mitgeteilt, dass er sich auf „eine lange Bahnreise" begeben hätte. Die Erinnerungen an ihn sind sehr stark, also hat er definitiv einen Eindruck bei mir hinterlassen – und doch fiel mir erst unlängst auf, dass ich gerade einmal acht Jahre alt war, als er verstarb.

Nachdem er gestorben war, brachte meine Oma meiner Urgroßmutter jeden Tag einen Krug Guinness aus dem Pub, den diese dann trank, während sie vor dem Feuer saß. Das muss ihr gutgetan haben, denn sie wurde fast 90 Jahre alt, obwohl sie den Großteil ihres Lebens in unmittelbarer Nähe zu einer Chemiefabrik verbracht hatte und alle möglichen Dämpfe einatmen hatte müssen. Dann wurde ihr Haus abgerissen und sie zog in das oberste Geschoss eines 14-stöckigen Wohnhauses. Ich kann mich noch erinnern, wie ich sie dort besucht und von ihrem Balkon aus den Ausblick bewundert habe. Es war fantastisch. Man konnte kilometerweit sehen. Alle Autos auf der Straße sahen wie kleine Spielzeuge aus und ich konnte die Hügel und die Landschaft hinter der Stadt erkennen. Für mich als Jungen war das geradezu magisch, aber für eine alte Frau wie meine Urgroßmutter war der Weg in den 14. Stock sehr beschwerlich, weshalb es für sie dort oben mehr wie ein Gefängnis war.

Meine Großtante Amy blieb bei ihr, um sich um sie zu kümmern. Alle Geschwister von Amy waren verheiratet und sie gab im Prinzip ihr eigenes Leben auf, um ihrer Mutter helfen zu können. Als sie zu alt wurde, um noch zu heiraten, wurde ihr offenbar bewusst, was sie verpasst hatte. Während sie sich dem Wohlergehen ihrer Mutter gewidmet hatte, war ihr eigenes Leben an ihr vorbeigezogen. Diese Erkenntnis führte zu einem Zusammenbruch, der sie für 32 Jahre in die Nervenheilanstalt von Prestwich brachte. Gelegentlich büchste Tante Amy unbemerkt aus dem Krankenhaus aus und machte sich auf den Weg zu uns. Wenn sie dann bei uns vor der Tür stand, schickte mich meine Mum die Treppe hoch und befahl mir, meine Zimmertür zu schließen und das Bett vorzuschieben. Ich sollte dann so lange dort bleiben, bis sie mir zurief, dass ich wieder herauskommen dürfe. Ich hörte Amy sagen, dass ein Mann kommen würde, um uns alle mit einer Axt zu erschlagen. Sie sei gekommen, um uns davor zu warnen, dass wir alle sterben würden. Meine Mum ließ sie weiter reden, bis schließlich die Polizei aufkreuzte, um sie wieder nach Prestwich zu bringen. Es war herzzerreißend. Alle meinen anderen Großtanten waren lieb, freundlich und quirlig – so wie eben auch Amy hätte sein können.

Ich hatte viele Freunde in der Alfred Street, etwa Raymond Quinn, David Wroe und Barrie Benson – ganz abgesehen von weiteren Mitgliedern meiner Familie, die ebenfalls dort lebten. Ich hatte weder Brüder noch Schwestern, aber meine Großtante Doreen lebte nebenan mit ihren Söhnen David und Stephen. Auf der anderen Straßenseite wohnte meine Großtante Ruth, die eine Tochter hatte, die selbstverständlich auch Ruth hieß. Auch meine Großtanten Ada und Irene lebten in der Alfred Street mit ihren Kindern, also hatte ich eine sehr gesellige Kindheit. Wir verbrachten die meiste Zeit auf der Straße und spielten Fußball, hingen ab, machten Stunk und wunderten uns, was wohl in anderen Ecken der Stadt so vor sich ginge. Was gab es da draußen noch zu sehen?

Obwohl es im Grunde genommen in vielerlei Hinsicht eine ziemlich normale Arbeiterklasse-Kindheit in Manchester war, gab es dennoch etwas, wodurch sich meine Familie von den anderen unterschied, nämlich die Krankheit meiner Mutter. Neben den körperlichen Problemen, mit denen sie leben musste, war sie auch eine sehr zornige Person. Ob dies nun damit zusammenhing, dass sie ihre Behinderung frustrierte, sie vielleicht sogar unter Depressionen litt – etwas, das damals nur selten diagnostiziert wurde –, kann ich nicht mit Sicherheit sagen. Was aber auch immer der Grund gewesen sein mag, ihr Zorn richtete sich in der Regel gegen mich. Manchmal konnte man ihr Verhalten schon beinahe als grausam bezeichnen. Da meine Großeltern so liebevolle Menschen waren, fühlte ich mich emotional mehr zu ihnen als zu meiner Mutter hingezogen, was wiederum ihre Wut noch weiter angefacht haben dürfte. Ich hatte viele Freunde in der Gegend und benahm mich weder besser noch schlechter als die anderen Kinder. Allerdings schien ich öfter und härter als sonst irgendjemand in meinem Bekanntenkreis bestraft zu werden.

Wenn die anderen Kinder in den Park oder ins Kino gingen, durfte ich nicht mit. Aus irgendeinem Grund und obwohl unsere Nachbarschaft eine eingeschworene Gemeinschaft war, in der viele Kinder meines Alters wohnten und viele Leute ein Auge auf uns hatten, um auf uns aufzupassen, wollte meine Mutter, dass ich mich nur dort aufhielt, wo sie mich sehen konnte. Ich durfte auf die Straße hinaus und mich in der unmittelbaren Nachbarschaft aufhalten, aber es gab sehr strenge Regeln in Bezug darauf, wie weit ich mich entfernen durfte. Kinder streunen gerne durch die Gegend und die Kids in unserer Straße waren da keine Ausnahme, aber während ein paar von uns Manchester oder den Heaton Park erkundeten, blieb ich zurück. Von der Straßenecke aus sah ich ihnen hinterher, wie sie lachend und lärmend in der Ferne verschwanden.

Ich widersetzte mich meiner Mutter nur selten, da mich meine Angst vor den Konsequenzen normalerweise davon abhielt, doch eines Tages setzte ich mich über die Grenzen, die sie mir vorgeschrieben hatte, hinweg.

Weit hatte ich mich nicht entfernt und hing vielleicht ein paar Straßen mit ein paar Kindern herum, aber irgendjemand hatte mich gesehen und meiner Mutter Bericht erstattet. Sobald ich bei der Türe hereinspaziert kam, drehte sie komplett durch. Sie zwang mich, kalten, sauren Tee zu trinken, bis auf den letzten Tropfen. Dann musste ich mit dem Gesicht zur Wand stehen, während sie mir ausführlich und unmissverständlich klarmachte, was für ein furchtbares Kind ich doch sei – etwas, das ich ihr gegenüber im Anschluss wiederholen musste. Ich stand da, die Hände hinter meinem Rücken, meine Nase berührte beinahe die Tapete. Im Mund hatte ich den ekelhaften bitteren Geschmack vom kalten Tee. Mir rannen Tränen über das Gesicht, während ich versuchte zu begreifen, warum sie dachte, dass ich so schrecklich sei. Klar, in diesem Fall hatte ich gegen ihren ausdrücklichen Wunsch gehandelt, vielleicht mehr aus Gruppenzwang als aus irgendetwas anderem, aber als ich da schluchzend an der Wand stand, erschien mir das Ausmaß meiner Bestrafung einen anderen Grund zu haben.

Solche Dinge geschahen relativ häufig. Ich war damals natürlich noch viel zu jung, um es begreifen zu können, doch rückblickend frage ich mich, ob sie zornig auf mich war, weil mein Vater aus ihrem Leben verschwunden war. Die Lebensumstände meiner Mutter waren angesichts ihrer Behinderung ja so schon ungewöhnlich genug, aber nun war sie auch noch eine unverheiratete Mutter – etwas, das in den Fünfzigern und Sechzigern noch einigermaßen außergewöhnlich war. Wie und warum ihre Beziehung endete, kann ich nicht sagen. Mein Vater war einfach kein Thema. Vielleicht war das eine der Ursachen für ihren Zorn gegen mich, dass ich das lebende Vermächtnis dieser Beziehung war. Ich erinnerte sie permanent an ihn. Womöglich sah ich ihm sogar ähnlich. Wer weiß, eventuell wurde ich ja deswegen davon abgehalten, vor die Türe zu gehen, weil er eines Tages hinaus gegangen und nie mehr zurückgekommen war.

Als ich in späteren Jahren versuchte herauszufinden, warum sie mich auf diese Weise behandelt hatte, kam mir in den Sinn, dass auch die abscheulichen Moors-Morde etwas damit zu tun haben könnten. Man hörte zu dieser Zeit immer wieder Geschichten von Kindern aus Manchester, die verschwunden waren.

Auf alle Fälle gab es in meiner Kindheit immer wieder Phasen, in denen ich sehr streng an der Kandare gehalten wurde. Das war später wieder der Fall, als ich ungefähr 16 Jahre alt war und meine Mutter nicht wollte, dass ich auf Partys ging und lange ausblieb. Wenn es mir erlaubt wurde, musste ich um zehn Uhr daheim sein, wohingegen meine Kumpels bis zwölf Uhr ausgehen durften.

Obwohl ich viel darüber nachgedacht habe, weiß ich bis heute nicht, warum sie mich so behandelte, und werde es vermutlich auch nicht mehr in Erfahrung bringen. Bis zu einem gewissen Grad kann ich es verstehen. Sie fühlte sich durch ihr Handicap eingeschränkt. Im Grunde genommen war sie in ihrem eigenen Körper gefangen. Unter diesen Umständen ist es vielleicht verständlich, dass vermeintliches wie tatsächliches Fehlverhalten meinerseits unverhältnismäßig wahrgenommen und geahndet wurde. Das Leben in den Arbeiterklassebezirken von Manchester war zu jener Zeit selbst an den besten Tagen eine zähe Angelegenheit, aber meine Mutter war überdies Alleinerzieherin und saß im Rollstuhl. Ich kann mir daher nur vorstellen, wie sich das auf ihren Gemütszustand ausgewirkt haben muss. Ich erinnere mich noch daran, wie sie versuchte, die Treppe hinaufzusteigen. Es war ein Anblick, der wahrscheinlich am besten den Kampf, den meine Mutter durchmachen musste, zu illustrieren vermochte. Sie kämpfte gegen ihren Zustand an, tat alles, um es erträglicher für sich zu machen. Meine Mutter probierte unterschiedliche homöopathische Mittel aus und regelmäßig riefen uns alle möglichen Quacksalber an. Ihr Leben blieb aber trotz all ihrer Bemühungen sehr mühsam. Sie muss frustriert gewesen sein und ich nehme an, dass sie sich einfach an jemandem abreagieren musste. Leider war dieser jemand eben ich.

Meine Mutter war aber nicht die ganze Zeit über so schikanös. Es gab zweifellos auch glückliche Zeiten und Anlässe. Ich erinnere mich etwa an wunderbare, ja magische Weihnachtsfeste. Aber sobald ich irgendetwas anstellte, mitunter auch bei den belanglosesten Vergehen, schien meine Mum es beinahe zu genießen, mich dafür zu bestrafen. Ich war zwar deshalb nicht nachhaltig verkorkst, doch meine Kindheit war auch von einer konstanten unterschwelligen Angst vor meiner Mutter geprägt.

1961 heiratete sie schließlich einen Mann namens James Dickin, der ebenfalls an Zerebralparese litt und Metallschienen an seinen Beinen trug. Sie brachte ihn dazu, mich ein paar Mal ziemlich fest zu schlagen. Ich weiß, dass es damals nicht ungewöhnlich war, wenn Väter ihre Söhne verdroschen, und ich halte es ihm eigentlich auch nicht vor, doch hatte ich deswegen nicht gerade weniger Angst vor meiner Mum. Das Wissen, dass jemand im Haus war, der mich für sie schlagen konnte, ließ mich meine Angst nie vergessen, auch wenn die meisten Bestrafungen eher psychischer als körperlicher Natur waren.

Ich kann mich erinnern, dass mir meine Mutter nach irgendeinem Vergehen meinerseits Jimmy auf den Hals schicken wollte, ich aber in mein Zimmer rannte und mich vor ihm in einem winzigen Schrank für den Gaszähler versteckte. Da ich damals sehr klein war, konnte ich mich gerade mal so hineinquetschen und die Türe verschließen. Durch einen Spalt konnte ich erkennen, wie Jimmy nach mir suchte. Ich erinnere mich auch noch lebhaft an das Gefühl der kalten Angst in meinem Magen, das ich in diesem Moment verspürte. Ich konnte die Stimme meiner Mutter hören, die von unten rief: „Bist du sicher, dass er da oben ist? Bist du sicher, dass er nicht nach draußen gelaufen ist?“ Ich weiß zwar nicht mehr, wie die Sache letztlich endete – ob Jimmy mich fand, oder ob ich mich freiwillig stellte –, aber die Angst vor dem, was mir bevorstand, war so bildhaft, dass sie mir bis heute noch in den Gliedern steckt.

Wie gesagt, in gewissem Maß verstehe ich, warum sie so mit mir umsprang. Ich denke, dass es mehr mit tief empfundener Frustration und weniger mit Boshaftigkeit zu tun hatte. Sie fühlte sich vermutlich gefangen in ihrer Behinderung – und natürlich war sie das auch. Meine Mutter wollte ein besseres Leben und hätte es sich auch verdient gehabt. Sie war wütend über ihr schwieriges Los. Ihre Situation – und das meine ich nicht nur auf ihre Behinderung bezogen – hätte jeden deprimiert und viel weniger willensstarke Menschen in die Knie gezwungen. Meine Mutter war auch nicht ununterbrochen böse – nur wenn sie niedergeschlagen war. Vermutlich litt sie doch unter Depressionen – und ich kann das verstehen. Immerhin würde sich jeder in ihrer Lage irgendwie abreagieren wollen, worin wahrscheinlich der Grund liegt, warum meine Verfehlungen so übertrieben strikt bestraft wurden. Ich habe das meiner Mum jahrelang angekreidet, bis ich selbst eine Zeitlang unter Depressionen zu leiden hatte und mir mit einem Schlag vorstellen konnte, wie sie sich gefühlt haben muss. Für manche Menschen ist das Leben ziemlich schwer – und für manche sogar noch schwerer. Als ich anfing, mich meiner eigenen Depression zu stellen, eröffnete sich mir ein kleiner Einblick in das Leid, das sie durchlebt haben muss. Ich habe meiner Mutter mittlerweile ohne Einschränkung vergeben.

Ich war mir stets sehr bewusst, wie sehr sich meine Mum von den Müttern der anderen Kinder unterschied, und es gefiel mir nicht, mich von ihnen durch meine gehandicapte Mutter abzuheben. Wenn man ein Kind ist, dann will man nicht die Aufmerksamkeit auf sich lenken, besonders nicht durch etwas, das als Schwäche ausgelegt werden könnte. Ich war nicht sehr fair zu meiner Mutter: Ich wollte sie in ihrem Rollstuhl nicht einmal die Straße hinunter schieben, was sie wohl belastet haben dürfte – ihr eigener Sohn schämte sich dafür, mit ihr gesehen zu werden. Lower Broughton war eine knallharte Gegend. Wenn an dir etwas anders war, etwas wofür dich andere drankriegen konnten, eine vermeintliche Schwäche, dann wurdest du als das schwache Tier in der Herde wahrgenommen – und sobald man dich erst einmal von der Herde getrennt hatte, musstest du stets auf der Hut sein. Selbstverständlich wurde ich andauernd gehänselt: „Deine Mum ist ein Spasti." Solche Sachen eben. Ich wollte einfach nicht noch mehr Aufmerksamkeit auf mich ziehen. Heute schäme ich mich dafür.

Aber trotz meiner schwierigen Beziehung zu meiner Mutter denke ich sehr gerne an die Zeit in der Alfred Street zurück. Zuhause hatte ich es nicht einfach, aber sobald ich vor der Tür war, war das Leben eigentlich sehr fröhlich. An heißen Sommertagen liefen wir Kinder in unseren Unterhosen herum und spritzten uns mit einem Gartenschlauch ab. Es war, als würde man vor der eigenen Haustüre Urlaub machen. Die alten Leute stellten sich Stühle vor ihre Häuser, saßen in der Sonne und unterhielten sich miteinander. Es war eine wunderbar gesellige Art zu leben. Die alten Ladys tratschten über die Straße hinweg und hatten dabei ein Auge auf die krakeelenden Kids – den ganzen Tag lang, bis Mitternacht. Dieser Zusammenhalt war eine tolle Sache: Man kannte den Namen von jedem in der Straße, ihre Marotten, einfach alles. Ich weiß gar nicht, ob es diesen Sinn für Gemeinschaft in den paar verbliebenen Straßen dieser Art in Manchester noch gibt.

Es herrschte trotzdem nicht nur Friede, Freude, Eierkuchen: Wie sonst auch überall gab es hier ebenfalls ein paar fiese Familien, über welche die alten Leute tratschten. Es gab bestimmte Häuser, bei denen man vorsichtig sein musste. Ich nenne hier diese Familien die Whites, die Greens und die Pinks, obwohl das nicht ihre richtigen Namen waren. Sie waren diejenigen, von denen man sich möglichst fernhielt. Es handelte sich bei ihnen um riesige, kinderreiche Sippen, die über einen nicht versiegen wollenden Nachschub an Brüdern und Cousins verfügten, die echt zähe Burschen waren. So sehr, dass man sich seinen Weg gut überlegen musste, um ja nicht an ihren Häusern vorbeigehen zu müssen.

Die Pinks waren besonders abgefahrene Leute. Die halbe Familie saß im Knast: Ich denke, dass sie neun Kinder hatten, von denen immer zumindest vier gerade einsaßen. Ich weiß noch, wie ich einmal spät in der Nacht die Straße hinunterging und ein sonderbares Zischgeräusch hörte. Ich sah zum Haus der Pinks hinüber und einer von ihnen stand im Wohnzimmer und pisste durch das Schiebefenster auf die Straße hinaus. Ein anderes Mal sah ich ein paar ineinander verknotete Pinks wie einen Fußball durch ihre Eingangstür rollen. Es waren gleich ein paar von ihnen, sie schrien einander an und keilten sich. Irgendwann zog ein junges Paar neben ihnen ein. Eine schlechte Entscheidung. Eines Tages kam es zu einer Auseinandersetzung im Pub, bei welcher der neue Typ einem der Pinks ein Glas überzog. Nur kurze Zeit später sah ich, wie er auf der Straße mit einer Eisenstange attackiert wurde. Er wurde so hart getroffen, dass sich das Ding um seinen Brustkorb bog.

Mrs. Pink hatte einen Freund. Als ich schon etwas älter war, hatten wir einen Treffpunkt gegenüber dem Haus der Pinks. Eines Abends waren die Lichter an und die Vorhänge offen und wir konnten hineinsehen. Sie hatten Schiebetüren, die das Wohnzimmer und die Empfangsstube voneinander trennten. Diese Tür ging auf und da stand Mrs. Pink in Strapsen und BH. Da war aber noch eine weitere Frau, die genau gleich angezogen war. Unsere Augen sprangen uns beinahe aus den Höhlen. Dann sahen wir, wie der Freund sich aus seinem Lehnsessel erhob, zum Getränkeschrank ging und sich einen Drink zubereitete. Dann zog sich das Trio in ein anderes Zimmer zurück.

Sie waren durchgeknallte Leute, diese Pinks. Ihnen war alles schnurzegal. Uns ließen sie aber weitgehend in Frieden wegen meines Cousins Tommy, der selbst ein ziemlich harter Knochen war. Tommy hatte sich einst mit dem ältesten der Pinks geprügelt, wobei er ihm ein Ohrläppchen abgebissen hatte. Danach hatten wir Ruhe vor ihnen. Einmal wurde ich von zwei Typen gejagt – sie waren vielleicht 18 oder 19 Jahre alt. Ich war neun. Sie holten mich ein und warfen mich zu Boden. Gerade als sie mich aufmischen wollten, realisierte ich, dass es zwei Pinks waren. Umgekehrt begriffen auch sie, wer ich war. „Oh", sagte einer von ihnen, „wir wussten nicht, dass du es bist." Danke, Tommy.

Ein besonderer Höhepunkt im Jahr war immer die Bonfire Night am 5. November. Hinter dem Haus meiner Urgroßmutter befand sich eine Bombeneinschlagstelle. Ein Andenken an einen direkten Treffer in der nächsten Straße, bei dem ein Haus zerstört worden war. Es waren dabei Menschen ums Leben gekommen. Eine meiner Tanten war unter dem Schutt begraben worden, konnte aber noch rechtzeitig geborgen werden. Obwohl ich mich zwar vor den Kriegsrelikten aus dem Lagerzimmer meines Großvaters fürchtete, war dieses Trümmergrundstück ebenso toll wie ein lokaler Park. Ich liebte es jedenfalls, mich dort herumzutreiben. Es wurde sogar ab und zu ein Rummel veranstaltet. In den Siebzigerjahren wurde dort schließlich ein geregelter Abenteuerspielplatz eingerichtet, aber für die dreißig Jahre nach dem Krieg war es einfach nur eine Schutthalde, auf denen kleine Jungs sich austoben und ihre Fantasien ausleben konnten.

Bonfire Night war jedenfalls die größte Nacht auf dem Gelände und schon in den Wochen davor zogen wir von Haus zu Haus, um nach Holz zu fragen. Dann errichteten wir einen riesigen Scheiterhaufen. Außerdem hatten wir eine Aussichtsplattform, von der aus wir das Holz bewachen konnten, da die Kids aus den benachbarten Vierteln immer versuchten, uns unser Holz für ihre eigenen Feuer zu klauen. Wir postierten also eine Wache in diesem Ausguck und wenn eine solche Gang, die es auf unser Holz abgesehen hatte, im Anmarsch war, alarmierte diese unsere Truppe. Dann kam es zu einer offenen Schlacht, bei der einem aus allen Richtungen Steine um die Ohren flogen. Das hört sich gefährlich an, war aber echt ein großer Spaß. Ich liebte es.

Ich muss zugeben, dass wir auch Sachen klauten – Dinge wie etwa Drähte von Dächern. Darauf bin ich nicht gerade stolz. Es gab da einen zwielichtigen Altmetallhändler, der in der Gegend als „Keine Namen, keine Fragen“ bekannt war. Alle Kids stahlen also Dinge aus Metall, um sie ihm zu verscherbeln, da er – wie sein Spitzname verriet – sich nicht darum scherte, woher das Zeug stammte. Wir hielten unsere Augen ständig offen nach solchen Sachen und als die Gemeinde in der Nähe ein paar Häuser niederriss, eröffnete sich für uns aufstrebende Unternehmer eine gänzlich neue Erwerbsquelle. Ich erinnere mich da etwa an eine spezielle Bruchbude, in der wir ein altes Klavier fanden. Für einen Musiker ist das eine schlimme Sache, aber ich muss gestehen, dass ich mich stundenlang mit einer Festhaltezange und einer Drahtschere an diesem Musikinstrument verging. Ich schnitt alle Saiten heraus, wobei ich mir mehrmals fast selbst des Augenlichts beraubt hätte. Im Anschluss trug ich sie dann zu unserem dubiosen Geschäftspartner, dem Altmetallhändler. Als wir bei ihm einmarschierten, warf er einen Blick auf unsere Beute und sagte: „Tut mir leid, Jungs, aber das ist bloß Kupferblech. Dafür kann ich euch nichts geben.“

Zu dieser Zeit hing ich mit einem Typen namens Barrie Benson ab. Er war – und ist es immer noch – mein Kumpel. Seine Großmutter wohnte im Haus nebenan in der Alfred Street. Barrie selbst war in der Victor Street zuhause. Er war so ziemlich der Platzhirsch in unserer Nachbarschaft, aber er schien mich zu mögen, weswegen wir in der Regel gut miteinander auskamen. Einmal hatten wir ein Auge auf eine riesige Rolle mit Telefondraht geworfen. Er war etwa einen Zoll dick und lag vor einem örtlichen Elektrounternehmen. Wir gingen davon aus, dass uns das ein Vermögen einbringen würde. Als sich uns schließlich die passende Gelegenheit bot, schafften Barrie und ich es, das Ding in einen Sack zu bugsieren und auf dem Sattel meines Fahrrads zu balancieren. Wir manövrierten unser Diebesgut durch den Peel Park und waren ziemlich stolz auf uns. Jedoch muss uns irgendjemand beobachtet und die Polizei verständigt haben. Als wir gerade über eine Brücke gingen, blieb auf der anderen Seite ein Polizeiauto mit quietschenden Reifen stehen, um uns mit laufender Sirene und Blaulicht in Empfang zu nehmen. Wir schalteten schnell und entledigten uns des Sacks. Ich sprang hinten auf das Fahrrad auf, Barrie vorne. Wir ergriffen prompt die Flucht und radelten davon. Sobald wir uns sicher waren, dass die Luft rein war, gingen wir zurück und sahen, dass die Polizisten den Draht einfach über einen Zaun geworfen hatten. Also luden wir ihn wieder auf das Rad, um uns davonzumachen. Eifrig waren wir zwar, aber leider alles andere als Experten in Bezug auf Altmetall, denn der Händler hatte auch an diesem Draht kein Interesse, weshalb wir wieder abzogen und die Rolle schließlich in einer Bonfire Night ins Feuer warfen. Neben dem Hauptfeuer hatten wir immer auch kleinere Lagerfeuer, in denen wir Kartoffeln backten, damit wir was zum Essen hatten, während wir das Feuerwerk und die überwältigende Flamme, für die wir in den vorangegangenen Wochen Brennmaterial zusammengetragen und vor Plünderern verteidigt hatten, in vollen Zügen genossen. An diesem speziellen Abend legten wir unsere Kartoffeln in dieses Feuer, in dem auch der Kupferdraht mitsamt der Kunststoffverkleidung verbrannte – das ganze giftige Zeug brutzelte direkt neben unserem Abendessen.

Als sich die Gemeinde anschickte, die besagten alten Gebäude dem Erdboden gleichzumachen, entwickelte sich noch ein weiteres eigentümliches Geschäft. Hinter den Kaminen waren nämlich mitunter alte Säbel versteckt, die angeblich aus dem Krimkrieg stammten. Die Soldaten, so hieß es, waren aus den Kampfhandlungen zurückgekehrt und hatten ihre Säbel sowie andere Waffen im Rauchfang verborgen, um sie zu schützen. Abgesehen von den Abrisshäusern war es in den Sechzigern auch Mode, die originalen, gefliesten viktorianischen Feuerstellen durch abscheuliche Elektrofeuer mit glühenden Plastikkohlen zu ersetzen. Wenn jemand also die alte Feuerstelle herausriss, fand er mitunter diese Schwerter, Säbel und Dolche – allen nur denkbaren Ramsch – aus den diversen Kriegen des 19. Jahrhunderts. So entstand ein blühender Schwarzmarkt für antike Waffen. Ich erinnere mich noch, dass ich einmal zur falschen Zeit am falschen Ort war und von einer Horde von säbelschwingenden Kids gejagt wurde. Das war natürlich nicht ungefährlich, aber wenn man ein Kind ist, hält man sich für unsterblich. Manche der Dinge, auf die wir uns damals einließen, waren rückblickend ziemlich haarsträubend, aber sie bereiteten uns einfach ein so großes Vergnügen, dass uns die Gefahr gar nicht bewusst war.

Ich denke, das einzige wirklich Gefährliche an meiner Kindheit waren die Besuche beim Zahnarzt. Ich muss noch sehr jung gewesen sein, weil es – so glaube ich – das erste Mal war, dass ich bei ihm war. Es stellte sich heraus, dass ich ganze sieben Füllungen brauchte. Mein Großvater hatte mir jeden Abend einen Schokoriegel mitgebracht. Schokolade nach Ende der Rationierungsphase so frei zur Verfügung zu haben, muss für diese Generation unbeschreiblich gewesen sein. Mein Großvater kaufte das Zeug jedenfalls haufenweise – und ich half ihm dabei, das Zeug wegzuputzen, wovon mein Zahnschmelz ordentlich in Mitleidenschaft gezogen wurde. Ich verstand nicht genau, was eine Füllung war, also hatte ich keinerlei Bedenken bezüglich dessen, was mir bevorstand, und sah der Behandlung einigermaßen fröhlich entgegen – ich freute mich geradezu darauf. Man betäubte mich mit Gas, und das Nächste, woran ich mich erinnern kann, war, dass ich aufwachte, als der Zahnarzt und seine Assistentin mich mit dem Kopf unter einen Wasserhahn über einem Becken hielten und mich fest ins Gesicht schlugen. Ich sah, dass Blut unter mir in den Abguss floss. Ich verlangte lautstark, dass man mir erkläre, was da vor sich ginge. Sie sagten, dass ich geschrien hätte und sie mich nicht besänftigen hätten können. Irgendetwas musste wohl ordentlich schiefgelaufen sein, da beide bleich und entsetzt aussahen. Sobald ich mich wieder ein wenig eingekriegt hatte, fuhr mich der Zahnarzt nachhause. Ich weiß noch, dass er einen Jaguar E-Type hatte. Die nächsten Tage fühlte ich mich sehr schlecht und ständig rann mir Blut aus dem Mund. Anscheinend hatten sie mir zu viel Gas verabreicht oder die Mischung hatte nicht gestimmt, woraufhin ich beinahe abgekratzt wäre.

Zu dieser Zeit war ich ein Schüler an der Grundschule St. Clement's, die nur einen Steinwurf von unserem Haus entfernt war. Dennoch gelang es mir meistens, mit Verspätung zum Unterricht zu erscheinen. Ich bin nämlich einer dieser Menschen, die immer und zu allem zu spät kommen. Einer meiner Lehrer meinte sogar: „Bernard Sumner, du wirst dich sogar zu deiner eigenen Beerdigung verspäten." Ich war kein sonderlich guter Schüler, und die Art, wie ich in der Grundschule unterrichtet wurde, hatte daran einen großen Anteil. Zum Beispiel tat ich mir schwer mit Mathe, was zur Folge hatte, dass ich mich auf einen Stuhl stellen musste, wo ich dann mit Fragen bombardiert wurde oder die Neunerreihe oder so aufsagen musste. Wenn man das dann nicht auf die Reihe brachte, machten sich die Lehrer vor der Klasse über einen lustig. Was schulische Motivierungskunst angeht, muss ich sagen, dass ich das für eine ziemlich bizarre Philosophie halte.

Die Grundschule war auf jeden Fall eine eher schauderhafte Erfahrung. Dort wurde schon früh jegliches Selbstvertrauen, wenn ich es besessen hatte, ausgelöscht. Der Unterricht basierte auf Angst, aber dadurch wurde ich nicht etwa abgehärtet oder zum Lernen bewogen, nein, ich wurde dadurch nur fortlaufend nervöser. Ich verfing mich in einer Abwärtsspirale, aus der ich mich nie mehr richtig befreien konnte. Zumindest nicht während meiner Zeit an der Schule.

Nur zwei Dinge stachen für mich positiv an der St. Clement's hervor: Einerseits lernte ich lesen und andererseits liebte ich alles, was mit Kunst zu tun hatte, besonders das Modellieren mit Ton. Die Schule hatte einen eigenen Brennofen und ich war nie glücklicher als bei dieser Arbeit. Wir hatten einen Lehrer namens Mr. Strapps, der uns beibrachte, mit dem Ton zu arbeiten. Anstelle einer Töpferscheibe verwendete er einen Schallplattenspieler. So entstanden Plastiken bei 45 Umdrehungen in der Minute – das war zwar unkonventionell, allerdings war das in Ordnung für mich.

Der Nachteil an Mr. Strapps war, dass er ein absolut schrecklicher Mann war. Sein Name allein klang schon nach Charles Dickens und er hätte definitiv aus den Buchseiten von *Harte Zeiten* entsprungen sein können. Er unterrichtete die ältesten Kinder an der Grundschule, also wuchs man im Wissen heran, dass es unmöglich sein würde, Mr. Strapps zu entgehen. Einmal züchtigte er mich mit dem Rohrstock: Draußen hatte es geregnet, weswegen wir in der Pause drinnen bleiben mussten. Dort stieß ich versehentlich eine Flasche Milch um. Obwohl es sich ganz klar um einen Unfall handelte, rief er mich ohne Umschweife ans Lehrerpult, wo er mir so hart er konnte mit seinem Stock auf die Hand schlug. Das ist aber nicht die bleibendste Erinnerung, die ich an Mr. Strapps habe, nein, es gab etwas viel Grausameres. Während der Pause regnete es wieder, weshalb wir drinnen gehalten wurden und versuchten, uns so gut wie möglich zu unterhalten. Ich hatte mir einen Gedichtband aus der Schulbibliothek ausgeliehen und las ganz still darin, als ich spürte, wie sich Mr. Strapps von hinten annäherte. Er spähte über meine Schulter. Als er sah, was ich las, sagte er mit knurrender, vor Verachtung nahezu triefender Stimme: „Warum liest du das?" Ich sah auf und antwortete: „Was meinen Sie damit, Mr. Strapps?" Er verschränkte seine Arme hinter seinem Rücken, beugte sich vor, damit er mit dem Mund ganz nahe an meinem Ohr sein würde, und höhnte: „Hör zu, da, wo du herkommst, wirst du ohnehin nur als Fabrikarbeiter enden, also macht es überhaupt keinen Sinn für dich, so etwas zu lesen. Also bring das wieder zurück. Sofort.“ Ich war von meiner Mutter, meiner Großmutter und meinem Großvater dazu erzogen worden, Autoritäten Respekt entgegenzubringen. Also dachte ich mir, dass Mr. Strapps als mein Lehrer wohl wüsste, wovon er sprach. Ich brachte das Buch also tatsächlich zurück und hörte auf zu lesen. Was für eine schreckliche Sache, so etwas zu einem Kind zu sagen – vor allem für einen Lehrer.

Trotz aller entgegengesetzter Bemühungen von Mr. Strapps bestand ich mein „Eleven Plus Exam“, eine Art Abschlussprüfung im letzten Jahr an der Grundschule. Mein Großvater hatte mir als Motivationshilfe ein Fahrrad versprochen, aber der Hauptantrieb war für mich die Angst – und zur Abwechslung mal nicht die vor Mr. Strapps. Nach der Prüfung warteten zwei Optionen auf einen: Wenn man bestand, durfte man an die Salford Grammar School – und wenn man es vergeigte, wurde man an die Lower Broughton Modern geschickt. Einer meiner Cousins hatte mich vor letzterer gewarnt. Wer dorthin musste, so erzählte er mir, würde das erste Jahr ununterbrochen Prügel beziehen. In Wirklichkeit war es vermutlich nicht schlimmer als in der Grundschule, wo wir auch genügend Kids aus üblen Familien hatten. Trotzdem wollte ich alles daran setzen, um auf die Salford Grammar School zu dürfen. Ich büffelte also wie besessen und betete vor den Teilprüfungen, dass ich doch bestehen möge. Allerdings verpasste ich eine dieser Prüfungen, da ich die Masern hatte. Als ich wieder gesund war, musste ich sie alleine nachholen. Ich saß dafür in einem eiskalten Klassenzimmer, während meine Kameraden draußen spielten. Zwar vergingen erst noch ein paar spannungsgeladene Wochen, bis wir die Resultate erfuhren, doch als der Schuldirektor schließlich die Namen derjenigen, die bestanden hatten, vorlas und auch ich dabei war, verspürte ich eine umwerfende Mischung aus Erleichterung und unverfälschter Glückseligkeit. Schon die Prüfung allein fühlte sich wie eine echte Leistung an, da ich überhaupt kein Selbstvertrauen hatte – meine Lehrer hatten ganze Arbeit geleistet. In dem Moment, als mein Name vorgelesen wurde, erhielt ich jedoch einen richtigen Schub. Abgesehen davon hatte ich mir ein neues Fahrrad verdient und würde den ganzen Sommer lang die Straßen rauf und runter schießen, während die Schatten länger wurden und ich mich auf Salford Grammar School freute.

Ich wusste, dass sich die Dinge nun ändern würden. Allerdings hatte ich absolut keine Ahnung, wie sehr das der Fall sein würde.

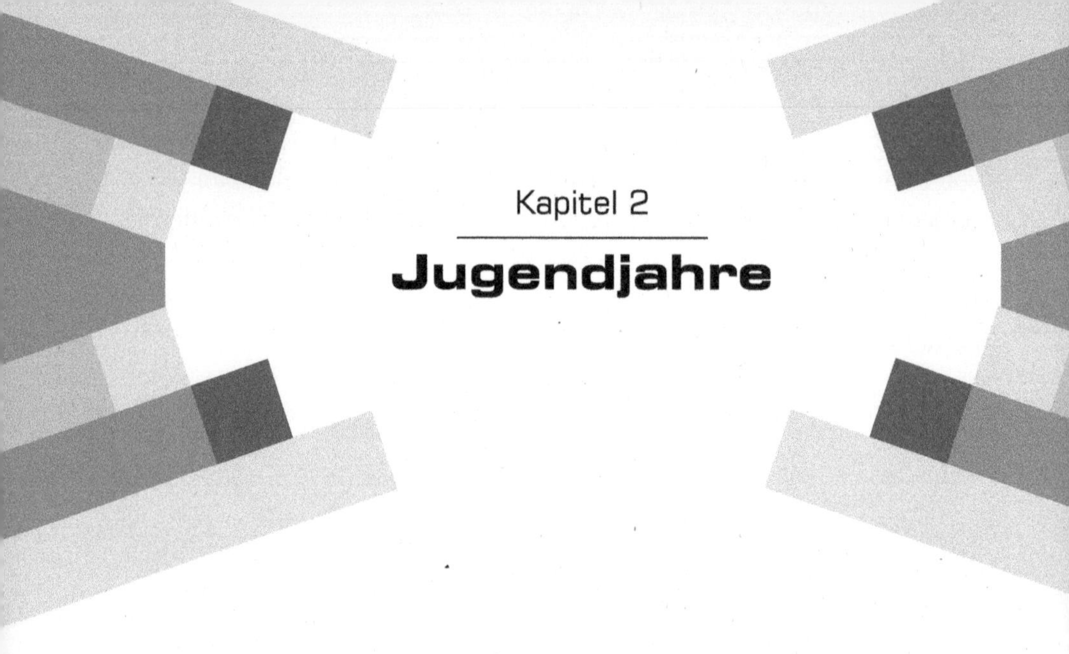

Kapitel 2

Jugendjahre

„Komm her und nimm Platz, Bernard. Da gibt es etwas, worüber wir mit dir sprechen möchten.“ Mein Mund wurde trocken. Was hatte ich dieses Mal wieder angestellt?

Ich hatte das Gefühl, dass da etwas nicht stimmte. In den letzten paar Wochen war es öfters einmal vorgekommen, dass ich ins Wohnzimmer kam und die Menschen darin plötzlich verstummten. Oder ich war in meinem Schlafzimmer und hörte Gemurmel von unten zu mir nach oben dringen. Da waren Großmutter, Großvater, Mum und Jimmy, die sich im Flüsterton miteinander unterhielten. Ich hatte mir deswegen das Gehirn zermartert, konnte mir aber beim besten Willen nicht ausmalen, was ich denn ausgefressen hatte. Es war ganz offensichtlich etwas Ernstes, da es zuvor noch nie so eine lange, dramatische Phase der Ungewissheit gegeben hatte. Ich setzte mich also hin, zupfte nervös an der Naht des Sitzkissens und blickte abwechselnd meine Mutter und Jimmy an. In meinem Magen hatte sich eine vertraute Angst eingenistet. Meine Mutter hielt einen kurzen Augenblick lang inne.

„Wir werden hier ausziehen, Bernard“, sagte sie. „Du, ich und Jimmy. Wir übersiedeln in eine neue Wohnung in Greengate.“

Es dauerte einen Moment, bevor ich verstand. Zuerst verspürte ich Erleichterung, da ich wohl doch nicht in Schwierigkeiten steckte, aber schon bald erfasste mich eine Welle massiver Verwirrung. Ich hatte mich bereits auf eine Bestrafung eingestellt, aber das war nun etwas komplett Unvorhergesehenes, und ich wusste nicht, wie ich reagieren sollte.

„Es ist eine nette Wohnung“, fuhr sie fort, „in einem der neuen Blocks. Sie hat ein Badezimmer und alles. Es ist gar nicht weit weg. Wir können also jederzeit auf Besuch hierherkommen.“

Ich sah sie bloß an und wusste nicht, was ich davon halten beziehungsweise dazu sagen sollte.

„Außerdem ...“, sie stockte kurz und sah Jimmy an. „Außerdem wird Jimmy jetzt dein Vater sein. Es ist nun offiziell. Jimmy adoptiert dich. Von jetzt an ist dein Name nicht mehr Bernard Sumner, sondern Bernard Dickin.“

Ich wusste immer noch nicht, was ich sagen sollte, aber es war klar, dass die Sache nicht zur Diskussion stand. Sie ließen mich im Zimmer zurück und ich ging alles noch einmal durch, um aus dem, was meine Mutter gesagt hatte, schlau zu werden. In eine Wohnung zu ziehen – gut, das war ziemlich aufregend. Ich erinnerte mich daran, wie sehr ich den Ausblick von der Wohnung meiner Urgroßmutter aus genossen hatte. Außerdem würden wir ja wirklich nicht allzu weit von der Alfred Street wohnen. So weit klang es nach einem Abenteuer. Die Ankündigung, dass Jimmy von nun an mein Dad sein und ich seinen Nachnamen annehmen würde, war da schon etwas ganz anderes und schwerer zu begreifen. Immerhin war ich seit dem Tag meiner Geburt ein Sumner gewesen. Es war der Name meiner Mutter. Es war der Name meiner Großeltern, die ich liebte und in deren Haus ich aufgewachsen war. Es war mein Familienname, ein Teil von mir. Es war im Grunde der konkreteste Ausdruck meiner Identität, den ich vorzuweisen hatte. Und trotzdem war ich jetzt – ohne dazu befragt worden zu sein – ein Dickin, und nicht länger ein Sumner. Was Jimmy als neuen Vater betraf, so war ich die elf Jahre zuvor ausgezeichnet ohne einen ausgekommen. Nun wurde mir mehr oder weniger einer aufgedrängt. Ich dachte an Großvater, jenen Mann, der für mich immer wie ein Vater gewesen war. Nicht nur wurde er nun seiner bisherigen Rolle beraubt, auch sein Name wurde ausgelöscht.

Ich war entschlossen, dies nicht zuzulassen. Je mehr ich darüber nachdachte, desto mehr verabscheute ich es, vor solch vollendete Tatsachen gestellt worden zu sein. Ich gab Jimmy keine Schuld daran. Er konnte ja nichts dafür. Mein Verhältnis zu ihm war in Ordnung. Aber er war zu spät in mein Leben getreten, um irgendeine Vaterrolle für mich übernehmen zu können. Als Mensch war er okay. Er war still. Die Dinge, die mir an ihm am besten in Erinnerung geblieben sind, waren, dass er einerseits eine sehr kräftige rechte Hand hatte und dass er andererseits ein sehr guter Schachspieler war. Auch sein Leben war sehr hart. Obwohl er selbst mit einem ziemlich schweren Handicap zurechtkommen musste, arbeitete er als Reinigungskraft in einer Baumwollspinnerei, was einigermaßen beschissen gewesen sein muss. Ich respektierte Jimmy, aber ich fühlte keinerlei emotionale Verbindung zu ihm, nicht einmal irgendeine Verbindung. Wir unterhielten uns nicht mal besonders häufig.

Ich muss Jimmy allerdings zugutehalten, dass er sich echt gut um meine Mutter kümmerte, obwohl ich mich auch an lautstarke Auseinandersetzungen erinnere, nachdem sie erst einmal verheiratet waren. Meine Mutter sprang mit Jimmy um, wie sie das auch mit mir tat – auch ihn ließ sie nicht gerne vor die Türe. Wenn er einmal spät von der Arbeit nachhause kam, führte das zu massiven Unstimmigkeiten zwischen den beiden. Ich steckte mir dann in meinem Zimmer die Finger in die Ohren, um meine Ruhe zu haben, aber ich konnte sie immer noch schreien hören. Das war echt unangenehm. Die Lage entspannte sich allerdings, sobald wir in die Wohnung gezogen waren. Vielleicht half es ihnen ja, nun ihr eigenes Rückzugsgebiet zu haben. Ich denke, dass dies wahrscheinlich hinter der Idee mit dem Umzug steckte.

Als sich die Aufregung angesichts unserer Übersiedelung erst einmal gelegt hatte, realisierte ich, was für ein Abschiedsschmerz damit verbunden war, die Alfred Street hinter uns zu lassen. Natürlich hatte ich Verständnis dafür, warum meine Mutter beschlossen hatte, in eine eigene Wohnung zu ziehen. Ganz unabhängig von ihren gesundheitlichen Problemen: Sie war eine Frau in ihren Mittdreißigern, die immer noch bei ihren Eltern lebte.

Ich musste mich schnell daran gewöhnen, dass wir – Mum, Jimmy und ich – nun nur mehr zu dritt waren. Das war eine enorme Umstellung für einen kleinen Jungen, der bis dahin nur das Leben im Hause seiner Großeltern gekannt hatte.

Anfangs fand ich unser neues Zuhause fantastisch. Es fühlte sich an, als sei es das Beste, was mir je passiert war. Wir wohnten zwar ziemlich weit unten im Gebäude, weshalb sich mir nicht dieselbe atemberaubende

Aussicht wie bei meiner Urgroßmutter bot. Allerdings hatten wir ein ordentliches Badezimmer inklusive Wanne, was wir in der Alfred Street nicht gehabt hatten. Außerdem hatten wir auch einen Boiler und einen Wäschetrockenschrank. Bald schon begriff ich, dass man sich in diesen Wäschetrockenschrank zurückziehen konnte, wenn man die Heizung aufdrehte. Das war dann wie in einer Sauna.

Von meinem Zimmer aus konnte ich ein kleines, hageres Bäumchen sowie einen Flecken Gras sehen. Ich blickte gewohnheitsmäßig darauf und dachte mir, wie glücklich ich mich schätzen durfte, hier zu wohnen. Immerhin hatten wir ein Bäumchen und einen Rasen, und eben einen Wäschetrockenschrank und eine Badewanne. Anfangs war ich richtiggehend geplättet von allem. Aber natürlich wurden mir mit der Zeit auch die zahlreichen Nachteile bewusst. Es gab hier kein Gemeinschaftsgefühl. Die Blockgebäude isolierten die Leute voneinander, besonders die alten, die zuvor noch so reichhaltige soziale Existenzen geführt hatten. Hier konnte man nirgendwo einen Stuhl aufstellen und sich in die Sonne setzen, um ein Schwätzchen mit den Nachbarn zu halten. Für uns Kinder gab es keine Straße, auf der wir spielen konnten, keinen Wasserschlauch, um uns im Sommer gegenseitig nass zu spritzen. Diese Wohntürme waren zwar vermutlich auf dem Papier eine tolle Idee, doch konnten sie den Ansprüchen ihrer Bewohner leider nicht gerecht werden. Sie waren eine streng wirtschaftliche Lösung, und der Preis, den die Menschen zahlen mussten, war hoch. Denn selbstverständlich waren es nicht die Architekten und Stadtplaner, die dort leben mussten.

Ungefähr zur selben Zeit, als wir in unsere Wohnung einzogen, verschlechterte sich der allgemeine Gesundheitszustand unserer Familie. Bei meinem Großvater wurde ein Gehirntumor diagnostiziert und er musste sich im Jüdischen Krankenhaus, das sich damals in der Nähe des Strangeways Prison befand, einer Operation unterziehen, bei der ihm der Tumor entfernt wurde. Keine Ahnung, warum er in einem jüdischen Krankenhaus lag, denn er war kein Jude. Aber obwohl wir uns eine Weile große Sorgen um ihn machten, war die Operation ein Erfolg. Leider stellte sich aber heraus, dass das nur der Anfang von allem sein würde. Schon bald nachdem mein Großvater aus dem Krankenhaus entlassen worden war, musste sich meine Großmutter dorthin begeben, da sie sich wegen ihres grünen Stars operieren lassen musste. Ein routinemäßiger Eingriff, der in den Krankenhäusern permanent durchgeführt wurde. In diesem Fall aber lief irgendetwas katastrophal falsch und meine Großmutter verlor ihr Augenlicht. Solange sie lebte, sollte sie nie wieder etwas sehen. Abgesehen davon, dass die Erblindung meiner Großmutter für sich schon eine absolute Tragödie war, waren die Auswirkungen auf meine Familie niederschmetternd. Sie war meiner Mutter stets eine große Hilfe gewesen und obwohl wir umgezogen waren und nun Jimmy hatten, hatte meine Großmutter weiterhin geholfen – doch nun ging das nicht länger. Es bedeutete auch, dass mein Großvater – nicht lange, nachdem er von seinem Gehirntumor genesen war – nun der einzig körperlich gesunde Erwachsene in unserer Familie war. Meine Großmutter hatte als Putzfrau gearbeitet, musste nun aber aufgrund ihrer Erblindung ihren Job kündigen, was ihre Lage in der Alfred Street nur noch verschärfte. Es war eine schreckliche Zeit. Obwohl ich glaube, dass die Familie das volle Ausmaß dessen, was meiner Großmutter zugestoßen war, vor mir geheim hielt. Ich erinnere mich nicht daran, dass es ein Thema war, solange ich in der Nähe war. Allerdings weiß ich noch, dass ich wütend war, dass dieser dumme Arzt die Sehfähigkeit meiner Großmutter auf dem Gewissen hatte. Es ist anzunehmen, dass man heutzutage in so einem Fall rechtliche Schritte ergreifen kann, aber damals musste man schlicht und einfach mit der Situation zurechtkommen. Wir waren eine arme Familie aus der Arbeiterklasse, was hätten wir also tun sollen?

Meine neue Schule hätte eine willkommene Abwechslung von den Querelen, die ich zuhause miterlebte, sein können, aber leider lief auch dort nicht alles wie am Schnürchen. Zwar ging ich nun auf eine andere Schule, doch blieb das Resultat dasselbe: Ich tat mir an der Salford Grammar School um nichts leichter als an der St. Clement's. Mathematik war weiterhin meine große Schwäche und in meiner großen Mathe-Prüfung im ersten Jahr erreichte ich gerade einmal fünf oder sechs Prozent der Gesamtpunktezahl. Das Selbstvertrauen, das ich mir durch die Abschlussprüfung in der Grundschule erarbeitet hatte, lag schon bald wieder am Boden. Obwohl mir jegliches mathematische Talent fehlte, setzten die Lehrer dennoch alles daran, mir den Lehrstoff einzutrichtern. Es blieb aber zwecklos. Ich war viel besser in Kunsterziehung, der Klassenbeste sogar, doch anstelle mich diesbezüglich zu fördern, lag der ganze Fokus auf Mathe. Menschen verfügen über unterschiedliche Talente und ich denke, dass dies in der Schulbildung Berücksichtigung finden sollte. Die Schule sollte bezüglich der Fächer, in denen man nicht so gut ist, eine solide Basis bieten, aber die Rolle der Ausbildung sollte darin liegen, herauszufinden, was die individuellen Stärken sind, beziehungsweise diese fördern. Schließlich würde man einen dürren Bücherwurm mit dicken Brillengläsern auch nicht dazu zwingen, Kapitän der Rugby-Mannschaft zu werden. Das wäre komplett schwachsinnig. Ist es demnach nicht ebenso lächerlich, jemanden, dessen Vorzüge eindeutig künstlerischer Natur sind, zum Mathe-Genie drillen zu wollen?

Obwohl ich nicht zu den schulischen Überfliegern zählte, saß ich im Klassenzimmer weit hinten. An der Salford Grammar School – so wie in jeder anderen Schule – gab es die guten Jungs und die bösen Jungs. Die guten Jungs saßen vorne und die bösen sammelten sich in den hinteren Reihen. Ich saß stets in der letzten Reihe, nicht etwa weil ich ein Dummkopf oder ein Störenfried gewesen wäre, sondern weil ich den Lehrplan beziehungsweise wie er umgesetzt wurde extrem öde fand. Ich sehnte mich danach, etwas mehr angeregt zu werden. Sogar Geschichte war mir damals gleichgültig – obwohl ich heute Geschichte *liebe*. Meiner Überzeugung nach hatte das mit dem Lehrstoff zu tun, denn niemand von uns interessierte sich für Getreidezollgesetze oder die geflügelte Nuss des Ahornbaums – doch waren dies damals die Dinge, die wir zu lernen hatten. Trotz all der Jahre, die ich im Geschichtsunterricht saß, kann ich mich nur an eine Sache erinnern, nämlich daran, dass einmal eine Spinne von der Nase des Lehrers baumelte, als dieser gerade über die Brotpreise im 19. Jahrhundert oder Ähnliches schwadronierte. Das war es auch schon. Das ist alles, woran ich mich bezüglich dieses Faches erinnere – und trotzdem verschlinge ich heute Bücher zu diesem Thema.

In den Naturwissenschaften war es auch nicht viel besser, allerdings war unser Lehrer, Mr. Upton, der schon vor Jahren gestorben ist, nicht nur sehr streng, sondern auch ein recht schräger Vogel. Von Anfang an wurden wir vor ihm gewarnt: „Möge euch Gott helfen, er ist irre." Er war – gelinde gesagt – ein Exzentriker. Gleich in unserer allerersten Stunde wies er uns an, dass wir alles auf amerikanische Weise, also mit weniger Buchstaben, schreiben sollten – um Tinte zu sparen.

Er fuhr ein kleines, dreirädriges Auto, das wir vom Klassenzimmer aus sehen konnten. Eines Tages, gegen Ende des Schuljahres, saßen wir in seiner Stunde, als wir durch das Fenster beobachteten, wie ein paar Sechstklässler, die fertig mit der Schule und dementsprechend euphorisch waren, zu seiner Karre gingen, durchs Fenster langten, die Handbremse lösten und das Gefährt aus der Parklücke schoben. Das eigentümliche Auto war auf einem Hügel gestanden und bevor wir uns versahen, ließen es diese Typen den Hang vor unserem Klassenzimmer hinunterrollen. Der Lehrer bekam davon natürlich genau gar nichts mit, da er mit dem Rücken zum Fenster stand. Wir hingegen hatten Logenplätze, als das dreirädrige Vehikel an unserem Klassenzimmer vorbeischoss und schließlich in eine Mauer donnerte. Es war ziemlich witzig, jedoch getraute sich keiner von uns zu lachen, weil wir uns so vor dem Lehrer fürchteten. Wir bissen uns alle auf die Innenseite unserer Wangen, starrten in unsere Schulhefte, alles nur, um nicht lautstark über das unglückselige Schicksal seines kleinen Autos lachen zu müssen.

Doch niemand von uns hätte prophezeien können, wie seine Laufbahn an der Salford Grammar School schließlich ihr Ende fand. Eines Tages saßen wir im Mathematik-Unterricht, als wir von draußen plötzlich Glas zerbrechen hörten. Wir konnten gerade noch sehen, wie Stühle durch die Fenster des naturwissenschaftlichen Klassenzimmers, in dem der wirre Lehrer unterrichtete, geworfen wurden und auf dem Asphalt landeten. Unser erster Gedanke war, dass er vermutlich ganz besonders schlechte Laune gehabt und jemanden beim Lachen oder so erwischt hatte. Die Wahrheit allerdings war viel schlimmer.

Zuerst hatte er alle Bunsenbrenner dahingehend manipuliert, dass es nicht länger möglich war, den Gasfluss zu regulieren. Dann separierte er die jüdischen Kinder von den restlichen Schülern seiner Klasse, sperrte sie im Klassenzimmer ein, ging in sein Kämmerchen und drehte das Gas auf. Was wir da hörten und sahen, waren die armen Schüler, die Stühle durch die Fenster warfen, um Luft zu bekommen. Es war absolut grauenhaft. Es war wenig verwunderlich, dass wir den Lehrer nie mehr wiedersahen. Vermutlich wurde er in eine Zwangsjacke gesteckt und fortgebracht.

Abgesehen von diesem befremdlichen Holocaust-Vorfall ähnelte meine Zeit an der Salford Grammar School in vielerlei Hinsicht jener an der Grundschule. Weil allerdings alles größer war, traf ich auch auf mehr gleichgesinnte Kinder. Wir fanden uns und bildeten eine Gruppe von Taugenichtsen am hinteren Ende der Klasse. Eines dieser Kinder war ein Typ namens Peter Hook. Rückblickend haben wir uns höchstwahrscheinlich zum ersten Mal in der letzten Reihe eines Klassenzimmers an der Salford Grammar School getroffen. Wir hatten unsere eigene Clique: Außer mir waren da neben „Hooky" Terry Mason und Dave Pearce, dessen Vater Polizist war. Wenn ich mich nicht irre, ging auch Dave später zur Polizei, und zwar als Scharfschütze.

Wenn wir damit durchkamen, verbrachten wir die monotonen Unterrichtsstunden damit, über Mädchen und Musik zu quatschen. Falls das nicht möglich war, saßen wir einfach nur da und langweilten uns, gafften auf die Uhr und sehnten das Ende der Stunde herbei. Auf unsere Art waren wir in vielerlei Hinsicht wie die Kids aus der englischen Sitcom *The Inbetweeners*: hoffnungslose Verlierer, die aber eine gute Zeit dabei hatten. Ich erinnere mich etwa daran, dass einer meiner Klassenkameraden eines Tages besonders beliebt war, weil er ein Pornoheftchen in die Schule geschmuggelt hatte. Die waren damals nämlich nicht leicht zu bekommen.

Auch Gresty aus der Alfred Street gehörte zu unserer Hinterbänkler-Gang und war bekannt für einen Trick, den er lange Zeit mit Erfolg abzog: In seiner Schultasche hatte er einen großen Schraubenschlüssel, den er, wenn der Lehrer gerade nicht zu ihm hinsah, auf den Boden fallen ließ, was ein lautes Geräusch verursachte. Dann hob er ihn schnell auf und steckte ihn wieder zurück in seinen Ranzen, bevor der Lehrer die Lärmquelle ausfindig machen konnte. Dafür war einiges an Geschick notwendig und es war ziemlich beeindruckend. Natürlich hatte dieses Kunststück, wie jede andere Show auch, ein Ablaufdatum und Gresty realisierte irgendwann, dass er eine neue Nummer bräuchte. Eines Tages trotteten wir in das Klassenzimmer, in dem die Mathe-Stunde gehalten wurde, und schlichen zurück in die letzte Reihe. Als wir uns hingesetzt hatten, fiel uns auf, dass Gresty sich ganz vorne niedergelassen hatte. Wir sahen uns entsetzt an. Was zum Geier hatte er vor?

Unser Mathe-Lehrer hieß Johnny Barker und auch vor ihm hatten wir eine Heidenangst. Ich glaube, er hat im Krieg einiges mitansehen müssen. Er hasste es zum Beispiel, dass wir unsere Bücher in Schultaschen herumtrugen, und schrie: „Ihr ruiniert die Bücher mit diesen Schultaschen. Meine Kameraden und ich mussten in den Krieg ziehen, damit ihr diese Bücher überhaupt haben könnt!“ Im Anschluss tickte er komplett aus und verbrachte den restlichen Unterricht damit, uns immer wieder zu erklären, dass wir nicht wüssten, wie gut wir es hätten, beziehungsweise, was seine Kameraden im Krieg alles durchmachen hätten müssen. Es war ein wenig seltsam, aber weiter kein Problem für uns, da wir dadurch weniger Zeit mit Mathe verbrachten.

Ein Markenzeichen von Mr. Barker war, dass er uns befahl, unsere Hausaufgabenhefte herauszuholen, damit er von Schüler zu Schüler gehen konnte, um die Hausaufgabe zu kontrollieren und abzuhaken, wobei er seine Runde stets in den vorderen Reihen begann. Wir machten nur selten unsere Hausaufgabe, zumindest nicht selbst. Gelegentlich schrieben wir sie in der Toilette vor den Schulstunden ab. Deshalb versuchten wir immer, ihn abzulenken. Die erfolgreichste Methode war, Barker in ein Gespräch zu einem Thema zu verwickeln, zu dem er ganz entschiedene Ansichten vertrat. Wir wussten bald, dass das am besten mit Cricket und dem Krieg funktionierte. Einer von uns fragte dann mit unschuldiger Stimme so etwas wie: „Sir, wie war denn das im Krieg? Waren die Spitfires wirklich so gut, wie man sagt?“ Oder: „Welches ist das beste Team, das es je in Lancashire gegeben hat, Sir?“ In der Regel blickte er dann aus dem Fenster und ließ einen seiner Monologe vom Stapel, entweder über die Vielseitigkeit der Spitfire oder über irgendein hammermäßiges Cricket-Team, das in den Dreißigerjahren die Meisterschaft von Lancashire erringen konnte. Gleichzeitig verrannen die Minuten, bis schließlich die Schulglocke das Ende der Stunde signalisierte – was für uns hieß, dass wir ungeschoren davongekommen waren. Wieder einmal. Wir hatten die Lage jedenfalls gepeilt.

Aber an diesem speziellen Tag hatte sich Gresty an die vorderste Front gesetzt. Keiner von uns wusste, was da vor sich ging: Da vorne müsste er schließlich seine Hausaufgaben vorzeigen. Mr. Barker hatte auch kein Verständnis für schlechtes Betragen in seinem Unterricht. Es durfte nicht geredet oder gelacht werden. Sogar ein Grinsen konnte einem ein Nachsitzen einbringen. Gresty wusste das. Wir alle wussten das. Die Unterrichtsstunde fing an und Mr. Barker ging auf und ab und erzählte was von Sinus und Cosinus oder so. Er ging an Gresty vorüber, der sich hinter seinem Pult nach hinten lehnte und die Arme hinter seinem Kopf verschränkte, damit wir alle sehen konnten, dass seine Tasche auf seinem Schoß lag und sich wie von selbst hob und senkte. Er hatte sich selbst zu einer Erektion verholfen und benutzte sie, um den Ranzen wiederholt anzuheben. Das war sein neuer Trick. Ein richtig guter sogar. Und wir durften nicht lachen.

Abgesehen von solch phallischen Einlagen hatte die Salford Grammar School auch einen großen Anteil daran, dass ich mit meinen ersten musikalischen Einflüssen in Kontakt kam – nicht etwa im Musikunterricht, sondern durch die Kinder, mit denen ich herumhing. Außerdem hatten wir einen supercoolen Geografielehrer, einen jungen Typen mit langen Haaren, an dessen Namen ich mich gerne erinnern würde. Er sagte: „Ich weiß, dass manche von euch Geografie langweilig finden. Ich verstehe das. Aber tut mir einen Gefallen: Wenn dem so ist, macht bitte trotzdem keinen Stunk in meiner Stunde. Wenn ihr euch ruhig verhaltet, gibt es da drüben einen Raum mit einem Schallplattenspieler und ich lasse euch in der Pause hinein, damit ihr Musik hören könnt." Er war großartig, ein echt cooler Typ. Alle Kids respektierten ihn. Er erkundigte sich bei einem, was man so hörte, also begannen wir, Schallplatten mitzunehmen. Er half dabei, an der Schule eine Musikkultur abseits des Lehrplans zu etablieren. Ich glaube, dass zu dieser Zeit das Musical *Joseph and the Amazing Technicolor Dreamcoat* aufgeführt wurde. Es war einfach schrecklich und wir wollten nichts damit zu tun haben. Wir wollten Jimi Hendrix, die Stones und die Kinks hören und nicht irgendein Kind, das Musical-Songs vergewaltigte. Wir fanden Dinge wie diese Aufführung einfach nur beschissen. Wenn ich mich richtig erinnere, gaben die meisten Jungs in den Musikstunden nur vor mitzusingen und hatten Pornohefte in ihre Musikbücher eingelegt.

Ich war bis dahin in keinem sehr musikalischen Ambiente herangewachsen. Meine Großeltern hatten zwar ein Grammophon, auf dem sie manchmal eine alte Schellack spielten, aber das gab mir nichts. Ich hatte die Kinks im Radio gehört, als ich noch sehr jung war, und sie gefielen mir sehr. Ich denke, es war im Urlaub, an den Stränden von Torquay – oder wo auch immer –, wo ich blechern klingende Versionen von „You Really Got Me“ und „Lola“ sowie Songs der Beatles und der Stones aus den Transistor-Radios tönen hörte. Dann hörte ich in den Nachrichten von ihrem verkommenen Benehmen – die Drogen und so. Ich kann mich noch genau daran erinnern, gehört zu haben, dass das Haus eines berühmten Sängers im Rahmen einer Razzia durchsucht worden war – und er im Bett mit nicht nur einer, sondern gleich zwei Frauen aufgefunden wurde. Ich war schockiert. Allerdings vergraulte mir das nicht die Musik.

Noch an der Grundschule hatte der Direktor, Mr. Alkister, uns jeden Morgen eine andere Aufnahme eines klassischen Stückes auf einem Plattenspieler vorgespielt. Er sagte üblicherweise: „Gut, das hier heißt ‚Eine Nacht auf einem kahlen Berge‘ und ist von Mussorgski.“ Dann legte er die Nadel auf die Rille und wir hörten zu. Ich verstand zwar nicht wirklich, aber ich denke oft darüber nach, ob sich das unterbewusst auf mich auswirkte. Jedoch war die klassische Musik damals zu raffiniert, zu erwachsen für einen Salforder Jungen von der Straße. Ich sage nicht, dass es schlecht war, dass ich es nicht gemocht hätte, aber ich wollte etwas Gefährlicheres hören, etwa die Stones. Zuerst hörst du die Stones, dann landest du bei etwas anderem und schließlich führt dich dein Weg zurück zur klassischen Musik. Aber in diesem Alter waren wir einfach noch zu jung, um sie schätzen zu wissen.

Dem North Salford Youth Club habe ich ebenfalls große musikalische Einflüsse zu verdanken. Die Jugendclubs der damaligen Zeit waren ziemlich gut und die Leute waren cool. Klarerweise bestand die Hauptattraktion darin, dass man dort Mädchen treffen und abhängen konnte. Es gab auch eine Disco, wo im Keller Motown, Soul und Ska für all die Skinheads, Suedeheads und Scooter Boys, zu denen auch ich zählte, gespielt wurde. (Ich hatte einen Motorroller, seit ich 16 war. Es war eine GP225 Lambretta, ein richtig cooler Flitzer. Ich trug auch einen Crombie-Mantel, ein rotes Seidenhalstuch mit einem Rautenmuster, Arbeitshosen, das ganze Zeug eben.) Von der Disco begab man sich im Anschluss die Treppe hoch, wo sich Leute mit langen Haaren versammelt hatten, um Led Zeppelin, Santana, die Stones und vielleicht auch Black Sabbath zu hören. Sie hatten dort einen Schallplattenspieler mit Stereo-Lautsprechern, was uns schwer beeindruckte. „Verdammte Scheiße", riefen wir, „der Sound beginnt hier drüben und bewegt sich dann hinüber zur anderen Lautsprecherbox!" Man durfte seine eigenen Platten mitnehmen und alle saßen dann herum und hörten zu – eine Gruppe von Gleichgesinnten, die eine ähnliche Musik bevorzugten. Ich lernte dort viel über Musik. Als Motorroller-Jungs hätten wir vorrangig Soul hören müssen, uns gefiel aber auch Rockmusik. Den halben Abend verbrachten wir in der Disco und dann gingen wir nach oben, wo wir komplett andere Musik zu hören bekamen.

Als ich ungefähr 15 war, hörte ich „Ride a White Swan" von T. Rex im Radio. Ich machte mich dann sofort auf, die Platte zu kaufen. Der Gitarrensound, die Melodie, alles – ich liebte diesen Track. Als ich wieder zuhause war, legte ich die Scheibe auf den Schallplattenspieler, den ich zu Weihnachten bekommen hatte, und es klang umwerfend. Nach drei Minuten war alles vorbei. Ich dachte mir: „Was tue ich jetzt? Okay, höre ich mir eben die B-Seite an." Die gefiel mir aber nicht so, weswegen ich mir immer wieder „Ride a White Swan" reinzog. Nach einer Weile reichte mir das aber nicht mehr aus und ich begab mich auf die Suche nach dem Album, das jene Musik enthielt, die meinen Geschmack zum ersten Mal genau treffen sollte.

Es mag vielleicht eine Überraschung für euch sein, aber das erste Musikstück, das mich richtig aus den Schuhen warf, jenes, das mich vielleicht am meisten beeinflusste, den Weg zu wählen, den ich gegangen bin, war keiner der Songs, die ich in der Disco unten im Jugendclub beziehungsweise oben bei den Rockfans hörte. Es lief auch nicht in einer unserer Musiksessions mit dem Schallplattenspieler des Geografielehrers und auch nicht im Radio. Ich war im Kino, als ich es zum ersten Mal hörte.

Ich hatte gerade den Spaghetti-Western *Zwei glorreiche Halunken* gesehen. Oder gehört. Ich war von klein auf ein visueller Typ gewesen und liebte es, wie dieser Film rüberkam: Er war auf eine besondere Weise gefilmt worden, mit kolossalen Großaufnahmen. Ich liebte es auch, dass nicht ganz klar war, wer nun gut und wer böse war, weil, nun ja, jeder böse war. Da gab es keinen Helden – nur Halunken. Bis dahin hatte es nur abgeschmackte John-Wayne-Filme gegeben, in denen man die Bösewichte an der Farbe ihrer Hüte erkennen konnte. Dann tauchte plötzlich Sergio Leone auf und machte subversive Filme, die alle Regeln brachen. Sie waren düsterer als alles Dagewesene. Man konnte den Schweiß und den Schmutz sehen, ja, beinahe die sengende Sonne spüren. Die Dialoge waren eher spärlich und über weite Strecken wurde geschwiegen. Leones Western waren auch auf seltsame Weise komisch. Aber was mich wirklich begeisterte, war die Filmmusik von Ennio Morricone. Dieses einfache, gepfiffene Thema, dieser scharfe Gitarrensound, diese Coyoten-Schreie, die Echo-Effekte, die großen Abstände zwischen den Noten – dies alles passte perfekt zu den kargen Drehorten des Films. Es war einfach unglaublich atmosphärisch, und ich liebte das. Ich kam aus dem Kino und machte mich umgehend auf die Jagd nach dem Soundtrack-Album. Natürlich gab es damals kein Internet, weshalb es eine Weile dauerte, es aufzutreiben, aber als ich es schließlich – so vermute ich – im HMV in Manchester fand, hörte ich es mir wieder und wieder an. Ich besorgte mir außerdem die Soundtracks zu *Für eine Handvoll Dollar* beziehungsweise *Für ein paar Dollar mehr.* Es handelte sich dabei um eine einzige LP, deren beiden Seiten jeweils einen Film abdeckten. Ich konnte gar nicht genug kriegen von dieser unglaublichen Musik. Es war, als wäre bei mir ein Schalter umgelegt worden. Zuerst war ich noch nicht sonderlich von Musik angetan gewesen – und auf einmal war ich massiv daran interessiert.

Es sollte sich herausstellen, dass Hooky ebenso musikbegeistert war. Üblicherweise hielten wir uns bei mir oder bei ihm zuhause auf, um Platten zu hören. Auch Grestys Haus war ein beliebter Treffpunkt, da sein Dad beim Süßwarenhersteller Cadbury's angestellt war und wir bei ihm Kuchen in rauen Mengen naschen konnten. Wir fingen außerdem an, gemeinsam auf meinem Scooter in den Jugendclub zu fahren – ich am Steuer und Hooky hinten. Ich weiß noch, wie wir einmal versuchten, Mädchen, die vor dem Club standen und darauf hofften, eingelassen zu werden, zu beeindrucken. Hooky kletterte wie immer auf den Sozius. Ich ließ wie sonst auch den Motor aufheulen – wir hatten vor, wie Peter Fonda und Dennis Hopper in *Easy Rider* den grünen Hügel vor dem Club hinaufzujagen. Aber das Hinterrad begann sich zu drehen und der Scooter schoss unter uns hindurch, und wir landeten schließlich in einer großen Schlammpfütze. Genau vor diesen Mädchen. Autsch.

Ich schäme mich dafür, dass ein paar von uns auch hin und wieder nach Manchester fuhren, um Ladendiebstähle zu begehen, und zwar in erster Linie aus Langeweile und hauptsächlich wegen der Jeans. Wir konnten uns weder Levi's noch Wranglers leisten, wollten aber dennoch cool aussehen, wenn wir im Jugendclub einliefen. Deshalb klauten wir sie gelegentlich. Die Herausforderung an sich spielte ebenso eine Rolle. Lange sollte das aber nicht anhalten. Einmal beteiligte ich mich bei einem Wettkampf, bei dem es darum ging, Kugelschreiber mitgehen zu lassen, und wurde prompt von einem Typen erwischt, der meinte, dass er die Geschäftsführung verständigen würde, wenn ich den Stift nicht zurücklegte. Danach klaute ich nie wieder. Meine Mutter hätte mich wohl gekillt. Die möglichen Konsequenzen wären das Risiko nicht wert gewesen.

Abgesehen von Girls und Klamotten drehte sich in meinen mittleren Teenagerjahren aber alles um Musik. Es war, als wäre eine Box geöffnet worden, aus der nun dieses sehr starke Licht entwich. Hooky und ich waren geradezu fanatisch. Ich weiß nicht, ob es damit zu tun hatte, dass uns in der Schule alles langweilte. Oder ob der Grund darin lag, dass es zu dieser speziellen Zeit gerade besonders viel gute Musik gab. Egal, unsere Faszination grenzte schon an Besessenheit.

Ein großes Ereignis während meiner Schulzeit war der Tod von Jimi Hendrix im Jahr 1970. Ich mochte Gitarrenmusik, konnte aber in Jimis Material nur wenige Melodien finden. Mein Banknachbar war ein eher stiller Typ. Ich sagte zu ihm: „Du magst doch Jimi Hendrix, oder? Er ist gerade gestorben, ja?" Er antwortete: „Ja, das stimmt." Ich meinte darauf: „Ich habe versucht, mich in sein Zeug einzuhören, aber ich finde keine Melodien. Was ist so besonders an ihm?" Er drehte sich zu mir um und sah mir in die Augen. Dann sagte er ganz ruhig: „Ich mag ihn einfach. Okay?" Ich hielt das für eine sonderbare Reaktion und sie machte mich nur noch neugieriger. Polydor hatte nach seinem Tod eine EP mit „Voodoo Chile", „All Along the Watchtower" und „Hey Joe" veröffentlicht. Ich legte die Scheibe auf den Plattenteller, hörte zu und die ersten paar Male kam es mir wie Krach vor. Zuerst konnte ich mir einfach keinen Reim darauf machen, was die Leute darin hörten. Doch dann, ganz plötzlich und mit einem Schlag, erschloss es sich mir. Es hatte ein Weilchen gedauert. Ich bin dem Jungen, der mir damals in der Schule keine

Erklärung geben wollte, heute dankbar, weil ich mich stattdessen selbst dahinterklemmte, bis es schließlich „klick" bei mir machte.

Die frühen Fleetwood Mac, vor allem Peter Greens Songwriting und sein Gitarrenspiel, mochte ich ebenfalls. Weniger das bluesige Zeug. Es verwirrte mich immer, wenn britische Bands sich endlos über den Blues ausließen. Ich mochte keine Nummern, die nach Blues klangen – ich mochte es, wenn sie nach einer Band aus England klangen und nicht versuchten, eine Blues-Combo aus Amerika zu sein. So wie ein Album der Rolling Stones mit einem achteckigen Plattencover. Es hieß *Through the Past, Darkly* und es waren alle Hits darauf vertreten: „Jumping Jack Flash", „Street Fighting Man" – ich liebte das Zeug. Vor allem „2000 Light Years From Home" war ein großartiger Track, weil es sich nicht nach einer Bluesband anhörte, sondern einfach wie die Rolling Stones. Selbstverständlich gab und gibt es einige großartige, authentische amerikanische Bluesmusiker, aber der Kram, den ich mochte, war kein Blues, nein, es waren Bands, die den Blues als Zutat verwendeten, aber wo letztlich etwas total anderes dabei herauskam. Sie filterten ihn durch ihre eigenen Erfahrungen und ihre ihnen vertraute Umgebung. Das gefiel mir am besten und das tut es immer noch.

Meine eigene Musik ist mit Sicherheit das Produkt meiner Erfahrungen. Und als ich mich dem späten Teenageralter näherte, machte ich diese Erfahrungen Länge mal Breite.

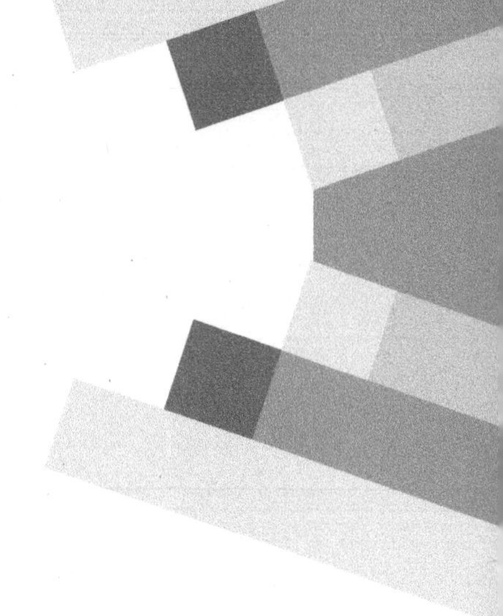

Kapitel 3

Komplex

Auch nachdem wir in die Wohnung auf der anderen Seite des Flusses in Greengate gezogen waren, verbrachte ich die meiste Zeit in der Alfred Street. Sie hatte eine magnetische Anziehungskraft auf mich. Ich besuchte dort ständig meine Großeltern und hing mit meinen Freunden ab. Meine Kindheit war definitiv nicht unglücklich. In vielerlei Hinsicht war es eine schwierige Zeit, vor allem im Vergleich zu anderen, aber ich war auf keinen Fall unglücklich.

Ich liebte es, in Salford aufzuwachsen und fühlte mich mit der dortigen Gemeinschaft eng verbunden. Außerdem hatte ich dort viel Spaß und erlebte fantastische Zeiten. Mein Horizont ging nicht weit über die paar lokalen Straßenzüge hinaus – aber immerhin kannte ich diese dafür in- und auswendig. Mitunter schwangen wir uns auf unsere Motorroller und fuhren in das Mittelgebirge der Pennines, zum Moor oder nach Blackpool. Wir schwänzten die Schule und preschten einfach davon.

Als ich zum ersten Mal am Land war, war das für mich wie eine andere Welt, denn die unsrige bestand aus roten Ziegelsteinen, Schmutz und Staub. Aber auf unseren Rollern mit ihren zwölf Zoll breiten Reifen konnten wir mitten im Winter durch die verschneiten, nebelverhangenen Pennines düsen. Sturzhelme hatten wir keine. Es war vollkommen irre. Dennoch lag darin eine seltsame Art von jugendlicher Unschuld. Wenn man in der Nacht spazieren ging, musste man sich schon gut auskennen. Man musste wissen, wo man sich aufhielt, und darauf achten, nicht zur falschen Zeit der falschen Posse über den Weg zu laufen. Sonst drohte einem eine gehörige Tracht Prügel. Es schlichen sich genügend Psychos in der Gegend herum – Leute, die mit zugespitzten Regenschirmen, Hämmern und mitunter auch Schwertern bewaffnet waren. Man versuchte einfach, diesen Knallköpfen aus dem Weg zu gehen.

Salford war meine Welt. Man machte aus dem, was man hatte, das Beste und darüber hinaus kannte man gar nichts Anderes oder Besseres. Ich hatte null Ahnung, was es sonst noch so gab. Und in gewisser Weise war das auch egal: Ich war fest in meiner Familie verankert, weshalb nie zur Debatte stand, fortzugehen. Es war eine so intensive Phase meines Lebens, dass ich immer noch, mittlerweile 40 Jahre später, davon träume. Dies war eine der glücklichsten Zeiten in meinem Leben, was an meiner Familie, der Gemeinschaft, den Freunden, dem Zugehörigkeitsgefühl und dem wunderbaren Mangel an Verantwortung lag.

Allerdings sollte ich schon bald begreifen, dass nichts für immer ist. Ich erinnere mich daran, wie ich eines Tages von der Schule nachhause kam und auf dem Tisch eine landesweit erscheinende Londoner Zeitung lag. Aufgeschlagen war eine Seite, die von einem Artikel über „Großbritanniens größten Slum“ dominiert wurde. Ich begann zu lesen. Die Kernaussage war, dass Großbritannien einen der größten und schlimmsten Slums Europas und ein wahres Augengeschwür beheimate. Es handle sich um einen Ort, für den sich die Nation schämen müsse. Als ich weiter las, wurde mir klar, dass diese Schande Großbritanniens Salford sei. Ich dachte mir: „Moment, da lebe ich ja. Ich lebe doch in keinem Slum.“ Ich war ernsthaft gekränkt und außerdem verwirrt, weil, soweit es mich betraf, das hier ein schöner Wohnort war. Offensichtlich herrschten unten im Süden andere Maßstäbe.

Es sollte nicht lange dauern, da begann die örtliche Verwaltung, Teile dieses angeblichen Schandflecks auszuradieren. Pläne wurden umgesetzt, um die Leute aus den alten viktorianischen Straßen in neue Wohntürme umzusiedeln. Aus ihrer Perspektive war es billiger, alle in so einem Blockgebäude unterzubringen, als die alten viktorianischen Häuserreihen zu renovieren, sie mit Zentralheizungen und ordentlichen Badezimmern zu versehen, was leicht möglich gewesen wäre, da die meisten Häuser ja über ein drittes Schlafzimmer verfügten. Sie beschlossen allerdings, einfach alles plattzumachen und die Menschen in diese Bienenstöcke aus Beton zu stopfen. Die Architekten scherten sich nicht um die Gemeinschaft – warum hätten sie das auch tun sollen?

Als ob das alles nicht schon beunruhigend genug gewesen wäre, verschlechterte sich darüber hinaus auch noch der allgemeine Gesundheitszustand meiner Familie. Eines Tages erlitt mein Großvater einen Schlaganfall, was ihn sowohl mental als auch körperlich stark in Mitleidenschaft zog. Rückblickend hatte es vielleicht etwas mit seinem Gehirntumor zu tun. War er zuvor noch ein liebenswerter, rücksichtsvoller Mann gewesen, so war er nun mit einem Mal ein wütender Kerl, der die ganze Zeit um sich schrie. Meine Großmutter war blind. Sie hielt sich überwiegend im ersten Stock auf. Großvater schlief nun im Erdgeschoss. Da mein Großvater den Verstand verloren hatte, musste sich Großmutter nun zusätzlich zu ihrer Erblindung auch noch mit ihm herumschlagen. Schrecklich. Es brach einem das Herz und es gab nichts, was ich hätte tun können.

Ich erinnere mich an das Haus in der Alfred Street. Es war der Ort, an dem ich aufgewachsen bin, wo ich meine glücklichste Zeit verbracht habe – und dann lief plötzlich einfach alles schief. Die Stadtverwaltung übersiedelte die Leute aus der Straße, ganz egal, ob sie damit einverstanden waren, sie verbarrikadierte die Häuser mit Brettern und verwandelte den Straßenzug kontinuierlich in eine trostlose, verlassene Geisterstraße. Die nachbarschaftliche Gemeinschaft wurde über die Region versprengt, nach Swinton und Little Hulton, an Orte, die zuvor nur Namen für uns gewesen waren. Sie wurde auseinandergerissen, ohne dazu befragt worden zu sein. Es gab kein Mitspracherecht, keine Auswahlmöglichkeiten. Wo einst Kinder beim Spielen auf der Straße gelärmt beziehungsweise die Nachbarn sich angeregt unterhalten hatten, herrschte nun Stille. Hie und da konnte man vielleicht ein paar Arbeiter der Stadtverwaltung hören, wie sie Bretter vor die Fenster der nun leerstehenden Häuser nagelten. Binnen Kurzem waren nur mehr drei Häuser in der Straße bewohnt. Die restlichen Gebäude waren dunkel und entseelt, ein Zuhause nur mehr für Geister und Erinnerungen. In einem dieser drei Häuser, in denen immer noch Licht brannte, saßen meine völlig erblindete Großmutter und mein Großvater, der total von Sinnen war. Bis heute habe ich einen wiederkehrenden Traum, in dem die Häuser der Straße mit Brettern verbarrikadiert sind und meiner verzweifelten Großmutter in ihrem Haus Tränen übers Gesicht laufen. Auch heute noch fühle ich mich in diesem Traum völlig hilflos. Ich war damals noch sehr jung und wusste nicht, wie ich helfen hätte können. Meine Großeltern hatten mich de facto aufgezogen und mir mein ganzes Leben nichts außer Liebe entgegengebracht – und hier war ich nun, absolut chancenlos angesichts dieser Flutwelle an Veränderungen und dem Unglück, in dem sie zu versinken drohten. Ich musste mitansehen, wie diese wunderbare, lebendige Gemeinschaft, von der ich gedacht hätte, dass sie für immer bestehen bleibe, vor meinen Augen zerbröckelte. Die Leute verstreuten sich in alle Windrichtungen.

Ich war tatsächlich davon ausgegangen, dass alle auf ewig dort leben würden, mitsamt der Bonfire Nights, den Pinks, die mit dem Gesetz in Konflikt kamen, den alten Frauen, die in ihren Stühlen die Sonnenstrahlen genossen, sowie meinem Großvater, der zwei Mal am Tag im Hof hinterm Haus seine Lungen auffüllte. All dies war in kürzester Zeit in einer auf dem Klassensystem beruhenden Säuberungsaktion, die zwar auf guten Absichten beruhte, jedoch keinen Bezug zur Realität hatte, ausgelöscht worden.

Schließlich wurde mein Großvater in einem Heim untergebracht, was aber auch ein Segen war. Allerdings sollte er nur mehr sechs Monate leben. Und so lebte meine Großmutter allein mit einer ihrer Schwestern in der nunmehr desolaten Straße, wo nur noch zwei weitere Häuser bewohnt waren. Schlussendlich zog sie in ein betreutes Wohnprojekt in Swinton, was sie hasste. Sie wollte nicht aus dem Haus ausziehen, in dem sie beinahe 50 Jahre gewohnt hatte und das für sie nach wie vor derselbe Zufluchtsort war wie in der Zeit, bevor sie ihr Augenlicht verloren hatte.

Ich erinnere mich noch daran, wie ich sie gegen Ende hin im alten Haus in der Alfred Street besuchte. Da liefen Mäuse herum und sie bekam das gar nicht mit, weil sie sie nicht sehen konnte. Wir hatten nie Mäuse gehabt, da sie in puncto Sauberkeit sehr penibel war. Es war einfach entsetzlich, ein Bild, das zusammenfasste, was mit unserer Gemeinschaft als Ganzes geschehen war. Sobald die letzten Bewohner umgezogen waren und all die Historie, die Menschen, die Familien und ihre Eigenheime, der Stolz und die Würde – einfach alles – verschwunden waren, übernahmen die Mäuse das Kommando.

Ich war gerade einmal 18 Jahre alt und alles, was ich gekannt hatte, war vernichtet worden. Dies miterleben zu müssen, hatte große psychologische Auswirkungen auf mich. Es machte mich emotional ein wenig härter. Anders hätte ich mit der Situation nicht umgehen können. Ich stelle mir das ein wenig so vor, als wäre man ein Arzt – die müssen sich auch ein dickes Fell zulegen, weil sie so viele schreckliche Dinge sehen und den Menschen oft schlimme Nachrichten mitteilen müssen. Bekommt man das nicht auf die Reihe, wird man untergehen. Dieser Entscheidung musste auch ich mich stellen, während ich dabei zusehen musste, wie unsere Welt zerbröselte.

Alles war verschwunden. Sogar die Schule war abgerissen worden. Es war fast so, als würde jemand alles daran setzen, meine Erinnerungen auszulöschen. Alles Greifbare, all die Dinge, die man berühren, fühlen, sogar riechen konnte – sie waren weg und würden nie mehr zurückkommen.

Mein Übergang ins Erwachsenenalter war nicht gerade sanft. Ich wurde aus der Kindheit gerissen, noch bevor ich dazu bereit war. Das gefiel mir ganz und gar nicht. Plötzlich war alles so unglaublich ernst und ich musste schnell erwachsen werden. Es war wohl kein Zufall, dass ich mich noch mehr in die Musik vertiefte. Was sich zu jener Zeit abspielte, hatte einen nachhaltigen Einfluss auf die Musik, die ich machen sollte. Ich denke, dass man den Untergang einer Gemeinde und das Ende meiner Adoleszenz in meinen Beiträgen zur Musik von Joy Division deutlich heraushören kann.

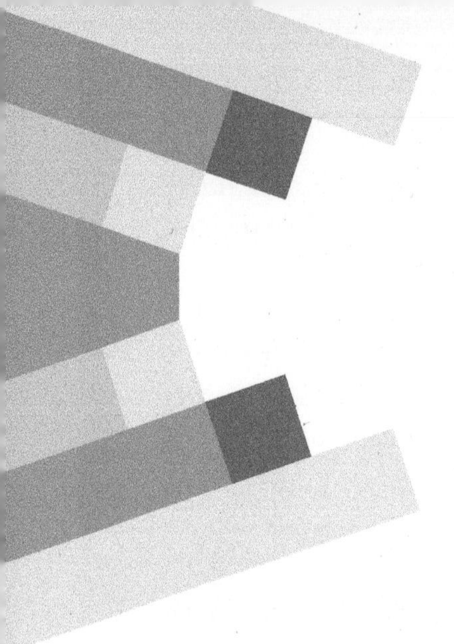

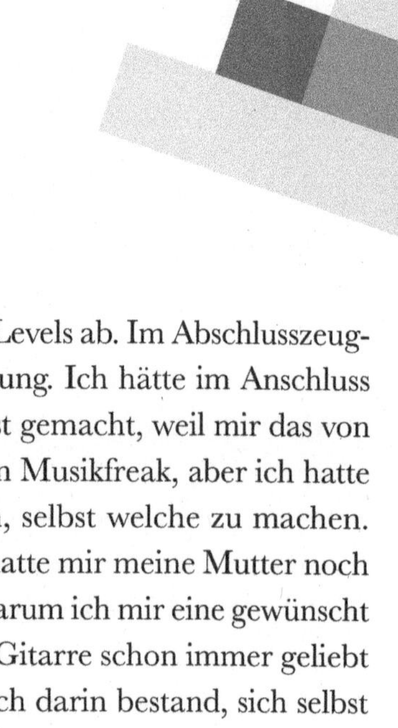

Kapitel 4

Mistkerle

Ich schloss die Schule 1972 mit meinen O-Levels ab. Im Abschlusszeugnis hatte ich ein Sehr gut in Kunsterziehung. Ich hätte im Anschluss auch gerne irgendetwas mit bildender Kunst gemacht, weil mir das von allem am besten gefiel. Natürlich war ich ein Musikfreak, aber ich hatte zu diesem Zeitpunkt noch nicht begonnen, selbst welche zu machen. Zusätzlich zu meinem Schallplattenspieler hatte mir meine Mutter noch eine E-Gitarre gekauft. Ich weiß gar nicht, warum ich mir eine gewünscht hatte, vermutlich, weil ich den Sound einer Gitarre schon immer geliebt hatte und der nächste logische Schritt einfach darin bestand, sich selbst eine zuzulegen. Infolgedessen unternahm ich ein paar obligatorische Versuche, sie zu spielen. Um ehrlich zu sein, fand ich es einigermaßen sinnlos. Ich wusste nicht, was ich tun sollte. Deswegen verstaubte das Ding bald in einer Ecke meines Zimmers. Das war Sackgasse Nummer eins.

Nachdem ich mit 16 mit der Schule fertig war, sollte also Kunst die Richtung sein, in die ich gehen wollte. Der Besuch beim Karriereberater an der Salford Grammar School war ein Fehlschlag. Ich suchte ihn auf und erklärte, dass ich etwas mit Kunst machen wolle. Er dachte einen Moment nach und teilte mir dann mit, dass es zwei Jobs für mich geben würde. Der eine wäre bei einem Frisör, beim anderen würde ich die weißen Ränder von Fotos wegschneiden. Und das war Sackgasse Nummer zwei.

Es sah so aus, als würde eine Laufbahn in einem kreativen Beruf nicht zur Debatte stehen. Ich stand nämlich bereits unter Druck vonseiten meiner Mutter, einen Job zu finden, damit ich etwas Geld zum Haushalt beitragen könnte. Nach meinem Schulabschluss hatte ich mich beim Bolton College of Art beworben, da es einen guten Ruf genoss, und war daher absolut begeistert, als mir dort ein Studienplatz angeboten wurde. Als ich jedoch meiner Mutter davon berichtete, war sie nicht gerade enthusiastisch. Bevor ich mich versah, tauchte ein Onkel von Jimmys Seite der Familie auf, um sich mit mir zu unterhalten. Er erklärte mir, dass es sich die Familie nicht leisten könne, mich an eine Kunstschule zu schicken. Ich sollte mir das aus dem Kopf schlagen und mich stattdessen darauf konzentrieren, eine feste Anstellung zu finden. Zwar verstand ich die Situation, weil wir ja in der Tat nicht viel Geld hatten, doch war ich auch ziemlich aufgebracht. Womöglich hatte Mr. Strapps letzten Endes doch Recht gehabt. Und somit war ich am Ende von Sackgasse Nummer drei angelangt.

Meine Mutter kannte ein Mitglied der örtlichen Verwaltung. Er vermittelte mir ein Vorstellungsgespräch im Ratshaus von Salford, welches mir letztlich einen fixen Job einbrachte. Anfangs wusste ich noch nicht, was meine Aufgabe sein würde, aber immerhin war es eine Anstellung – und die gab es in den Mittsiebzigern nicht gerade im Überfluss. Ich kam schließlich in der Finanzabteilung unter. Meine Aufgabe bestand darin, Kommunalsteuerbescheide zu verschicken. Ich faltete den Bescheid, gab ihn in einen Umschlag, feuchtete ihn an und klebte ihn zu. Einen nach dem anderen. Tausende Male pro Woche. Unser Büro befand sich direkt im Rathaus. Es hatte ein Fenster für Anfragen, wo man sich anstellen konnte, um über die Rechnungen, die man zugeschickt bekam, zu jammern. Niemand setzte sich gerne mit ihnen auseinander, weshalb ich es tun musste. Ein weiterer Teil meines Jobs war es, dem Stadtkämmerer am Morgen seinen Kaffee zu bringen. Da gab es eine Kanne mit heißem Kaffee und einen mit heißer Milch. Ich trug beide in sein Büro und schenkte ihm ein.

Viele unserer Büroangestellten gingen seit 40 Jahren derselben Beschäftigung nach und langweilten sich zu Tode. Es war tatsächlich wie ein schleichender Tod. Da gab es einen Typen, der nach dem Mittagessen immer auf seinem Schreibtisch einpennte. Eines Tages drehte ein wacher Geist die Uhr auf 5.30 vor. Dann machten wir alle einen Heidenlärm, zogen unsere Mäntel an und taten so, als würden wir uns auf den Heimweg machen. Durch dieses Treiben erwachte der Typ. Er schoss hoch, rannte zur Tür und eilte heimwärts.

Ich hatte noch nicht sehr lange dort gearbeitet, als ein eigenartiger Kauz beim Anfragenfenster aufkreuzte. Er trug altmodische Klamotten im Stile der viktorianischen Epoche, von Kopf bis Fuß in Schwarz. Außerdem war er sternhagelvoll. Alle in der Nähe des Fensters gingen in Deckung. Im Büro gab es da diesen Kerl, der eigentlich in Ordnung war. Er erinnerte mich mit seinem gewachsten Schnauzer an den englischen Komiker und Schauspieler Terry-Thomas und trotz der Langeweile des Jobs strahlte er Tatkraft aus. Nun rief er mich zu sich und flüsterte: „Du wirst dich mit ihm herumschlagen müssen. Das ist der städtische Gerichtsmediziner. Er bringt die Liste von Körpern, die er sich angesehen hat. Wir bezahlen ihn in bar und er gibt alles für Schnaps aus.“ Er lehnte sich halb gegen das Fenster, dieser Gerichtsmediziner, fluchte heftig vor sich hin und schrie: „Hier, ich habe diese Woche sechs Leichen aufgeschnitten. Jetzt will ich mein Geld. Wenn du es mir nicht gibst, bist du der nächste!“ Jeder hatte eine Scheißangst vor dem Kerl, weshalb man mich vorgeschoben hatte. Ich gab ihm seine Kohle und sagte ihm, dass er die Schnauze halten solle – *nachdem* er hinter sich die Türe zugezogen hätte. Nun ja, immerhin war ich erst sechzehneinhalb.

Ich kann mich zwar nicht mehr an den Namen des Terry-Thomas-Typen erinnern, aber er war ein sehr netter Mann. Er hatte einen VW-Bus, einen dieser coolen alten, und zur Mittagszeit machten sich gelegentlich fünf von uns auf den Weg, um in der Pause in den Bädern von Broughton schwimmen zu gehen. Er war der einzige Kerl in der Arbeit, in dem ein wenig Leben steckte. Er war witzig – tatsächlich glaube ich, dass er es war, der die Uhr damals vorgestellt hatte.

Nachdem ich den Job schließlich hinter mir gelassen hatte, hatte ich mal einen sehr seltsamen Traum von ihm. Darin saß ich wieder im Büro und schaute ihn durch das Empfangsfenster an. Er stand mit dem Rücken zu mir und ich klopfte gegen die Fensterscheibe und rief seinen Namen. Allerdings drehte er sich nicht um. Ich schrie weiter, bis er mich endlich ansah – und alle Venen und Sehnen in seinem Gesicht verliefen auf der Außenseite. Es sah schrecklich aus. Ich wachte auf und wunderte mich über diesen horrenden Albtraum. Kurze Zeit später war ich in einem Nachtclub in Manchester und traf ein paar Typen, die immer noch dort arbeiteten. Sie erzählten mir, dass er bei einem Unfall mit seinem VW-Bus ums Leben gekommen sei. Das waren erschütternde Neuigkeiten, die meinen Traum in einem seltsamen Licht erscheinen ließen.

Es war ein echt sonderbarer Arbeitsplatz. Hier arbeiteten Menschen, die von der Autobahn des Lebens abgefahren waren, um sich in dieser friedlichen, unaufgeregten Sackgasse von Existenz niederzulassen und die Jahre bis zur Pensionierung abzustottern. Da gab es diesen Typen in der Abteilung für Stadtplanung – wahrscheinlich war er mitverantwortlich für den Abriss des Hauses meiner Großmutter. Hin und wieder kam er ganz verstohlen zu mir und sagte: „Ich habe da einen Brief, kannst du ihn bitte durch deine Frankiermaschine laufen lassen?" Wenn ich das dann getan hatte, meinte er: „Guter Junge, hier hast du eine Süßigkeit." Das war meine Belohnung. Korruption auf Gemeindeebene, was?

Einmal wurde ich ins Büro des Stellvertreters des Stadtkämmerers gerufen. Er war eigentlich auch okay. Er ließ mich Platz nehmen und fragte: „Bernard, du bist neu in diesem Job, oder? Wie lange bist du schon hier?" Ich antwortete, dass es vier oder fünf Monate seien – je nachdem, was es eben war. Er hielt kurz inne, sah mich von oben bis unten an, deutete mit dem Kopf in Richtung Wand und sagte: „Siehst du dieses Bild? Weißt du, was das ist?" Ich verneinte. „Es heißt *Whistler's Mother*", klärte er mich auf. Dann blickte er eine Weile lang auf seine Füße, als ob er ein Problem mit dem hätte, was er als Nächstes zu mir sagen würde: „Es … es geht um die Kleidung, die du trägst." Ich trug einen Pulli mit einem schottischen Muster – die waren damals ziemlich angesagt – und darunter ein T-Shirt. „Wie soll ich das ausdrücken?", sagte er, „du würdest so ja auch nicht auf ein Begräbnis gehen, oder?" Ich gab ihm Recht, ich würde so gekleidet tatsächlich nicht auf einem Begräbnis erscheinen. Mit einer leicht gequälten Stimme sagte er dann: „Nun, warum kommst du dann so zur Arbeit?"

Der Vergleich mit der Beerdigung war in Bezug auf das Büro ziemlich passend. Ich war mir nicht sicher, ob er diese Analogie sogar bewusst anbrachte, um mir zu vermitteln: „Hey, ich weiß schon, wie der Hase läuft. Aber lass uns hier drinnen so wenig Aufsehen wie möglich erregen." Was das Gemälde mit alldem zu tun hatte, weiß ich bis heute nicht.

Es war ein sonderlicher Ort. Als wäre man im Büro aus *A Christmas Carol – Die drei Weihnachtsgeister* angestellt, besonders dann, wenn der Leichenbeschauer in seinen seltsamen viktorianischen Klamotten vorbeikam und aus dem Mund nach Balsamierflüssigkeit roch. Ich wusste, dass ich hier raus musste. Endgültig reichte es mir schließlich, als man mich ans College schickte, um mich bezüglich Kommunalverwaltung und Zentralregierung weiterzubilden. Es war, als wäre ich wieder an der Schule. Wir lernten über Dinge wie Parlamentsprotokolle und Bürokratie und ich war nicht im Geringsten interessiert. Wie vorherzusehen war, schnitt ich in der Prüfung richtig schlecht ab. „Jetzt geht das schon wieder los", dachte ich mir und nahm meinen Hut. Letztlich hatte ich es ein Jahr lang versucht. In dieser Zeit habe ich bestimmt eine Viertelmillion dieser Umschläge verschickt. In keinem dürften gute Nachrichten für den Empfänger gesteckt haben.

Ich schrieb zahlreiche Werbeagenturen in Manchester an, weil sie die einzigen potenziellen Arbeitgeber waren, die damals eine Aussicht auf eine künstlerisch-kreative Beschäftigung boten. Ich ging zu ein paar Vorstellungsgesprächen und mir wurden auch zwei Jobs angeboten. In beiden würde ich weniger verdienen als im Rathaus, aber das war nicht wirklich wichtig. Ich wollte nur eine Anstellung, in die ich ein wenig Herzblut fließen lassen könnte.

Der einen Firma sagte ich, dass ich sofort anfangen würde, wohingegen ich der anderen erzählte, dass ich in ein paar Wochen loslegen könne. Ich würde mich bei der ersten Agentur einfach krankmelden und dann im Anschluss entscheiden, welchen der beiden Jobs ich bevorzugte. Ersterer war einfach nur beschissen. Ich machte dort diese schrecklichen Anzeigen, die man aus Zeitungen kennt – „10 % Discount, JETZT!" umgeben von einem großen Stern. Das war keine Kunst, sondern Müll. Ich hielt es dort gerade mal eine Woche aus.

Der zweite Job war bei Greendow Commercials, einer Agentur, die Fernsehwerbungen produzierte, etwa für die Zeitschrift *TV Times*. Außerdem bestand eine Verbindung zu Granada Television, denn die meisten der Angestellten hatten dort als Grafiker gearbeitet, sich im Anschluss selbstständig gemacht und waren nun hier gelandet. Die Firma hatte einen eigenen Schneideraum, eine Trickkamera und ein Synchronstudio, weshalb praktisch alles gleich im Haus fertiggestellt werden konnte. Ich war als Laufbursche engagiert und mein Vorgesetzter war ein Typ namens Simon Bosanquet. Sein Onkel war Reginald Bosanquet, ein Nachrichtensprecher. Er war in Ordnung und hatte für Bryan Ferry ein Musikvideo zu „A Hard Rain's A-Gonna Fall" gedreht. Darauf war er sehr stolz. Die Leute in dieser Agentur waren eigentlich alle großartig. Mir gefiel es dort sehr. Meine Kollegen waren kreative Leute und es herrschte eine viel bessere Atmosphäre als bei der Arbeit im Rathaus. Ich glaube, dass ich den Job nur wegen meines Motorrollers bekam. Immerhin musste ich als Laufbursche Botendienste erledigen – etwa überall in Manchester Filmrollen ausliefern. Aber ich beschwerte mich sicherlich nicht darüber. Die Leute in der Firma standen auch total auf Musik. Man konnte den ganzen Tag Musik auflegen. Viele – nicht alle – jammerten, wenn ich meine spielte. „Wie kannst du dir nur so einen Scheiß anhören?", fragten sie dann. Allerdings waren sie auch älter als ich.

Ich hatte noch nicht sehr lange dort gearbeitet, als wir die Hiobsbotschaft erhielten, dass die Firma zusperren würde. Gerry Dow, der oberste Chef, teilte uns mit, dass es ihm leidtäte, sie aber planen würden, etwas Neues zu starten, und sich gegebenenfalls mit uns in Verbindung setzen würden. Seine beiden Stellvertreter hießen Brian Cosgrove und Mark Hall und sie waren echt gut zu mir. Zu dieser Zeit verdiente ich rund zehn Pfund in der Woche. Sie bezahlten mir netterweise weiterhin acht Pfund in der Woche dafür, dass ich gelegentlich Arbeiten bei ihnen zuhause erledigte – etwa im Garten half und solche Dinge –, bis sie etwas Neues am Start hätten.

Obwohl Greendow zumachte, war Thames Television aus London daran interessiert, Teile der Einrichtung zu nutzen, was dazu führte, dass Mark und Brian gerade einmal sechs bis acht Monate nach dem Ende von Greendow in Chorlton eine neue Firma – Cosgrove Hall Animation – gründen konnten. So wurde ich zum Koloristen bei Zeichentrickserien wie *Jamie and the Magic Torch*. Ich versah die Animationen auf den einzelnen Folien, die zuvor von den Animatoren gezeichnet worden waren, mit Farbe. Das war definitiv ein Aufstieg gegenüber meinem Botenjob, aber der Umstand, dass ich in Bezug auf auf Kunst keine höhere Qualifikation als meine O-Level-Prüfung vorzuweisen hatte, bremste mich ein wenig. Jeder bei Cosgrove Hall Animation hatte eine Kunstschule besucht – außer mir. Deshalb war ich in der Hierarchie immer ganz unten. Ich mochte den Job, aber er war auch sehr eintönig. Da ich außerdem wusste, dass ich über keine wirklichen Aufstiegsmöglichkeiten verfügte, begann ich, mich zu langweilen. Also trug ich mich für Kunstkurse an der Abendschule ein und kam – so wie immer – gleich zur ersten Stunde zu spät. Ich riss die Türe auf und rannte hinein und da saß, inmitten des Raums, eine Frau mittleren Alters, umgeben von Leuten mit ihren Staffeleien. Alle sahen mich an. Ich sah alle an. Sah das Modell an. Sie sah mich an. Und mir blieb der Mund offen. Darauf war ich überhaupt nicht vorbereitet gewesen. So oder so half mir das nicht wirklich bei meinen Ambitionen in puncto Grafikdesign und Animation, was die Bereiche waren, in denen ich mich fortbilden hätte sollen. Ich erkundigte mich bei der Firma, ob sie mich fürs College freistellen würden, aber sie meinten, dass das nicht drin sei.

So begann meine Ruhelosigkeit zuzunehmen, obwohl ich die Leute, mit denen ich arbeitete, sehr, sehr gern hatte, insbesondere einen Animator namens Graham Garside. Außerdem gab es da noch einen mürrischen alten Typen namens Keith. Man begrüßte ihn und er schaute einen nur an. Antwort gab es keine. Eines Tages sagte er zu mir: „Schau dich nur an, du halbes Hemd. Eines Tages wirst du aufwachen, aufstehen und eine Wampe haben. Merk dir meine Worte!“ Das war so ein entsetzlicher Kommentar, dass er mich schon wieder zum Lachen brachte, aber er sollte Recht behalten: Genau so ist es nämlich gekommen. Wir machten ihm seinen Tee und er mochte ihn richtig stark. Wir nahmen ein widerliches Paar alter Socken, fischten ein paar alte Teebeutel aus dem Abfalleimer, stopften sie in die Socken und sagten: „Hättest du gerne Tee, Keith?“ Dann pressten wir das Sockengebräu in eine Tasse und gaben sie ihm.

Abseits der Arbeit investierte ich meine Zeit – und mein Geld – in Musik und meinen Motorroller. Ansonsten gab es in Salford damals auch nicht sonderlich viel zu tun. Es war eine ziemlich abgeschottete Gemeinschaft und man fuhr nicht oft weg. Ab und zu ging es vielleicht mit ein paar anderen Scooter-Jungs nach Blackpool oder Southport. Als ich 17 war, verschlug es uns sogar einmal bis runter nach Brighton. Die Polizei hielt mich an, weil ich keine Zulassungsplakette hatte. Mein lieber Großvater – Gott hab ihn selig – hatte mir 175 Pfund geliehen, damit ich mir meinen Lambretta-Flitzer hatte kaufen können. Das war damals eine schöne Stange Geld. Ich war richtig stolz auf meinen fahrbaren Untersatz – und auch stolz darauf, dass ich meinem Großvater mit meinem Gehalt sein Geld zurückzahlen konnte. Außerdem hatte er mir auch zehn Pfund gegeben, damit ich mir eine solche Plakette kaufen könne, was ich aber nicht tat. Stattdessen kaufte ich mir eine Schallplatte, nämlich *Argos* von Wishbone Ash. Ich hatte zwar noch nie von ihnen gehört, aber einfach mal auf gut Glück zugegriffen. Als ich mir die LP zuhause dann anhörte, gefiel sie mir nicht die Bohne, jedoch wollte man mir im Laden, wohin ich die Scheibe zurückgebracht hatte, mein Geld nicht zurückerstatten. So hatte ich das Geld für die Zulassungsplakette für ein Album verbraten, das mir nicht einmal gefiel, und, um alles noch schlimmer zu machen, wurde ich nun auf einem Roller mit L-Platten, die mich als Inhaber eines provisorischen Führerscheins auswiesen, von der Polizei aufgehalten. Außerdem saß noch ein Mädchen bei mir auf dem Sozius. Keine Zulassungsplakette – das hieß auch, dass ich nicht versichert war. So fasste ich eine empfindliche Strafe aus. Ich glaube zwar, dass ich einen Helm trug, aber das war bei dem ganzen Szenario auch schon das einzig Legale und die Gesetzeshüter gaben sich nicht sonderlich nachsichtig.

Ein paar Jahre später legte sich auch Peter Hook einen Motorroller zu und wir hingen mit anderen Gleichgesinnten ab. Wir flitzten durch Salford und Umgebung. Der geringste Vorwand genügte der Polizei, um uns anzuhalten. Sie versuchten dann, Informationen über hiesige Kriminelle aus uns herauszuquetschen, aber selbst wenn wir etwas wussten, verpfiffen wir nie wen.

Ungefähr zu dieser Zeit begannen wir, zu Konzerten zu gehen. Die treibende Kraft dahinter war in erster Linie Terry Mason, ein weiterer Freund aus der letzten Bankreihe in der Schule, der sowohl in der Story von Joy Division als auch in jener von New Order eine gewisse Rolle spielen sollte. Terry war wie wir alle ein Sonderling. Er war in Ordnung, ein ziemlich harmloser Charakter und in nichts besonders herausragend. Deshalb versuchten wir stets, ihn auf irgendeine Weise einzubinden, in der Hoffnung, vielleicht auf etwas zu stoßen, in dem er vielleicht *doch* einigermaßen gut war. Wir versuchten es etwa in den ganz frühen Tagen von Joy Division mit ihm als Schlagzeuger. Seine Mum hatte ihm ein Schlagzeug gekauft, aber leider war es so ziemlich das schlechteste auf dem ganzen Planeten – die Stützen waren so dünn wie Stricknadeln und das Ding bewegte sich von ihm weg, während er darauf spielte. Als er sich da so auf seinem Hocker nach vorn streckte, um die Trommeln zu erreichen, wirkte er mehr wie ein Wasserskifahrer als wie ein Drummer. Es war der Sache natürlich auch nicht besonders zuträglich, dass er ein richtig schlechter Schlagzeuger war – sogar im Kontext einer Punkband. Er hatte überhaupt kein Rhythmusgefühl und machte einfach nur einen fürchterlichen Radau. Terry sah wie eine Mischung aus dem Gestapo-Typen aus *Jäger des verlorenen Schatzes* und Alan Carr, dem Comedian, aus. Ich hielt ihn für einen witzigen Kerl. Obwohl seine Scherze ziemlich abstoßend waren, musste man einfach lachen. Damals war er jedoch in Bezug auf Konzerte ziemlich gut informiert, hauptsächlich weil er im Gegensatz zu uns die Musikpresse verfolgte. Er merkte sich Shows vor, die wir uns seiner Meinung nach nicht entgehen lassen sollten, und üblicherweise lag er damit goldrichtig.

Mitunter stellten sich die Konzert-Locations als Örtlichkeiten heraus, in die man ohne Studentenausweis nicht eingelassen wurde. Dann durften wir oft auch nicht rein, weil wir für Skinheads gehalten wurden – obwohl wir ja eigentlich Suedeheads waren. Die Studentenvertretung in der Oxford Street wies uns ab, weil wir nicht wie Hippies aussahen. Mit der Zeit frustrierte uns das, weil Bands damals nur an Unis und Colleges auftraten. Anscheinend wurden wir als Abschaum eingestuft und, nun ja, das waren wir wohl auch.

Eine Location, die uns reinließ, war die Lesser Free Trade Hall. Einer der ersten Gigs, an die ich mich erinnere, war ein Konzert von Lou Reed, der 1974 dort spielte. Ich war ein großer Fan von ihm und liebte seine Solo-Sachen. Ich war schon auf *Transformer*, seine Live-LP, *Rock and Roll Animal* und *Berlin* gestanden, bevor ich von Velvet Underground gehört hatte. Ich denke, dass es die Tour zu *Sally Can't Dance* war, und ich hatte mich schon sehr darauf gefreut, ihn live sehen zu können. Seine Band kam auf die Bühne und begann mit „Sweet Jane". Ich dachte mir in diesem Moment, wie toll es erst sein würde, wenn Lou gleich selbst auf die Bühne käme. Dann fing plötzlich dieser Zwerg mit blond gefärbten Haaren zu singen an. Das konnte doch nicht Lou Reed sein? Aber er war es.

Er war total von Sinnen – außer Rand und Band. Er zerschlug ein Mikrophon nach dem anderen. Aber es war ein fantastisches Konzert und das Publikum hatte auch so richtig Bock. Ich glaube, dass das auf eine gewisse Weise mein erster Punk-Gig war, nur wusste ich das da noch nicht. Die Band beendete ihr Set mit einer stürmischen Version von „Goodnight Ladies" und machte sich dann vom Acker. Jeder erwartete noch eine Zugabe, aber die Bühne blieb leer und das Publikum wurde langsam unruhig. Ich stand neben einem Kerl, der wie ein Klon von Rod Stewart aussah. Er traf und durchschlug mit einer Bierflasche aus fast 500 Metern und unglaublicher Genauigkeit die Basstrommel auf der Bühne. Das war es dann. Pandämonium. Leute stürmten die Bühne und prügelten sich mit Roadies und Sicherheitskräften. Lou Reed sollte nie mehr nach Manchester zurückkehren – und alles nur wegen eines Typen mit zwielichtiger Haarpracht und unfassbarer Wurfgenauigkeit.

Hooky fuhr auf Deep Purple ab. Ich war nicht so überzeugt von ihnen, aber letztlich besorgten wir uns Konzertkarten, um eines ihrer Konzerte zu besuchen. Ich hatte einen schlimmen Zahnabszess und musste erst überredet werden. Es ist nie eine gute Idee, mit einem Zahnabszess auf ein Konzert zu gehen, aber noch schlimmer ist es, wenn eine Band spielt, die einem nichts gibt. Bei einem Song steigerte sich der Sänger in immer noch höhere Tonlagen – es war wohl „Child In Time" – und mein Zahn pulsierte vor sich hin, als würde seine Stimme mir buchstäblich auf die Nerven gehen. Agonie. Im Publikum befanden sich zudem ziemlich viele Schwachköpfe. Ein nerviges Erlebnis.

Schließlich, als der Keyboarder gerade in einem schier endlosen Prog-Rock-Solo schwelgte und mein Zahn mich umzubringen drohte, kam ich zu dem Schluss, dass es hier echt beschissen und viel zu laut war. Als der Keyboarder inmitten seines nicht enden wollenden Solos schließlich begann, „I Do Like To Be Beside The Seaside" einzubauen, als sei es eine witzige Randnotiz, konnte ich nicht mehr anders, als mich ordentlich selbst zu bemitleiden. Zuerst dachte ich mir noch, dass er eben einen Gag einbauen hatte wollen. Dann, wieder zehn Minuten später, spielte er noch die Titelmelodie von *Coronation Street* an. An diesem Punkt dachte ich mir: „Der will uns wohl verarschen, dieses Weichei aus dem Süden – ist bestimmt aus London!“ Es reichte. Ich ging hinaus. Schlussendlich spielten wir vor ein paar Jahren mit Deep Purple in Frankreich. Sie hatten ihre Solos mittlerweile stark eingeschränkt.

Santana in der Hardrock Hall in Stretford war ein weiteres denkwürdiges Konzert. Es fand im November 1972 statt und ich hatte noch nie zuvor so einen großen amerikanischen Act live gesehen. Ich liebte den Sound von Carlos Santanas Gitarre und hatte eine große Schwäche für seinen Spielstil, weshalb ich mich schon sehr auf diese Show gefreut hatte. Aber zu dieser Zeit war er schon in seiner jazzigen, metaphysischen Phase angelangt. Sein Album *Caravanserai* war gerade erst veröffentlicht worden. Er kam auf die Bühne und sprach: „Ich möchte gerne mit ein paar Augenblicken der Meditation beginnen.“ Meditation. Ausgerechnet in Stretford, südlich von Manchester. Er faltete seine Hände, senkte sein Haupt und stand einfach nur stumm da. Das kam selbstverständlich beim lokalen Publikum, das schon ein paar Pints Bier intus hatte, nicht sonderlich gut an. „Komm verdammt noch mal in die Gänge“ war noch der höflichste Zwischenruf, der die meditative Stille durchbrach.

Das Buxton Festival in den Hügeln von Derbyshire war auch so ein Event, das in Erinnerung blieb. Hooky, ich und ein paar andere Motorroller-Enthusiasten trafen vor Ort nämlich auf eine Horde Hells Angels. Wir waren uns sicher, in der Tinte zu stecken – schließlich war hier ein Haufen Kurzhaariger auf einer offensichtlichen Langhaarigen-Veranstaltung. Allerdings verlief dann alles reibungslos. Family spielten gerade, als wir eintrudelten, und ich war echt beeindruckt von ihnen, weil sie so wirkten, als ob sie völlig zugedröhnt wären. Ich dachte mir: „Das ist der absolute Hammer, die scheißen einfach drauf.“ Wishbone Ash – diese Architekten meines Dilemmas mit der Zulassungsplakette – standen auch auf dem Programm. Sie wurden sogar zu Headlinern befördert, weil Curved Air sich geweigert hatten auf die Bühne zu gehen, da es ihnen schlicht und ergreifend zu kalt war. Das Album, das mir nicht gefallen hatte, *Argos*, hatte sich als großer Erfolg für Wishbone Ash erwiesen, weshalb ich beschlossen hatte, ihnen noch eine Chance zu geben. Jedoch konnten sie mich auch diesmal nicht überzeugen.

Von dieser Nacht ist mir am meisten der spektakuläre Meteoritenschauer in Erinnerung geblieben. Da draußen in den Hügeln gab es keine

Lichtverschmutzung und so hatten wir vielleicht den besten Ausblick im ganzen Land. Wir standen unter einem mit Sternen überflutetem Nachthimmel, über den ununterbrochen kleine Lichtflecken huschten und umgehend wieder verschwanden. Über das Soundsystem lief die Titelmelodie von *Doctor Who*, was das ganze Szenario ein bisschen schrullig wirken ließ. Ich war trotzdem schwer beeindruckt. Ich saß da, starrte mit offenem Mund nach oben und war komplett verzaubert. Vielleicht hört sich das ja ein wenig naiv an, aber ich war zuvor noch nie bei einem Festival gewesen, geschweige denn hatte ich jemals einen Meteoritenschauer miterlebt. Ich fand es einfach nur fantastisch.

Trotz all dieser kosmischen Feuerwerke, schlecht durchdachten Massenmeditations-Workshops und präzisen Flaschenwürfe gab es jedoch ein Konzerterlebnis, das alle anderen in den Schatten stellte. Es handelte sich um eine Show, die wahrscheinlich intensiver analysiert und verklärt wurde als irgendein anderes Konzert in der Musikgeschichte. Viele behaupten, dass dieser Auftritt in weiterer Folge alles veränderte.

Und ich war mit dabei.

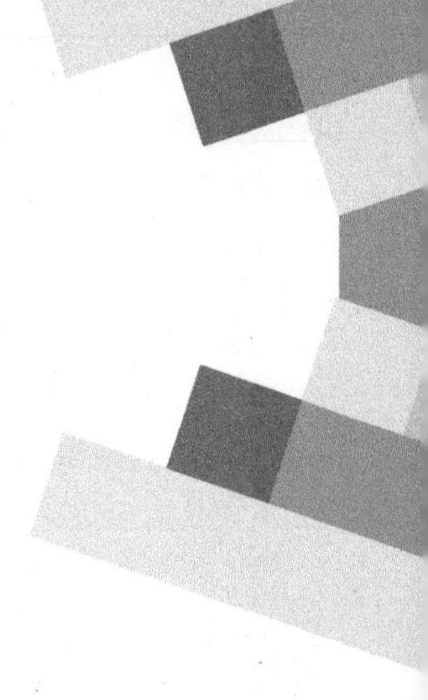

Kapitel 5

Rebellion

An einem Tag im Frühsommer 1976 zeigte uns Terry Mason eine Ausgabe des *New Musical Express* und begann über eine Band, über die er darin gelesen hatte und die Sex Pistols hieß, zu schwärmen: „Sie prügeln sich ständig und sind andauernd dicht.“ Er ergänzte: „Sie klingen großartig, genau so, wie es uns gefällt.“ Er hatte auch in Erfahrung gebracht, dass sie am 4. Juni in der Lesser Free Trade Hall in Manchester spielen würden – Hooky, Terry, noch ein paar andere und ich wollten uns das nicht entgehen lassen. Es war nicht gerade gut besucht. Ich habe gehört, dass vielleicht 40 Leute da waren. Das Konzert sollte jedenfalls ein Meilenstein in der musikalischen Historie von Manchester werden, aber falls wirklich alle, die später behaupteten, dort gewesen zu sein, es tatsächlich gewesen wären, hätte womöglich sogar das Old-Trafford-Stadion noch zu wenig Fassungsvermögen für den Gig geboten.

Die Pistols befanden sich noch in ihren Anfangstagen. Ihr Durchbruch stand noch bevor und niemand in Manchester hatte wirklich eine Ahnung, wer sie überhaupt waren. Der Name allein klang allerdings schon verheißungsvoll und so drückten wir Malcolm McLaren, der an der Kasse saß, 50 Pence in die Hand und spazierten hinein, ohne wirklich zu wissen, was uns erwarten würde.

Es war ein Ereignis, das in die Geschichte eingehen sollte – nicht nur wegen des Konzerts an sich, sondern auch wegen all der Leute, die im Publikum standen: Mark E. Smith war da, Morrissey ebenso, Tony Wilson und Paul Morley auch. Organisiert hatten den Auftritt Pete Shelley und Howard Devoto von den Buzzcocks. Aber allzu sehr kümmerte es mich nicht, wer sonst noch da war, denn sobald die Band erst losgelegt hatte, war alles andere nebensächlich. Von dem Moment an, als sie auf die Bühne stolzierten, sich ihre Instrumente schnappten und „Did You No Wrong" vom Stapel ließen, wusste ich, dass das hier anders war. Es war ihre Attitüde, die mich beeindruckte. Ihre Performance strotzte nur so vor lauter Boshaftigkeit. Es war pure Aggression kombiniert mit einer Gleichgültigkeit gegenüber dem Publikum, die fast schon an Verachtung grenzte. Es war wie nichts, das ich jemals zuvor gesehen hatte – vielleicht erinnerte es vage an Lou Reeds anarchischen Auftritt, mit Santanas Aufruf zur Meditation hatte dies hier allerdings nicht das Geringste gemeinsam. Das hier war etwas Besonderes.

Zum ersten Mal hatte ich bei einem Live-Konzert das Gefühl, mich wirklich mit den Leuten auf der Bühne identifizieren zu können. Wir hatten bereits seit Schulzeiten dieselbe Einstellung, dieses „Scheiß auf die Obrigkeit", diese grundlegende Ablehnung gegenüber dem, was einem die ganze verdammte Zeit eingetrichtert wurde und wie man sich zu benehmen hätte. In der Schule waren es die Lehrer und nach der Schule war es die Anforderung, einem vorbestimmten Rollenbild in einer Gesellschaft, der ich mich nicht zugehörig fühlte, gerecht werden zu müssen. An jeder Straßenecke schienen ältere Menschen zu stehen, die uns daran erinnern wollten, wie beschissen wir doch seien. Dann kamen die Sex Pistols und gaben uns das Gefühl, dass *wir* es waren, die richtig lagen. Sie zeigten uns nicht nur das, sondern auch, dass wir überhaupt schon die ganze Zeit lang Recht gehabt hatten. Punk verlieh uns zum ersten Mal eine Stimme – und diese Stimme schrie dort direkt vor mir und aus voller Lunge. Es war eine Rechtfertigung für unsere Haltung und vermittelte uns gleichzeitig, dass wir *doch* etwas wert waren.

Um diese Nacht hat sich im Verlauf von über 30 Jahren, die seither vergangen sind, eine eigene Mythologie entwickelt. Rock'n'Roll hatte einst als etwas Rohes und Simples begonnen, aber zur Mitte der Siebzigerjahre war er vorrangig von Angebern geprägt. Bevor die Pistols und andere Punkbands auftauchten, schien Musik ein privater Club zu sein, zu dem in zunehmendem Maße nur mehr Virtuosen Zutritt erhielten. Ein großer Teil der damaligen Musik – wenn auch nicht alles – war abgehobener, selbstverliebter, aufgeblasener Blödsinn. Der Hauptschuldige hieß Prog-Rock – er schien die Musik gelähmt und unter einer dicken Schicht von Konzepten erstickt zu haben.

In den Sixties war ich noch sehr jung und hörte Bands wie die Stones, die Beatles, die Animals, die Kinks und viele andere mehr. Das waren Bands mit großartigen Songs und tollen Gitarrensounds. Für diese Bands war das große Ganze stets wichtiger gewesen als das Individuum, aber gegen Mitte der Siebzigerjahre hatte sich die Musik zu großen Teilen dem Pompösen zugewandt. Raffinesse wurde zum Kult überhöht: Bands wie etwa Emerson, Lake and Palmer und Yes produzierten unüberschaubare Konzeptalben, die so ziemlich das Gegenteil von dem waren, was mir an Musik gefiel. Punk und die Pistols schlugen höhnisch grinsend eine Schneise durch all die aufgeblasene Pompösität. Sie kreuzten genau zur richtigen Zeit auf und hatten die exakt richtige Gesinnung. Als wir da auf dem klebrigen Boden der Lesser Free Trade Hall standen und ein paar Jungs, die ein wenig wie wir selbst wirkten, aber eine wahre Flutwelle von Attitüde entfesselten, zusahen, erhielten wir die Bestätigung, dass wir nicht alleine waren. Es gab noch andere, die so fühlten, wie wir das taten. Ich muss es irgendwie geahnt haben, dass dies nicht bloß einfach ein Konzert wie jedes andere werden würde, denn ich hatte einen Kassettenrekorder bei mir, um es mitzuschneiden. Leider war die Aufnahme, als ich sie zuhause anhörte, völlig verzerrt, was an meinem beschissenen Rekorder gelegen haben könnte – oder daran, dass die Pistols nun mal so klangen. Egal, irgendetwas an dem Erlebnis fand Widerhall bei uns. Ob es nun eine völlig neue Offenbarung war oder einfach eine Saat, die schon zuvor in uns geschlummert hatte, zum Keimen gebracht wurde, lässt sich nur schwer sagen. Allerdings lässt sich nicht von der Hand weisen, dass in diesem Sommer etwas in der Luft lag – wir hatten die Witterung aufgenommen und folgten diesem feurigen, verschwitzten Aroma.

Manchmal habe ich trotzdem das Gefühl, dass die Leute ein bisschen mehr aus diesem Abend machen, als er tatsächlich war. Ich sehe das so: Zu dieser Zeit kam eine Bewegung namens Punk auf, die bei vielen Leuten einen Nerv traf – ganz so, wie das später auch auf Acid House zutreffen sollte. Wir gingen auf Punk-Gigs, weil sie eben gerade stattfanden. Später war es dasselbe mit Acid-House-Events. Es war eine tolle

Erfahrung, gar keine Frage, und die Pistols sollten sich ja auch wirklich als einflussreich herausstellen. Der Umstand, dass gewisse Leute an diesem Abend im Publikum waren, die später selbst gewisse Dinge vollbrachten, macht natürlich eine gute Story daraus. Doch ist in späteren Jahren nicht der Bogen in puncto Reichweite dieses Konzerts von Leuten, die gar nicht dabei waren, ein wenig überspannt worden? Für mich war es jetzt nicht so, als hätte ein göttlicher Lichtstrahl direkt aus dem Himmel uns gestreift. Es war zweifellos sehr inspirierend – aber darin liegt ein subtiler Unterschied. Ich glaube, dass der Mythos, der sich um diesen Gig herum entwickelt hat, ein wenig geradegerückt werden muss. Punk war eine interessante, aufregende neue Bewegung, von der nur wenige Leute in Manchester durch die Musikpresse erfahren hatten, weshalb sich eben nur ein bestimmtes Publikum beim Konzert einfand. Ich hatte die Buzzcocks vor den Sex Pistols gesehen. Sie hatten ein paar tolle Lieder und waren ebenfalls einer unserer Einflüsse – und bloß weil um dieses eine Konzert der Pistols so ein Kult entstanden ist, sollte das nicht unerwähnt bleiben.

Meiner Meinung nach gelingt es manchen Leuten, einen gewissen Zeitgeist aufzuschnappen, den sie dann als Ventil für ihre eigene Kreativität oder Ausdrucksform zu nutzen wissen. Ich glaube nicht, dass dies bewusst geschieht. Es ist kein erlerntes Verhalten, sondern etwas anderes, eine Art Instinkt. Eine Person kann, um sich Wissen anzueignen, auf unterschiedliche Methoden zurückgreifen. Zur Schule zu gehen, den Lehrern zuzuhören, alles mitzuschreiben, auswendig zu lernen, wäre etwa ein traditionelles Modell. Doch gibt es auch einen anderen Ansatz, der voraussetzt, dass man die Welt beobachtet und seine eigenen Schlüsse, basierend auf den eigenen Erfahrungen, zieht. Dabei absorbierst du die Dinge, die dir richtig erscheinen, und interpretierst sie, filterst sie durch deine eigene Wahrnehmung und lernst, wann und wie du deinen Instinkten vertrauen kannst. Genau so entdeckte und erforschte ich die Musik und suchte mir meine Einflüsse so aus, damit ich schließlich selbst Musik erschaffen konnte.

Punk rückte während des Sommers 1976 ins Zentrum unseres kulturellen Lebens. Uns behagte sein antiautoritärer Aspekt, aber was viele Leute oft vergessen, ist, dass eine der wichtigsten Botschaften von Punk war, sich nicht übermäßig ernst zu nehmen. Klar, kämpft gegen das System, aber habt auch euren Spaß dabei. Ihr seid jung, ihr solltet das Leben genießen, ganz unabhängig von all dem Scheiß, mit dem ihr euch sonst abquälen müsst. Die Musik strotzte nur so vor unglaublicher Energie. Sie war mit nichts, das ich je gehört hatte, vergleichbar. In diesem Alter, wenn man ein Teenager oder in seinen frühen Zwanzigern ist, ist man selbst randvoll mit Energie, und braucht ein Ventil dafür. Punk-Gigs waren dafür perfekt. Man konnte dort einfach durchdrehen. Es war gleichzeitig ein Konzert *und* eine Party. Es war ähnlich wie mit Acid House – nur ohne Drogen. Nun ja, zumindest *anderen* Drogen.

Nach einer Kindheit, in der Musik nur eine minimale Rolle gespielt hatte, erhielt ich nun während meiner Flegeljahre einen hochintensiven Crashkurs. Es war, als ob ich mich rasch durch die verschiedenen Gänge eines musikalischen Getriebes nach oben arbeitete – und mit Punk schaltete ich dabei in den fünften. Eine der Nachwirkungen des Pistols-Gigs war, dass ich nun die E-Gitarre, die mir meine Mum Jahre zuvor gekauft hatte, in einem völlig neuen Licht betrachtete. Nachdem ich nun Punk kennengelernt hatte, sollte sie plötzlich mehr sein als ein Staubfänger oder Kleiderhaken. So verschloss ich eines Abends die Türe meines Schlafzimmers, setzte mich aufs Bett, blies den Staub fort, öffnete das Gitarrenbuch, das ich gekauft hatte, und fing an, das Instrument zu erlernen. Der Beginn war nicht gerade vielversprechend: Die ersten paar Seiten des Buches befassten sich damit, wie man die Klampfe stimmte, aber ich wusste nicht, in welche Richtung man die Wirbel drehen musste, um die Saiten hoch oder tief zu stimmen. Ich hatte damals nicht gerade das feinste Gehör, weshalb sich die Geräusche, die ich fabrizierte, wohl ziemlich abscheulich angehört haben müssen. Aber ich klemmte mich dahinter, weil Musik zur wichtigsten Sache in meinem Leben geworden war. Zuerst hatte ich sie mir angehört, dann hatte ich sie käuflich erworben, dann anderen dabei zugesehen, wie sie sie spielten – und nun war ich entschlossen, dasselbe zu tun.

Nach dem Konzert der Pistols war Hooky nach Manchester gefahren und hatte sich eine Bassgitarre und ein Buch wie meines gekauft, um drauf spielen zu lernen. Ich glaube, er zahlte dafür 35 Pfund, was damals ein schöner Batzen Geld war. Das Problem mit unseren Büchern lag darin, dass sie auf dem 12-Takt-Schema, der Grundlage beinahe aller Blues- und

Rock'n'Roll-Kompositionen, aufbauten. Alle Songbeispiele stammten aus den Fünfzigern und waren Schnee von gestern. Dafür fehlte uns das Interesse. Ich konnte mich weder für Blues noch für altbackenen Rock'n'Roll besonders erwärmen – was ich spielen können wollte, war Punk. Komischerweise gab es aber kein Buch, das mir das beibringen hätte können.

Trotzdem ließ ich mich nicht davon abbringen, weiter vor mich hin zu schrammeln. Ich übte bis spät in die Nacht Akkorde, bis sich auf meinen Fingerkuppen Hornhaut bildete, wodurch der Schmerz, den man als Gitarrenanfänger spürt, endlich nachließ. Ich brauchte nicht lange, um zu begreifen, dass man, sobald man erst einmal ein paar simple Dur- und Moll-Akkorde gemeistert hat, im Prinzip schon 90 Prozent von allem spielen konnte. Für den Rest benötigte man noch seine Vorstellungskraft – und die konnte man definitiv nicht aus Büchern lernen. Hat man erst einmal die grundlegenden Bausteine angehäuft, kann man anfangen, daraus etwas zu bauen. Man muss weder „Rock Around The Clock" noch „Heartbreak Hotel" spielen können, um eigene Musik zu machen. Du suchst dir stattdessen einfach ein paar Akkorde zusammen, erstellst ein paar eigene Tonleitern – und ab geht die Post! Alles, was zählt, ist, dass es sich für das eigene Ohr gut anhört.

Musik begann, den Großteil meiner Freizeit für sich in Anspruch zu nehmen. Während Hooky und ich früher bei meiner Großmutter abgehangen hatten, mit Hypnose experimentiert, uns gegenseitig verarscht und über Motorroller und Zündkerzen diskutiert hatten, begannen wir nun im Sommer 1976, jeden Sonntagabend ebendort in der Alfred Street zusammen Musik zu machen. Unsere eigene Musik. Meine Großmutter hatte ein Grammophon, auf dem sie ihre alten Schellacks abspielte, aber in meinen Augen war das nicht bloß ein Grammophon, sondern das, was in ihrem Haushalt einem Gitarrenverstärker am nächsten kam – und so machte ich mich daran, den Apparat in einen solchen zu verwandeln. Ich entfernte die Nadel und lötete stattdessen zwei Klinkenstecker fest, damit Hooky seinen Bass und ich meine Gitarre gleichzeitig über das Soundsystem spielen konnten. Es war vielleicht nicht die tollste Anlage, über die wir da spielten, aber das, was aus dem Lautsprecher kam, hatte ohne Zweifel Ähnlichkeit mit Musik. Es war auch nicht besonders laut, aber Teile von dem Ding *glühten*, wenn wir reinhauten!

Wir waren alles andere als Virtuosen, aber unsere eigene Musik zu komponieren, während wir gleichzeitig lernten zu spielen, erwies sich als ideale Methode, um unseren eigenen Ansatz und Sound zu entwickeln. Wir hatten keine vorgefertigten Meinungen zu Akkordabfolgen oder Tonleitern, weshalb wir in der Lage waren, so lange einfach herumzuprobieren, bis wir auf etwas stießen, das uns zusagte. Ich sagte etwa: „Oh, der Akkord klingt aber gut an der Stelle. Wie wäre es, wenn du zwar noch länger die Note spielst, ich aber schon auf diesen Akkord umgreife?" Wir experimentierten einfach herum wie zwei Schulkinder, die erst ihren Weg durchs erste Schuljahr finden müssen. Wir wussten nicht wirklich, was wir da taten, aber letzten Endes und nach viel Herumprobieren brachten wir doch mehr und mehr auf die Reihe.

So ging das eine ganze Weile dahin. Wir verbrachten jedes Wochenende damit, fleißig zu üben, bis wir realisierten, dass der nächste logische Schritt wäre, eine Band zu gründen – und so begannen wir, uns nach einem Sänger umzusehen.

Anfangs dachten wir darüber nach, ob es in unserem Bekanntenkreis eventuell geeignete Kandidaten gebe. Wenn wir eine Liste aufgestellt hätten, wäre sie eher kurz gewesen. Ich weiß zwar nicht mehr genau, wer da draufgestanden hätte, aber vor ein paar Monaten lief mir ein alter Freund aus dieser Zeit namens David Wroe über den Weg und sagte: „Ich wäre ja als Sänger bei euch eingestiegen, aber meine Mum ließ mich nicht." Ich bin mir sicher, dass wir den einen oder anderen Namen diskutiert haben, aber letztlich gab es keine ernsthaften Anwärter aus unserem Freundes- und Bekanntenkreis. Grundsätzlich wollten wir jemanden, der auf dieselbe Szene und Musik wie wir abfuhr, jemanden, der ein netter Kerl und kein Arschloch war. Jemand, mit dem wir gut auskommen konnten.

Letzten Endes schrieben wir unser Anliegen auf ein Blatt Papier und hängten es in die Auslage des alten Plattenladens von Virgin Records in der Lever Street in Manchester. Das schien der richtige Ort zu sein, weil dort alle hingingen, um ihre Punk-Platten zu kaufen. Der Virgin-Laden war auch zu einem der Treffpunkte für Leute in Bands beziehungsweise für Leute, die Bands gründeten (oder es zumindest vorhatten), geworden. Quasi ein Knotenpunkt und Hauptumschlagplatz für Möchtegern-Musiker. In der Wohnung in Greengate hatte ich einen Telefonanschluss und so schrieb ich meine Nummer auf den Zettel, klebte ihn an die Fensterscheibe, ging heim und wartete auf einen Anruf.

Ein paar Leute meldeten sich daraufhin tatsächlich – größtenteils totale Psychos. Ich erinnere mich noch an ein Treffen mit einem dieser Typen, der sich am Telefon noch wie ein einigermaßen aussichtsreicher Kandidat präsentiert hatte und in Didsbury wohnte. Ich nahm Terry mit und als wir an die Haustüre dieses Kerls klopften, erschien vor uns ein Hippie mit praktisch hüftlangen Haaren. Er trug ein massives Paar Schlaghosen und ein Oberteil, das aussah wie ein Kissenbezug, in den er Löcher geschnitten hatte, um seine Arme und seinen Kopf durchstecken zu können. Ich warf einen Blick auf ihn und dachte mir, dass er wohl nicht der richtige Sänger für uns sein würde. Er tat in weiterer Folge wenig, um meinen ersten Eindruck zu entkräften, nein, vielmehr warf er ein paar Kissen auf den Boden und lud uns ein, uns zu ihm zu setzen. Terry und ich warfen uns verstohlene Blicke zu, als er schließlich ankündigte, ein paar seiner Gedichte hervorzukramen und sie uns vorzusingen. Gedichte? Das klang nicht gerade nach dem, was mir vorschwebte. Bevor wir uns jedoch versahen, hatte der Typ ein paar zerknitterte Blätter Papier vor uns auf dem Fußboden ausgebreitet. Dann griff er hinter sich aufs Sofa, um sich eine Balalaika zu schnappen. Umgehend begann er darauf herumzuschlagen und uns seine wehleidig-poetischen Ergüsse vorzusingen. Was die Situation sogar noch unbehaglicher machte, war, dass er uns dabei aus einer Entfernung von nicht einmal einem Meter direkt in die Augen starrte. Ich wagte es nicht, erneut Augenkontakt mit Terry aufzunehmen, aber ich konnte ihn leise kichern hören. Ich tat alles, was in meiner Macht stand, um nicht selbst vor Lachen explodieren zu müssen, als Terry plötzlich schnauben musste. Es war der Tropfen, der das Fass zum Überlaufen brachte und wir fingen beide an, uns schlapp zu lachen. Schlussendlich sagten wir zu unserem Gastgeber, dass es uns Leid täte, aber wir eigentlich nur gekommen seien, um ihm mitzuteilen, dass der Job schon vergeben sei, und wir uns dennoch bei ihm bedanken wollten. Anschließend sahen wir zu, dass wir schnell bei der Tür hinauskamen. Auf dem Weg zurück nach Salford krümmten wir uns dann vor lauter Lachen.

Dieses Erlebnis schien den Ton für die nächsten paar Wochen vorzugeben. Ich erhielt all diese abgefahrenen Anrufe von Durchgeknallten, die etwa so mit mir sprachen: „Du bist also ein Punk? Biste? Du bist ein Punk, oder? Na, dann *fick dich ins Knie*!"

Und dann waren da noch andere Spinner. Das ging so weit, dass ich schon fast anfing, das Klingeln des Telefons zu verabscheuen.

Eines Abends klingelte es um ungefähr acht Uhr. Ich seufzte und hob ab. „Ja, hallo?", sagte ich. Eine Stimme am anderen Ende der Leitung meldete sich: „Ich rufe an wegen des Jobs als Sänger, der im Fenster von Virgin angeboten wird." Ich verdrehte die Augen und fragte, wer er denn sei. Er sagte, sein Name sei Ian – und sofort dachte ich mir, dass er sich gar nicht so bekloppt anhörte. Nein, dieser Typ hörte sich okay an. Ich wollte wissen, auf was für Musik er denn so stehe, und er meinte, dass er Punk, Iggy and The Stooges, Velvet Underground und solche Sachen mochte. In diesem Moment kam es mir so vor, als würde ich seine Stimme wiedererkennen. Ich sagte, dass wir uns vielleicht schon mal getroffen hätten und dass ich mit diesen Typen – Hooky und Terry – abhänge. Besitze er nicht etwa eine Donkeyjacke mit der Aufschrift „HATE" am Rücken? „Ja, das tue ich", sagte er. „Das bin ich." Ich sagte ihm, dass wir uns in der Woche zuvor bei einem Gig im Electric Circus getroffen hätten. Er war einer von den zwei Ians – er hatte noch einen Kumpel namens Ian, mit dem er abhing, und gemeinsam nannte man sie originellerweise „die zwei Ians".

„Klar, stimmt", sagte er. „Ich bin Ian Curtis."

„Oh, okay", sagte ich darauf. „Nun, dann hast du den Job."

Ich war so was von erleichtert, endlich einen Anruf von jemandem zu bekommen, der kein Spinner oder irrwitziger Hippie war, ganz abgesehen davon, dass dies jemand war, den ich bereits gekannt hatte – das waren auch schon die beiden Kriterien, die ich in Betracht zog, als ich Ian Curtis zusagte.

„Na, gut", meinte er. „Und was passiert jetzt?"

Wir vereinbarten eine Probe in einem Raum über einem Pub in Weaste, dem Grey Mare, der außerdem als Hauptquartier einer Organisation mit dem Namen Royal Antediluvian Order of Buffaloes fungierte. Das waren so eine Art Freimaurer für Angehörige der Arbeiter- und Mittelklasse. Am einen Ende des Raums stand eine große Truhe mit Büffelhäuten, die sie sich bei ihren Zeremonien umlegten. Trotzdem war es ein ziemlich guter

Proberaum – und er wurde sogar noch besser, als sich herausstellte, dass Ian seine eigene Lautsprecheranlage hatte.

Zu diesem Zeitpunkt hatten wir auch entschieden, Terry – nach seinem gescheiterten Versuch als Drummer – eine Chance als zweiten Gitarristen zu geben. Ich hatte einen Gitarrenverstärker von Zenith erstanden, aber er klang abscheulich. Dieses beschissene Transistor-Ding hatte nämlich einen echt dünnen, sauberen Sound. Schließlich wollte ich Punk spielen. Damit klangen wir aber mehr wie Mark Knopfler. Ich drehte ihn immer mehr auf, aber egal, wie hart ich ihn rannahm, er klang immer noch sauberer und tat einem richtig in den Ohren weh. Unverständlicherweise habe ich mir auf E-Bay gerade noch einmal einen gekauft. Keine Ahnung wieso. Vielleicht aus Nostalgie?

Ians Verstärkeranlage war ebenso Mist. Es klang schrecklich und verzerrt, aber dafür waren die Lautsprecher in Ordnung. Wir organisierten einen neuen Verstärker für den Gesang und Terry übernahm Ians alten für seine Gitarre. Allerdings spielte er absichtlich leise, damit man ihn nicht hören konnte.

Der nächste Schritt bestand darin, einen Drummer zu finden, um die klassische Punk-Besetzung – Gesang, Gitarre, Bass und Schlagzeug – zu vervollkommnen. Wie sich bald herausstellte, meldete sich auch diesmal eine Reihe von Knallköpfen, Wahnsinnigen und Arschlöchern. Es zeigte sich, dass Drummer in dieser Hinsicht sogar noch schlimmer sind als Sänger, und wir probierten es mit ziemlich vielen aus. Ein paar waren ganz gute Schlagzeuger, aber dafür totale Nervensägen. Ich erinnere mich da an einen Typen, der zu denken schien, dass er *uns* vorspielen ließ – ob *wir* denn gut genug für *ihn* wären. Wieder ein anderer, ein angehender Sportlehrer, schien eigentlich ganz vielversprechend zu sein, aber irgendwie hatten wir dennoch das Gefühl, dass er nicht dazupassen würde. Blöd war nur, dass wir ihm schon zugesagt hatten. Hooky und ich fuhren also nach Middleton, um uns mit ihm zu treffen und die Sache zu klären. Als wir auf dem Weg zu ihm waren – wir fühlten uns einigermaßen schlecht deswegen –, besorgten wir eine Schachtel Pralinen, quasi als Trost. Wir kamen schließlich beim College, wo er studierte, an, spazierten hinein und fanden ihn vor, wie er gerade mit seinen Mitstudenten herumalberte – sie verdroschen sich gegenseitig mit nassen Handtüchern, das Übliche eben.

Wir riefen ihn zu uns, setzten uns hin und sagten ihm, dass wir schlechte Nachrichten für ihn hätten. Da wir nicht die Eier hatten, ihm zu erklären, warum wir ihn nicht wollten, teilten wir ihm mit, dass wir die Band überhaupt bleiben lassen würden. Wir entschuldigten uns dafür, dass wir falsche Erwartungen in ihm geweckt hätten, und überreichten ihm die doppellagige Box mit Pralinen als Zeichen unserer Anerkennung. Er war – gelinde gesagt – ein wenig perplex, aber damals schien es uns die richtige Geste zu sein. Wir waren eigentlich ziemlich nette Leute, weshalb wir uns auch schlecht wegen der Sache fühlten, besonders weil wir zuvor noch nie jemanden gefeuert hatten.

Nun hatten wir aber immer noch keinen Drummer, eine Situation, die rasch zur Zwangslage wurde, als uns schließlich unser erster Gig – als Vorgruppe der Buzzcocks am 29. Mai 1977 im Electric Circus – angeboten wurde. Wir hatten uns mit ihnen angefreundet und wandten uns an sie, wenn wir Rat brauchten. Immerhin hatten wir keine Ahnung in Bezug auf Verstärker, Gitarren und all die anderen Dinge, über die man Bescheid wissen sollte, wenn man in einer Band spielte. Manchmal fuhren wir mit ihnen auch in Terrys Auto durch die Gegend. Das war eine echte Scheißkarre, ein Vauxhall Viva. Die Sitze waren nicht verstellbar, es gab keine Zentralverriegelung, keine Getränkehalter. Eines Tages saßen also die Buzzcocks auf der Rückbank, Terry hinterm Steuer und ich war Beifahrer. Im Türfach bewahrte Terry jede Menge Schleifpapier auf. Der Wagen war nämlich seine Bastelkarre, die er gerade auf Vordermann bringen wollte. Sogar während er damit herumfuhr. Jedes Mal, wenn wir bei einer Ampel anhielten, kurbelte er das Fenster runter, schnappte sich eine Lage Schleifpapier, lehnte sich hinaus und begann die Karosserie abzuschmirgeln. Die Rostlaube war so im Eimer, dass der Motor bei jeder zweiten Ampel absoff. Der einzige Weg, das Auto wieder in Gang zu bekommen, war, mit einem Gummischlauch Benzin aus dem Tank anzusaugen, während gleichzeitig jemand die Zündung betätigte. Dann musste man den Treibstoff in den Vergaser blasen. Gott, wie uns die Buzzcocks hochleben ließen, wann immer solche Sachen passierten. Sie nannten Terry „Benzinsauger“, aber Terry nannte Pete Shelley ja auch „Abgelaufene-Butter-Atem“. Keiner von beiden wusste jedoch über seinen jeweiligen Spitznamen Bescheid. Die Buzzcocks konnten aber selbst auch ziemlich schräg drauf sein. Einmal zog Pete Shelley dieses abartige, schuppenförmige Ding, das an ein altes Cornflake erinnerte, aus seiner Geldtasche hervor und hielt es mir unter die Nase. Ich fragte ihn: „Was zum Geier ist das denn?" Er antwortete: „Ich fiel unlängst hin und schürfte mir den Ellbogen auf. Das ist der Schorf." Egal, Richard Boon, ihr Manager, unterstützte uns sehr und hatte uns diesen Gig im Electric Circus verschafft, worüber wir sehr aufgeregt waren. Leider hatten wir eben zu diesem Zeitpunkt weder einen Namen noch einen Drummer. Nachdem sie uns schon geholfen hatten, unseren ersten Gig an Land zu ziehen, versuchten die Buzzcocks nun auch, uns mit dem Namen unserer Band behilflich zu sein, und auch uns selbst waren schon ein paar eingefallen, die wir nun diskutierten. Hooky etwa hatte The Out of Town Torpedoes vorgeschlagen. Auch The Slaves of Venus stand als Name im Raum. Stellt euch nur vor, wir hätten uns für einen davon entschieden.

Wir brauchten aber dringend einen Namen. Richard Boon schlug uns daraufhin Stiff Kittens vor, was uns anfänglich gut gefiel, weil es ein brauchbarer Punk-Name war. Aber wir waren uns unsicher, wie lange so ein Name gut klingen würde. Außerdem, wenn ich ehrlich bin, trug auch der Umstand, dass er von außen kam, dazu bei, dass wir uns letztendlich dagegen entschieden. Der Name, den wir uns selbst ausdachten und mit dem wir alle einverstanden waren, lautete schließlich Warsaw. Wir fanden nämlich, dass unsere Musik eine kühle, strenge Atmosphäre ausstrahlte – und die Stadt Warschau, auf Englich Warsaw, schien uns ein kühler, strenger Ort zu sein. Natürlich war noch nie jemand von uns je dort gewesen. Und so wurde Warsaw der Name, der nicht mehr sein sollte als ein Platzhalter. Fürs Erste musste das jedenfalls reichen.

Damals beabsichtigten wir noch nicht, unmittelbar einen bleibenden, tiefschürfenden Eindruck auf die Welt zu machen, sondern einfach nur, unseren ersten Gig zu spielen, Live-Erfahrung zu sammeln und herauszufinden, wie es sich anfühlte, vor einem Publikum aufzutreten. Es wäre einfach nur unser erster Schritt, ein unspektakulärer erster Schritt auf dem Weg, der uns bevorstand. Außerdem stellte sich heraus, dass es bereits eine Band namens Warsaw Pakt gab, weshalb wir ohnehin bald mal unseren Namen würden ändern müssen, aber fürs Erste waren wir jetzt Warsaw. Ich weiß aber noch, dass diese Entscheidung zu spät fiel, um auf den Konzertplakaten noch berücksichtigt zu werden, denn da wurden wir als Stiff Kittens angekündigt.

Und so machten wir uns startklar und heuerten kurz vor dem Gig einen Schlagzeuger namens Tony Tabac an. Wir waren bereit für unser erstes Konzert. Nun ja, mehr oder weniger zumindest.

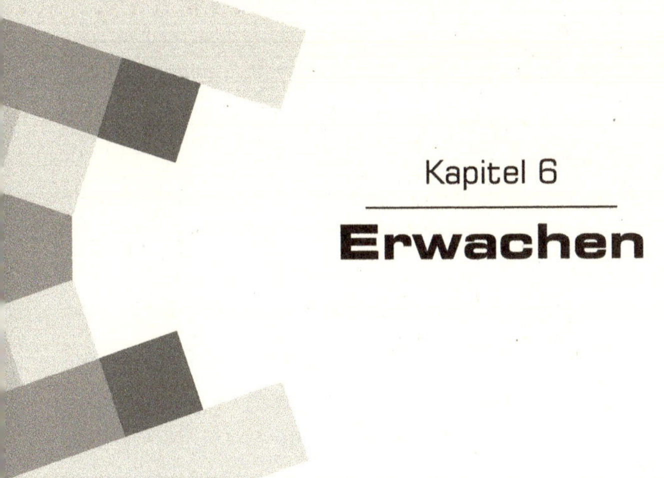

Kapitel 6

Erwachen

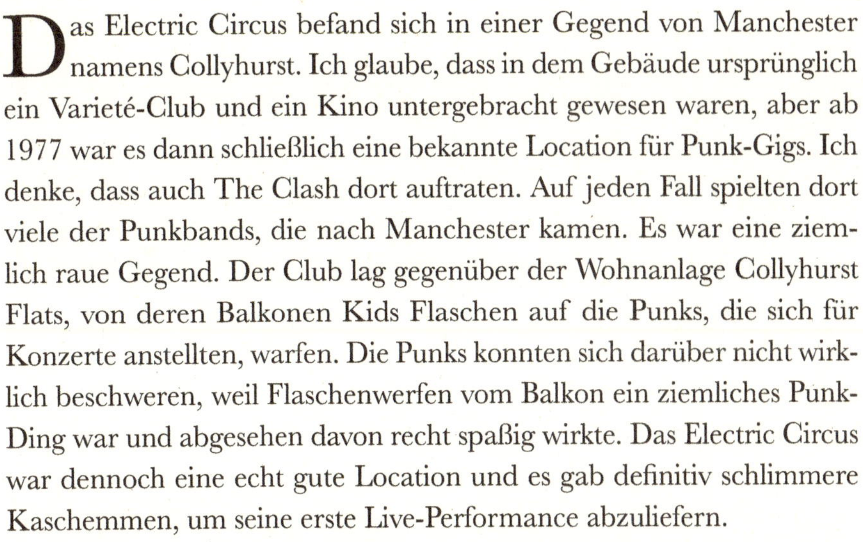

Das Electric Circus befand sich in einer Gegend von Manchester namens Collyhurst. Ich glaube, dass in dem Gebäude ursprünglich ein Varieté-Club und ein Kino untergebracht gewesen waren, aber ab 1977 war es dann schließlich eine bekannte Location für Punk-Gigs. Ich denke, dass auch The Clash dort auftraten. Auf jeden Fall spielten dort viele der Punkbands, die nach Manchester kamen. Es war eine ziemlich raue Gegend. Der Club lag gegenüber der Wohnanlage Collyhurst Flats, von deren Balkonen Kids Flaschen auf die Punks, die sich für Konzerte anstellten, warfen. Die Punks konnten sich darüber nicht wirklich beschweren, weil Flaschenwerfen vom Balkon ein ziemliches Punk-Ding war und abgesehen davon recht spaßig wirkte. Das Electric Circus war dennoch eine echt gute Location und es gab definitiv schlimmere Kaschemmen, um seine erste Live-Performance abzuliefern.

Am Abend des 29. Mai 1977, während draußen Punks den Flaschen, die vom Himmel auf sie niederfielen, auszuweichen versuchten, beendeten wir unseren ersten Soundcheck, nippten an unserem Catering-Bier und zählten die Minuten bis zu unserem allerersten Auftritt. Unser Set würde heute nicht darauf schließen lassen, um welche Band es sich da handelte, so viel sei gesagt. Ich denke, dass keiner der Songs, die wir an diesem Abend spielten, die Zeit, die seither vergangen ist, überstanden haben dürfte. Während unserer Sessions im Grey Mare hatten wir im Verlauf von ein paar Wochen ein paar Songs geschrieben und eingeprobt – es waren etwa acht oder neun und alle sehr punkig, sehr „*one-two-three-four!*".

Sie waren echt beschissen, aber schon damals war mir bewusst, dass sie zu einem Lernprozess gehörten und die Songs mit der Zeit besser werden und über mehr Tiefe verfügen würden. Sie würden irgendwann nach uns klingen und nicht nach jeder anderen Punkband, die mit 150 Stundenkilometern unterwegs war. Wir waren wie Maurerlehrlinge: Mit diesen ersten Songs errichteten wir eine Mauer, nur um zu sehen, wie das gemacht wurde, im vollen Wissen, dass wir sie im Anschluss wieder niederreißen würden, um anzufangen, ein Haus zu bauen. Die Nummern, die wir an jenem Abend im Electric Circus spielten, repräsentierten diese „Übungsmauer", und das Haus, das wir danach begannen aufzubauen, wurde später unser erstes Album, *Unknown Pleasures*.

Wir traten als erste Band auf, nach uns kam dann eine Band namens Penetration. Die Buzzcocks würden den Abend abschließen. Wenn ich nicht falschliege, stand auch John Cooper Clarke auf dem Programm. Auf den ersten Blick sah es nicht besonders gut für uns aus: Wir hießen anders als auf dem Plakat, hatten einen Drummer, den wir kaum kannten, und ein Set mit Songs, von denen wir selbst wussten, dass sie keine Klassiker werden würden. Es war sicher nicht das strukturierteste und minutiös ausgearbeiteste Debüt in der Musikgeschichte.

Da es sich um einen sehr wichtigen Moment zu Beginn einer langen und bemerkenswerten Geschichte handelte, nehmt ihr vermutlich an, dass ich mich noch an jeden einzelnen Augenblick dieses Abends erinnern kann. Allerdings habe ich seither buchstäblich Tausende von Konzerten in allen möglichen Ausprägungen gespielt, weshalb es für mich sehr schwer ist, mich in diese Situation, als ich zum ersten Mal vor Leuten spielte, zurückzuversetzen. Dies vorausgeschickt, kann ich euch versichern, dass ich mich allerdings trotzdem an ein paar Dinge erinnern kann. Als ich als Kind in der Alfred Street wohnte, hat mein Großvater mir gezeigt, wie man schwimmt, indem er einen Hocker nahm, mich darauf legte und mir dann die verschiedenen Schwimmstile zeigte. Ich lag flach auf dem Hocker, zappelte mit Armen und Beinen in der Luft, während er mich in den Grundlagen unterrichtete. Dann gingen wir ins Schwimmbad, wo ich ins Wasser stieg, um das Gelernte in die Praxis umzusetzen. Dieser Gig war ein bisschen so wie der Augenblick, in dem ich mich zum ersten Mal vom Beckenrand abstieß. Ich konnte mich nirgendwo mehr festhalten, es gab kein Zurück, ich musste an mich selbst glauben, meinen Kopf über Wasser halten und die andere Seite erreichen. So lässt sich ungefähr das Gefühl beschreiben, das ich mit diesem Gig in Verbindung bringe.

Bezüglich irgendwelcher Details erinnere ich mich nur mehr an sehr wenig, etwa daran, dass mir während eines Gitarrensolos bei einem Song namens „Novelty“ eine Saite riss.

Wenn ich ehrlich bin, dann bedeutet mir dieser erste Gig nicht sehr viel. Wenn ich mein Leben mit dem Aufstieg auf einen Berg vergleiche, dann bot sich mir durch dieses Konzert allerhöchstens ein erster Blick auf diesen Berg – aber das ist auch schon alles. Ich hatte nicht das Gefühl, als wäre es das, für das was ich geboren worden war. Natürlich war es eine wichtige Erfahrung und unsere erste Lektion in puncto Bühne: Wer steht wo beim Konzert, wo bauen wir unsere Ausrüstung auf, wie macht man einen Soundcheck und stellt eine Liste von Dingen zusammen, die der Veranstalter bereitstellen muss. Wir erfuhren, wie es war, vor einem Raum mit Menschen aufzutreten. Auch wurden ein paar der Fragen, die in meinem Kopf herumschwirrten, beantwortet, etwa: „Möchte ich das wirklich tun? Worum geht es, wenn man in einer Band ist? Was bedeutet das alles eigentlich?“ Aber es warf auch ganz neue Fragen auf. Es gab zu jener Zeit enorm viel Musik, die ich nicht mochte – zeitgenössischen Mainstream-Pop, das meiste, was untertags so im Radio lief, solche Scheiße eben – und plötzlich bestand die Möglichkeit, dass ich zu einem Teil dieser Welt und dieses Systems wurde. Würde ich mich davon absorbieren lassen und ein Rädchen in dieser Maschine namens Musikbusiness werden? Inwiefern würde ich die Fäden in der Hand halten können? Somit war der erste Gig zwar nicht lebensverändernd, aber ich hatte zumindest herausgefunden, dass ich auch im tiefen Wasser schwimmen kann. Vielleicht nur mit großer Müh und Not, zugegeben, aber ich hielt meinen Kopf über der Wasseroberfläche. Obwohl ich noch ein paar Schwimmstunden benötigte, wusste ich, dass ich es draufhätte. Ich wollte es tun und ich wollte es *auf meine Art* tun. Außerdem wollte ich *gut* darin werden.

Nach unserem Debüt erschienen auch zwei Kritiken. Eine davon war gut. Ich denke, dass Paul Morley dagewesen war und schrieb, dass er uns mochte, aber auch davon ausging, dass er uns sechs Monate später noch mehr mögen würde – was dann auch genau so eintraf. Ich las mir aber auch die andere durch, und die war echt vernichtend. Sie war total abschätzig geschrieben und ich wurde ganz besonders hart rangenommen, weil ich zu jung aussah, um in einer Band zu spielen, beziehungsweise dass ich rüberkäme wie ein Junge von einer Privatschule. Ich fragte mich, was denn falsch daran sei, jung auszusehen. Außerdem war ich nun wirklich nicht auf einer Privatschule gewesen. Inverser Snobismus dieser Prägung war immer schon eines meiner liebsten Feindbilder gewesen. Ich lernte somit schon sehr früh, dass es besser für einen ist, sich Kritiken – egal, ob gut oder schlecht – gar nicht erst durchzulesen. Ich kann mir ja nicht einmal Fotos von mir ansehen, geschweige denn Interviews mit mir durchlesen.

Zu dieser Zeit mussten wir uns von den Büffelhäuten und dem Grey Mare verabschieden und uns nach einem neuen Proberaum umsehen. Ein neuer Vermieter hatte nun das Sagen und – seltsamerweise – etwas dagegen, eine Punkband über seinem Pub einen Heidenlärm veranstalten zu lassen, und setzte uns auf die Straße. Wir versuchten es als Nächstes in einem Irish Pub. Der dortige Vermieter meinte, wir dürften bei ihm spielen, aber als wir schließlich unsere Sachen bei ihm aufstellen wollten, hatte er es sich anders überlegt und sagte, dass wir uns verpissen sollten. Dann versuchten wir es mit einem Raum der Kirchengemeinde, bis man uns auch dort nahelegte, uns nach etwas anderem umzusehen, weil auch sie nichts mit einem Haufen dahergelaufener Taugenichtse mit lärmigen Gitarren zu tun haben wollten. Danach landeten wir, wenn ich mich nicht täusche, wieder in einem Pub, vom Grey Mare die Straße hinunter. In unseren Anfangstagen zogen wir einige Male um. Erst unlängst bin ich im Internet über eine Bewertung des Grey Mare gestolpert. Da hieß es, es sei eine Spelunke, „aber wahrscheinlich die beste in der Eccles New Road“. Der Verfasser schrieb, dass er das letzte Mal, als er daran vorbeigegangen sei, „zwei betrunkenen alten Männern“ ausweichen habe müssen, die „nach einer Barschlägerei, nach draußen stolperten und auf die Straßenbahngeleise bluteten“. Online-Besprechungen müssen nicht immer der Wahrheit entsprechen, aber ich denke, dass wir dennoch noch etwas abwarten, bis die Gegend ein wenig „gentrifizierter“ ist, bevor wir uns mit New Order dort um einen Proberaum bemühen.

Trotz unseres Nomadendaseins probten wir sehr viel und lernten sehr schnell dazu. Zusätzlich fanden wir auch heraus, wie ernst wir an die Sache tatsächlich herangehen beziehungsweise was wir damit erreichen wollten. Zwar erlebten wir keinen unmittelbaren Augenblick der Katharsis, jedoch nahm uns das, was wir langsam auf die Beine zu stellen vermochten, stufenweise immer mehr in Beschlag, bis es schließlich zur wichtigsten Sache in unserem Leben wurde. Uns wurde bewusst, dass es das Größte für uns war, uns neue Ideen für Songs einfallen zu lassen, und wir liebten es, unsere Instrumente zu spielen, sogar auf unserem bescheidenen Niveau. Außerdem behagte uns die soziale Komponente: auf Gigs zu gehen, andere Bands zu treffen, ihnen zuzuschauen und zuzuhören und zu lernen. Immerhin blieben wir unterm Strich im Herzen einfache Musikfans. Musik füllte das Loch, das unsere Existenz im Salford der Siebzigerjahre in uns aufgerissen hatte.

Das Verdienst der Sex Pistols bestand darin, dass sie uns gezeigt hatten, dass man kein Virtuose sein musste, um Musik und Texte zu schreiben, die jene, die sie hörten, zu berühren vermochten; dass es möglich war, Songs zu erschaffen, die Menschen etwas bedeuten konnten. Die Energie der Interpreten war einer der Schlüsselfaktoren, nicht die Geschicklichkeit des Leadgitarristen oder wie viel Synthesizer-Tastaturen der Keyboarder um sich herum aufgebaut hatte. Wir wurden getragen von einer Attitüde, die allen Elementen der Gesellschaft, die sich uns entgegen zu stellen schienen, herzhaft „fuck you" entgegenschrie: den Lehrern, der Polizei und all den Leuten, die uns sagten, wie wir zu sein hätten und was wir mit unseren Leben anzustellen hätten. Es ist jedoch eine unangenehme Tatsache, dass es stets die Jugend ist, die im Recht ist: Der Läufer, der den Staffelstab übernimmt, ist derjenige, der ihn braucht, und nicht der Läufer, der ihn übergibt. Zu diesem Zeitpunkt in der gesellschaftlichen und kulturellen Geschichte Großbritanniens war es zur Abwechslung nicht nur ein Vorteil, unangepasst zu sein, sondern sogar eine große Chance – und gewöhnlichen Kids aus der Arbeiterklasse von Salford, die über wenige bis gar keine Qualifikationen verfügten, boten sich im Gegensatz dazu nur in sehr eingeschränktem Maße Möglichkeiten. Wir hingegen ließen es richtig *krachen*.

Musik war schnell zu einem sehr wichtigen, wenn nicht sogar maßgeblichen Faktor in meinem Leben geworden. Es war fast ein wenig so, als sei ich blind zur Welt gekommen und hätte mit knapp 16 Jahren das Geschenk des Sehens erhalten, was zur Folge hatte, dass ich nun schier überwältigt war vom Licht, den Farben, den Kontrasten und der Schönheit, die mich umgab. Bei uns zuhause war zwar auch Musik gespielt worden, aber nicht gerade in rauen Mengen. Die wenige Musik, die bei uns lief, orientierte sich stets an dem Geschmack meiner Großeltern. Meine Großmutter sang mitunter und erzählte mir sogar, dass sie in jungen Jahren mit dem Gedanken gespielt habe, eine professionelle Sängerin zu werden. Ihr Repertoire bestand allerdings aus alten Varieté-Nummern, was nicht wirklich dem entsprach, was ein kleiner Junge in den Sixties gerne gehört hätte. Manchmal hörte ich Musik im Radio, aber die meisten Nummern, die dort liefen, also die Schmachtfetzen und Schnulzen des BBC Light Programmes, waren in meinen Ohren Mist. Wir hatten, als ich dann ein wenig älter war, zwar auch ein Fernsehgerät, aber mit dem konnten wir nur einen Kanal, nämlich ITV, empfangen. Ich glaube, dass mein Großvater mithilfe einer Leiter die Fernsehantenne so einstellen hätte können, dass wir BBC reinbekommen hätten, aber aus irgendeinem Grund konnte ihn niemand dazu bewegen. Wir konnten zwar den Ton des BBC-Fernsehens empfangen, aber kein Bild. Auf diese Weise erfuhr ich 1966 zum Beispiel von der Katastrophe von Aberfan, bei der in Wales eine ganze Schule mitsamt den Schülern verschüttet worden war. Ich hörte die Tonspur der Fernsehnachrichten, sah aber gleichzeitig nur verzerrte Bilder, während alle im Haus angesichts dieser schrecklichen Neuigkeit verstummten.

Obwohl sie also keine große Rolle bei uns spielte, wurde Musik zur treibenden Kraft in meinem Leben. Und mittlerweile fasste die Band zusehends Tritt und fand so heraus, was zu tun und – ebenso wichtig – was zu unterlassen sei. Wir besuchten so oft wie möglich Konzerte anderer Bands, um zu hören, was bei ihnen so abging, während wir uns gleichzeitig fest bemühten, selbst mehr Gigs zu ergattern. Schließlich, ein paar Monate nach dem Gig im Electric Circus, fanden wir endlich unsere perfekte Besetzung. Ein großer Schritt in die richtige Richtung. Tony Tabac war ein guter Drummer, aber aus irgendeinem Grund blieb er nicht bei uns, und wir ersetzten ihn durch einen Typen namens Steve Brotherdale, der bei einer anderen lokalen Band mit dem Namen The Panik trommelte.

Auch er war ein kompetenter Schlagzeuger, schien allerdings ebensowenig zu uns zu passen. Zum einen nahm er zu allen unseren Gigs seine Freundin mit, was uns irgendwie nicht zusagte. Wir dachten nämlich, dass es bei der Band ausschließlich um die Band gehen sollte. Es war, als würde man seine Freundin in die Arbeit mitbringen.

Zum Glück fanden wir Steve Morris, der sich auf einen Zettel hin gemeldet hatte, den Ian im Fenster von Jones Music Store in Maccelsfield gemeldet hatte – diesen Laden gibt es übrigens immer noch. Es war auf jeden Fall von Anfang an klar, dass er der richtige Typ für uns war. Er war nicht nur ein toller Schlagzeuger, sondern schien den Rest von uns perfekt auszubalancieren.

Steve ist als Charakter schwer zu beschreiben. Trotzdem werde ich es versuchen. Er steht überhaupt nicht auf Konfrontationen. Das geht so weit, dass er kaum einmal mit Ja oder Nein auf eine klare Frage antworten kann. Statt dir zu sagen, was er denkt, wird er dir eher mitteilen, was er sich *nicht* denkt. Wenn du Glück hast. Er ist relativ exzentrisch, fast schon auf eine Art, die an John Cleese erinnert. Er sammelt zum Beispiel Panzer. Keine Modelle, sondern echte Panzer. Ich kann mir vorstellen, dass er in seiner Schulzeit ziemlich wild war. Er war auch in der Band ziemlich wild, aber ich möchte seinem Buch, falls er denn einmal eines schreiben möchte, nicht vorgreifen. Er ist ein Drummer und das sind seltsame Leute. Ihr Beruf ist es, auf Dinge einzuprügeln, und Steve macht das sehr, sehr gut.

Als er uns zum ersten Mal traf, sagte Brandon Flowers von The Killers: „Ich durchschaue jeden, aber nicht Steve. Ich glaube nicht, dass er mich mag." Das stimmt nicht, Brandon! Steve ist einfach … nun … Steve. Und eigentlich ist er sogar witzig. Als wir ihn kennenlernten, war er sehr entspannt, ganz typisch Macclesfield, so wie Ian auch. Eine typische Macclesfield-Mentalität, die sich aber nur schwer beschreiben lässt. Ich kann das bis heute nicht wirklich definieren, aber was auch immer es war, sie hatten es beide – und in Kombination mit Hooky und mir, den beiden Salfordern, ergab das eine gute Kombination. Steve war jedenfalls ein großartiger Schlagzeuger. Er wohnte in Macclesfield nicht weit entfernt von Ian und hatte sein eigenes Schlagzeug und ein Auto. Außerdem war ein sympathischer Zeitgenosse. Perfekt. Er war – und ist nach wie vor – ein bisschen ein Kauz, aber auf eine echt gute Art. Ian Curtis, Steve Morris, Peter Hook und ich. Das Puzzle war nun vollständig.

Somit waren auch Terrys Tage als Bandmitglied gezählt, was bedeutete, dass wir eine neue Aufgabe für ihn finden mussten, weshalb wir ihn zu unserem Manager machten. Die Resultate, die diese Entscheidung mit sich brachte, kann man durchaus als „durchwachsen" bezeichnen. Höflich ausgedrückt. Irgendwann in diesem Sommer 1977, zum Beispiel, nahmen wir ein paar Demos auf und Ian fragte Terry, ob er nicht ein paar Kopien anfertigen und diese an Plattenfirmen verschicken könne. Eine Frage von Tagen. Jedoch wurden aus Tagen schließlich Wochen – und wir wunderten uns bereits, warum wir noch keine Antwort erhalten hatten. Ian schäumte förmlich: „Diese Songs waren in Ordnung, was geht da vor sich?" Ich nahm Terry beiseite und fragte ihn, ob der denn die Tapes tatsächlich verschickt habe. Er bejahte dies und zog ein Exemplar aus seiner Tasche. Er legte es ein und die Qualität war beschissen. Es pfiff, kratzte und klickte von der ersten Sekunde an. Dann, nach wenigen Augenblicken setzte die Titelmelodie von *Coronation Street* ein. Aber das war nicht alles. Als Nächstes hörte man die Stimme von Terrys Mum, die sagte: „Terry, komm und trink deinen Tee, bevor er kalt wird." Ich sah ihn an. „Terry", sagte ich, „*wie* hast du diese Kopien gemacht?"

„Nun", antwortete er, „ich habe zwei Kassettenrekorder nebeneinander gestellt, damit ich das Zeug mit einem Mikro überspielen konnte. Ich dachte mir, dass ich so ein wenig Geld sparen würde."

Und diese Tapes verschickte er dann an ein paar der größten Plattenfirmen des Landes. Nun, er war nicht gerade Brian Epstein. Wir schrieben mittlerweile so viele Songs, dass jene Songs, die sich auf dem Demo befanden, wahrscheinlich gar nicht mehr repräsentativ gewesen wären, als Terry seine eigentümlichen Mitschnitte davon versandte.

Die Songs von Joy Division waren immer eine Gemeinschaftsarbeit gewesen. Ich dachte mir Parts für Gitarre und Keyboard aus, Hooky schrieb seine Basslines und Steve überlegte sich etwas für sein Schlagzeug. Obwohl Ian keine rein musikalischen Beiträge lieferte, hatte er doch ein unglaubliches Gehör: Er war brillant darin, ein tolles Riff oder eine passende Melodie für einen Song zu erkennen, was hieß, dass auch er Input gab. Üblicherweise war ich für das vorläufige Arrangement eines Songs verantwortlich. Ich sagte etwa: „Das ist ein guter Teil für den Refrain" oder „Dieser Teil eignet sich gut für die Strophe". Dann stand zumindest einmal das Gerüst für eine Nummer, die wir dann auf dem schlechtesten Kassettenrekorder der Welt mithilfe des schlechtesten Mikrophons der Welt aufnahmen. Als Nächstes zog sich Ian dann mit dem Tape zurück, um die Lyrics zu schreiben. Ian war ein wunderbarer Texter. Er liebte Worte und hatte ein natürliches Gespür für sie. Seine Vorliebe galt dem Schreiben und er hatte eine Ablagebox mit Zeug, das er verfasst hatte. Dabei handelte es sich um ein Wirrwarr aus Zetteln, auf die er Ideen und Phrasen gekritzelt hatte, die er dann zu einem späteren Zeitpunkt hervorkramte. Aber auch fertige, ausgefeilte Sachen befanden sich darunter. In der Regel hatte er eine Flasche neben sich stehen, wenn er schrieb – ihm schmeckte Carlsberg Special Brew, was ein ganz elendiges Gebräu war, wie Hustensaft mit Kohlensäure. Er suchte sich für unsere Songs entweder Zeilen aus, die er schon irgendwo niedergeschrieben hatte, oder schrieb ein paar neue. Das ging alles sehr schnell, weil Ian dabei in seinem Element war. Wenn ich an einem Songtext arbeite, ist das eine sehr koordinierte Arbeit, da es mir nicht sonderlich leicht fällt. Ich muss mich förmlich dazu zwingen, die passenden Worte und Phrasen zu finden und sie mit der Musik in Einklang bringen. Ian war hingegen ein richtiger Vulkan in Bezug auf Worte. Sie schossen geradezu aus ihm heraus. Er schrieb auch, wenn wir keinen Song hatten, an dem wir gerade bastelten, und wenn Ian nicht in einer Band gewesen wäre, hätte er trotzdem gedichtet, ganz egal was. Freilich ignorierten wir das, worüber er schrieb, schließlich klang es so verdammt *persönlich.*

Vielleicht ist euch aufgefallen, dass Ian auf ein paar Tracks Gitarre spielt, etwa bei „Love Will Tear Us Apart", aber auch bei „Heart and Soul". Wir ließen ihn nämlich in die Saiten greifen, weil wir uns davon erhofften, dass er sich mehr beteiligte. Also spielte er gar nicht einmal freiwillig. Seine Gitarre war eine Vox Phantom, ein wunderlich geformtes Ding, das seinen ganz eigenen Sound sowie etliche Druckknöpfe hatte, von denen er aber nicht einmal ansatzweise wusste, wozu sie gedacht waren. Er hatte sie sich gekauft, weil er cool fand, wie sie aussah. Auf ein paar der Regler waren sogar die Beschriftungen falsch buchstabiert. Sie sah verrückt aus, diese Gitarre, was der Hauptgrund war, warum sie Ian so zusagte. Später verwendete ich seine Gitarre, als wir mit New Order „Everything's Gone Green" aufnahmen, weil sie diesen speziellen, dünnen Sound hatte, den man nirgendwo sonst finden konnte.

Sein Gitarrenspiel war ziemlich rudimentär. Auf „Heart and Soul" etwa schlug er unentwegt einen D-Moll-Akkord an. Er war ein Gitarrist wider Willen. Man muss ihm aber zugutehalten, dass er es probierte. Seine wahre Stärke, sein Gabe, lag jedoch im Umgang mit Worten.

Ian las sehr viel. Zum Beispiel über Philosophie. Auch William Burroughs mochte er sehr und *Junkie* war eines seiner Lieblingsbücher. Aber wir unterhielten uns nie wirklich über Bücher. Allerdings auch nie über Musik, keiner von uns. Wir dachten, je mehr man darüber sprach, desto schlechter würde die Musik, die wir komponierten. Manchmal legten wir bei den Proben eine Schallplatte auf und schwärmten über Iggys oder Bowies oder irgendjemandes neue Scheibe und schlugen vor, doch etwas in der Richtung zu schreiben. Allerdings wurde das dann nie so wie das, was wir da gehört hatten. Im Allgemeinen vermieden wir es, uns über Musik und Bands zu unterhalten, was vielleicht dazu beitrug, dass wir so einen einzigartigen Sound entwickelten.

Wir spielten auch nie andere Songs als unsere eigenen. Als Rob Gretton unser Manager wurde, verbat er uns de facto, Coverversionen zu spielen, allerdings war das ohnehin nie unser Ding gewesen. Warum sollte man die Zeit aufwenden, den Song jemandes anderen zu spielen, wenn man stattdessen einen eigenen fabrizieren konnte? Wir versuchten uns einmal an „7 And 7 Is" von Love, aber wir kamen vielleicht ganze acht Takte weit, bevor wir das Handtuch warfen. Ich denke, dass wir beim ersten Hindernis, das sich vor uns auftat, mit den Schultern zuckten und uns lieber wieder unserem eigenen Material widmeten.

Die Art, wie wir unsere Songs schrieben, mit uns drei als Urhebern der Musik und Ian als Texter, brachte mit sich, dass wir unsere Songs ziemlich schnell vollendet hatten. Der Prozess ging uns leicht von der Hand, war schnell und funktionierte. Als Ian starb, sollte sich das alles ändern. Es war, als wäre eine natürliche Balance gestört worden. Damals allerdings entstanden unsere Songs schnell und zahlreich. Wir waren auch ziemlich fokussiert am Werk. Wenn ein Gig bevorstand, versuchten wir einen neuen Song zu schreiben, um ihn gleich auszuprobieren. Es gibt kein besseres Barometer in Bezug auf Eigenkompositionen als die Reaktion des Publikums. So konnten wir unser Set ausfeilen und fanden heraus, was funktionierte und was nicht.

Wir schrieben so viele Songs mithilfe unserer zuverlässigen Formel, dass es nicht immer leicht ist, sie auseinanderzuhalten, wenn ich mich an sie zu erinnern versuche. „Love Will Tear Us Apart“ entstand etwa auf diese Weise und hat sich als einer unserer langlebigsten Songs – wenn nicht sogar als der nachhaltigste – erwiesen. Er ist immer noch ein wichtiger Bestandteil unseres Live-Sets und hat im Verlauf der Jahre etliche Auszeichnungen abräumen können. Erst 2012 überreichte uns ein irischer Radiosender dafür einen Preis für den „Besten Song aller Zeiten“, und Ians Tochter Natalie reiste mit uns nach Dublin, um ihn entgegenzunehmen. Wir schrieben diesen Song vor über drei Jahrzehnten, aber trotzdem spricht er immer noch Menschen an und jede neue Generation scheint ihn neu für sich zu entdecken. Ich muss gestehen, dass wir uns nie träumen hätten lassen, dass er so eine Wirkung entfalten würde, denn damals war er nur ein Song von vielen und war so mühelos entstanden. Ich nehme an, dass Ereignisse, die später eintraten, den Song unglaublich ergreifend wirken ließen, aber die Art und Weise, wie er die Aggression von Punk mit einem rührenden Liebeslied kombiniert, verleihen ihm offenbar etwas Unsterbliches.

Wir fingen immer zuerst mit dem Schlagzeug an, jammten dann ein wenig dazu, bis irgendetwas passierte – und so entstand auch „Love Will Tear Us Apart“. Jeder trug seinen Teil dazu bei. Hooky schrieb das Riff, Steve seine Drumparts und Ian seinen Text und die Gesangsharmonie. Ich komponierte und arrangierte den Rest. Ich weiß noch genau, wie das Riff während einer unserer Jam-Sessions hervorstach. Ian schlug daraufhin vor, dass wir es den ganzen Song hindurch spielen sollten. Dann zog er sich zurück und schrieb diese außergewöhnlichen Lyrics. Das Intro war vielleicht unbeabsichtigterweise von „Anarchy in the UK“ von den Sex Pistols beeinflusst. Es hatte jedenfalls dieselbe schwirrende, pulsierende Power. Das Riff hingegen klang wie ein Cousin zweiten Grades eines unserer älteren Stücke mit dem Titel „Novelty“.

Ich halte „Love Will Tear Us Apart“ für einen der schönsten Lovesongs überhaupt. Es ist kein Lovesong um seiner selbst willen, kein hohler Minnesang, in dem Herzschmerz oder Ähnliches vorgespielt wird, sondern er ist aufrichtig und echt. Der Song schwankt zwischen ungezügelter Energie und nachdenklicher Selbstbeobachtung, weil es genau das war, was jene Person, die den Text schrieb, geprägt hat. „Love Will Tear Us Apart“ ist ein zeitloses, ungeschöntes Stück echten Lebens. Obwohl wir damals schon wussten, dass es ein guter Song war, war unsere primäre Absicht, etwas zu schreiben, das gut in unser Set passte und das Publikum zur Raserei brachte und infolge in ein einziges Gewirr aus Armen und Beinen verwandelte. Die Nummer war zweifellos großartig, obwohl sie mit ihren Kontrasten und Nuancen nicht unbedingt der regulären Struktur eines Songs zu entsprechen scheint. Da gibt es zum Beispiel keinen Mittelteil. Allerdings macht es großen Spaß, den Song live zu spielen.

Wir spielten mehr und mehr Konzerte, jedoch schien es, dass diese Gigs nur in den Rotlichtvierteln von Städten hinter den Pennines über die Bühne gehen konnten. Das bedeutete, dass wir bei allen denkbaren Wetterlagen – egal, ob bei Hagel oder Schneestürmen – die M62 entlangfahren mussten. Nachdem wir das ein paar Monate lang so betrieben hatten, stand deswegen bei Steve und Hooky sogar die Polizei vor der Türe, weil damals der Yorkshire Ripper sein Unwesen trieb, und den Cops sowohl Hookys Van als auch Steves Auto auf einem Autobahnabschnitt in der Nähe von einem der Orte, an dem ein paar der abgängigen Mädchen zuletzt gesehen worden waren, aufgefallen waren. Keiner von beiden wurde verhaftet und es wurden nur ein paar Fragen gestellt, bis sich herausstellte, dass sie ihre häufigen Fahrten erklären konnten. Ian und ich fanden die Sache natürlich extrem amüsant.

Ian war mittlerweile so etwas wie unser inoffizieller Agent, und zwar insofern, als dass er es war, der uns den Großteil unserer frühen Gigs besorgte. Die meisten waren großartig, aber selbstverständlich war mitunter einer dabei, für den man drei Stunden fahren musste, um dann vor 15 Leuten in Huddersfield zu spielen, bevor man anschließend den ganzen Weg wieder zurückfahren musste, weil man am nächsten Morgen pünktlich zur Arbeit erscheinen wollte. Einen solchen Gig hatten wir etwa in einem Ort namens Walkden. Vor Ort stellte sich heraus, dass wir im Rahmen einer Art Talente-Show in einem von alten Tantchen frequentierten Geselligkeitsverein auftreten sollten. Im Grunde genommen gaben sich da nacheinander eine Reihe abgeschmackter Revuesängerinnen ein Stelldichein … dann waren wir dran. Direkt vor uns hatte noch eine Truppe von Typen in violetten Samt-Smokings „My Way" gesungen – und nun kam Ian in seinen Jim-Morrison-Lederhosen und seiner Punkband auf die Bühne. Ihr könnt euch die Reaktion auf uns bestimmt ausmalen. Jedes Mal, wenn Ian in die Luft sprang oder einfach nur *irgendwas* tat, schrie das Publikum auf – und ich denke nicht, dass es das aus Freude tat. Auf der Rückfahrt beschwerten wir uns bei Ian und er sagte: „Verdammte Scheiße, ich hatte keine Ahnung, dass das so ablaufen würde." Wir fuhren direkt in den Ranch Club in Manchester, wo wir regelmäßig abhingen, bauten dort unser Zeug auf und spielten spontan ein Konzert. Es war eine wilde Performance, vermutlich weil wir alle so angepisst waren. Aber selbst so absurde Gigs wie in Walkden gehörten zum Lernprozess.

Als sich 1977 zu Ende neigte beziehungsweise schließlich 1978 anbrach, wurde uns bewusst, dass wir einen neuen und gleichzeitig endgültigen Namen für die Band brauchten. Das war aber gar nicht so einfach. Man möchte nicht glauben, wie schwer es ist, einen brauchbaren Bandnamen zu finden. Ich und Ian suchten etwa in Buchläden nach Inspiration. Ungefähr zu dieser Zeit las ich *Das Haus der Puppen* von Yehiel Feiner, ein erschütterndes Buch über ein Nazi-KZ, das mir jemand in der Arbeit geborgt hatte. Darin ging es um eine Einrichtung, in die Nazi-Offiziere zur Entspannung gehen konnten, die sogenannte *Freudenabteilung*, oder auf Englisch: *Joy Division.* Diese beiden Worte sprangen mich förmlich an, denn sie ergaben den perfekten Bandnamen. Natürlich war mir gleich klar, dass wir uns damit auf dünnes Eis begeben würden, aber damals war Punk gerade auf seinem Höhepunkt und es war eine Ära, in der es akzeptiert war, inakzeptabel zu sein. Nach wochenlangen Überlegungen war uns kein Name eingefallen, der auch nur annähernd so gut war wie Joy Division. Es ging uns dabei nicht im Geringsten darum, zu provozieren. Ich hielt es einfach nur für einen tollen Bandnamen – und nicht für irgendeine Band, sondern für unsere. Mir erschien er alle Kriterien zu erfüllen. Er passte zu unserem Sound und unserem Image. Außerdem sah er auch auf dem Papier gut aus. Ian und ich sahen ihn uns an, dachten über ihn nach und kamen zu dem Schluss, dass er uns sehr gefiel. Wir schlugen ihn daraufhin Steve und Hooky vor. Auch sie sprach er an.

Somit war es beschlossene Sache: Wir würden uns Joy Division nennen. Das würde uns vielleicht in Schwierigkeiten bringen, dessen waren wir uns bewusst, doch vor allem war es einfach nur ein toller Bandname. Es hieß jedenfalls nicht, dass wir Nazis wären oder auch nur irgendwelche Sympathien für sie hegten. Dem war nicht so. Wir wussten, dass wir keine Nazis waren, also war uns jegliche Kontroverse, die der Name auslösen würde, egal. Eigentlich gefiel uns sogar, dass manche Leute den Namen in den falschen Hals bekommen würden. Heute, in einem reiferen Alter angekommen, würde ich ihn wahrscheinlich nicht mehr wählen, weil ich weiß, dass er manche Leute kränkte, aber damals war ich noch jung und, na ja, eigennützig. Uns selbst Joy Division zu nennen, war ein wenig boshaft, gut. Aber wenn er uns Schwierigkeiten eintragen sollte, dann drauf geschissen. Schließlich steckten wir unser ganzes Leben lang in Schwierigkeiten. Bei Punk ging es darum, am Status quo zu rütteln und Leute aus der Fassung zu bringen. Seht euch bloß den TV-Auftritt der Sex Pistols in der Show von Bill Grundy an. Diese Art kontroversen Verhaltens gehörte damals schon fast zum guten Ton und wir waren auch nur eine Band von vielen, die das Bedürfnis verspürte, respektlos rüberzukommen.

Unser nächster Schritt auf unserer betulichen Reise bestand darin, in ein Studio zu gehen, um unsere erste EP, *An Ideal for Living*, einzuspielen. Wir suchten uns dafür die Pennine Studios in Oldham aus und nahmen vier Songs auf: „Warsaw", „No Love Lost", „Leader of Men" und „Failures". Bei diesen Tracks handelte es sich wahrscheinlich um unsere bis dahin besten Songs, sie waren quasi die erste Mauer, die wir gemeinsam hochgezogen hatten. Wir hatten nicht viel Geld, weswegen wir uns für eine billige Pauschale entschieden hatten – Aufnahme, Mastering und Pressung inklusive. Wir finanzierten das Projekt mit Geld, welches Ian zum 21. Geburtstag bekommen hatte. Leider hatte diese Billiglösung zur Folge, dass das Endprodukt nicht ganz dem entsprach, was wir uns vorgestellt hatten. Im Studio hatte man sich nicht gerade die allergrößte Mühe gegeben, etwas zu produzieren, auf das alle Beteiligten stolz sein konnten. Als wir die fertige Schallplatte schließlich abspielten, klang sie *entsetzlich*. Obwohl wir live inzwischen einen dynamischen, überzeugenden Sound entwickelt hatten, war das, was aus den Lautsprechern kam, einfach nur fadenscheiniger, blecherner Krach, den man kaum als das wiedererkannte, was wir im Studio aufgenommen zu haben glaubten. Trotz all der Vernachlässigung, mit der sich unsere Songs während des Aufnahmeprozesses und des Masterings konfrontiert sahen, bestand der größte Fehler darin, dass wir sie auf eine Seven-Inch-Platte pressen ließen. Vier Nummern auf einer so kleinen Schallplatte hatte zur Folge, dass die Rillen zu nahe beieinander verliefen, was der Soundqualität noch zusätzlich schadete. Sogar wenn zuvor auf höchstem Niveau gearbeitet worden wäre, wäre dem so gewesen. Wenn wir uns stattdessen für Twelve-Inch-Vinyl entschieden hätten, wäre das Resultat viel, viel besser ausgefallen. Das taten wir dann tatsächlich zu einem späteren Zeitpunkt – aber damals wäre sich das mit Ians Geburtstagskohle wohl kaum ausgegangen.

Letzten Endes war der einzige Aspekt des fertigen Produkts, bei dem wir wirklich etwas zu sagen hatten, die grafische Gestaltung der Plattenhülle, da das nicht in unserem Deal enthalten war und wir uns selbst darum kümmern mussten. Ich arbeitete damals immer noch für Cosgrove Hall Animation und ging in meiner Mittagspause in die Zentralbibliothek von Manchester, um nach grafischen Motiven für die Band zu suchen. Einer meiner Funde zeigte einen Hitlerjungen, der eine große Trommel um seinen Hals hängen hatte, welches mir als ausdrucksstarkes Motiv, das perfekt zu unserem Namen, unserem Sound und unserem beabsichtigten Image passte, ins Auge stach. Es war eine kontroverse Wahl, natürlich, aber erneut dachte ich mir nur: „Drauf geschissen." Rückblickend war es ziemlich naiv: Die Vernunft wurde von der Kraft des Bildes übertölpelt. Ich pauste die Umrisse des Jungen mit einem Bleistift ab, übertrug die Zeichnung mit Tusche auf ein Blatt Papier und so wurde diese Illustration zum Cover unserer ersten EP – was für einiges Aufsehen sorgte, so viel lässt sich sagen.

Auf der Rückseite der Plattenhülle nannte ich mich selbst Bernard Albrecht, was über die Jahre einiges an Spekulation und Mythenbildung nach sich gezogen hat. Eigentlich war es nur als Scherz gedacht und ich weiß nicht, warum ich es getan habe. Damals gaben sich Bandmitglieder alle möglichen bescheuerten Namen, weshalb ich da in nichts nachstehen wollte. Ich lag im Halbschlaf auf dem Sofa meiner Mutter und im Fernsehen lief eine Sendung über Bertolt Brecht. Ich hörte mit einem Ohr zu, während ich da so vor mich hindöste, und wenn von ihm die Rede war, hörte es sich ein bisschen so an wie „Bernard Albrecht“ an – und ich dachte mir, dass das als Pseudonym passen würde.

Man muss auch den Umstand berücksichtigen, dass ich in puncto Namen etwas anders als andere war. Ich war als Bernard Sumner zur Welt gekommen, aber nach der Grundschule wurde mein Familienname in Dickin geändert, da Jimmy mich adoptierte. Darüber war ich nicht gerade happy, wie ich schon erwähnt habe, also war es vielleicht eine Art unterbewusste Reaktion darauf, mich für das Cover der EP Albrecht zu nennen. Vielleicht hatte ich ja zum ersten Mal im Leben das Gefühl, selbst die Kontrolle darüber zu haben, wie ich heißen wollte. Aber wenn das zu 100 Prozent der Fall gewesen wäre, hätte ich mich wohl für Sumner entschieden, was ich schließlich nach der Geburt meines ersten Sohns James im Jahr 1983 auch offiziell tat, ich änderte meinen Namen – woraufhin meine Mutter ganze sechs Monate nicht mit mir sprechen sollte. Prinzipiell fühlte ich mich als Sumner. Je älter ich wurde, desto mehr hatte ich das Gefühl, dass ich der sein sollte, der ich sein wollte, aber ganz egal: Hinter der Albrecht-Sache steckte kein großartiges Motiv und es schien damals einfach nur eine gute Idee zu sein. Was es wiederum rückblickend gar nicht war.

Und weil ich gerade dabei bin: Eine andere Sache, aus der die Leute etwas Großes ableiten wollen, ist mein Spitzname Barney. Er entstand, als wir als Kids eines Tages die Elton Street in Salford hinunterspazierten: Da waren außer mir noch Barrie Benson, Raymond Quinn und, wenn ich mich nicht täusche, David Wroe. Einer von uns sagte, dass wir alle Spitznamen haben sollten, weshalb wir uns an Ort und Stelle richtig dumme füreinander ausdachten. Aus irgendeinem Grund war meiner ab da für eine Weile Barney. Es machte mir ganz sicher nichts aus: Mir war er so richtig egal. Besonders Hooky nannte mich so, weil er dachte, dass mich das nerven würde, was aber nicht stimmte. Mit meinem Nachnamen war das etwas anderes, weil das eine persönlichere Angelegenheit war. Aber Barney? Nicht im Geringsten. Abgesehen davon nennt mich ohnehin jeder mittlerweile nur mehr Bernard. Und so heiße ich ja auch. Aber, wenn ich ehrlich bin, gefällt mir dieser Name nicht besonders. Ich weiß nicht, was mich daran stört, aber ich fühle mich nicht wirklich wie ein Bernard. Egal, auf jeden Fall sorgte das Cover von *An Ideal for Living* für einigen Wirbel, was ja an sich nicht schlecht war.

Es war nun bereits fast ein Jahr seit unserem ersten Gig vergangen. Wir waren fleißig bei der Sache, aber wir benötigten jemanden, der uns an der Hand nehmen würde, um uns zu helfen, unsere Ziele zu erreichen, beziehungsweise davon abhielt, dämliche Entscheidungen zu treffen, wie etwa vier Songs auf eine Seven-Inch-Platte pressen zu lassen. Zum Glück sollte schon bald die richtige Person für diesen Job in unser Leben treten.

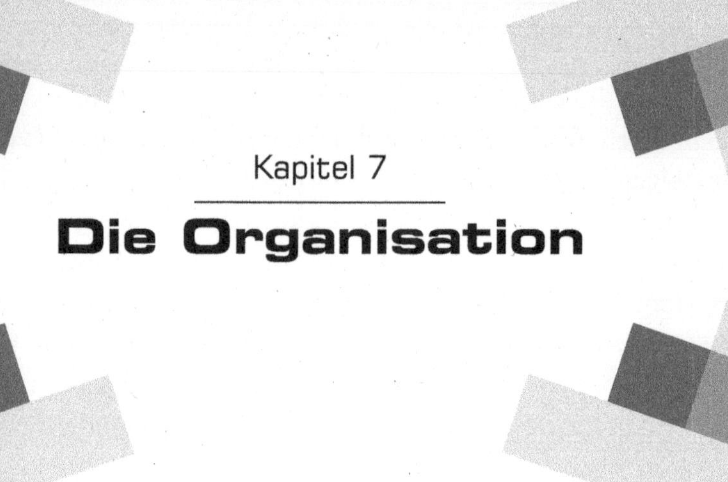

Kapitel 7

Die Organisation

Unser erster Gig als Joy Division fand am 25. Januar 1978 im Pips in Manchester statt. Das Konzert war auch deswegen denkwürdig, weil während unseres Auftritts im Publikum eine Schlägerei ausbrach. Im Anschluss daran setzten wir unsere Reise durch die zwielichtigen Pubs und Rotlichtbezirke der schwerer zu erreichenden Ecken Nordenglands fort. Wir spielten oft, und diese Gigs waren eine tolle Erfahrung, aber trotzdem beschlich uns das Gefühl, dass wir auf der Stelle traten. Ich war der Meinung, dass wir auf die nächste Ebene vordringen sollten. Wir mussten zumindest versuchen, die Aufmerksamkeit von jemandem, der zählte, auf uns zu ziehen.

Im April 1978 schafften wir es, eingeladen zu werden, einen Gig im Rafters in der Oxford Street in Manchester zu spielen, der von Stiff Records und Chiswick Records gemeinsam veranstaltet wurde. Es handelte sich um eine Art Bandwettstreit, obwohl das Konzert nicht als solcher beworben wurde. Es ging aber darum, jungen Musikern aus der Gegend eine Chance zu geben, für zwei der damals angesagtesten Labels des Landes eine Talentprobe abzuliefern. Die Namen Stiff und Chiswick sollten als Publikumsmagneten fungieren, was hieß, dass man vor einer stattlichen Anzahl an Konzertbesuchern auftreten würde. Hinter der Bühne herrschte ein reges Treiben, denn es standen so um die 17 Bands auf dem Programm – und wir sollten als letzte spielen. Es war unvermeidbar, dass die Show den Zeitplan überziehen würde und die meisten Leute schon wieder gegangen sein würden, wenn wir schließlich auf die Bühne gehen würden. Einer jener Acts, der vor uns auftrat, war diese Pseudo-Punkband, ein zusammengewürfelter Haufen, bestehend aus Paul Morley, dem Fotografen Kevin Cummins und Richard Boon. Sie machten sich daraus einen Riesenspaß, wohingegen wir darin einen wichtigen Abend sahen. Das war auch Ian nicht entgangen. Ian war einer der höflichsten, sanftmütigsten Menschen, die man kennen konnte, ein herzensguter Kerl, aber wenn ihn etwas verstimmte, konnte man ihm dabei zuschauen, wie seine Wut in ihm hochstieg, bis er schließlich explodierte. Das passierte nur selten, aber wenn, dann konnte das schon recht spektakulär sein. Und an diesem Abend sollte genau das der Fall sein. Er hatte sich bereits Tony Wilson in den Weg gestellt und ihn als „Fotze" beschimpft, weil er uns nicht in seine TV-Show einladen wollte. Tony war davon allerdings ziemlich beeindruckt gewesen, weil die meisten Leute versuchten, sich bei ihm einzuschleimen.

Und an diesem Abend waren es eben Paul, Kevin und Richard, mit denen Ian ein Hühnchen zu rupfen hatte. Hinter der Bühne marschierte Ian zu ihrer Garderobe und trat das Schloss aus der Tür (oder die Tür aus den Angeln, ich kann mich nicht mehr erinnern), stürmte hinein und begann lautstark zu schreien und mit dem Finger auf sie zu zeigen: „Ihr seid nicht als Nächstes dran, wir sind verdammt noch mal als Nächstes dran – sonst wird es Probleme geben. Keine Widerrede!"

Wie angesichts dieser Attacke nicht anders zu erwarten, willigten Paul, Kevin und Richard sofort ein, weshalb wir schon um halb zwei Uhr auf die Bühne durften. Wir spielten ein aggressives, zorniges Set und rückblickend bin ich Paul, Kevin und Richard sogar dankbar, dass sie Ian so sauer gemacht haben. Schließlich hatte das zur Folge, dass er, als wir endlich auf die Bühne gingen, so richtig loslegte, und nicht nur, weil er Tony Wilson oder sonst irgendwen beeindrucken wollte, sondern weil er so aufgedreht war. Wie gut wir tatsächlich waren, kann ich nicht wirklich beurteilen, aber aus den Reaktionen ließ sich ableiten, dass wir mit Sicherheit einen Eindruck hinterlassen hatten.

Am nächsten Tag stand ich in einer Telefonzelle im Zentrum Manchesters, als ich spürte, wie hinter mir die Tür aufging und mich jemand an der Schulter antippte. Ich drehte mich um und sah diesen Typen, der ganz offensichtlich mit mir sprechen wollte. Ich sagte ihm, dass ich noch eine Minute bräuchte, und führte mein Telefonat fort. Als ich aufgehängt hatte, stellte er sich als Rob Gretton vor. Er sagte, dass er uns im Rafters gesehen hätte und uns absolut brillant fände.

„Ich möchte euer Manager sein", sagte er. „Ich bin zwar gerade auf dem Weg zu einem Vorstellungsgespräch, aber den Job will ich gar nicht. Ich will Joy Division managen."

„Hmm", sagte ich. Er hatte mich mit seinem überschwänglichen Auftreten ein wenig auf dem falschen Fuß erwischt. „Nun, dann solltest du am besten am Mittwoch zu unserer nächsten Probe kommen."

Zu dieser Zeit befand sich unser Proberaum bei TJ Davidson zentral in Manchester, nicht weit von dort entfernt, wo die Haçienda bald ihre Pforten öffnen sollte. Hier entstanden auch das Video zu „Love Will Tear Us Apart" und ein paar berühmte Fotos, vor allem jene, auf denen man Ian mit seinem Mantel und übler Laune sehen konnte. TJ Davidson war ein netter Typ, der ein bisschen wie Pedro, der Drummer von Frankie Goes to Hollywood, aussah. Sein Dad war, wenn ich nicht irre, Juwelier. Sie waren auf jeden Fall eine wohlhabende Familie. Sie hatten ein ehemaliges Lagerhaus als potenzielle Anlageimmobilie erstanden. Das Gebäude war ziemlich heruntergekommen. Alle Fenster waren eingeschlagen, es gab keine Heizung, dafür gab es dort Ratten und eiskalt war es auch. Allerdings eignete es sich gut für unsere Proben, und zwar insofern, als dass wir ansonsten nämlich gar keinen Platz zum Proben gehabt hätten.

Ich hatte das kurze Treffen mit Rob beinahe in der Sekunde, in der er sich auf den Weg zu seinem Vorstellungsgespräch gemacht hatte, wieder vergessen, weshalb ich ziemlich überrascht war, als er dann tatsächlich zu unserer Probe erschien. Jeder sah ihn an und dachte sich: „Wer zum Geier ist das?" Also unterbrach ich den Song und brachte Licht in die Sache. Dem armen Rob war das echt unangenehm – er hatte gedacht, wir würden ihn bereits erwarten, stattdessen erntete er Blicke, als hätte er sich bei einer Hochzeitsfeier eingeschlichen. Obwohl Ian nicht darauf eingestellt gewesen war, schlug er vor, dass wir doch alle ins Pub die Straße runter gehen sollten, um uns zu unterhalten. Vielleicht erscheint es seltsam, aber damals bestellten wir keine Runden, sondern gingen einzeln an die Bar, um jeder für sich selbst etwas zu ordern. Womöglich hatte das damit zu tun, dass wir aus Salford stammten – Rob jedenfalls fand es ziemlich beunruhigend, wie wir alle an die Bar trotteten, um uns einen Drink zu holen, und ihm keinen mitbrachten.

Wir hatten aber eine Besprechung, bei der er sowohl ernsthaft interessiert als auch interessant auf uns wirkte. Er erzählte uns, dass er ein DJ sei, bereits die lokale Punkband The Panik gemanagt habe und dass unser Auftritt im Rafters mit Abstand das Beste gewesen sei, das er je gesehen hätte. Nicht nur das, er kannte auch Tony Wilson und meinte, dass auch Tony beeindruckt gewesen sei. Als wir uns kurze Zeit später noch einmal trafen, um über konkretere Pläne zu sprechen, sagte Rob: „Zunächst solltet ihr die EP als Twelve-Inch-Schallplatte und mit anderem Artwork neu auflegen. In der Zwischenzeit rede ich mit Tony und versuche, euch ins Fernsehen zu bekommen. Ihr seht echt cool aus, also behaltet das bei und macht weiterhin alles so, wie ihr das gewohnt seid." Und so wurde Rob Gretton unser Manager.

Mein erster Eindruck von ihm war, dass er uns echt mochte, uns helfen wollte und genau wusste, was er tat. Obwohl er mit dem gängigen System vertraut war, wollte er so weit wie möglich abseits davon tätig sein. Außerdem erkannte er das Potenzial, das Projekt möglichst vergnüglich zu gestalten, was ihn in unseren Augen zum perfekten Kandidaten machte. Er war von Anfang an einer von uns, obwohl er mich und Peter für Salforder Mistkerle hielt und Ians und Steves Heimatgemeinde Macclesfield für ihn einen höchst wundersamen Ort an der Peripherie von Manchester darstellte, den er wahrscheinlich nicht einmal auf der Karte finden würde. Rob selbst stammte aus Wythenshawe, weshalb es schon ein starkes Stück war, dass er so auf Salford herabschaute.

Er war auch ein großer Fan von Manchester City, womit er aber nicht ins Haus fiel, weil es dafür Abzüge gegeben hätte. Manchester war mittlerweile zu seinem Zuhause geworden und er fühlte sich dort pudelwohl. Außerdem liebte er die Musik, obwohl er geschmacklich eher zu Soul, Marvin Gaye und so, tendierte. Von Anfang an vermittelte er mir, dass er sich auf einer Art Mission befände. Er sah etwas in uns und wollte uns zu einem großen Bestandteil seiner musikalischen Manchester-Odyssee machen. Unser Job war es, gute Gigs zu spielen und gute Songs zu schreiben. Sein Job bestand darin, uns in die richtige Richtung zu lenken und uns Aufmerksamkeit zu verschaffen – das war immerhin etwas, wovon wir nicht den blassesten Schimmer hatten, wofür er allerdings von Natur aus sehr talentiert war. Er hielt uns zwar für eine tolle Band, ließ sich aber dennoch nichts von uns gefallen. Auf einem unserer ersten Trips nach London übernachteten wir in einer Unterbringung, die mehr wie eine Jugendherberge als ein Hotel wirkte. Ich wollte meinem Unmut bereits Luft machen und mich dazu in eines der anderen Zimmer begeben, als er mich auf dem Gang zu Boden rang und mir ins Ohr schrie, dass ich mich gefälligst zusammenreißen sollte. Er war genau derjenige, der uns gefehlt hatte, und eine starke Persönlichkeit. Rob passte sich unserer Dynamik als Band sowie der Dynamik ihrer Individuen an. Da war eben ich, Mr. Unfug. Hooky verwandelte sich schrittweise in Mr. Ego. Dann war da natürlich Ian, der das Temperament eines Vulkans besaß. Und Steve war Mr. Schrullig, der sich zwischen den Fronten aufhielt. Rob durchschaute uns perfekt und wusste exakt, wie er mit uns als Individuen umgehen musste, wie er uns besänftigen konnte, wenn wir zu aufgedreht waren. Er hatte ein Gespür dafür, wie er uns aufmuntern konnte, wenn wir niedergeschlagen waren, und wann er uns einen Tritt in den Hintern verpassen musste.

Ein weiterer Vorteil, von Rob betreut zu werden, bestand eben darin, dass er in engem Kontakt mit Tony Wilson und seinen Partnern stand. Tony, Alan Erasmus und Peter Saville waren die Köpfe hinter Factory Records – und Rob hatten wir es zu verdanken, dass wir von Anfang an dabei waren.

Wir hatten gehört, dass sie beabsichtigten, eine Plattenfirma zu gründen. Rob und Tony schlugen vor, dass wir ebendort unterschreiben sollten – und genau das taten wir dann auch. Wir ließen uns diesbezüglich nicht wirklich beraten, alles, was Rob dazu meinte, war, dass wir uns für ein lokales Label entscheiden sollten. Es gab ja auch noch Interesse von anderen Firmen, das von uns erwidert wurde: darunter etwa RCA, Martin Rushents Label Genetic und eine amerikanische Plattenfirma, was sich als desaströs für uns erweisen hätte können. Mehr dazu später. Jedoch schien damals ein Deal mit einem Indie-Label aus unserer Heimatstadt der richtige Schritt zu sein.

Da Rob nun unser Manager war und seine Kontakte zu Tony uns alle in deren Umlaufbahnen befördert hatten, konnten wir uns auf die Musik konzentrieren, während Rob – und später Tony – sich um die geschäftlichen Aspekte kümmerten.

Wir mochten Tony. Wir hatten ihn ja bereits getroffen und er schien sich sehr für Musik und die Jugendszene von Manchester zu begeistern. Trotzdem musste er auf Gigs einiges einstecken. Ich habe das selbst erlebt: Man stand in der Schlange vor einer Location und er spazierte an einem vorbei und ging einfach hinein, wobei er sich seine Jacke über die Schultern geworfen hatte. Er musste sich alle möglichen Beschimpfungen von den Punks aus der Warteschlange anhören: „Wilson, du Saftarsch, stell dich gefälligst an wie alle anderen auch!" Aber so etwas steckte er mühelos weg.

Tonys Liebe zu Manchester war etwas, das ihn mit Rob verband und ihre geschäftliche Beziehung stärkte. Sie waren beide sehr stolz auf die Stadt. Tony liebte auch ihre Geschichte. Er konnte stundenlang über die lokalen Berühmtheiten und die großartigen Dinge, die in Manchester geschehen waren, referieren – etwa über Alan Turing und wie hier zum ersten Mal ein Atom gespalten worden war. Auf Manchesters wissenschaftliche Errungenschaften war er nämlich besonders stolz. Sowohl Tony als auch Rob hatten beide das Gefühl, dass die Stadt den Kontakt zu ihrem außergewöhnlichen Erbe zu verlieren schien, weshalb sie alles in ihrer Macht stehende unternehmen wollten, um die Lebensqualität in der Stadt wieder zu erhöhen. Robs Philosophie war es, dass man, solange man in Manchester lebte, die Stadt besser machen sollte, um sie somit auch zu einem besseren Wohnort für einen selbst zu machen. Seine Devise war: „Seid stolz, Bewohner von Manchester!"

Wenn ich ehrlich bin, dann teile ich Rob und Tonys Enthusiasmus nicht so stark. Ich denke nicht, dass irgendein Ort besser als ein anderer ist, sondern einfach nur anders. Und ganz sicher wollte ich nie als „professioneller Manchesterer" gesehen werden. Manchester ist meiner Meinung nach eine tadellose nordenglische Stadt, aber damit steht es nicht alleine da. Bis heute habe ich nicht wirklich eine Lieblingsstadt. Alle haben sie ihre unterschiedlichen Merkmale und lassen sich nicht wirklich vergleichen. Manchesters Eigenschaften ließen sich damals mit „im Norden gelegen", „industriell" und „viktorianisch" zusammenfassen. Ich war noch nie ein Fan von viktorianischer Architektur gewesen, weswegen ich die Stadt auch nicht besonders schön fand. Eigentlich war es eine dem Verfall geweihte Stadt und schon als Kind war ich von all den schmucklosen Gebäuden eingeschüchtert gewesen. Im Heaton Park steht zum Beispiel noch die Fassade des alten Rathauses aus der georgianischen Zeit, welche, als sie durch eine strenger wirkende viktorianische Hausfront ersetzt wurde, hierher transferiert wurde – ich muss allerdings zugeben, dass ich ein paar der Innenräume ganz hübsch finde. Ähnliches passierte auch in London mit dem Bahnhof von Euston, einem Ort, den ich aufgrund meiner Reisen häufig frequentiere. In seinem Fall wurde jedoch die Fassade im Regency-Stil durch eine abstoßende Sechzigerjahre-Monstrosität ersetzt, und als Tor zum Norden des Landes ist es eine Frechheit.

Damals in den späten Siebzigerjahren war Manchester jedenfalls nicht der Ort, der er heute ist. Wahrscheinlich wird erwartet, dass ich der gängigen Meinung zustimme, Manchester sei zu jener Zeit eine herbe nordenglische Stadt mit tonnenweise Charakter gewesen und ich alles dafür gäbe, wieder dorthin zurückkehren zu können. Nur wäre das gelogen. Mir gefällt Manchester nämlich viel besser, wie es heute ist. Ich weiß, dass es sich angesichts dessen, was ich zuvor über die Architektur gesagt habe, wie ein Widerspruch anhört, aber ich denke, dass die neuen Gebäude die verbliebenen viktorianischen Häuser – von denen die meisten noch gut in Schuss sind – gut zur Geltung bringen. Das Schlüsselwort hier dürfte „gut" sein. Es gibt Sachen, die ich vermisse: Es gab früher ein tolles Gemeinschaftsgefühl und ich habe bereits detailliert darüber berichtet, wie sehr mir dieser Aspekt an meiner Kindheit und Jugend in Salford gefiel. Die Stadt ist mittlerweile ein wenig zu homogen. Es finden sich nun dieselben Geschäfte wie überall sonst auch. Aber trotz allem ist es heute mit Sicherheit ein angenehmerer Ort als seinerzeit. In der Nacht wirkt es weniger bedrohlich. Zum Beispiel konnte eine Busfahrt samstagabends zurück nach Salford eine geradezu *erfrischende* Erfahrung sein, um es milde auszudrücken. Man konnte sich leicht ein paar Messerstiche einfangen und das ist nichts, was ich vermisse.

So wie ich die Sache sehe, sind die Dinge, die es wert waren, verbessert worden, und es wurde viel unternommen, um die schlechten Aspekte zu beseitigen. Die Straßenbahnverbindung, die in den späten Sechzigerjahren entfernt worden war, wurde wieder eingerichtet und ist eine wichtige

Lebensader zum Stadtzentrum. Der Verfall wurde aufgehalten. Zugegeben, nicht alles wurde mit Schönem ersetzt, aber das neue Manchester verfügt über eine aufgefrischte Lebenskraft, die ich den alten Zuständen absolut vorziehe. Ich denke, dass Manchester in den Siebzigerjahren ein wenig neben der Spur war. Die allgemeine Grundstimmung lautete: „Wir waren einmal eine großer Industriestandort, machen jetzt aber nichts mehr in der Richtung. Es gibt keine Jobs in den Fabriken. Danke, Margaret Thatcher." Die Stadt war wie vom Glück verlassen – und schwelgte bis zu einem gewissen Grad sogar darin. Jedoch ist es gelungen, sie wiederzubeleben und zu einem besseren Ort zu machen.

Dennoch vermisse ich ein paar der alten Ecken, sonderbare Gegenden, die einen an Charles Dickens denken ließen, in sich abgeschlossen waren und vom Rest der Welt abgeschnitten zu sein schienen. Auch gab es schrullige Läden, wo einem Ersatzteile für Röhrenradios und andere Kuriositäten und Anachronismen verkauft wurden. Es waren Geschäfte, die bereits seit 70 Jahren existiert hatten und völlig den Kontakt zur Gegenwart verloren hatten. Hinterm Tresen saßen üblicherweise verrückte alte Männer, die Tand aus einer anderen Zeit verscherbelten. Jetzt gibt es überall nur mehr Starbucks und Costa, und das ist ein Aspekt des alten Manchesters, den ich vermisse: einen skelettierten Frachtkahn oder das aufgelassene Häuschen eines Schleusenmeisters, das dem Verfall preisgegeben wurde, zu entdecken. Stattdessen befindet sich da jetzt ein Gastropub.

Rob und Tony verband ihre Vision, die sie für Manchester und seine Kultur hatten, aber sie wussten auch, was für uns am besten war, und handelten dementsprechend. Eine von Robs ersten Aktionen war es folglich auch, uns einen Auftritt in Tonys Show, *Granada Reports*, seinem Nachfolgeprogramm zum beliebten *So It Goes*, zu sichern. So feierten wir am 20. September 1978 unser Fernsehdebüt, bei dem wir einen unserer neuen Songs, „Shadowplay", vorstellten. Es war ein klein wenig beängstigend, da im Fernsehen, umgeben vom künstlichen Ambiente eines TV-Studios, aufzutreten, aber wir spielten ganz passabel. Der Regisseur blendete während unserer Performance düstere Negativaufnahmen von Autos auf dem Freeway ein, was die Eindringlichkeit des Songs und unserer Performance noch verstärkte. Es sah wirklich gut aus.

Zweifellos würde es einen großen Unterschied machen, Rob und Tony an Bord zu haben. Das erste, was Tony zu uns sagte, wenn er zu uns in die Garderobe kam, war: „Ich kann nicht bleiben, meine Lieben, aber ich wollte euch nur schnell sagen, dass ihr einen tollen Job macht. Ich habe eure neuen Sachen gehört und sie sind fabelhaft. Muss jetzt weiter, macht's gut!" Er hielt es nie zu lange an einem Ort aus. Es wirkte so, als würde er die Lage abchecken wollen und sich dann wieder schnell verabschieden, um sich anstelle von direkter Interaktion lieber seinen Gedanken widmen zu können. Er wollte der Stadt und ihrer Musikszene etwas Gutes tun. Seine Einstellung war es, zu hinterfragen, warum alles immer in London sein musste, was uns sehr ansprach. Um ehrlich zu sein: sowohl die Stadt London als auch deren Infragestellung.

Wie man an unserer Fernsehperformance für *Granada Reports* sehen kann, nahmen wir zu dieser Zeit langsam Fahrt auf. Wir bekamen reichlich Gigs angeboten, unser Live-Set wirkte echt eingespielt und wir verbreiterten fortlaufend unser Repertoire. Nicht nur spielten wir mehr und mehr Konzerte, sondern kamen dabei auch noch richtig gut an. Ganz am Anfang, als wir noch stetig über die Pennines gependelt waren, hatten wir mitunter sogar bezahlen müssen, um spielen zu dürfen – und uns war viel daran gelegen, diese wertvolle Erfahrung hinter uns lassen zu können. Jetzt traten wir allerdings in neuen Locations auf und trafen dort auf Leute, die uns noch nicht kannten, und riefen stets eine starke Reaktion beim Publikum hervor.

Wir wussten, dass wir an etwas Großem dran waren und uns gelang es, durch unsere gut geölten Live-Auftritte langsam eine Schar von Anhängern an uns zu binden. Wir waren gut und wussten das auch. Es war nun an der Zeit, erneut ins Studio zu gehen, um zu demonstrieren, *wie* gut wir waren.

Kapitel 8

Ein kalter Wind bläst

Unsere erste ordentliche Erfahrung mit einem Aufnahmestudio war die Session für *An Ideal for Living* gewesen – jene, die letztlich nicht gerade zufriedenstellende Ergebnisse geliefert hatte: was sich mit der schludrigen Herangehensweise in puncto Aufnahmeprozess und Produktion sowie unserer katastrophalen Entscheidung bezüglich des Formats begründen ließ. Nach dieser Geschichte dachten wir, dass es gar nicht möglich wäre, ein weiteres Mal so zu enttäuschen, weshalb wir uns im Mai 1978 auch mit einer Mischung aus leichter Besorgnis und vorsichtigem Optimismus dafür entschieden, unsere nächste Aufnahmesession in Angriff zu nehmen. Wir wollten unser erstes Album einspielen, aber letzten Endes ist es nie herausgekommen, zumindest nicht als offizieller Release. Ian hatte einen Typen namens Richard Searling kennengelernt, der irgendeine hohe Position im Büro von RCA Records in Manchester innehatte. Und dieser Richard hatte Ian von einem weiteren Typen erzählt, der daran interessiert war, uns einen Vertrag bei einem amerikanischen Soul-Label zu verschaffen, da dieser gehört hatte, dass Punk das nächste große Ding sei, weshalb er eine Punkband für das Label haben wollte. Richard stellte den Kontakt her und buchte uns ein Studio, damit wir dort etwas aufnehmen konnten. Besagter Typ stellte sich schließlich als kompletter Albtraum heraus, jemand, der nicht das geringste Interesse an unseren Ideen hatte, sondern für den Zeit eben Geld war. Er blickte unentwegt auf die Uhr und interessierte sich ausschließlich dafür, welche Summe unterm Strich für ihn übrigbleiben würde.

Das Aufnahmestudio gehörte Greendow Commercials, wo ich angestellt war. Es gab dort eine Abteilung für Grafikdesign und Film, wo viele Schneide- und Trickkameraarbeiten für Granada abgewickelt wurden. Außerdem gab es dort ein Soundeffekt-Studio, in dem ich gelegentlich schon gearbeitet hatte. Auf der Rückseite des Gebäudes befand sich ein Aufnahmestudio, das in erster Linie für Werbeclips und Voice-overs vorgesehen war, aber dennoch ein vollwertiges Studio war. Ich handelte uns einen preisgünstigen Deal aus und so kreuzten wir eines Morgens auf, um uns voller Vorfreude an die Arbeit an unserem ersten Album zu machen. Als wir eintrafen, war da schon ein Typ, der gerade ein Voice-over für ein Lotterieunternehmen namens Littlewoods Lotteries fertigstellte. Da er mehrere Anläufe brauchte, weiß ich noch, wie der Slogan lautete: „Littlewoods Lotteries, mehr und mehr gewinnen mit Littlewoods!“ Nicht unbedingt der ideale Auftakt zur Arbeit an einem klassischen Album, aber das war auch schon fast das Beste an der Session. Der Plattenfirmenfritze tauchte nämlich auf und verkündete, dass wir das Album an nur einem Tag einspielen sollten und er es am nächsten abmischen würde.

Sobald wir unser Equipment aufgebaut hatten, fing mein Verstärker an zu surren und der Kerl begann zu toben. Er schrie mich an: „Stell deinen Scheiß-Amp ein, schließlich bin ich es, der hier Geld verlieren kann!“ Da hatten wir noch nicht einmal eine einzige Note gespielt. Nachdem die instrumentalen Spuren im Kasten waren und Ian an der Reihe war, wurde alles noch schlimmer. Der Typ vom Label machte ihm nämlich das Leben so richtig schwer, unter anderem, indem er vom armen Ian verlangte, „wie James Brown“ zu singen. Ian Curtis war vieles, doch der „Godfather of Soul“ war er definitiv nicht. Als wir endlich mit allem fertig waren und uns auf den Heimweg machen wollten, eröffnete uns der Hampelmann plötzlich, dass er am nächsten Morgen jemanden für ein paar zusätzliche Spuren mitbringen würde. Wir dürften aber immerhin aussuchen, ob wir lieber einen Synthie-Spieler oder einen Saxophonisten haben wollten. Allerdings wollten wir keines von beidem. Nein, danke. Daraufhin teilte er uns mit, dass wir in der Sache kein Mitspracherecht hätten und nur zwischen diesen beiden Optionen wählen dürften. Wir zogen entmutigt ab und schlichen in fassungsloser Stille durchs Stadtzentrum von Manchester. Wir hatten uns darauf gefreut, ein Album aufzunehmen, aber diesem Volldepp war es gelungen, den ganzen Prozess von der ersten Sekunde an in einen Albtraum zu verwandeln. In Gedanken gingen wir alles noch einmal durch. Niemand sagte irgendetwas, bis Ian das Schweigen durchbrach: „Ich werde morgen nicht kommen." Ich antwortete: „Aber wir sind schon halbfertig, Ian. Wir können die Sache jetzt genauso gut zu Ende bringen und dann sehen, was dabei herauskommt." Er dachte eine Weile darüber nach und stimmte schließlich trotzdem zu. Dann trennten sich unsere Wege und wir stapften enttäuscht und mit hängenden Schultern heimwärts.

Am nächsten Tag ging es in der gleichen Tonart weiter. Wir hassten diesen Typen – und wir waren ihm ganz offensichtlich scheißegal. Vermutlich kannte er nach dem zweiten Tag im Studio nicht einmal unsere Namen. Wir waren für ihn nur ein Mittel zum Zweck, das er so schnell wie möglich ausbeuten wollte, bevor er sich nach etwas Neuem umsah.

Als er uns am Vortag in Bezug auf die Overdubs die Pistole auf unsere Brust gedrückt hatte, hatten wir uns für den Synthesizer entschieden. Oder könntet ihr euch Joy Division mit einem Saxophon-Solo vorstellen? Der Synthie-Typ baute also sein Zeug auf, während wir Blicke austauschten und vermutlich alle dasselbe dachten: „Ein verdammter Sessionmusiker? Nicht sehr *punk*, oder?" Er begann uns auf seinem Synthesizer ein paar Sounds vorzuspielen und erkundigte sich, was uns denn so gefiele. Wir antworteten, Kraftwerk und Donna Summer – und seine Augen begannen zu leuchten. Er veränderte ein paar Einstellungen, drückte auf die Tasten und das Synthie begann, diese schrillen Töne, die sich wie *miumiumiu* anhörten, von sich zu geben. Voller Erwartung blickte er in unsere Richtung. Ich weiß nicht, ob uns das an Kraftwerk oder Donna Summer erinnern hätte sollen, aber zumindest klang es wie nichts, das ich je zuvor gehört hatte. Ich sagte, dass er sich diesen Effekt erst einmal schenken könne, weil er nämlich wie eine verfluchte Katze klang. Er richtete sich auf, sah in die Runde und erklärte: „Das ist es aber, worum es bei Synthies geht, Alter."

Der Session-Typ und das Arschloch von der Plattenfirma verbrachten den Tag damit, beschissene Mixes von den Songs anzufertigen, in die wir so viel Arbeit gesteckt hatten. Wir verzogen uns so schnell wie möglich und fürchteten uns bereits vor dem Endresultat. Es war klar, dass wir Mist gebaut hatten. Ein paar Wochen später oder so war Rob bereits unser Manager und wir erzählten ihm von dieser Geschichte. Er schürzte für einen Augenblick die Lippen, stand auf und sagte: „Nun, dann müssen wir uns diese Bänder eben zurückholen." Wir mussten dafür um die 5.000 Pfund abdrücken und natürlich hatte der Typ schon längst Kopien angefertigt, die dann nicht allzu lange Zeit später als Bootleg veröffentlicht wurden. Rob musste einen Anwalt einschalten, um die Angelegenheit, in die wir uns verwickelt hatten, wieder auszubügeln, aber zum Glück sollte uns nie wieder so etwas passieren.

Doch gab es selbst bei dieser Session einen positiven Aspekt: Der kleinliche Knilch hatte eine Northern-Soul-Single dabeigehabt, die ihm sehr gefiel. Es handelte sich um „Keep On Keeping On" und er wollte, dass wir davon eine Coverversion aufnahmen. Wir teilten ihm zwar mit, dass wir keine Songs anderer Interpreten spielen würden, hörten uns den Song aber trotzdem an – und das Gitarrenriff fanden wir echt gut. Also entwendeten wir mehr oder weniger dieses eine Riff und bauten darum unseren eigenen Track auf: „Interzone". Hooky schrieb die Lyrics und sang ihn. Das Ergebnis konnte sich sehen lassen. Aber abgesehen davon war die ganze Erfahrung eine einzige Katastrophe gewesen. Und eine teure obendrein.

Sobald wir diese Episode überwunden hatten, waren wir bereit, weiterzumachen. Zu Robs ersten Handlungen als unser Manager gehörte, uns bei Factory Records unterzubringen. Wir trugen zwei Nummern zur ersten LP, die je auf Factory erschien, *A Factory Sample*, bei. Sie kam 1978 zu Weihnachten heraus und enthielt außerdem noch Nummern von Cabaret Voltaire, John Dowie sowie The Durutti Column. Wenn ich mich nicht irre, nahmen wir unsere beiden Beiträge, „Digital" und „Glass", mit Martin Rushent auf – er sollte später Human Leagues Hit-Album *Dare* produzieren –, da er zu diesem Zeitpunkt nach einer Band für sein eigenes Label, einer Tochterfirma von United Artists, suchte. Wir hatten diese Demos in seinem Londoner Studio eingespielt und kamen so weit gut klar mit ihm. Er war eine ganz witzige Type, aber auch sehr geschäftsorientiert und nicht so entspannt, wie uns das gefiel, weshalb letztlich nichts aus einem Deal wurde. Als uns Tony fragte, ob wir vielleicht ein paar Songs für seine Sampler beisteuern könnten, gruben wir „Digital" und „Glass" aus und überließen sie ihm. Bevor sie schließlich auf dem Album landeten, wurden die Songs aber noch von Martin Hannett geremixt. Uns kostete es ja nichts und sonst waren die Tracks ja auch noch nie veröffentlicht worden. Das war unser erster Output auf Factory.

Es sollte zwar noch eine Weile dauern, bis wir zum ersten Mal als offizielle Factory-Band ins Studio gehen würden, aber dafür spielten wir weiterhin unablässig Konzerte, etwa als Vorband auf Tour mit den Rezillos. Ein Gig blieb dabei besonders in Erinnerung, nämlich unser erster Auftritt in London. Er fand am 27. Dezember im Hope and Anchor in Islington statt. Es sollte ein schräger Tag für uns werden. Das Hope and Anchor war unter Musikern eine bekannte Kneipe und dort zu spielen, war eine Gelegenheit, die man sich nicht entgehen lassen durfte. Es war eine gute Location, um sich in London einen Namen zu machen. Nachdem wir es monatelang versucht hatten und uns Rob endlich einen Gig dort verschaffen hatte können, waren wir dementsprechend begeistert, dass sich diese Möglichkeit für uns auftat.

Die Probleme begannen, als ich am Morgen des Konzerts mit Grippe erwachte. Als Steve mich mit seinem Auto abholte, fühlte ich mich total beschissen. Ich war komplett benebelt und zitterte unentwegt. Nachdem ich mir meinen Schlafsack geschnappt hatte, versuchte ich es mir im Auto halbwegs gemütlich zu machen. Und so brachen wir gen London auf. Während der langen Fahrt in den Süden fiel mir auf – obwohl ich komplett in den Seilen hing –, dass Ian sich in einer seltsamen Stimmung befand. Er war untypisch feindselig, beschwerte sich über alles und tat alles, was irgendjemand sagte, als „totalen Schwachsinn" ab. Nachdem wir angekommen, aufgebaut und einen Soundcheck absolviert hatten, spielten wir schließlich unser Konzert für ein Publikum bestehend aus – kein Scherz – einem Mann und seinem Hund. Allerdings denke ich nicht, dass der Hund uns mochte. Der Gig fand in jener eigenartigen Zeit zwischen Weihnachten und Neujahr statt, in der es viele Leute vorziehen, zuhause zu bleiben, anstelle sich im eiskalten Keller eines Pubs ein Konzert einer Band reinzuziehen, von der sie noch nie zuvor gehört haben. Es war ein Desaster.

Es wäre ja schon schlimm genug gewesen, wenn ich mich in bester Verfassung befunden hätte. So hatte ich wirklich zu kämpfen. Jedes Mal, wenn Steve ein Becken anschlug, schien vor meinen Augen alles zu verschwimmen und sich auf den Kopf zu drehen. Da dieser Gig, auf den wir uns alle so gefreut hatten, sich als herbe Enttäuschung herausgestellt hatte, war keiner von uns allzu gut gelaunt. Wir rissen uns aber so gut es ging zusammen, luden unsere Sachen wieder ein und gingen im Anschluss in ein griechisches Restaurant, um uns selbst zu bemitleiden. Ian schien aber nicht nur wegen des beschissenen Gigs übel drauf zu sein. „Zur Hölle damit", sagte er immer wieder. „Der ganze verdammte Weg umsonst – und dafür habe ich mir echt frei genommen?" Wir beglichen unsere Rechnung, schlichteten uns wieder ins Auto und brachen Richtung Norden auf. Es war ein Scheiß-Tag und ein Scheiß-Gig gewesen – und sogar das Essen im Restaurant war beschissen. Jetzt wollten wir nur mehr so schnell wie möglich nachhause. Wir fuhren auf die M1 auf und ich kuschelte mich für die lange Rückfahrt in meinen Schlafsack.

Nur kurze Zeit später – wir hatten es noch nicht einmal bis Luton geschafft – drehte sich Ian zu mir um und sagte: „Gib mir den Schlafsack." Ich versuchte ihn zu ignorieren. Immerhin fühlte ich mich immer noch sehr schlecht und wollte nur noch heim in mein Bett. Da griff er plötzlich her und zog mir den Schlafsack weg. Ich zerrte ebenso daran, er zerrte zurück. Ich riss ruckartig an dem Ding, aber auch er ließ nicht locker, bis ich schließlich abrutschte. Als ich aufblickte, sah ich, wie er seinen Kopf mit dem Schlafsack bedeckte. Er gab dabei ein sonderbares Knurren von sich. Ich fragte: „Ian, was tust da, verdammt noch mal? Was soll das?" Als Nächstes zog er sich den Schlafsack vom Kopf und schlug wild auf alles in seiner Reichweite ein – auf die Windschutzscheibe, die Seitenfenster und sogar auf den armen Steve, der fuhr. Steve hielt auf dem Pannenstreifen an. Wir zogen Ian aus dem Wagen und legten ihn auf die Erde. Er bebte unkontrolliert und hatte, wie wir später erfuhren, einen heftigen epileptischen Anfall. Wir fixierten ihn, bis er nachließ. Er lag einfach da auf dem Asphalt, komplett weggetreten. Es war schrecklich mitanzusehen, vor allem, weil wir zu diesem Zeitpunkt noch keine Ahnung davon hatten, dass Ian unter Epilepsie litt. Wir trugen ihn zurück ins Auto, fuhren von der M1 ab und suchten das nächste Krankenhaus, welches sich in Luton befand. Es war eine schreckliche Nacht. Während wir auf Informationen warteten, wurden Leute zum Magenauspumpen und wegen anderer Dinge eingeliefert. Endlich kam der Arzt zu uns. Die Anzeichen sprachen dafür, dass Ian einen epileptischen Anfall gehabt hatte, meinte er. Er erkundigte sich, ob Ian Epileptiker sei. Wir verneinten, weil wir es ja nicht gewusst hatten. Es war eine surreale und letztlich auch sehr traurige Nacht. Als wir da in der Notfallambulanz mit ihrem Aroma-Cocktail aus Bodenputzmittel, Desinfektionsflüssigkeit und Erbrochenem herumhingen, hatten wir noch keinen blassen Schimmer, was für Auswirkungen dies auf unser aller Zukunft haben würde. Wir waren einfach nur ratlos. Eine bizarre Erinnerung daran, wie wir im Krankenhaus auf Neuigkeiten warteten, ist, dass Steve sauer wurde, weil Ian noch seine Zigaretten hatte. Er ging in sein Zimmer und holte sie aus seiner Manteltasche. „Vergiss ihn", sagte er. „Was ist mit meinen Fluppen?" Wir mussten alle darüber lachen. Es war ein kurzer Moment der Auflockerung nach einem verheerenden Tag.

Sobald Ian von den Ärzten entlassen wurde, fuhren wir die restliche Strecke nachhause, beinahe ohne irgendetwas zu sagen. Ian lehnte seinen Kopf gegen das Seitenfenster und starrte in die Finsternis, wo gelegentlich die Lichter entfernter Städte an uns vorbeizogen. Als er sich zuhause untersuchen ließ, erhielt Ian die schlimmstmögliche Diagnose: Grand-Mal-Epilepsie. Ihm wurden ein paar sehr starke Medikamente verschrieben. In den Siebzigerjahren wusste man nicht annähernd so viel über diese Krankheit, wie wir das heute tun, und die Behandlung war ziemlich brutal. Die Arzneimittel, die den Ärzten zur Verfügung standen, waren absolute pharmazeutische Vorschlaghämmer und bereits nach ein paar Wochen fiel mir auf, wie sie Ians Persönlichkeit veränderten. In der einen Minute lachte er noch, in der nächsten hielt er seinen Kopf mit beiden Händen fest und war den Tränen nahe. Man wusste nie, woran man bei ihm war – nicht einmal er selbst wusste das. Ich glaube, dass die Leute Ian als diesen traurigen, gequälten Poeten wahrnehmen. Wenn man sich die ikonischen Fotos von ihm, wie jene, die in TJ Davidsons Proberaum entstanden, oder die berühmten Schnappschüsse von Kevin Cummins, die uns im Schnee zeigen, ansieht, dann wirkt er sehr niedergeschlagen. Viele denken, dass er ununterbrochen so drauf war und in erster Linie eine düstere, heimgesuchte, wenn auch eloquente Seele war. Nur, dieses Image entspricht überhaupt nicht seiner Persönlichkeit. Er konnte sehr witzig sein und war ein höchst angenehmer Zeitgenosse. Außerdem konnte man ihn auch gut veräppeln und er war oft Opfer von Streichen, er trug ja auch diese spitzen Schuhe und sehr engen Jeans. Außerdem saßen wir häufig in Steves blauem Ford Cortina und wenn Ian pinkeln musste, hielten wir, damit er schnell aussteigen konnte. Er stand dann ziemlich nah an Steves Wagen und ich rief: „Steve, er pinkelt dein Auto an, fahr schnell los!" Steve fuhr dann los und rollte dabei über Ians spitze Schuhe. Dieser schrie dann: „Was zum Teufel machst du? Nicht schon wieder! Jedes verdammte Mal! Wo, glaubst du, dass ich hinpissen soll? Wir sind mitten auf der Hauptstraße. Ich will eben nicht, dass die Leute mich mit raushängender Nudel sehen!"

Die meiste Zeit war Ian ein sehr höflicher, angenehmer Mensch mit Sinn für Humor. Er war bei meiner ersten Hochzeit 1978 sogar mein Trauzeuge – es war ein sehr unförmliches Ereignis: Wir waren noch jung und leider hielt die Ehe nicht, obwohl immerhin mein Sohn James aus ihr hervorging. Aber manchmal war es auch eine delikate emotionale Gratwanderung mit Ian. Wenn er irgendetwas als Ungerechtigkeit empfand, wie an jenem Stiff/Chiswick-Abend zum Beispiel, oder ihn jemand provozierte, konnte es passieren, dass er explodierte und sich in einen Tasmanischen Teufel verwandelte. Es waren keine irrationalen Wutanfälle, er hatte immer seine Gründe. Sein Zorn verrauchte auch üblicherweise bald wieder, aber wenn er an die Decke ging, dann tat er das nach allen Regeln der Kunst. Etwas, das ihm besonders missfiel, wenn wir unterwegs waren, und das ihn jedes Mal austicken ließ, waren die Gebühren, die die Hotels für Telefonate verlangten. Er begriff nämlich nicht, dass man eine Sondergebühr berappen musste, wenn man von seinem Zimmer aus ein Ferngespräch führte. Immer wenn wir aus einem Hotel auscheckten, konfrontierte ihn Rob mit einer massiven Telefonrechnung, die größer war als sein Wochengehalt. Das ließ ihn jedes Mal ausrasten. Er drehte komplett durch, als ob Rob ihn über den Tisch hätte ziehen wollen.

Ian war in vielerlei Hinsicht ein wandelnder Widerspruch. Er war ganz verrückt danach, in einer Band zu sein, verrückt nach Musik und verrückt danach, mit Joy Division Musik zu machen, aber gleichzeitig machte ihm das alles auch Angst. Das war etwas, das für den Rest von uns nur schwer zu verstehen war. Man wusste nie wirklich, woran man mit ihm war – ob er nun für immer in der Band bleiben würde oder ob er sich eines Tages dafür entscheiden würde, es bleiben zu lassen. Er war unberechenbar und sehr leidenschaftlich in Bezug auf Joy Division. Er liebte es, Songtexte zu schreiben, und liebte es, auf der Bühne zu stehen. Er glaubte aufrichtig daran, dass wir die beste Band der Welt seien – aber gleichzeitig war er sich nicht sicher, ob er auch in ein paar Wochen mit dabei sein und nicht etwa einen Laden, irgendwo an einer Straßenecke, betreiben würde.

Ich erinnere mich noch an eine Unterhaltung, die wir etwa zu der Zeit, als wir *Closer* aufnahmen, miteinander führten. Er sagte, dass die Lyrics sich praktisch von selbst schrieben, dass sie im Überfluss, schnell und bereits voll ausformuliert aus ihm heraussprudelten. Er erzählte mir aber auch, dass er das Gefühl habe, unaufhaltsam in einen großen Strudel gesaugt zu werden. Ich wusste nicht, was er damit meinte, aber ich glaube, dass er in dieser Nacht einen epileptischen Anfall gehabt hat. Ich bilde mir ein, mich an ein Cut an seinem Kopf erinnern zu können, das zuvor nicht da gewesen war, so als ob er vielleicht einen kleineren Anfall gehabt und sich dabei den Schädel angeschlagen hätte. Er schien zu spüren, dass sich alles sehr rasch entwickelte und seiner Kontrolle – innerhalb und abseits der Band – zu entgleiten drohte. Wir begannen damals, richtig durchzustarten: Womöglich beschlich ihn das Gefühl, dass keine Chance bestünde, zwischendurch mal Bilanz zu ziehen, innezuhalten und zu genießen.

Ian war ein großer Musikliebhaber: Seit seiner Teenagerzeit hatte er Sachen wie die Doors, Velvet Underground, Iggy, Bowie, Kraftwerk und Neu! geliebt. Musik bot ihm einen Ausweg. Er war erwachsen und lebte immer noch in Macclesfield, einer Kleinstadt, in der nicht viel los war. So wie jeder Junge in dieser Situation, träumte er davon, flüchten zu können, etwas Größeres zu erreichen, so wie vor ihm seine musikalischen Helden. Als plötzlich dieser Traum wahr wurde – etwas, womit er vermutlich gar nicht gerechnet hatte –, stellte er alles in Frage. Schließlich war es ein Traum, der einige Pflichten mit sich brachte, zum Beispiel ein zunehmend größeres Live-Publikum zufriedenstellen zu müssen, oder ein neues Album fertigzubringen, das so gut – wenn nicht sogar besser – als das letzte sein sollte. Vielleicht ging ihm durch den Kopf, was er tun würde, wenn alles sogar noch weiter wüchse. Was sollte er machen, wenn es ihm nicht gelingen würde, seine Leistung zu erbringen? Wie sollte er damit umgehen? Er musste sich mit einer heftigen Zwickmühle auseinandersetzen: Einerseits wollte er das alles ja, zweifellos sogar, aber andererseits war er sich nun, da er sein Ziel tatsächlich zu erreichen schien, diesbezüglich nicht mehr ganz so sicher.

Ich bin überzeugt davon, dass die Diagnose zu dieser inneren Zerrissenheit auch noch beitrug. Er muss das Gefühl gehabt haben, dass seine Epilepsie ihm alles wieder wegnehmen könnte, und somit eine enorme Verantwortung für den Rest der Band verspürt haben. Zusätzlich zu all den Dingen, mit denen er sich herumschlagen musste, lud er sich auch den Druck auf, niemanden im Stich lassen zu wollen. Wenn er das Handtuch werfen würde, so nahm er an, müssten auch alle anderen einpacken.

Er verließ die Band, nachdem wir *Closer* fertiggestellt hatten – zwar nur für einen Tag, aber immerhin. Er suchte Rob auf und teilte ihm mit, dass er das alles nicht länger machen wolle und nach Bournemouth ziehen würde, um einen Buchladen zu eröffnen. Er hatte einen Freund aus Kindertagen, der dorthin übersiedelt war, als sie beide noch zur Schule gingen, und nun wollte er ihre Freundschaft wieder aufleben lassen. Da ich weiß, wie Ian tickte, bin ich mir sicher, dass er sich an diesem speziellen Tag hundertprozentig sicher war, diese spezielle Sache durchziehen zu wollen. Vielleicht war es ein Fluchtplan, oder seine Frau Debbie wollte, dass er das tat, oder womöglich war es seine Krankheit, die ihm das Gefühl gab, alles hinter sich lassen zu müssen. Aber etwas später änderte er seine Meinung wieder, weil er sich nun komplett anders fühlte, und er machte einen Rückzieher. Ich denke, dass er sich gerne in sich selbst zurückzog und sich mit seinen Konflikten befasste, um dann zu einem Schluss zu gelangen, was dann aber auch den Kämpfer in ihm hervorbrachte, der sich gegen diesen Entschluss auflehnte. Dann rebellierte er gegen das, was er als seinen Moment der Schwäche ansah.

Die Bournemouth-Sache war für uns aus völlig heiterem Himmel gekommen. Und obwohl es nie wieder zur Sprache kam, war es doch ein eindeutiges Zeichen dafür, dass er unter großem Druck gestanden hat: Druck, neues Material zu liefern beziehungsweise seine intensive, beinahe rasende Bühnenperformance aufrechtzuerhalten. Er hat nie gesagt, dass er sich während der Konzerte unter Druck fühlte, aber seit seinem Tod habe ich in einem seiner Briefe gelesen, dass er sich immer unsicherer wurde, ob er seine Live-Performance noch länger durchziehen könnte. Auf der Bühne war Ian ziemlich schonungslos und er empfand es definitiv als Belastung, jedes Mal 100 Prozent geben zu müssen, besonders angesichts seines gesundheitlichen Zustands. Es ist schon schwer genug, Epileptiker zu sein, aber stellt euch mal vor, wie es ist, damit in der Öffentlichkeit aufzutreten. Die Bedrohung, plötzlich einen Anfall zu bekommen, hing über ihm wie ein Damoklesschwert.

Trotz all der Medikamente und der Behandlung, der er sich unterzog, hätte es ihm jederzeit passieren können, sogar auf der Bühne. Ein falscher Beat oder ein Zucken der Scheinwerfer hätte es schon auslösen können – vor Hunderten von Leuten. Manchmal hatten wir einen Song beendet, Steves Schlagzeug stoppte, aber Ian tanzte noch weiter, und wir begriffen, dass er kurz davor stand, einen Anfall zu erleiden. Inzwischen wussten wir natürlich bereits viel mehr als damals in jener kalten Nacht auf dem Pannenstreifen, weshalb wir ihn sanft von der Bühne und in die Garderobe drängten, wo er dann seinen Anfall bekam. Wir hielten ihn fest, um zu verhindern, dass er sich selbst verletzte, bis die Zuckungen schließlich aufhörten. Dann befahl er uns, ihn alleine zu lassen, damit er weinen konnte, alleine in einem fremden Zimmer in einer fremden Stadt.

Es ist wichtig, sich daran zu erinnern, dass wir alle noch sehr jung waren, als all das passierte. Wir waren gerade mal in unseren Zwanzigern angekommen. In vielerlei Hinsicht waren wir noch Jugendliche. Im Mittelpunkt des Interesses um eine Band, die gerade aus dem Nichts an die Spitze durchstartete und in die man viel Herzblut investiert hat, zu stehen, wäre für jeden in diesem Alter eine große Bürde. Aber gleichzeitig eine Krankheit diagnostiziert zu bekommen, die sich ohne Vorwarnung vor aller Augen manifestieren konnte – das muss man sich erst einmal vorstellen. Es ging gerade steil bergauf für uns – der Epilepsie-Verdacht bestätigte sich zwischen unserer ersten Session für John Peel im Januar 1979 und Ians erstem Titelblatt für den *NME* im August 1979. Auch sollte man nicht außer Acht lassen, welche Auswirkungen die Behandlung mit relativ primitiven Medikamenten und die Turbulenzen in seinem Privatleben auf ihn hatten. Man kann nur darüber staunen, unter welchem Ausmaß an Stress er gestanden haben musste.

Damals waren wir junge Typen, die ein aufregendes Leben führten und denen die Welt scheinbar zu Füßen lag. Alles würde gut werden. Alles würde sich einrenken. Oder etwa doch nicht?

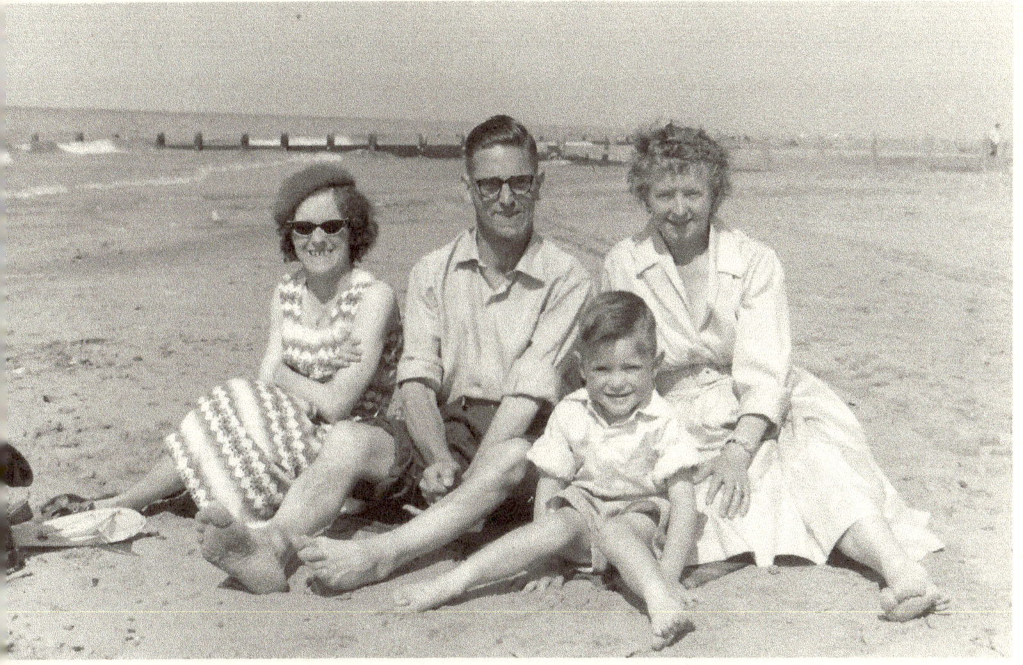

↑ Mit meiner Mutter, Jimmy und meiner Großmutter an einem Strand im Norden von Wales irgendwann in den Sechzigerjahren.

↓ Mein erstes Boot! Ich trage noch immer exakt dasselbe Outfit, wenn ich Segeln gehe.

↓ Auf einem Esel, daneben mein Großvater. „Halt still und meckre nicht!"

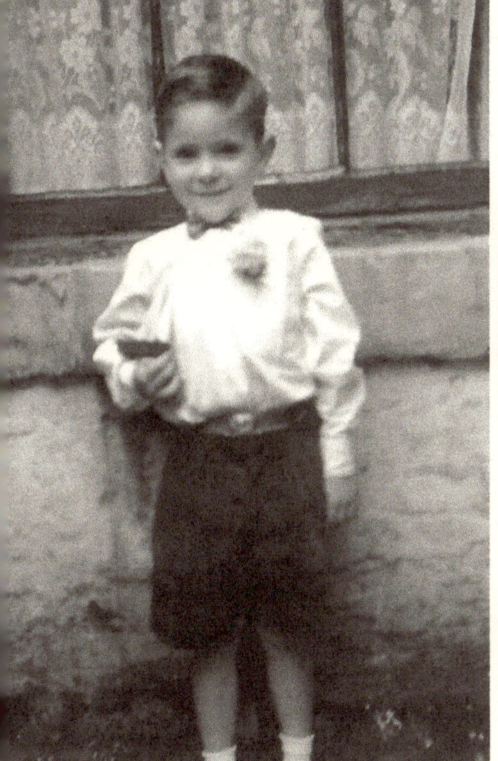

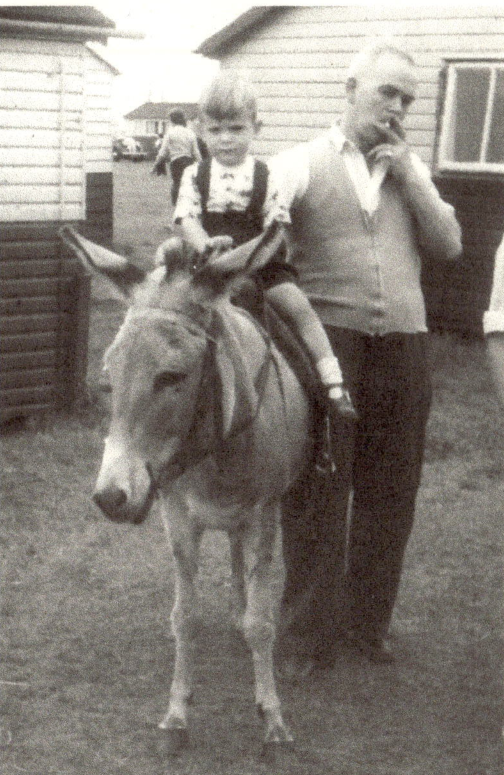

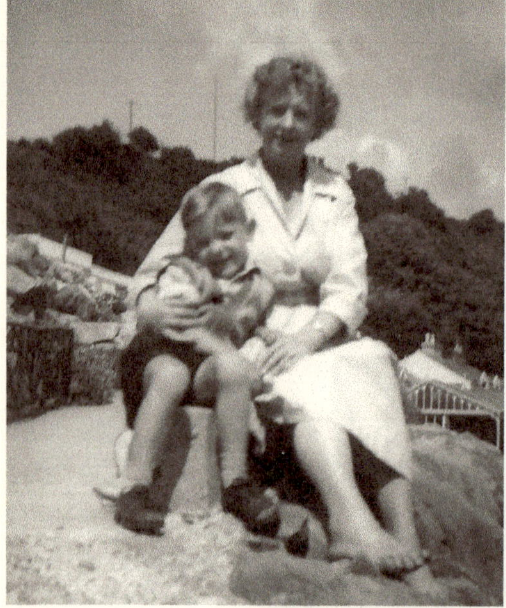

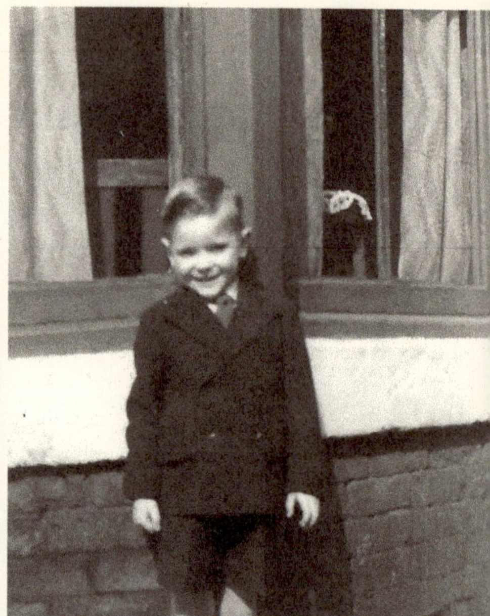

↑ Im Urlaub mit meiner Großmutter.

↗ Glückliche Zeiten in der Alfred Street.

→ Am Strand mit meinem Sohn James.

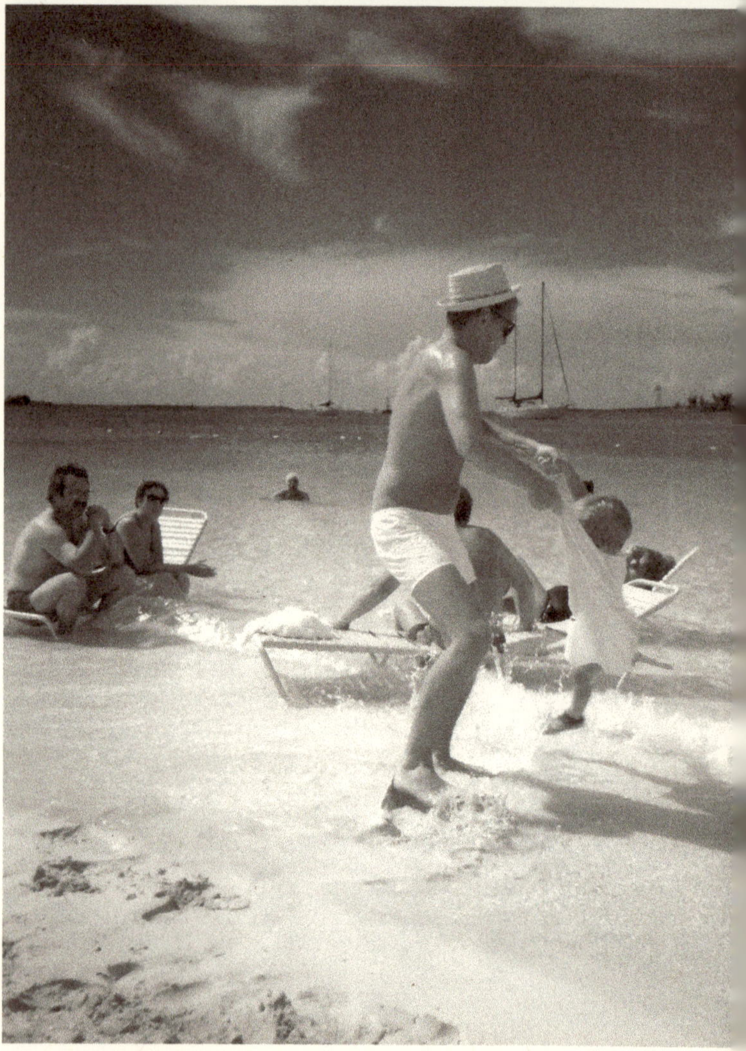

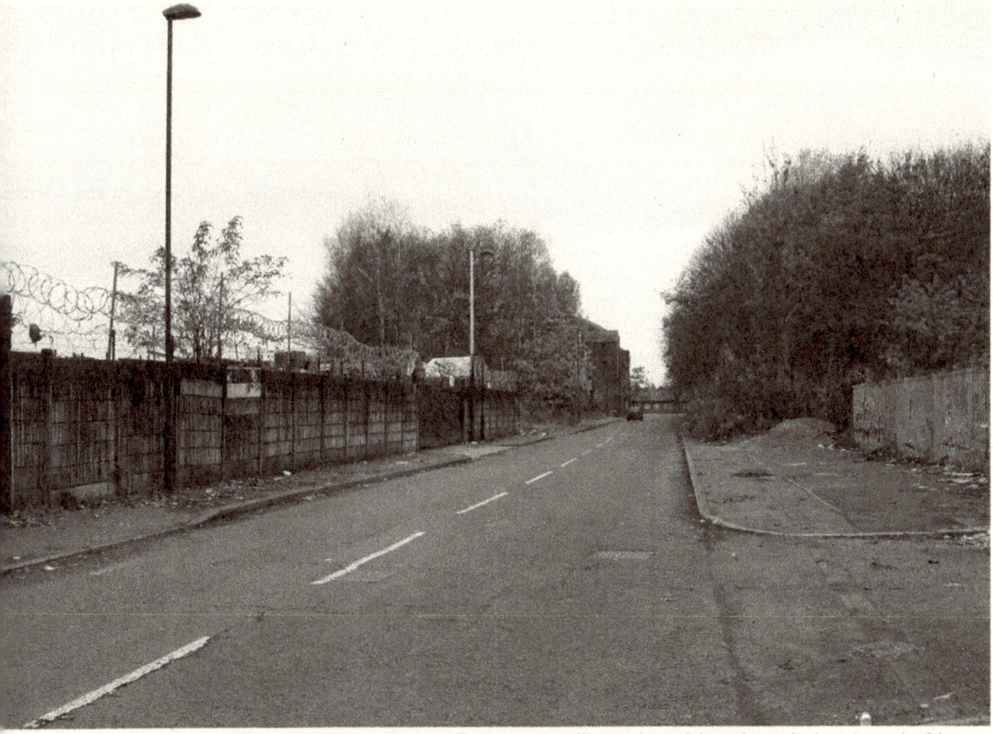

↑ Lower Broughton. Kaum vorstellbar, dass hier einmal eine geschäftige, blühende und glückliche Gemeinde-Community existierte. (Inklusive Abenteuerspielplatz zur Linken.)

↓ Das hintere Ende der Alfred Street heute. Stadterneuerung, oder wie?

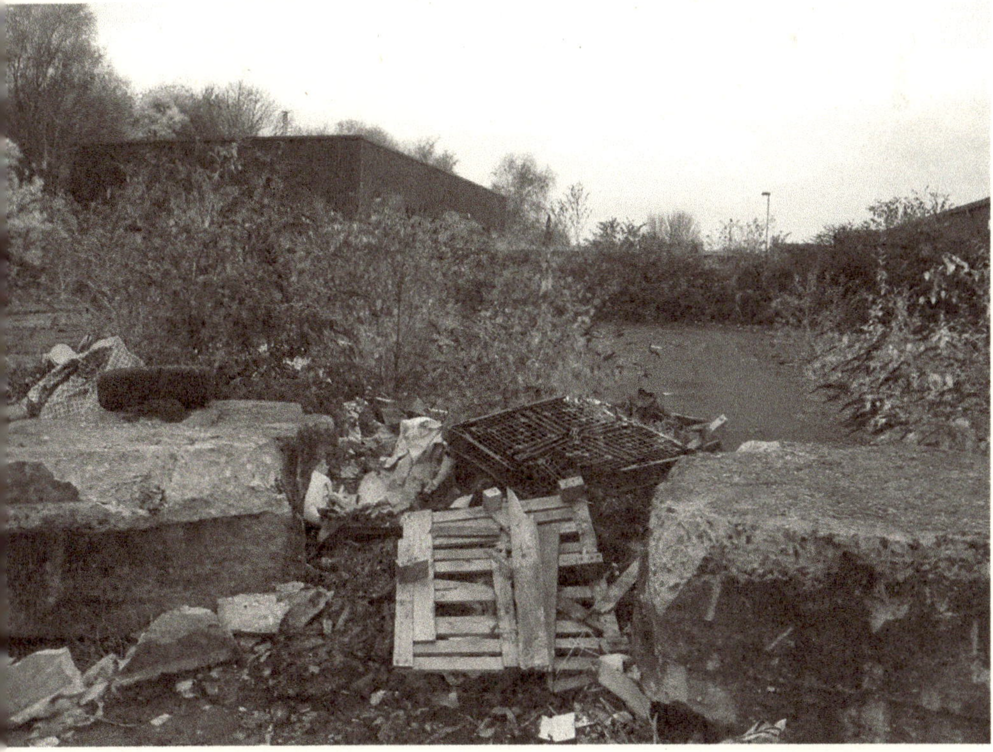

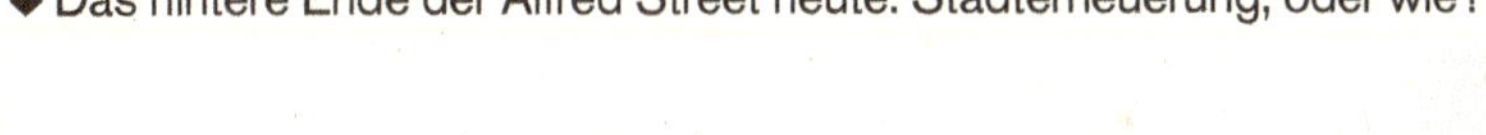

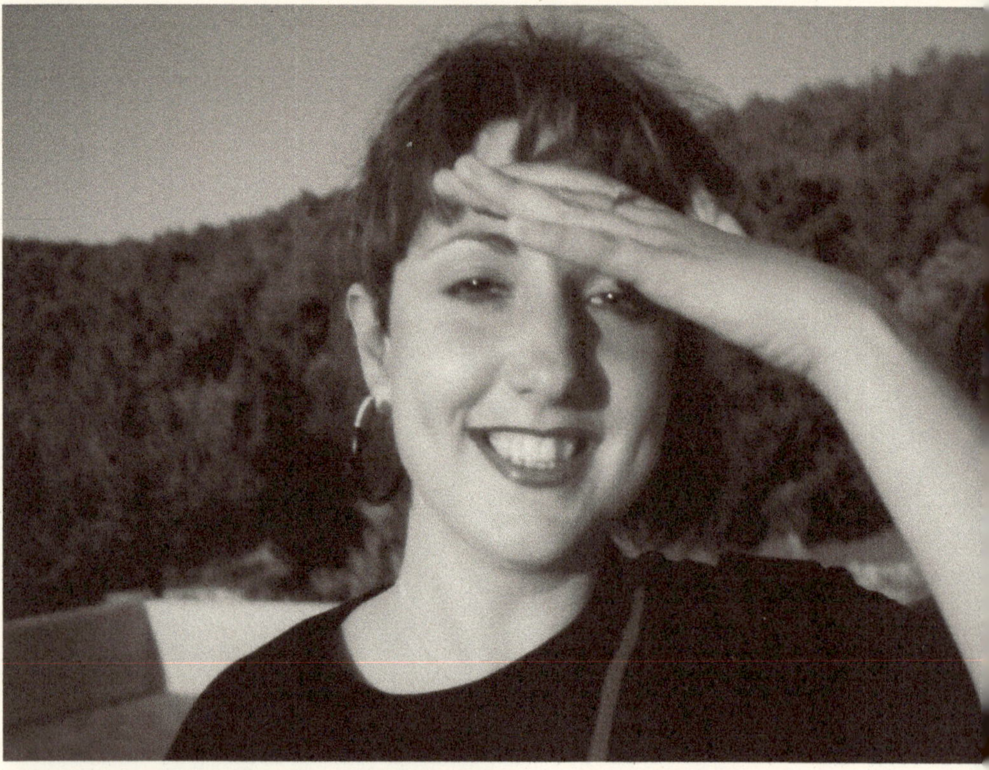

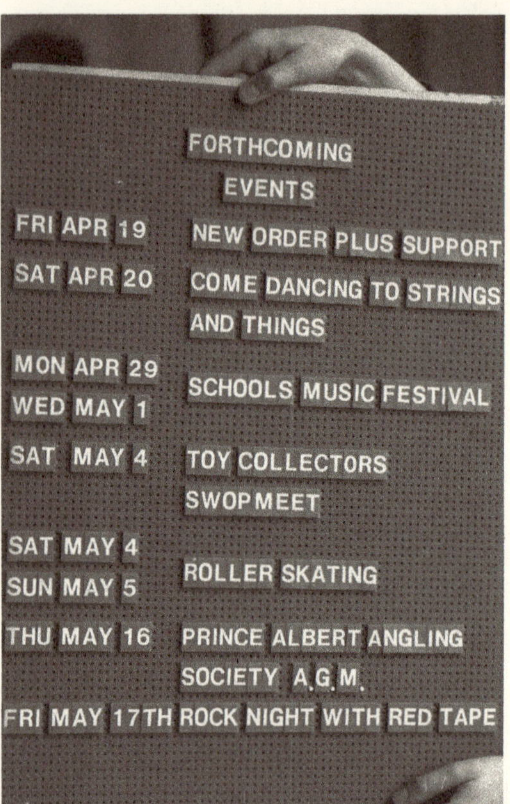

↑ Gillian in Ibiza.

← Man weiß, dass man am Ziel ist, wenn man in einem Atemzug mit der Prince Albert Angling Society angekündigt wird.

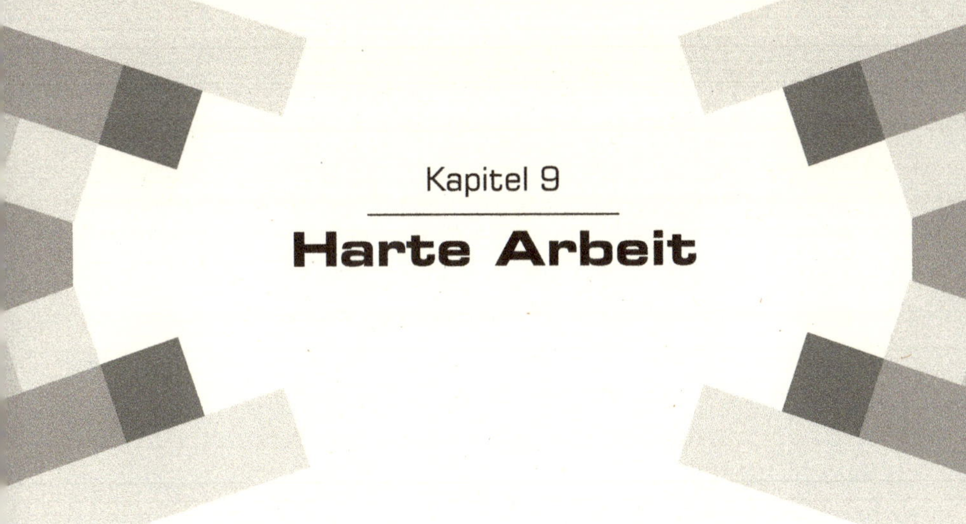

Kapitel 9

Harte Arbeit

Im April 1979 begaben wir uns in ein Aufnahmestudio, um mit der Arbeit an dem zu beginnen, was schließlich als *Unknown Pleasures* herauskommen sollte. Die Beklemmung, die wir dabei verspürten, war direkt greifbar. Unser vorangegangenes Studio-Debakel war uns noch in schlechter Erinnerung und löste nach wie vor Entsetzen bei uns aus. War vielleicht gar jeder Produzent wie Mr. Zeit-ist-Geld? War das etwa die gängige Art, Alben zu machen?

Glücklicherweise wurde die Arbeit an *Unknown Pleasures* zur Antithese zu allem, was uns zuvor passiert war. Martin Hannett war Robs und Tonys erste Wahl als Produzent unseres Debütalbums. Wir hatten dabei nicht viel mitzureden und wussten nicht sehr viel über ihn. Allerdings lässt die Langlebigkeit des Albums darauf schließen, dass er keine schlechte Wahl gewesen sein dürfte. Martin war der geborene Querdenker, ein wunderbar kreativer Mensch und jemand, den man gerne um sich hatte – meistens zumindest.

Er hatte die erste EP der Buzzcocks produziert und mit John Cooper Clarke gearbeitet. Während er gerade mit uns im Studio war, sollte eine Single, die er für Jilted John produziert hatte, „Going Steady", bis auf den vierten Platz der Charts vordringen. Er hatte also schon einiges vorzuweisen. Aber am engsten sollte sein Name mit Joy Division verknüpft sein und er trug mehr als irgendjemand sonst zur Hege unseres einzigartigen Sounds bei. Ian war happy mit Martin als Produzent – und wenn Ian happy war, waren wir das auch. Ian hatte nämlich so etwas wie einen sechsten Sinn, der ihm zu sagen schien, was gut für uns war, und er schien intuitiv zu wissen, dass Martin der Richtige war. Mir fiel auf jeden Fall auf, dass die beiden gleich einen Draht zueinander hatten. Martin mag nämlich zwar ein Querdenker gewesen sein, aber er wäre nie auf die Idee gekommen, Ian zu bitten, wie James Brown zu singen.

Die unmittelbare wie nachhaltige Wirkung, die Martin auf mich hatte, war, dass er mich dazu brachte, die Rolle des Aufnahmestudios von Grund auf neu zu bewerten. Bis ich mit ihm zusammenarbeitete, war ein Studio für mich nichts anderes als ein gigantischer Kassettenrekorder gewesen. Er brachte mich jedoch dazu, zu verstehen, dass das Studio selbst ein Musikinstrument sein konnte. Martins Einstellung war, dass das Studio ein herrlich kreativer Raum sein konnte und wir etwas richtig Cooles damit anstellen sollten.

Wir nahmen das Album in den Strawberry Studios in Stockport auf, welche sich im Besitz der Popgruppe 10CC befanden. Ich hatte in meinem Leben noch nie so ein Studio gesehen: Es war randvoll mit Ausrüstungsgegenständen, zu denen eine Band wie wir sonst nie Zugang gehabt hätte. Da waren wir nun, ein Haufen 21-jähriger Punks, die all die Regale mit erstklassigem Equipment bewunderten und sich fragten, wofür all die blinkenden Lämpchen gut waren. Ich sah mich ehrfürchtig um und dachte mir, dass man schon allein mit diesem Zeug und ganz ohne Gitarren eine Schallplatte einspielen könnte.

So verrückt es mittlerweile klingen mag, aber es dauerte nur drei Wochenenden, um *Unknown Pleasures* aufzunehmen: ein Wochenende für die Instrumente und den Gesang, das musikalische Gerüst also, ein weiteres für diverse Overdubs und ein drittes schließlich, um das Ganze abzumischen. Dieses Mal war zwar kein Synthie-Fritze, der Katzengeräusche über unsere Musik legte, mit an Bord, dennoch waren ein paar der Overdubs ziemlich irre. Martin nahm etwa zerbrechendes Glas und den Liftschacht des Gebäudes auf. Auch einen Sampler probierten wir mit Martin bei *Unknown Pleasures* zum ersten Mal aus – und in den darauf folgenden Jahren sollte er eine nicht unbedeutende Rolle für uns spielen. Martin hatte dieses Gerät mitsamt Keyboard von AMS und wies mich an, meine Gitarre einzustöpseln und ein paar Töne zu spielen. Dann sagte er, dass ich jetzt die Tasten des Keyboards drücken solle. Als ich das tat, ertönte der Klang meiner Gitarre über die Lautsprecher. Wir verwendeten also bereits 1978 Sampler auf unseren Schallplatten.

Allerdings begann auch diese Session wieder mit einem Fehlstart, da es ein Problem mit meinem Gitarrenverstärker gab. Damals trank ich vorrangig braunes Ale, nicht etwa weil ich es besonders gemocht hätte, sondern da nach unseren Konzerten alle möglichen Leute zu uns hinter die Bühne kamen und sich bei unserem Catering bedienten. Jedoch ließ keiner das süßlich-nussige braune Ale mitgehen. Egal, sobald wir loslegen wollten, kippte ich versehentlich eine Flasche von dem Zeug über meinen Amp. Ich wappnete mich innerlich bereits für eine Standpauke, aber Martins Reaktion hätte sich gar nicht noch mehr vom Verhalten des letzten Typen, mit dem wir im Studio gewesen waren, unterscheiden können.

„Keine Sorge, Bernard“, meinte er. „Ich habe einen Freund, Martin Usher, der ein Tüftler ist. Ich lasse ihn kommen, damit er das in Ordnung bringt.“ Innerhalb einer Stunde kreuzte dieser liebenswerte Exzentriker auf, der wie eine schlankere, jüngere und bärtige Version von Patrick Moore mit einer kleinen Brise Brian Cox aussah. Er reparierte den Amp im Handumdrehen und wir konnten ohne allzu viel Zeitverlust weiterarbeiten. Das sollte der Beginn einer langen Freundschaft sein.

Sobald wir in die Gänge gekommen waren, verlief der Aufnahmeprozess bemerkenswert schnell, und dieses Mal war der Grund dafür nicht, dass der Typ, der das Sagen hatte, ständig auf seine Uhr tippte. Die Songs waren alle bereits geschrieben und von uns sowohl im Proberaum als auch auf der Bühne noch verfeinert worden. Wir wussten, welche Tempos die richtigen waren und dass unsere Arrangements passten. Nachdem wir unsere Parts aufgenommen und auch noch Overdubs beigesteuert hatten, verzogen wir uns, um Martin das Abmischen zu überlassen. Er bevorzugte es, allein im Studio zu mischen, weil er Musiker für Schwachköpfe hielt, die, nachdem sie ihre Spuren aufgenommen hatten, nichts mehr im Studio zu suchen hatten. Andererseits, worin besteht eigentlich die Rolle eines Schallplattenproduzenten? Manche halten sich dezent zurück, sorgen allerdings auch dafür, dass die fertigen Aufnahmen gut klingen und sauber abgemischt sind. Rückblickend denke ich nicht, dass darin Martins Priorität lag. Er interpretierte seine Rolle in einem etwas kreativeren Licht und strebte nach mehr Input, indem er den Sound des

Albums weg von der Ausgangsidee und stattdessen in eine Richtung, die mehr seiner eigenen Vorstellung entsprach, lenkte. Das war auch okay, solange das Endergebnis gut klang. Wir hörten das fertige Album erst, als Martin es komplett abgemischt hatte. Um ehrlich zu sein, spaltete es die Band in Folge in zwei Lager – die einen hassten es, die anderen liebten es.

Strawberry Studios war ganz nach den in den Siebzigerjahren gängigen Mustern gebaut und eingerichtet worden: Das hieß Wandteppiche und ein komplett toter Sound im Studio. Die vorherrschende Philosophie dieser Zeit war, dass man zuerst alles komplett trocken und flach in Bezug auf die Frequenzen aufnahm und die Atmosphäre im Anschluss elektronisch hinzufügte. Dieses Konzept war in diesem Studio bis zur letzten Konsequenz ausgereizt worden: Es war nämlich *mause*tot, da gab es nicht den Funken eines natürlichen Ambientes. Wenn man sich die Drums auf vielen der Disco-Platten aus dieser Zeit anhört, dann fällt einem dieser furztrockene, völlig flache Sound auf: Darin findet sich nicht die geringste räumliche Atmosphäre. Das mag für Disco funktionieren, aber für Rockmusik tut es das nicht. Es führt dazu, dass ein Track klingt, als wäre er in einem Vakuum entstanden.

Den Sound auf diese Weise bis auf seine Knochen abzuschälen, ermöglichte Martin quasi, auf einer weißen Leinwand zu arbeiten – es gab ihm die Freiheit, sein eigenes elektronisches Ambiente zu kreieren. Er hatte etwa einen Apparat, einen sogenannten Marshall Time Modulator, sowie eine Echogerät von AMS, welche ihm erlaubten, eine künstliche Atmosphäre zu erzeugen. Das ist in der Theorie eine tolle Sache und könnte heutzutage durchaus funktionieren, weil die Technologie mittlerweile so weit fortgeschritten ist, dass sich natürliches Ambiente sehr akkurat simulieren lässt, doch damals war diese Technologie eben noch nicht so weit. Ich fand, dass es blechern klang, und konnte der Sache nichts abgewinnen. Es erschloss sich mir nicht, warum man nicht irgendwo die natürliche Stimmung eines Raumes nutzen konnte. Aber Martin sah darin eine Möglichkeit, einen völlig *neuen* Sound zu erschaffen und festzuhalten. Ich nehme an, dass er der Technologie mit dem Kopf einfach zu weit voraus war.

Natürlich hat er mit seinem Ansatz bis zu einem gewissen Grad Recht behalten, schließlich war – und ist – das Album ein großer Erfolg. Ob das nun an der Produktion, den Songs, den Arrangements, dem Image der Band oder einer Kombination all dieser Faktoren lag, kann ich nicht sagen, weil mir die Distanz fehlt, aber von der ersten Sekunde, in der ich *Unknown Pleasures* hörte, wusste ich, dass ich das Album nicht mochte. Ich hatte das Gefühl, dass uns Martin unserer Power beraubt hatte. Wie Samson, dem man seine Haarpracht abgeschnitten hatte. Gleichzeitig fand ich Martins Herangehensweise bezüglich des Studios als großes Musikinstrument unglaublich faszinierend und ich bewunderte ihn für seinen innovativen Ansatz. Sampler, zum Beispiel, hatte es zu diesem Zeitpunkt noch gar nicht gegeben!

Ian fand das Album wunderbar. Ich erinnere mich konkret daran, dass er es ohne Umschweife und von Anfang an als Klassiker bezeichnete. Steve wollte sich nicht festlegen, tendierte aber eher dazu, es zu mögen. Hooky und ich mochten es nicht, weil es unserer Meinung nach in erster Linie eine Martin-Hannett-Schallplatte und erst in zweiter Linie eine von Joy Division war. In unseren Augen hatte er die rockige Aggression aus unserem Sound herausgefiltert. Ihr könnt ja vergleichen, wie wir live klangen und wie wir klangen, nachdem unser Sound Martins Produktionsprozess durchlaufen hatte, indem ihr zuerst die Studioversion von „Transmission" und dann die Live-Version desselben Tracks, die ein paar Monate später im Les Bains Douches in Paris aufgenommen wurde, anhört. Das war ein toller Gig, der für einen französischen Radiosender mitgeschnitten und für die Übertragung richtig gut abgemischt wurde. In einer Ecke der Location befand sich sogar ein Swimming-Pool. Der Sound ist viel aggressiver als auf *Unknown Pleasures* und illustrierte hervorragend, was Martin durch seine Produktion so radikal verändert hatte. Zumindest empfanden zwei Bandmitglieder das so.

Auch wenn dem fertigen Produkt meiner Meinung nach etwas die Power fehlte – die Drums waren zu schmalbrüstig und nie im Leben trifft das auf Steves Schlagzeugstil zu –, so hatte Martins Präsenz im Studio doch auch gute Auswirkungen. Man spielte instinktiv gut und hatte den Eindruck, dass man etwas Spezielles und Visionäres tat. Wir fühlten uns sehr wohl bei ihm, was angesichts unserer Erfahrungen ein kritischer Punkt gewesen war. Er scheute nie vor Experimenten zurück und ermutigte einen, Musikinstrumente auszuprobieren, die im Studio herumlagen und von denen man sich nie träumen hätte lassen, sie eines Tages zu spielen. Einerseits hielten wir nun zwar ein Album in Händen, das sich nicht unbedingt nach uns anhörte, andererseits liebten wir einige der seltsamen und wunderbaren Dinge, die er im Studio vollbrachte.

Auch wenn wir dem Album geeint ablehnend gegenübergestanden wären, hätte es nichts gegeben, das wir tun hätten können, weil kein Geld übriggeblieben war, um irgendetwas noch einmal aufnehmen zu können.

Als ich mir *Unknown Pleasures* zum ersten Mal anhörte, war ich nicht begeistert vom Sound und befürchtete, dass die Leute den Songs aus diesem Grund nichts abgewinnen würden. Beim Durchhören stellte sich mir eine Frage, die ich nicht beantworten konnte: War dies ein gutes oder ein schlechtes Album? Ich hatte ja noch nie ein richtiges Album gemacht, weshalb ich sehr erleichtert war, als es schließlich von Anfang an mit Wohlwollen aufgenommen wurde. Auf dem Weg zur Arbeit kaufte ich alle Musikzeitschriften und blätterte nervös in ihnen, bis ich die Schallplattenrezensionen fand. Sie waren alle voll des Lobes für uns. Richtig überschwänglich waren sie. Für mich war das der Augenblick, in dem sich alles veränderte. Der Moment, der die Katharsis einläutete. Mein Dank gilt all diesen Journalisten, die eine gute Kritik für das Album schrieben.

Ein Aspekt, auf den Martin keinen Einfluss hatte, war das Plattencover. *Unknown Pleasures* hat eines der berühmtesten und am leichtesten wiedererkennbaren Covers überhaupt, so wie etwa auch *Dark Side of the Moon* und *Sergeant Pepper*. Die Abbildung zeigt einen Pulsar, die Schallwellen eines sterbenden Sterns, auf den ich stieß, als ich in der Zentralbibliothek von Manchester in ein Astronomie-Lexikon vertieft war. Irgendetwas daran sprach mich einfach an. Ich kann gar nicht definieren, was, aber ich hielt es sofort für ein ideales Albumcover und ließ es unserem Designer, Peter Saville, zukommen, der sich dann darum kümmerte. Im Lexikon war die Abbildung schwarz auf weißem Hintergrund, Peter vertauschte die beiden Farben, damit das Motiv nun weiß auf schwarzem Hintergrund war. Außerdem verringerte er die Größe um einiges. Ich fand das großartig. Was er tat, war unglaublich clever. Die Illustration verkauft sich heute immer noch gut auf T-Shirts – mehr als 30 Jahre danach.

Peter Saville ist ein weiteres wichtiges Teilchen in unserem Puzzle. Während Martin der Hausproduzent von Factory war, war Peter der

Hausdesigner und verantwortlich für die Plattenhüllen. Beide waren sie brillante Köpfe. Martin etwa, weil er so vielseitig war: Wenn man uns mit einem „normalen“ Produzenten zusammengespannt hätte, wären wir vielleicht blockiert gewesen und das Album wäre sang- und klanglos untergegangen. Wir wollten nichts auf die herkömmliche Art machen, sondern herumalbern und im Studio Dinge ausprobieren – und Martin war für so etwas absolut zugänglich. Uns war es sehr ernst mit der Musik, aber wir wollten uns bei der Arbeit am Album auch amüsieren. Es sollte eine gute Erfahrung sein – und mit Martin war es das auch meistens.

Peter war uns von Tony vorgeschrieben worden (und war gemeinsam mit Tony und Alan Erasmus einer der Mitbegründer des Labels). So wie das auch mit Martin der Fall gewesen war, wurde uns Peter mehr oder weniger aufs Auge gedrückt, was sich aber als Glücksfall herausstellte, da er damals schon einfach nur fantastisch war. Eine Sache, die ich an ihm mag, ist etwa, dass er Ideen zwar offen gegenübersteht, aber mit absoluter Autorität zu dem steht, was er selbst gut findet.

Die Designs für unsere Alben – und das gilt für Joy Division und New Order – sind auf unterschiedliche Art und Weise entstanden. Manchmal schlugen wir Peter etwas vor, dann setzten wir uns wieder mit ihm zusammen und gingen gemeinsam Bücher durch. Mitunter kam auch er mit einem Vorschlag zu uns. Das futuristisch angehauchte Cover von *Movement* war zum Beispiel ganz allein Peters Kreation. Für das Cover von *Closer* zeigte er uns ein Buch mit Fotos von italienischen Friedhöfen von Bernard Pierre Wolff und wir einigten uns auf ein Foto von einem Familiengrab. Es befand sich irgendwo in Genua, wenn ich mich nicht täusche. Auch die Twelve-Inch-Single von „Love Will Tear Us Apart“ schmückt ein Bild vom selben Setting. Da beide Veröffentlichungen kurz nach Ians Tod erschienen, wurde uns unterstellt, dass wir damit abcashen wollten, was uns extrem kränkte. Als ob wir jemals auf diese Idee gekommen wären: Es sagte viel mehr über die Leute aus, die so etwas dachten, als über die Band selbst. Außerdem waren beide Plattencover noch gemeinsam mit Ian abgesegnet worden. Sie befanden sich bereits in Produktion, als er starb. Er war Teil des kreativen Prozesses gewesen und hatte die Bilder geliebt. Für die Seven-Inch-Single von „Love Will Tear Us Apart“ ließ Peter die Beschriftung aus einem Stück Metall ausstanzen und vergrub sie für ein paar Wochen. Dann grub er sie wieder aus und fotografierte sie ab. Echt clever, optisch ansprechend und bahnbrechend. Tony war vom Cover zu *Closer* so beeindruckt, dass er es als große Plakatwand am Sunset Strip in Los Angeles aufstellen ließ. Natürlich hatte dort keiner eine Ahnung davon, wer zum Teufel Joy Division waren, aber er ließ sich davon nicht abhalten.

Wir verstanden uns echt gut mit Peter und tun das auch heute noch. Mitunter ist er aber ein wenig knapp dran. Einmal wollten wir am Flughafen Heathrow gerade in unseren Flieger steigen, als er schnaufend, mit einer Zigarette in der Hand, angelaufen kam und sagte: „Das ist der Entwurf für *Brotherhood*, gefällt er euch?"

Im Vinyl-Zeitalter, als die Leute Twelve-Inch-Schallplatten kauften, war das Artwork ein wichtiger Bestandteil, weil es die Band und ihren Geschmack repräsentieren sollte. Außerdem waren wir der Meinung, dass man zwei Kunstwerke zum Preis von einem für sein Geld erhielt, wenn man sich eine Schallplatte mit tollem Artwork kaufte. Die Gestaltung der Plattenhülle war uns also wichtig. Als wir noch Kids waren und Schallplatten kauften, fanden wir die Auswahl des Artworks sehr interessant. Wir dachten darüber nach, was es aussagte, wie es in Verbindung mit der Musik funktionierte und was es einem über die Band mitteilte. In unserer heutigen digitalen Welt ist die Wirkung des Plattencovers geringer geworden, was ich für eine Schande halte. Aber Peter verdankten wir ein paar ganz fantastische Covers. Zuerst hätte ich die optische Gestaltung gerne selbst in der Hand behalten. Ich war bis zu einem gewissen Grad auch darin involviert, da es sich um etwas handelte, für das ich mich sehr interessierte, aber sobald Peter an Bord kam, wusste ich, dass wir uns bei ihm in sicheren Händen befanden.

Trotz all meiner Bedenken bezüglich des Sounds, erwies sich *Unknown Pleasures*, als es im Juni 1979 herauskam, als uneingeschränkter Erfolg. Es machte uns so richtig bekannt und ließ die Journalisten uns die Bude einrennen. In diesem Zusammenhang kam es zu einem sonderbaren Vorfall mit einem Musikreporter, der aus London kam, um uns in den Strawberry Studios zu interviewen. Es sollte unser erstes Interview mit einem Vertreter der landesweiten Musikpresse werden. Derselbe Journalist hatte über das Album bereits eine Fünf-Sterne-Kritik verfasst, weshalb wir davon ausgingen, dass alles reibungslos ablaufen würde. Natürlich waren wir alle ein wenig naiv, aber alles schien positiv zu sein und wir waren bereit, uns mit ihm zu treffen. Bizarrerweise nahm er an, dass wir das, was wir taten, nicht ernst nehmen würden, und er unsere Nummer durchschaut hätte: „Guter Witz, Jungs! Echt klasse!“ Wir waren aber weder ein Haufen Scharlatane noch machten wir uns über irgendetwas lustig. Trotzdem war er entschlossen, uns zu durchleuchten.

Das Interview fing also gleich mal schlecht an und wurde mit der Zeit immer noch schlimmer. Wir warfen einander fragende Blicke zu: „Was soll *das* denn werden?“ Wir ließen ihn jedenfalls wissen, dass wir alles hundertprozentig ernst meinen würden. Ich denke, er wollte, dass wir ein Geständnis ablegten und zugaben, dass er den Code geknackt hätte. Ian wurde dann langsam aggressiv und schlug vor, ins Pub zu gehen, damit sich die Situation abkühlen konnte. Vielleicht könnten wir ja noch einmal von vorne beginnen. Als wir dort ankamen, verlor Hooky gegenüber dem Journalisten die Nerven. Als er sich wieder beruhigt hatte, bot er ihm an, ihn auf ein Getränk einzuladen. Der Typ schrieb dann: „Um sich zu entschuldigen, bot der Bassist an, mir einen Drink zu spendieren – aber ich lehnte ab.“ Es war abstrus. Er war den weiten Weg nach Stockport gefahren, um uns zu interviewen, und seine Herangehensweise war nur verrückt und zusätzlich noch an ein augenscheinlich massives Ego gekoppelt. Unser erstes landesweites Interview – und das mit dem schlechtesten Journalisten der Welt. Das verdarb uns allgemein die Lust auf Interviews und ich glaube, dass wir in Folge sehr lange keines mehr gegeben haben. Letztlich stellte sich das aber als geglückter Schachzug heraus, da wir so zu den mysteriösen, zurückgezogenen und elitären Joy Division wurden: Es entsprach dem Image, das man auf uns projizierte. Wir waren nicht im Geringsten zurückgezogen oder elitär – Hooky fiel sogar gerne ins andere Extrem und versuchte einem weiszumachen, dass er und ich „bloß ein paar nordenglische Prolls“ seien. Ihm mochte diese Charakterisierung ja gefallen, mir allerdings nicht. Okay, vielleicht habe ich ja ein paar recht prollige Angewohnheiten, zum Beispiel lache ich gelegentlich über geschmacklose Witze, so wie aber jeder andere auch. Ich stamme aus einer derben Gegend und natürlich sind die individuellen Eigenschaften eines jeden bis zu einem gewissen Grad vom Milieu, in dem er aufgewachsen ist, geprägt. So fluche ich viel zu viel, sogar für meinen eigenen Geschmack, und mitunter habe ich eine harte Schale, aber das heißt nicht, dass man die nicht durchdringen könnte. Hooky versuchte stets den Eindruck zu erwecken, dass wir uns sehr ähnlich seien, doch könnten wir in Wahrheit gar nicht noch unterschiedlicher sein.

Joy Division war es todernst: Bei uns gab es keine Tricks zu durchschauen und wir lachten auch nicht insgeheim über Leute, die wir angeblich mittels einer scheinbar ausgeklügelten Burleske auf den Arm nehmen hatten wollen. Nein, wir waren echt und meinten es aufrichtig. Eigentlich waren wir nicht unbedingt wie eine Band, sondern eher vier Individuen, die ihr eigenes Ding durchzogen, beinahe ohne musikalisches Wechselspiel oder verbalen Austausch bezüglich unserer Musik. Wir erinnerten an vier Planeten, die um diese Sonne mit Namen Joy Division kreisten, und ich denke, dass so unser sehr individueller Sound entstand. Bei uns gab es keine von vorneherein feststehende Ausrichtung, die wir verfolgen wollten, weshalb sich unser Sound auch so stark von allem anderen, das man im Radio oder Fernsehen hören konnte, abhob. Es kam aus uns und war durch äußere Umstände beeinflusst, aber nicht durch intensive Diskussionen gefiltert worden. Wir waren von unseren jeweiligen Plattensammlungen beeinflusst und teilten in Bezug auf verschiedene Musiker und Bands gewisse Vorlieben – etwa Lou Reed, Velvet Underground, Kraftwerk und aus früheren Tagen noch die Stones, Neil Young und Led Zeppelin. Doch waren unsere Geschmäcker auch unterschiedlich genug, um im Studio für eine reichhaltige Bandbreite von Ideen und Einflüssen zu sorgen.

In einem anderen Lebensbereich – nämlich in meiner Familie – war es in der Zwischenzeit zu heftigen Turbulenzen gekommen. Vier Monate bevor wir ins Studio gingen, um *Unknown Pleasures* aufzunehmen, wurde meinem Stiefvater Jimmy im Dezember 1978 diagnostiziert, dass der Lungenkrebs, gegen den er schon einmal gekämpft hatte, zurückgekehrt war – und zwar stärker als je zuvor. Da meine Mutter nicht mobil war, musste ich ihn im Krankenhaus besuchen. Er stand die meiste Zeit unter Morphium. Eines Tages, als ich gerade zu Besuch war, verstarb Jimmy vor meinen Augen. Nur wir beide befanden uns zu diesem Zeitpunkt in seinem Krankenzimmer. Ich war zutiefst betroffen. Abgesehen davon, dass es meine Mutter und meine Großmutter in eine sehr schwierige Lage brachte, hat sich dieses Erlebnis auch indirekt auf meinen Beitrag zu Joy Division ausgewirkt Unsere Musik war von unseren individuellen Erfahrungen beeinflusst – sie wirkten sich auf das Wechselspiel unserer Instrumente aus. Was jeder von uns spielte, war der Sound dieser Kombination. Wenn man diese innerlichen Konversationen zusammenwirft, dann erhält man einen Joy-Division-Song.

Manchmal schlugen wir einander Dinge vor, ja, aber das kam nur selten vor. Das letzte Mal, dass ich das tat, war bei „Transmission" – Hooky war da aber von meinem Einwurf nicht sonderlich angetan, er schien es als Bevormundung zu interpretieren, weshalb ich es fortan bleiben ließ. Eigentlich war es ein Jammer, denn man hätte sich ja gerne als Teil eines Teams gesehen, in dem alle an einem Strang zogen, aber aus irgendeinem Grund, den ich nie begriff, schien Hooky eine Art imaginären gruppeninternen Wettstreit austragen zu wollen. Mit den Jahren wurde das immer schlimmer – und ich verstand nie wirklich, warum. Ich hatte das Gefühl, dass er stets versuchte, eine Art Rivalität zwischen uns beiden zu inszenieren – und anscheinend tut er das immer noch. Sogar jetzt noch, obwohl er New Order schon vor ein paar Jahren den Rücken gekehrt hat, versucht er, diesen Mythos, demzufolge wir schon seit unserer Kindheit Rivalen gewesen seien, am Leben zu erhalten. Mir wurde erzählt, dass diese angebliche Fehde darauf zurückgeht, dass ich in der Schule zwei O-Level-Prüfungen abgelegt hatte und er nur eine. Wenn das stimmen sollte, wäre das schon ziemlich grotesk. Jegliche Rivalität zwischen Hooky und mir existiert ausschließlich in seinem Kopf. Ich wünschte, er hätte sich diesbezüglich an mich gewandt, um darüber zu sprechen, aber das einzige Mal, als es an die Oberfläche drang, war bei einem Streit nach einem Gig mit New Order im Barrowlands in Glasgow, dessen Auslöser seine Lautstärke auf der Bühne gewesen war. Auf der Bühne verwende ich einen Verstärker, der über 30 Watt verfügt, wohingegen sein Bass-Amp 1.000 Watt hat. Ein typisches Gerät nach dem Motto „Meiner ist größer als deiner" – nur damit ihr euch vorstellen könnt, womit ich es da zu tun hatte. Mein kleiner VOX AC30 – so wie ihn auch die Beatles verwendeten – versus diese Monstrosität, bestehend aus zwei 1,80 mal 1,20 Bassboxen, die auf der Bühne nur wenige Meter von mir entfernt standen. Es war offensichtlich einfach zu laut und ohrenbetäubend, als dass ich das jeden Abend ausgehalten hätte. An diesem Abend im Barrowlands wurde es mir schlicht zu viel und mir riss der Geduldsfaden. So kam es zu einem großen Streit zwischen uns beiden, bei dem in unserer Garderobe so einiges zu Bruch ging, darunter etwa alle Spiegel – was ganz schön viel Pech bedeutete. Aber das ist auch schon die einzige derartige Konfrontation, an die ich mich erinnere. Ansonsten unterdrückten wir so etwas, um den Weiterbestand der Band zu sichern. Aber seine sengende Feindseligkeit war spürbar, ermüdend und sinnlos.

Um noch einmal auf unser Image als elitäre Trauerklöße zurückzukommen: Man könnte es wohl nicht besser entkräften als mit folgender Geschichte aus dem Herbst 1979, als wir mit den Buzzcocks durch Großbritannien tourten. Damals waren die Buzzcocks bereits eine ziemlich erfolgreiche Band und sie hatten uns großzügig angeboten, sie als Support-Band zu begleiten. Dadurch konnten wir vor großem Publikum in weitläufigen Locations auftreten, wofür ich für immer in ihrer Schuld stehen werde. Ich habe bereits erwähnt, wie viel wir den Buzzcocks für ihre Unterstützung in diesen frühen Tagen schulden, aber damals brachten wir unsere Dankbarkeit einzig und allein dadurch zum Ausdruck, dass wir ihnen ununterbrochen Streiche spielten. Eigentlich war das echt ziemlich kindisch.

Wir entwickelten eine enge Beziehung zu ihrer Road-Crew, weil wir gemeinsam reisten und uns dabei ständig verarschten. In der Tat ist der New-Order-Song „Love Vigilantes“ von der Zeit mit der Buzzcocks-Crew auf dieser Tour beeinflusst. Einer von ihnen stand echt auf Country-Music und ließ sie ständig in unserem Van laufen. Ich hielt die Musik zwar für Scheiße, aber mir fiel auf, dass die Songs Geschichten – in der Regel irgendeine rührselige Story – erzählten. Dieser Typ mochte die echt abgeschmackte Seite des Genres. Da gab es etwa einen Song, in den der Sänger jeden amerikanischen Bundesstaat eingebaut hatte: „Alaska, if she's seen you“ oder „What does Delaware?“ und so weiter eben. So kitschig, dass es schon wieder gut war. Jahre später sollte ich mich jedenfalls daran erinnern, was dazu führte, dass ich einen Story-Song schrieb, eben „Love Vigilantes“.

Aber egal, irgendwann während der Tour spielte mir der Beleuchter einen Streich und verabreichte mir eine große Dosis ... *irgendwas*. Er meinte aber, dass es mir beim Einschlafen helfen würde. Ich war damals noch ein bisschen naiv. Auf jeden Fall blies mir das Zeug fast die Birne von den Schultern. Ich rächte mich schließlich, indem ich in einem Laden für Anglerzubehör eine Ladung Maden kaufte und sie ihm über sein Lichtmischpult kippte. An diesem Abend, als er das Licht für die Buzzcocks regeln wollte, krabbelten ihm schließlich die Maden aus seiner Konsole entgegen. Von da an stand Eskalation auf dem Programm. Nach einem Gig etwa packten wir alles Essbare, das an diesem Abend übriggeblieben war, auf den Van der Crew. Sie bekamen zuerst nichts davon mit, aber als sie das erste Mal bremsten, rannen ihnen all diese Essensreste über die Windschutzscheibe.

Das letzte Konzert der Tour fand im Londoner Rainbow Theatre statt. Auch die Freundinnen der Buzzcocks waren nachgekommen, womit sich uns eine Chance bot, die zu groß war, um sie ungenutzt zu lassen. Wir kauften ein Dutzend weißer Mäuse und setzten sie, als alle gerade in der Location waren, in ihrem Van aus. Die armen Mädchen drehten durch, als sie sie schließlich bemerkten, und kreischten wie am Spieß. Wir saßen ganz in der Nähe in einem anderen Wagen und passten auf ein paar Dutzend roher Eier auf. Sobald wir die Schreie hörten, zischten wir um die Ecke und bombardierten den Van der Buzzcocks.

Kindisch, keine Frage, aber wir waren ja auch Kinder und es brachte uns zum Lachen.

Kapitel 10

Von Agecroft nach Islington und dieser schicksalhafte Tag

Für Joy Division endeten die Siebzigerjahre überaus erfolgreich. *Unknown Pleasures* verkaufte sich gut, wir hatten gerade eine höchst vergnügliche, geglückte Tour absolviert, die Band stand höher im Kurs als je zuvor und unser Bekanntheitsgrad nahm täglich zu. Wir konnten kaum erwarten herauszufinden, was 1980 für uns bereithalten würde. Anderweitig entwickelten sich die Dinge weniger rosig: Margaret Thatcher war nun Premierministerin und schickte sich an, sich in der Arbeiterklasse zu verbeißen. Die Arbeitslosigkeit geriet außer Kontrolle und mit Beginn des neuen Jahrzehnts kam die Stahlindustrie aufgrund eines Streiks zum Stillstand. Wir durchlebten gerade den „Winter of Discontent" und dank Terry wurden dessen Auswirkungen sogar für Joy Division spürbar.

Wir probten damals in einem Raum, der sich gegenüber der Lower Broughton Baths, neben dem North Salford Youth Club befand. Es war kein besonders behaglicher Ort: Wenn es dunkel wurde, tauchten an einem Ende des Raums Ratten auf. Wir teilten uns das Probelokal mit A Certain Ratio und stellten ihre Ausrüstung an jene Wand, wo wir die Ratten gesehen hatten. Eines Tages traf ich dort ein, nur um auf eine Warteschlange voller vierschrötiger Kerle zu treffen, die sich vom Fuße der Treppe bis zu unserem Proberaum im ersten Stock zog. Als ich eintrat, hielt mich einer auf und sagte:

„'Tschuldigung, Kumpel, wird hier der Pornofilm gezeigt?"

„Ähm, wie bitte?", entgegnete ich.

„Hier probt doch diese Band, Joy Division, oder?"

„Ja", sagte ich, war mir aber unsicher, auf was das hinauslaufen würde. Das waren nicht nur ziemlich massive Kerle, auch schienen sie auf der Suche nach uns zu sein.

„Einer von unseren Kumpels hat einen Cousin namens Terry", fuhr er fort. „Er meinte, dass hier heute ein Porno vorgeführt wird."

Ich stieg die Treppe hinauf und sah, dass schwarze Vorhänge die Fenster verdeckten. Im trüben Licht einer einzigen Glühbirne erkannte ich Terry, der Stühle in Reihen arrangierte – so wie im Kino. Seine Reaktion verriet mir, dass er nicht mit mir gerechnet hatte. Er schluckte und erklärte, was da vor sich ginge.

„Das ist die Streikpostenkette vom Bergwerk in Agecroft", sagte er. „Einer von ihnen ist mein Cousin. Um sie ein wenig aufzuheitern, wollte ich ihnen diesen Porno zeigen." Er hob die Filmrolle auf: „Er heißt *Eel Fuckers of Amsterdam.*" Fellini wäre wohl vor Neid erblasst.

Von uns war natürlich keiner eingeweiht – wir wollten eigentlich proben, aber Terry hatte ja nun dieses kulturelle Event anberaumt und vermutlich die Termine durcheinandergebracht. Er hätte wohl nicht einfach ein Wettsaufen in einer Brauerei organisieren können. (Dabei fällt mir ein, dass er tatsächlich einmal eine Party in einer Brauerei in Manchester auf die Beine stellen wollte, bei der auch alles schrecklich schief lief.) Irgendwann waren alle Bergarbeiter eingetrudelt und hatten Platz genommen. Sehr zu ihrem Unbehagen hatte Terry erhebliche Schwierigkeiten, den Projektor zum Laufen zu bringen. Schließlich musste ihm Steve mit seinem Know-how aushelfen.

Dann, gerade als der Film begann, hörten wir, wie Ian die Treppe hinaufstieg und sich mit jemandem unterhielt. Es fielen Namen wie Dostojewski, Nietzsche und Simone de Beauvoir. Als die Tür schließlich aufging und vor ihm noch ein Mann den Raum betrat, realisierten wir, dass er sich in Begleitung eines französischen Journalisten befand, der aus Paris eingeflogen war, um ihn zu interviewen. Ian folgte ihm nach und erstarrte zu Eis. Eigentlich hatte er erwartet, uns bereits beim Proben vorzufinden, aber stattdessen befanden wir uns in Gesellschaft einer Kompanie von Grubenarbeitern, die sich im Dunkeln vor einer improvisierten Leinwand breitgemacht hatten.

„Was geht denn hier ab?", erkundigte er sich.

„Ach, gar nichts eigentlich", entgegnete ich ihm. „Diese Jungs sind streikende Bergmänner und Terry führt ihnen einen Porno vor."

Ian drehte sich hastig zum Journalisten und versicherte ihm: „Normalerweise läuft das nicht so ab, mein Ehrenwort."

Genau in diesem Moment fing der Film an. Wie ihr vielleicht vom Titel des Streifens ableiten könnt, war die Angelegenheit regelrecht ekelerregend.

Egal, dieses von Arbeiterunruhen und Existenznot geprägte soziale Klima sollte zwar das Leitmotiv der kommenden Dekade darstellen, doch wussten wir das damals noch nicht. Und so gingen wir voller Begeisterung und Optimismus im März 1980 ins Studio, um unser zweites Album mit dem Titel *Closer* einzuspielen. Martin Hannett nahm erneut im Sessel des Producers Platz und dieses Mal stand uns auch ein bisschen mehr Budget als noch bei *Unknown Pleasures* zur Verfügung. Da wir so sehr wegen der Strawberry Studios gejammert hatten, durften wir dieses Mal in Pink Floyds Britannia Row in Islington im Norden Londons aufnehmen. Der Unterschied machte sich umgehend bemerkbar. Der Sound klang nicht „tot", die Räume verfügten über ein spürbares Ambiente und die Lautsprecher waren richtig groß und klangen wie die eines Clubs. Eine starke Erinnerung an den ersten Tag dort ist, dass die Empfangsdame uns Tee und Sandwiches vorbeibrachte. Mir blieb die Spucke weg. Wir wurden doch tatsächlich wie ordentliche Musiker behandelt und nicht wie ungewaschener, nordenglischer Abschaum! Für uns sah die Welt in der Tat gut aus.

Mein Interesse an Synthesizern hatte seit *Unknown Pleasures* stetig zugenommen und ich hatte mir inzwischen einen ARP Omni sowie einen Transcendent 2000 geleistet. Auf diesem Album wollten wir mehr mit elektronischen Sounds experimentieren, weshalb Martin einen großen ARP 2600 Modularsynthesizer – ein echtes Biest – mitbrachte. Wir verwendeten ihn für ein paar der Tracks, etwa bei „The Eternal" und „Decades". Martin erzeugte damit außerdem ein paar Schlagzeug-Sounds, die umwerfend klangen.

Das größere Budget ermöglichte auch, dass wir etwas mehr Zeit als die sieben Tage, die wir an *Unknown Pleasures* arbeiten hatten dürfen, im Studio verbringen konnten, wodurch sich uns etwas mehr Freiraum für Experimente eröffnete. Wir begannen üblicherweise um vier Uhr Nachmittag und arbeiteten dann bis zum Morgengrauen durch – eine Herangehensweise, die mir gut passte: In der Nacht zu arbeiten, fühlte sich stimmungsvoller an und außerdem gab es weniger Ablenkungen. Wir wurden kaum unterbrochen und konnten uns auf unseren Job konzentrieren. Allerdings kamen U2 von Irland rüber, um uns über die Schulter zu schauen. Sie standen damals noch ziemlich am Anfang und ich glaube, dass sie Fans unseres ersten Albums waren. Deshalb wollten sie Martin als Produzenten ihres nächsten Albums haben und die Gelegenheit nutzen, ihn bei der Arbeit zu beobachten. Mir kam die Sache wie ein einziges großes Abenteuer vor: Es war eine faszinierende, elektronische Welt, mit der man experimentieren konnte und durch die sich die Möglichkeit ergab, neue Sounds zu erschaffen, über die wir nie zuvor nachgedacht hatten. Ich genoss die Arbeit mit Martin an *Closer*. Er war sich unserer Vorbehalte gegenüber *Unknown Pleasures* bewusst – und schob freilich dem Tontechniker und dem Studio die Schuld daran in die Schuhe, anstelle selbst Verantwortung zu übernehmen –, weshalb wir dieses Mal einen größeren Drum-Sound anstrebten und mehr Keyboards verwendeten.

Ian gefiel *Closer* nicht so gut wie *Unknown Pleasures*. Er fand etwa, dass die Keyboards das Album nach den „Scheiß-Genesis“ klingen ließen, aber er hatte auch gerade eine schwere Zeit in seinem Privatleben und war häufig in einer negativen Stimmung. Er hatte begonnen, sich mit Annik Honoré, einer Musikjournalistin aus Brüssel, die für die belgische Botschaft in London arbeitete, zu treffen, und war während unseres Hauptstadtaufenthalts sehr empfindlich. Das war wieder so eine Widersprüchlichkeit in Bezug auf Ian: Einerseits fühlte er sich schuldig wegen dieser Affäre, schließlich war er ja mit Debbie verheiratet und sie hatten mit Natalie ein gemeinsames, wenige Monate altes Baby, andererseits wollte er Annik dennoch nicht aufgeben. Es sah ihm nicht ähnlich, eine Affäre zu haben, und er begab sich damit, in Kombination mit seiner Epilepsie, auf einen gefährlichen Weg.

Wir waren alle zusammen in einer Wohnung unweit des Studios untergebracht, in der sich die Schlafzimmer an jeweils entgegengesetzten Enden befanden. Steve, Hooky und Rob wohnten im einen, Ian und ich im anderen. Annik kam vorbei und blieb eine Weile, aber vom ersten

Moment an gingen Rob und Hooky mit der Situation ein wenig so um, als wäre sie Yoko Ono und Ian John Lennon. Sie spielten ihnen allerhand Streiche und veräppelten die beiden. Meiner Meinung nach gingen uns die zwei nichts an. Ians Privatleben hatte nichts mit der Band zu tun. Aber Rob und Hooky ließen nicht locker und überspannten den Bogen mitunter sogar. So war es unvermeidbar, dass es ordentlich krachte, als Ian schließlich die Schnauze voll davon hatte. Die Stimmung war merklich gekippt. Auch wenn es vielleicht noch mit Witzeleien begonnen hatte, so hatte die Situation doch an Schärfe zugenommen. Das ging über die verbale Ebene hinaus: Rob und Hooky machten sich etwa am Bett der beiden zu schaffen und streuten ihnen Cornflakes hinein. Wenn Ian und Annik nun also todmüde aus dem Studio zurückkehrten, war die Bettwäsche voll mit dem Zeug. Oder sie fanden das Bett überhaupt zerlegt vor – und nach einer langen Nacht, in der wir hart arbeiten hatten müssen, hatte Ian keine Nerven mehr für so einen Mist.

Angesichts der permanenten Sticheleien von Rob und Hooky war es keine Überraschung, dass Ian anfing, sich ein wenig von der Band zu entfernen. So verbrachte er etwa mehr Zeit mit Genesis P. Orridge von Throbbing Gristle. Da war außerdem noch dieser seltsame Holländer, mit dem er abhing. Der Arme war wegen all der blöden Sprüche seiner Affäre mit Annik beziehungsweise seiner Schuldgefühle gegenüber Debbie und Natalie sowie seiner Krankheit völlig durch den Wind. Kein Wunder, dass ihm die Arbeit am Album keinen Spaß bereitete.

Gelegentlich konnte Rob damals ziemlich schräg sein. Wir kamen üblicherweise so gegen neun am Morgen in die Wohnung zurück und waren komplett ausgelaugt. Einmal, als ich mich gerade hinlegen wollte, kam er aber an und sagte: „Alles klar, Bernard? Ich setze mich einfach hier hin und lese den *NME*. Stört dich doch nicht, oder?"

„Es ist neun Uhr morgens, Rob", sagte ich darauf. „Warum haust du dich nicht aufs Ohr?"

Er sah mich an.

„Ich werde jetzt den verdammten *NME* lesen", entgegnete er mir, hielt kurz inne und fügte noch hinzu: „Und ich werde dir daraus vorlesen."

Möglicherweise war er ja high, keine Ahnung, aber jedenfalls blieb er da sitzen und las mir den *NME* von Anfang bis Ende vor. Jedes einzelne Wort, inklusive des Anzeigenteils, so laut er konnte. Was alles noch schlimmer machte, war, dass auch Martin bei uns pennte. In unserem Schlafzimmer teilten sich also Ian und Martin das Bett und ich begnügte mich mit dem Tisch oder dem Sofa. Zu meinem Entsetzen empfand Martin Rob nicht als störend, sondern schien ihn und seinen Vortrag sehr faszinierend zu finden. So blieb mir nichts anderes übrig, als verzweifelt zu versuchen, zwischen diesen beiden Schwachköpfen einzuschlafen. Martin sagte Sachen wie: „Lies das bitte noch einmal vor, das war echt interessant." Rob las dann tatsächlich dieselbe Stelle erneut vor.

Wir tauchten ausnahmslos jeden Tag zu spät im Studio auf, woran immer Rob Schuld war. Wenn man ihn zu wecken versuchte, reagierte er stets gleich. Zwei seiner Schneidezähne waren unecht und er bewahrte sie in der Nacht in einem Glas Wasser auf, das neben seinem Bett stand. Obwohl er einem gesagt hatte, dass er geweckt zu werden wünschte, schnappte er sich dann das Glas, fischte seine Zähne heraus und kippte einem das Wasser entgegen. Das tat er jeden beschissenen Tag.

Trotz dieser Scharmützel genoss ich den Entstehungsprozess von *Closer* sehr. Es war nett in London – eine neue Erfahrung für uns – und es war toll, unsere eigene Wohnung zu haben und in Clubs, Bars und Restaurants gehen zu können. Uns fielen kleine regionale Unterschiede auf, sogar bei den Fish'n'Chips-Buden. In einer etwa – sie befand sich die Straße runter vom Britannia Row – gab es dieses Gericht namens Rock Salmon. Wir hatten keine Ahnung, was das war. Sie hatten dafür aber keinen Rindfleisch-und-Nieren-Pudding. Es waren all diese kleinen Dinge, die einen daran erinnerten, dass man nicht zuhause war, sondern im Süden des Landes.

Die Songs, die wir für *Closer* aufnahmen, waren noch nicht so ausgefeilt, als wir ins Studio gingen, wie jene, die wir für *Unknown Pleasures* aufgenommen hatten. Während die alten Songs durch die vielen Live-Auftritte bereits ausgearbeitet gewesen waren, hatten wir dieses Mal nur das grundlegende Format einiger unserer aktuellen Nummern auf Kassette festgehalten. Andere wiederum hatten wir aber auch schon live gespielt. Wir brachten Martin diese Demos dann ins Studio mit, um sie dort dann ordentlich aufzunehmen. Im Großen und Ganzen unterschied sich unsere Herangehensweise von den Sessions zu *Unknown Pleasures*: im Strawberry hatten wir eine Nummer ein paar Mal live gespielt und uns dann für den besten Take entschieden, was ganz der alten Schule entsprach. Dieses Mal nahmen wir für manche Tracks zuerst einen elektronischen Drumbeat und dann spielten wir darüber unsere Parts ein. Das war eine interessante Erfahrung, weil wir das noch nie zuvor so gemacht hatten. So klang im Endeffekt das ganze Album viel fetter. Dass wir alle gemeinsam vor Ort waren, wirkte sich, so denke ich, auch gut aus, denn abgesehen von den Sticheleien gegen Ian sowie Robs verrückten Einlagen traten wir dort als Team auf. Während wir zuletzt nur an den Wochenenden im Studio aufgekreuzt waren, durchlebten wir nun die ganze Zeit gemeinsam, was der Erfahrung ein gewisses Einheitsgefühl verlieh.

Außerdem war Britannia Row ein tolles Studio. Pink Floyd hatten definitiv eine Ahnung, wenn es um Sound ging. Es gab dort eine Reihe von verschiedenen Räumen, mit denen wir experimentieren konnten. Wir konnten den Sound durch die Lautsprecher und die PA-Anlage überall im ganzen Gebäude anhören. Es gab einen besonders tollen großen Raum, das Snooker-Zimmer, wo wir eine massive PA mitsamt Mikrophonen aufbauten, was dann gewaltig klang. Man musste gar kein künstliches Ambiente erzeugen, denn viele der Räume klangen einfach von vornherein schon fantastisch.

Zu nächtlicher Stunde konnte einen mitunter schon einmal ein seltsames Gefühl beschleichen. Wir hörten etwa eines Nachts gespenstische Pfeiftöne und nahmen sie auch auf. Man konnte zweifelsohne mitunter eine sonderbare Atmosphäre wahrnehmen. Das hielt uns aber nicht davon ab, herumzualbern: Von Zeit zu Zeit, wenn wir uns langweilten, begab sich Ian zum Front-Office und blätterte durch das Rolodex der Empfangsdame. Darin standen alle Namen der Leute, die in Verbindung zum Studio standen. Also suchten wir uns ein paar heraus, um sie um vier Uhr morgens telefonisch zu wecken. Darunter war zum Beispiel auch John Peel. So wie die Buzzcocks war auch er jemand, der uns eine große Hilfe gewesen war und nun dafür unsere Schalkhaftigkeit zu spüren bekam. Aber so waren wir nun einmal. Ich glaube, da die Musik so intensiv war, mussten wir irgendwo unsere innere Anspannung auch wieder abbauen, was zur Folge hatte, dass wir uns, sobald wir uns langweilten, wie verdammte Idioten aufführten.

Wenn ich heute an diese Nächte zurückdenke, als wir kichernd das Rolodex nach potenziellen Opfern durchforsteten, dann mit einer Hand über der Sprechmuschel anriefen und alle mit ihren Ohren ganz nahe am Hörer dem verschlafenen Gekrächze am anderen Ende der Leitung lauschten, bevor wir schließlich in kollektives Gelächter ausbrachen, verblüfft es mich umso mehr, dass Ian gerade einmal noch zwei Monate zu leben hatte. Ich hatte nicht die geringste Ahnung, dass er irgendwie selbstmordgefährdet gewesen wäre. Keiner von uns tat das. Im Nachhinein sucht man nach Hinweisen und Hilfeschreien und manchmal misst man infolgedessen gewissen Vorfällen und Worten mehr Bedeutung als tatsächlich gerechtfertigt bei. Aber obwohl er sich während der Sessions zu *Closer* ein wenig abgekapselt hatte und unser nachtaktiver Arbeitsansatz möglicherweise seine Epilepsie ein wenig verschlimmert hatte – bevor wir Anfang April heimfuhren, spielten wir innerhalb von drei Tagen noch vier Gigs in London und während einer dieser Shows im Rainbow hatte er auf der Bühne einen Anfall –, kann ich mich an keine direkten Anzeichen auf das, was sich nur wenige Wochen später ereignen sollte, erinnern. Er focht definitiv einige innere Konflikte bezüglich seiner Ehe, Annik, seiner Krankheit und seiner Rolle als Frontmann einer erfolgreichen Band aus, aber nichts deutete darauf hin, dass er sich zu so einem drastischen Schritt entscheiden würde.

Und doch sollten wir nur Tage nach unseren Telefonstreichen zu nachtschlafender Stunde die Nachricht erhalten, dass er versucht hätte, sich das Leben zu nehmen. Wir wussten, dass ihn sein Gesundheitszustand belastete und dass ihn seine Beziehungen aufzehrten: Es war weder Debbies noch Anniks Schuld, doch in seinem Fall war es tatsächlich die Liebe, die ihn „in Stücke riss". Mit Debbie hatte er ein gemeinsames Kind und ich glaube, dass es ihm enorme Schuldgefühle bereitete, auch nur daran zu denken, die beiden im Stich zu lassen. Ich bin mir sicher, dass er sich gewünscht hätte, dass ihm jemand – irgendjemand – gesagt hätte, was er tun hätte sollen. Wenn er sich an mich gewandt und mich direkt gefragt hätte, ob er sich für Annik oder Debbie entscheiden solle, hätte er sich wohl nach meiner Empfehlung – egal, wie diese ausgefallen wäre – gerichtet. Es wirkte, als ob er die Verantwortung für eine Entscheidung von sich wegschieben wollte. Er war zu dieser Zeit sehr beeinflussbar und schien sich nach jemandem zu sehnen, der ihn raushauen würde, indem er ihm diese eine Entscheidung abnähme. Es stand mir jedoch nicht zu und war auch nicht in meinem Sinne, sie für ihn zu treffen, denn es ging mich nichts an. Nur er konnte entscheiden, was zu tun wäre, aber er zeigte sich nicht im Geringsten bereit dazu, was mir sehr sonderbar erschien. Das ging nicht nur mir so: Niemand wollte ihm sagen, was er dachte, das er tun sollte, da unsere Grenzen durch die Band definiert waren. Alles, was sich außerhalb abspielte, fiel nicht in unseren Bereich. Also suchte er einfach weiterhin nach Ausflüchten und ging die Angelegenheit in seinem Kopf immer wieder durch. Es scheint daher so, dass er diesem Fegefeuer entrinnen wollte, indem er sich selbst tötete. Das ist nie die richtige Lösung. Es ist immer besser, eine Situation zu entwirren, egal wie schmerzhaft sie für einen ist.

So seltsam es auch klingen mag, aber erst nach seinem Tod hörten wir genau auf seine Songtexte und begriffen seine Aufgewühltheit. Sie war immer schon da gewesen, schon bevor alles über ihn hereinbrach, bereits in seinen frühesten Lyrics konnte man das sehen. Ich kann mir nur vorstellen, was in seinem Kopf vorgegangen sein muss. Er sprach diese Dinge uns gegenüber nie an und machte auch keine Andeutungen bezüglich seiner tiefverwurzelten Probleme – doch traurigerweise wären sie von Anfang in seinen Songtexten zu finden gewesen.

An einem Tag Anfang April, nur ein paar Tage nachdem wir London hinter uns gelassen hatten, bekamen wir alle einen Anruf von Rob, der uns mitteilte, dass Ian eine Überdosis genommen habe. Er war nicht tot und hatte sogar selbst einen Krankenwagen gerufen, allerdings lag er im Krankenhaus. Sie behielten ihn über Nacht dort, doch verließ er die Klinik zu früh, um einen Gig mit uns in Bury zu spielen. Er war ganz klar nicht in der Verfassung, um auf die Bühne zu gehen, und wir hätten die Show absagen sollen. Nur Gott weiß, warum wir das nicht getan haben. Wahrscheinlich entschied Rob sich dagegen, weil es Ian nur noch mehr aufgeregt hätte. Er hätte das Gefühl gehabt, alle – die Band und das Publikum – schwer zu enttäuschen. Wir hatten mit Alan Hempsall von Crispy Ambulance für alle Fälle schon einen Ersatzmann engagiert. Die Idee dahinter war, dass wir Alan auf die Bühne holen würden, falls Ian nicht in der Lage sein würde, das Set durchzustehen. Und natürlich war genau das der Fall. Er hatte es versucht, aber letzten Endes ging er einfach von der Bühne ab. Der arme Ian, er muss total durcheinander gewesen sein. Sobald Alan für ihn einsprang, wurden Flaschen geworfen und es kam zu handfesten Ausschreitungen.

Die Gewalt machte mir nicht viel aus, schließlich hatte ich mich schon daran gewöhnt, dass es bei Punk-Gigs zu extremen Zwischenfällen kommen konnte. In der Garderobe aber saß Ian wie ein kleines Häuflein Elend, in Tränen aufgelöst, seinen Kopf in seinen Händen vergraben. Immer wieder sagte er: „Es ist alles meine Schuld, es ist alles meine Schuld." Unsere Roadies kamen hinter die Bühne und bluteten aus Kopfwunden, da sie von Flaschen getroffen worden waren. Eine schreckliche Situation. Statt ihm die Last seiner Schuldgefühle durch den Gig zu erleichtern, wie es Robs ursprüngliche Absicht gewesen war, fühlte er sich nun noch schlechter.

Da Debbie herausgefunden hatte, was zwischen Ian und Annik lief, wohnte er zu dieser Zeit bei Tony und dessen Frau Lindsay, aber nach einer Weile schlug ich ihm vor, dass er bei mir bleiben könne. Ich versuchte, mich mit ihm über das, was so vorgefallen war, zu unterhalten. Sogar Hypnose probierten wir aus – ich hatte von der Reinkarnationstherapie mittels hypnotischer Regression gehört und schlug sie Ian vor (siehe auch Anhang). Wir blieben lange wach, da ich mich während der vorangegangenen Aufnahmesessions daran gewöhnt hatte. Ich hörte entweder Musik oder sah mir Filme an – viel Stanley Kubrick, soweit ich mich erinnere. Wenn es aber mal wieder wirklich spät wurde, nach Sendeschluss, saß ich da, zu Tode gelangweilt und hörte mir *Truckers' Hour* im Radio an und baute Synthesizer.

Wann immer Ian bei mir übernachtete, unterhielten wir uns über alle möglichen Dinge, was für Bücher er mochte, zum Beispiel. Ich versuchte zu helfen, versuchte, so gut wie eben möglich, ihn anzuregen. Irgendwann fragte ich ihn gerade heraus, ob er wirklich vorgehabt hätte, sich das Leben zu nehmen, oder ob es ein klassischer Hilfeschrei gewesen wäre. Er ließ keine Zweifel offen, als er sagte, dass er sich definitiv umbringen hatte wollen: „Der einzige Grund, warum ich einen Rückzieher machte, war, dass ich nicht genug Tabletten hatte und gehört hatte, dass man in so einem Fall nur einen Gehirnschaden erleiden kann."

Aber man konnte nie wissen, wie ernst Ian das, was er sagte, meinte. Ich bemühte mich, unumwunden mit ihm umzugehen und ihn aufzurichten. Eines Nachts spazierten wir nach einer Probe zurück zu meiner damaligen Wohnung, die in einer Gegend namens Peel Green lag, und führte ihn dabei absichtlich durch einen großen Friedhof. Unterwegs deutete ich auf die Grabsteine und sagte: „Es ist so scheißdumm, Ian. Stell dir nur vor, wie es sein würde, deinen Namen auf einem von ihnen lesen zu müssen. Ich kann dir nicht sagen, was du mit deinem Leben anstellen sollst, aber sich umzubringen, ist definitiv nicht die Antwort." Ich versuchte, ihm zu verdeutlichen, was für eine Verschwendung es doch gewesen wäre, wenn es ihm tatsächlich gelungen wäre, Selbstmord zu begehen. Allerdings ging er nicht wirklich darauf ein.

Als Menschen reifen wir körperlich von der Kindheit über die Pubertät ins Erwachsenenalter hinein, aber unsere Gefühlswelt hinkt hinterher. In unseren Zwanzigern befinden sich die meisten gefühlsmäßig noch in der Pubertät. Unsere emotionale Reife kann nicht mit unserer körperlichen Entwicklung mithalten. Da sind die Zwanziger eine besonders schwierige Phase. Man ist einerseits emotional nicht sonderlich belastungsfähig, sondern immer noch ziemlich weich und formbar, andererseits ist es eine Zeit, in der man durch eine Abfolge von Beziehungen geht, die emotionale Untiefen in sich bergen. Jedoch ist man noch nicht gut genug gewappnet, um mit der ganzen Scheiße, mit der einen das Leben bewirft, klarzukommen. Ich glaube, dass man mit so ziemlich allem zurechtkommt, wenn man seine Zwanziger erst einmal überstanden hat. Leider gehörte Ian zu jenen, die nicht so weit kamen.

Es war ja nicht nur ich, wir alle versuchten, ihm zu helfen, aus seiner Lebensmüdigkeit herauszufinden. Wir dachten, dass es das Beste wäre, zur Normalität zurückzukehren, insofern das möglich sein würde. Wir spielten sogar ein paar Gigs. (Unser Auftritt an der Uni von Birmingham sollte das letzte Konzert für Joy Division sein.)

In der Zwischenzeit hatten wir ohne Ian zwei neue Songs komponiert – „In a Lonely Place" und „Ceremony". Wir dachten, dass wir ihn damit aufheitern könnten. Unsere Absicht war, unseren Blick nach vorne zu richten beziehungsweise Ian davon abzubringen, sich mit der Vergangenheit herumzuquälen. Wir performten diese beiden Songs zum ersten

Mal an jenem Abend in Birmingham. Im Anschluss war geplant, dass wir zu unserer ersten Tour nach Amerika aufbrechen würden. Jeder von uns war schon richtig aufgeregt deswegen. Wir waren bereits in Frankreich, Belgien und Deutschland aufgetreten, aber dies war etwas anderes, es war Amerika. Ian und ich shoppten in Manchester wegen ein paar neuer Klamotten für die Tour. Er kaufte sich ein Paar schrecklicher Schuhe, nämlich diese spitz zulaufenden, geschnürten Winklepickers aus Rauleder mit Absätzen. Ich sagte zu ihm: „Ian, die sind wie die Schuhe eines Toten." Ich habe keine Ahnung, warum zum Teufel ich das gesagt habe.

Ungefähr zu dieser Zeit drehten wir auch ein Video zu „Love Will Tear Us Apart". Rob muss gespürt haben, dass etwas im Busch war. Zum Konzert in Birmingham brachte er etwa ein mehrspuriges Aufnahmegerät mit – es war allerdings keine sonderlich gute Show, da wir uns auf der Bühne nicht gut hören konnten. Außerdem ließ er uns dann noch das Musikvideo drehen. Er hatte diesen Typen namens Harry de Mack, einen Tontechniker, der bereits lange Zeit für uns gearbeitet hatte, beauftragt, für das Video Live-Aufnahmen von unseren Konzerten aufzuzeichnen. Als er jedoch eine große Geldsumme dafür forderte, weigerte sich Rob, zu zahlen. Es war daher keine große Überraschung, dass Harry schließlich nicht zum Videodreh erschien. Da wir nie eine Band waren, die den geraden Weg bevorzugte, bestanden wir darauf, bei den Dreharbeiten live zu spielen. Wir bauten in der Lagerhalle von TJ Davidson unsere PA auf und spielten den Song, was es letztlich zu einer ziemlichen Herausforderung machte, die Bilder auf die Studioversion des Songs abzustimmen. Es sollten ein paar der letzten Filmaufnahmen werden, die Ian lebendig zeigten.

Wir hatten Freunde in einer Band namens Section 25, deren Mitglieder ihre ganz eigenen Probleme mit sich herumschleppten. Sie nannten sich nämlich so, weil einer von ihnen von seiner eigenen Mutter in die Psychiatrie eingewiesen worden war. Sie lebten knapp außerhalb von Blackpool, in der Nähe eines Flusses, und die Wettervorhersage für das Wochenende vor unserem Abflug nach Amerika war gut. Einer von den Typen von Section 25 hatte die Schlüssel zum alten Schnellboot seines Vaters, also wollten Ian und ich vorbeischauen, um mit ihnen damit herumzufahren und etwas Sonnenschein zu tanken. Für Stadtjungs wie uns klang das nach einer tollen Idee. Wir sollten am Montag in die USA aufbrechen und, wenn ich mich nicht täusche, war unser Plan, dass Ian und ich uns am Samstag mit den Jungs von Section 25 treffen wollten, um abzuhängen, und schließlich am Sonntag unsere Sachen für die Reise am nächsten Tag zu packen. Allerdings hatte Ian kurzfristig beschlossen, dass er, nachdem er einige Wochen bei mir gewohnt hatte, lieber noch ein paar Tage im Haus seiner Eltern verbringen wollte. Wenn ich ehrlich bin, so denke ich, dass ich ihm, indem ich ihn nächtelang wachhielt, nichts Gutes getan habe. Bei seinen Eltern konnte er einen normalen Rhythmus verfolgen. Gerade als ich nach Blackpool fahren wollte, rief er mich an und sagte mir, dass er vor unserer Abreise nach Amerika noch Debbie treffen wollte. Daher könnte er doch nicht mit mir und den Typen von Section 25 mitkommen. Wir verabredeten, uns am Flughafen zu treffen.

Ich fuhr also los und hatte einen wunderbaren Tag. Das Schnellboot war der Hammer und ich lernte Wasserski zu fahren – sehr schlecht zwar, aber immerhin. Es war ein echt lustiger und schöner Tag. Nachher fuhren wir alle zum Haus, in dem sie lebten, und ich saß mit ihnen in der Küche, als ungefähr um vier Uhr Nachmittag das Telefon klingelte. Eines der Bandmitglieder von Section 25 ging ran und sagte: „Bernard, es ist für dich, Rob ist dran."

„Nun, Rob", sagte ich, „wie geht es dir?"

Ich wollte gerade loslegen, um ihm zu erzählen, was für einen tollen Tag ich bis jetzt gehabt hatte, als ich hörte, wie er sagte, dass Ian Selbstmord begangen habe.

„Oh, verdammte Hölle!", sagte ich darauf. „Er hat es doch nicht schon wieder versucht, oder?"

„Nein, Bernard", sagte Rob. „Dieses Mal hat er es durchgezogen, er hat sich umgebracht. Er ist tot."

Der Raum verschwamm vor meinen Augen und ich wurde vom Schock übermannt. Ich sagte: „Er hat es schon wieder *versucht*?"

„Nein", sagte Rob. „Er hat es getan, Bernard. Er ist tot. Ian ist tot."

Armer Rob, er musste es mir immer wieder sagen, bevor ich es realisierte. Ich glitt schockiert zu Boden. Ich sagte nichts, wollte zu niemandem ein Wort sagen. Section 25 kümmerten sich echt gut um mich. Jeder war nett zu mir, auch die Jungs von A Certain Ratio, aber ich habe nicht mehr wirklich bis zum Begräbnis etwas gesagt. Alle sahen sich Ian vorher noch einmal in seinem Sarg an, aber ich konnte das nicht. Ich wollte ihn stattdessen lebendig in Erinnerung behalten.

Am Tag vor Ians Tod war eine seltsame Sache passiert. Ich war mit Simon Topping von A Certain Ratio im Heaton Park in Prestwich. Auch dieser Tag war sehr sonnig gewesen. Dort gab es einen großen Hügel und wir waren an seinem Fuße gestanden. Plötzlich galoppierte ein wunderschönes weißes Pferd über die Kuppe des Hügels. Es saß kein Reiter auf ihm, es war ungesattelt und dieses wunderbare Geschöpf lief den Hügel hinab, auf mich und Simon zu. Der Park war voller Menschen, die die Sonne genossen, aber das Pferd lief geradewegs auf uns beide zu. Genau vor uns kam es zum Stehen, es warf seine Mähne herum und senkte und hob ein paar Mal seinen Kopf. Wir standen uns eine ganze Minute oder so gegenüber. Dann, so schnell wie es erschienen war, drehte es sich wieder um, rannte den Hügel hinauf und verschwand hinter der Kuppe. Es kam uns damals sonderbar vor, aber angesichts dessen, was in der Nacht darauf passieren sollte, fragte ich mich dann, ob es sich dabei um eine Art Omen gehandelt habe.

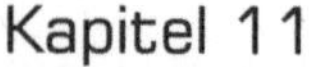

Kapitel 11

Ein neuer Sound hält Einzug

Bald schon nach Ians Begräbnis mussten wir, die wir zurückgeblieben waren, entscheiden, was wir nun tun sollten. Sollten wir weitermachen?

Der Schock war gegenwärtig. Wir waren dieser enormen Präsenz, diesem vitalen Bestandteil von allem, was wir geleistet hatten, beraubt worden. Wäre es richtig, ohne Ian weiterzumachen?

Inzwischen hatten wir einen Vorgeschmack darauf bekommen, wie das Leben abseits all der Mühen des Alltags in Salford aussehen könnte. Wir hatten mittlerweile auch alle unsere Jobs gekündigt, damit die Band funktionieren konnte. Der Beschluss, den wir fassten, nachdem wir alle Argumente gegeneinander abgewogen und uns auch Robs Meinung und Rat angehört hatten, lautete, weiterzumachen. Rückblickend war eine andere Entscheidung nie ernsthaft zur Debatte gestanden. Nachdem wir unsere Jobs hinter uns gelassen hatten, bestand weder die Aussicht noch das Verlangen, etwas anderes als Musik zu machen. Wir knieten uns rein und standen die Sache mithilfe einer Mischung aus Willenskraft und grimmiger Entschlossenheit durch. Es mag sich altmodisch und vielleicht sogar ein wenig klischeehaft anhören, aber letzten Endes waren Willenskraft und Entschlossenheit das einzige, das uns zur Verfügung stand, und wir mussten in Bezug auf beides bis an unsere Grenzen gehen.

Der erste Vorsatz, den wir fassten, war, dass wir keine Joy-Division-Songs mehr spielen würden. Stattdessen würden wir ein völlig neues

Repertoire ohne Ians Beteiligung schreiben, jene Songs, die später den Großteil des ersten New-Order-Albums, *Movement*, ausmachen sollten.

Ich denke, dass Rob vermeiden wollte, dass wir in Verdacht gerieten, vom Vermächtnis von Joy Division leben zu wollen. Doch auch nachdem wir diese zweifellos mutige Entscheidung für uns getroffen hatten, wurden in der Musikpresse genau diese Vorwürfe laut. Die britische Musikjournaille dieser Tage war generell sehr negativ eingestellt und sie war uns definitiv keine Hilfe. Manchmal fragte ich mich sogar, ob die Journalisten bewusst versuchten, uns zu zerstören. Nach allem, was wir gerade durchgemacht hatten, hatte ich ihre Possen jedenfalls nicht gebraucht.

Ein anderes Problem stellte das Video zu „Love Will Tear Us Apart" dar. Nachdem wir erst einmal Ians Beerdigung überstanden und langsam angefangen hatten, uns ein wenig vom Schock seines Todes zu erholen, machten wir uns daran, alle unsere verbliebenen Aufnahmen für ein abschließendes Album von Joy Division mit dem Titel *Still* zusammenzutragen. Gleichzeitig stieg auch „Love Will Tear Us Apart" in den Charts immer höher und wir sahen uns veranlasst, das Video fertigzustellen. Wir versuchten, erneut Harry de Mack zu kontaktieren, aber er ging nicht ans Telefon und antwortete nicht auf unsere Nachrichten. Schließlich bekam Rob einen Anruf von Harrys Freundin. Sie bestand darauf, dass wir ihm eine schier absurde Summe Geld überweisen sollten. Wir waren baff, immerhin kannten wir den Kerl bereits seit Jahren. Er war mit uns abgehangen und wusste genau, was wir durchgemacht hatten. Trotzdem zog er nun so eine Nummer ab. Rob machte irgendeinen Deal mit Harry und wir bekamen unsere Bänder doch noch. Vermutlich erhielt Harry eine Art Blutgeld, wobei ich hoffe, dass daran eine Extraportion Karma gekoppelt war.

Es war klar, dass wir nach unserem Beschluss, weitermachen zu wollen, auch entscheiden mussten, wie wir Ian als Sänger ersetzen würden. Wir hatten uns auch überlegt, jemanden neuen zu rekrutieren, und ich wurde sogar auf der Straße von Leuten angesprochen, die mir diesbezüglich ihre Dienste anboten. Da war etwa ein netter Typ, der auf Steely Dan stand, und am St. Anne's Square in Manchester auf mich zukam. Genau in diesem Moment realisierte ich, dass es sich einfach nicht richtig anfühlen würde, jemanden neuen hinzuzuholen. Es war unmöglich, Ian zu ersetzen. Er war ein ganz besonderer Mensch gewesen und die Band war wie eine Familie – es war so, als hätten wir ein Familienmitglied verloren.

Nach dieser Einsicht war es nur kleiner Schritt zum Entschluss, dass einer von uns den Part als Sänger übernehmen sollte. Da keiner von uns so etwas wie ein offensichtlicher Kandidat für diese Rolle war, entschieden wir, es alle einmal zu versuchen.

Wir spielten daraufhin im Spätsommer 1980 ein paar Gigs in England – der erste davon fand im Beach Club in Manchester statt – und als Nächstes buchte uns Rob eine Tour an der amerikanischen Ostküste sowie eine Session in Trenton, Bundesstaat New Jersey, damit wir uns ein wenig abseits des grellen Rampenlichts unserer Heimat bewegen konnten. In Begleitung unserer Crew, Robs sowie Martin Hannetts flogen wir also in die USA und stiegen erst einmal im stark von den Siebzigerjahren geprägten Ambiente des Iroquois Hotels im westlichen Teil der 44th Street in Manhattan ab. Es war heruntergekommen und bestach durch seinen markanten Geruch nach Kakerlakenpulver, aber es war auch sehr preiswert. Und, hey, es befand sich in New York! Nach England fühlte sich das ebenso aufregend wie befreiend an. Von dort fuhren wir jeden Tag nach Trenton, wo wir „In a Lonely Place" und „Ceremony" aufnahmen – die beiden Songs, die wir geschrieben hatten, um Ian auf andere Gedanken zu bringen. Wer sich jemals „In a Lonely Place" angehört hat, weiß, dass es keine fröhliche Nummer ist. Vermutlich ist es sogar eine der düstersten, die wir je geschrieben haben – und wir haben doch ein paar solcher Songs auf Lager. Warum wir also glaubten, Ian damit aufheitern zu können, weiß ich nicht. „Ceremony" andererseits ist ein sehr erbaulicher Track, der von Ians Lyrics erfüllt und erweitert wird. Wenn man sich aber diesen Songtext durchliest, fällt einem auf, dass er ziemlich sicher aussagt: „Ich werde es allen beweisen. Dieses Mal werde ich es durchziehen." Ist späte Erkenntnis nicht etwas Wunderbares?

Wir nahmen die Musik im Ears in Trenton auf. Dann versuchte sich jeder einmal am Gesang. Das war ein ziemliches Unterfangen für alle Beteiligten. Anschließend musste Rob beginnen, sich mit der Entscheidung zu befassen, wer von nun an unser Sänger sein sollte. Doch es sollten erst die Live-Konzerte sein, die wirklich Aufschluss über unsere Sangeskünste geben sollten, und einen Tag, nachdem wir die Aufnahmesession beendet hatten, schafften wir unsere Ausrüstung zurück nach Manhattan, bereit, uns auf unsere Tour zu begeben. Terry, unser genialer Roadie, und Twinny, unser anderer Roadie, hatten sich wegen irgendetwas gezofft und sprachen nun nicht miteinander, obwohl sie sich ein Zimmer teilten. Als sie den Truck nun gegenüber vom Hotel parkten, vergaßen sie, ihn zu blockieren, indem sie die Verteilerkappe abschraubten, damit ihn niemand mehr bewegen könne. Jedoch waren sie so damit beschäftigt, sich böse Blicke zuzuwerfen, dass keiner von beiden daran dachte.

Tony Wilson war uns aus Manchester hinterhergeflogen, um zu sehen, wie alles lief. Eines Morgens wurden Rob, Hooky und ich – wir teilten uns eine Suite – von Tony, der an unsere Türe klopfte, geweckt. Er stürmte ins Zimmer mit einem breiten Grinsen im Gesicht: „Meine Lieben, es ist perfekt, absolut perfekt. Aber es wird euch nicht gefallen. Euer Truck ist geklaut worden, mitsamt eurer ganzen Ausrüstung! Es ist so poetisch! Das perfekte Ende!"

Ich stand ganz knapp davor, ihn zu erdrosseln. Er schien ernsthaft überzeugt davon zu sein, dass das eine wunderbare Sache sei, obwohl es ganz eindeutig eine Katastrophe war. Eine *weitere* Katastrophe.

Rob und Hooky begaben sich direkt auf die nächste Polizeiwache, um den Diebstahl anzuzeigen. Damals hatte jeder einen Ghettoblaster mit großen Lautsprechern und so stand auch beim Cop, an den sich die beiden wenden wollten, einer auf dem Schreibtisch. Als sie eintrafen, tanzte er gerade zu „Good Times" von Chic. Rob versuchte, dessen Aufmerksamkeit auf sich zu lenken. „Entschuldigen Sie bitte", sagte er. „Wir sind aus Manchester in England und uns wurde soeben unsere Ausrüstung im Wert von 47.000 Pfund gestohlen." Der Cop erhob seine Hand und sagte: „Warten Sie, bis der Song zu Ende ist, Mann." Also mussten die beiden warten, bis der Track vorüber war und der Polizist zu tanzen aufgehört hatte, damit sie ihre Anzeige aufgeben konnten. Als sie zurück ins Hotel kamen, fiel uns ein, dass wir die Versicherungsgesellschaft benachrichtigen mussten. Rob schnappte sich also ein Telefon und gestikulierte mit dem Hörer. „Lasst mich die Sache regeln, Jungs", rief er. „Ich habe im Versicherungsgeschäft gearbeitet."

Die Unterhaltung lief dann ungefähr so ab:

„War der Truck denn blockiert?“

„Nein.“

„War er alarmgesichert?“

„Nein.“

„Nun, in diesem Fall, Mr. Gretton, tut es uns leid, aber wir können Ihnen nichts ausbezahlen.“

Rob legte den Hörer auf die Gabel und sah uns an. Kurzes Schweigen.

„Du verdammter Vollidiot!“, schrien wir. „Warum hast du nicht einfach mit Ja geantwortet?

Als der Truck schließlich gefunden wurde, war er bis auf zwei Dinge komplett leergeräumt: ein paar Ski, die jemand vor einem Haus in New York entsorgt hatte (ich hatte gerade begonnen, mich für Skilauf zu begeistern, und wollte sie mit nach England nehmen), und Pink Floyds Transformator. Terry, der dafür verantwortlich gewesen war, sich um unsere Ausrüstung zu kümmern, hatte für die Tour ein Umspanngerät gemietet, da unser Equipment auf britische Stromspannung ausgelegt war. In seiner Weisheit hatte er sich dann für Pink Floyds Apparat entschieden, jenen Transformator, den sie für ihren gesamten Live-Sound und ihre Beleuchtung verwendeten. Ein Mordsgerät. Alles, was wir einzustöpseln hatten, waren zwei Verstärker – obwohl der Transformator, den Terry organisiert hatte, für Auftritte in Stadien entworfen worden war. Das Ding war so groß, dass die Diebe es nicht aus dem Wagen hatten ziehen können.

Jahre später bekam Steve sein schwarzes Rogers-Schlagzeug wieder zurück. Die Gang, die uns beklaut hatte – sie nannten sich „Lost Tribe of Israel“ –, hatte nicht nur uns ins Visier genommen, sondern auch diversen anderen britischen Bands, die im Iroquois wohnten, ihr Equipment gestohlen. Als sie die Polizei schließlich dingfest machte, hatten sie eine ganze Lagerhalle voll mit Zeug, das sie sich unter den Nagel gerissen hatten. Von unserer Ausrüstung war aber nur noch Steves Schlagzeug da.

In der Zwischenzeit mussten wir allerdings eine neue Ladung Equipment auftreiben und so viel wie möglich kaufen, um die verlorenen Ausrüstungsgegenstände zu ersetzen.

Glücklicherweise befand sich in der Nähe eine Reihe von Gitarrenläden. Ich konnte zwar keinen Vox-Verstärker wie meinen finden, weshalb ich mich für einen von Yamaha entschied, doch fand ich eine unglaublich preisgünstige Gibson 335. Zumindest ein klein wenig Glück im Unglück, dachte ich mir. Diese herrlich verarbeitete Gitarre kostete bloß 550 Dollar, ein unglaublicher Preis für eine Gibson, aber immer noch eine schöne Stange Geld. Trotzdem war es ein Preis, bei dem man einfach zuschlagen musste. Hooky kaufte sich einen neuen Bass und mietete noch einen Sechssaiter dazu. Steve mietete sich ein Schlagzeug – und schon waren wir startklar, um auf Tour zu gehen. Zurück im Hotel, stellte ich meine Gitarre mit der Vorderseite gegen die Wand, ging zu Bett, schlief durch, stand wieder auf und bemerkte, dass auf der Rückseite der Kopfplatte etwas geschrieben stand, nämlich „zweite Wahl". So ein Mist. Jetzt hatte ich mir eine miese Gitarre gekauft. Tatsächlich war der Lack in der Nähe des Tonhebels ordentlich angeschlagen. Beim Bohren war wohl jemand abgerutscht und hatte eine Mordsfurche hinterlassen. Das war zwar kein Beinbruch, aber nachdem ich geglaubt hatte, dass es nun wieder bergauf gehen würde, überkamen mich erneut Zweifel. Was würde als Nächstes passieren?

Unser erster Gig fand in Hoboken statt. Als Nächstes traten wir im Hurrah und im Tier 3 in Manhattan auf. Danach absolvierten wir noch ein Konzert in Boston. Wir waren nicht gut eingeprobt und spielten auf ungewohnten Instrumenten – keine guten Vorzeichen also. Hooky wusste außerdem nicht, wie er den gemieteten sechssaitigen Bass stimmen sollte, also gab er ihn mir, damit ich es versuchen konnte. Auch ich tat mir schwer: „Irgendetwas stimmt nicht mit diesem Bass, Hooky, die Saiten sind so gespannt. Ich bräuchte eine Schutzbrille und einen Helm, um ihn zu stimmen." Mir rissen Saiten, die mir um die Ohren zischten wie Stahldraht. Irgendwie gelang es uns aber schließlich doch noch, das Ding zu stimmen, gerade rechtzeitig vor einem Konzert. Als er dann auf die Bühne ging, stellte er fest, dass dieser Bass beschissen zu spielen war. Jahre später fand ich heraus, dass es sich gar nicht um einen sechssaitigen Bass gehandelt hatte, sondern um eine Baritongitarre, die man überhaupt ganz anders stimmen musste. Wir hatten das Teil viel zu hoch gestimmt, weshalb sich der Hals wie eine Banane verzog. Er hätte jederzeit nachgeben und knicken können. Für Hooky muss es gewesen sein, als würde er auf einem Eierschneider spielen.

Abgesehen von den Problemen mit unseren Instrumenten machten wir uns auch Sorgen darüber, statt Ian singen zu müssen. Ich betrank mich in der Regel vor den Konzerten, um mich von meinen Gedanken abzulenken. Wir kamen alle an die Reihe, während Rob von der Seite aus zusah und dabei sein Kinn streichelte. Zu unserem Glück war das Publikum jedes Mal toll und sehr verständnisvoll. Nachdem wir die Tour hinter uns gebracht hatten, verkündete Rob, dass ich von nun an der Leadsänger sein sollte. Ich hatte keine Ahnung warum, da wir alle ziemlich gleich schlecht gewesen waren, aber er sagte mir, dass ich den Job fortan machen sollte. Mit einem flauen Gefühl im Magen willigte ich letztlich ein. Ich war nicht gerade begeistert von der Idee, aber ich war bereit, mich der Herausforderung zu stellen.

Meine letzte Erinnerung an diese Tour ist vom Abschlussabend in Boston. Da war dieser Typ, den wir nach der Show trafen. Er meinte, dass ihm unser Gig gefallen hätte und er ein Loft besäße, in dem er uns übernachten lassen würde, wenn wir nicht in derselben Nacht noch zurück nach New York fahren wollten. Er versorgte uns außerdem noch mit Schlafsäcken und so schliefen wir, Band und Crew, auf dem Fußboden dieses alten Fabrikgebäudes. Es war kochend heiß dort, weshalb ich mein Shirt auszog. Ich lag halb im und halb außerhalb meines Schlafsacks, als plötzlich etwas über meinen Brustkorb wuselte. Dann noch einmal, aber in die andere Richtung. Dann konnte ich auch die anderen Sachen wie „Uh, was zum Teufel war das?“ hören. Wir schliefen nicht wirklich tief und konnten am Morgen gar nicht schnell genug von dort verschwinden. Es war einfach abartig, aber hinterher mussten wir alle fest darüber lachen. Es waren entweder riesige Kakerlaken oder möglicherweise Mäuse, aber jedenfalls ging das die ganze Nacht so. Uns wurde sicher nichts geschenkt, so viel war klar.

Nachdem wir lange geduscht hatten, flogen wir nachhause und nahmen *Movement* auf. Die Arbeit an diesem Album erwies sich als Kampf, weil wir alle in einer gedämpften, niedergeschlagenen Stimmung waren, was wohl verständlich war, weil Ians Tod uns immer noch frisch in Erinnerung war. Wir schrieben ungefähr sechs bis acht Monate an neuen Songs, dann begaben wir uns nach London ins Marcus Music, um das Album aufzunehmen. Es war eine seltsame Zeit. Wir arbeiteten die Nächte durch und schliefen tagsüber in einem ziemlich deprimierenden Hotel. London wurde damals von Krawallen heimgesucht. Als diese ihren Höhepunkt erreichten, wurde das Studio von den Mitarbeitern verbarrikadiert – und wir fanden uns vor verschlossenen Türen wieder. Wir waren nur kurz rausgegangen, um ein Sandwich zu essen, und als wir wieder zurückkamen, wollte man uns nicht mehr hineinlassen. Wir hämmerten gegen die Türe und das Mädchen am Empfang hielt uns für Randalierer. Sie hatte eine Mordsangst und war in Tränen aufgelöst. Schlussendlich war es eine rundherum schwierige Erfahrung und anders, als es mit Joy Division gewesen war, da uns etwas abging, das nie wiederkehren würde. Bei Joy Division war alles unkompliziert abgelaufen: Steve spielte seine Drums, Hooky seinen Bass, ich steuerte Gitarre und Keyboard bei und Ian war der Sänger – wir hatten also alle unsere spezifischen Aufgaben. Nun hatte sich die Dynamik komplett verschoben, alles war anders als vorher.

Es fühlte sich ein wenig so an, als säßen wir gemeinsam in einem Auto, in dem die Steuerung nicht hundertprozentig funktionierte. Und die Straßenkarte hatten wir auch verloren. Wir gaben uns Mühe, in die Gänge zu kommen, aber die Atmosphäre im Studio war sehr trübselig. Auch Martins Drogenkonsum lief ein wenig aus dem Ruder. Es fühlte sich einfach nicht richtig an, sondern so, als würden wir immer noch im Schatten von Joy Division stehen. Ich hatte nie zuvor gesungen, weshalb ich mich zuerst an Ians Gesang orientierte, weil das alles war, was ich kannte. Irgendwann fand ich meine eigene Identität als Sänger, aber es brauchte Zeit, bevor ich begriff, dass man dafür man selbst sein muss. Damals war ich nicht ich selbst und klang daher auch nicht so.

Ich habe keine schönen Erinnerungen an *Movement* und es ist alles andere als mein Lieblingsalbum von New Order. Ich hörte es mir, nachdem wir es fertiggestellt hatten, ein oder zwei Mal an und entschied, dass ich es nicht mochte. Mir kam vor, als wären alle Ecken und Kanten abgeschliffen worden – die eigene Identität, die Einzigartigkeit fehlte. Ich vermisste Ian und seine Abwesenheit war mir während des gesamten Aufnahmeprozesses sehr bewusst gewesen.

Ich fühlte mich auch deshalb schlecht, weil ich anfing zu glauben, dass wir den Erwartungen der Leute nie gerecht werden könnten. Meiner Überzeugung nach mussten wir nach vorne schauen und unsere eigene

Identität etablieren. Mir erschien das der einzig ehrliche Ansatz zu sein. In diesen ersten Monaten nach Ians Ableben klammerten wir uns immer noch fest an ihn. Er war wie eine Krücke, auf der wir uns abstützen konnten. Man sollte dabei im Kopf behalten, dass man uns dort, von wo wir herkamen, eingetrichtert hatte, dass wir keine Zukunft hätten, unsere Karriereaussichten gleich Null wären und wir daher alles einfach hinnehmen und glücklich damit sein sollten. Wir hatten das widerlegt, indem wir eine erfolgreiche Band gegründet hatten. Somit hatten wir das System bis zu einem gewissen Grad besiegt. Nun wollte ich auch weiterhin gegen das System kämpfen und es auch überwinden.

Trotzdem hatte ich letzten Endes das Gefühl, dass *Movement* zu düster geraten war und wir mit diesem Sound nicht länger fortbestehen würden können. Andererseits war eines der guten Dinge, die sich in dieser Phase ergaben, dass wir herumreisten und unterschiedliche Orte kennenlernten, vor allem New York, wo wir viel Zeit verbrachten. Wir trafen dort viele unglaubliche Menschen, darunter auch ein junges jüdisches Mädchen namens Ruth Polsky, eine unabhängige Konzertveranstalterin, die die Tour mit Joy Division organisiert hatte, auf die wir gehen hätten sollen, als Ian starb. Sie war auch die Königin der New Yorker Clubszene.

Als wir im Herbst 1980 endlich doch noch in den Staaten ankamen, verstanden wir uns gleich wirklich gut mit ihr. Sie durchschaute innerhalb der ersten Minute, dass wir gar nicht diese ernsten jungen Männer waren, die mit Büchern von Dostojewski und Nietzsche unterm Arm durch die Gegend rannten, sondern lebenslustige Jungs mit einer gesunden hedonistischen Ader. In Manhattan gingen wir jeden Abend nach der Arbeit im Studio aus und sie nahm uns mit in die besten Clubs der Stadt: Danceteria, Peppermint Lounge, Mudd Club, Area, Tunnel, Palladium – wo auch immer gerade die Post abging. Auch wenn sie sich gerade nicht „im Dienst" befand, schloss sie sich uns an. In den Clubs kannte sie jeden und egal, wo wir auch hingingen, organisierte Ruth uns einen Stapel Getränkegutscheine.

So kamen wir in Kontakt mit einer völlig anderen Club-Mentalität, als wir sie von zuhause kannten, wo Jazz-Funk und Sixties-Abende den Ton angaben und es hieß: „Sorry, Kumpel, aber mit diesen Turnschuhen kommst du hier nicht rein." Bei uns waren die Clubs spießig und steif, es lief altmodische Musik und die Locations waren am ehesten zum Knutschen entworfen worden. Im Pips in Manchester hing immer eine Meute von Bryan-Ferry-Epigonen und David-Bowie-Möchtegerns ab. Es wirkte alles eher gekünstelt und gestellt. Im Gegensatz dazu waren die Leute in New York sie selbst. In den Clubs lief gute, interessante, coole Musik und alle möglichen Leute trafen aufeinander. Die DJs spielten Sachen wie „Rock The Casbah" von The Clash und Soft Cells „Tainted Love" und mischten Zeug aus New York dazu, etwa frühe Rapper wie Kurtis Blow, Musik des Labels Sugar Hill Records, Sharon Redd oder Chic –Musik, die man dort drüben auch auf dem großen lokalen Radiosender Kiss FM zu hören bekam. Es war ein gesunder, eklektischer Mix und man wäre auch eingelassen worden, wenn man ein Paar Bananenschalen an den Füßen getragen hätte, weil es keinen scherte, wie man aussah. Jeder war total freundlich und entspannt, wir trafen viele nette Leute und hatten eine tolle Zeit. Tatsächlich fühlten wir uns, als wären wir auf einem konstruktiven Kultur-Trip, bei dem wir außerdem aufgrund unseres niedlichen englischen Akzents einen entscheidenden Vorteil bei den Ladys genossen. Sogar unsere raue, nordenglische Variante davon machte sich bezahlt. Es war einfach aufregend, dort zu sein. New York war – und ist auch weiterhin – eine phänomenale Stadt, in der man einem coolen Lifestyle frönen und viel Spaß haben kann. Vermutlich keinen guten, *sauberen* Spaß, aber immerhin.

Ich freundete mich während unseres Aufenthalts gut mit Frank Callari an. Er war ein DJ, der später Acts wie Ryan Adams und Marilyn Manson als Manager betreuen würde. Leider ist er inzwischen schon verstorben. Er war ein großer, warmherziger Mann, der uns einmal sogar auf Tour begleitete. Er schickte mir Kassetten von den New Yorker Radiosendern, neben dem das englische Radio dieser Tage mehr als nur blass aussah. Damals gab es nämlich zum Beispiel keine auf Tanzmusik spezialisierten Sender in England. Er ließ mir Tapes von ebensolchen amerikanischen Stationen zukommen und sie waren einfach der Hammer, ein echte musikalische Offenbarung. Auch in Berlin hatte ich einen Freund, Mark Reeder. Ihm gehörte ein Label für Trance und elektronische Musik namens MFS, was für „Masterminded For Success" stand. Zu dieser Zeit war Mark auch Factorys Mann in Deutschland. Er stammte aus Manchester, war aber in den Siebzigerjahren nach Berlin gezogen. Nun schickte er mir Twelve-Inch-Schallplatten mit Dance-Zeug aus ganz Europa. Mark ist immer noch ein guter Freund und seine Geschichte ist ziemlich faszinierend. Er produzierte vor dem Mauerfall das letzte Album, das auf dem alten DDR-Label Amiga herauskam, und gründete 1990 MFS – die Initialen können dabei auch für „Ministerium für Staatssicherheit", also für die Stasi, stehen. Ein ziemlicher Punkrock-Ansatz, wenn man sich das genauer überlegt.

Ich hörte mir also Franks Mixtapes und Marks Schallplatten an, die – in Kombination mit den New Yorker Clubs – einen großen Einfluss auf mich ausüben sollten. Allerdings begriff ich das erst viel später: Soweit es mich betraf, hatte ich einfach nur eine gute Zeit, aber das alles hinterließ offensichtlich einen deutlichen Eindruck. Für uns alle klang New York nach der Zukunft, wohingegen Manchester zu jener Zeit nach der Vergangenheit klang. Während Manchester eine Zwangsjacke trug, war die Musik in New York ungebunden und frei. Auch in London entstand eine lebhaftere Club-Kultur. Dort führte uns – ein bisschen so wie Ruth Polsky in New York – Kevin Millins, damals wie heute ein Verbündeter der Band, durch die hiesigen Clubs: Heaven, Taboo, The Black Hole und andere Etablissements und Kneipen in Soho und Konsorten. Kevin hatte schon ein paar der frühen Gigs von Joy Division organisiert und ist seitdem unser Freund und maliziöser Mentor.

Es war eine tolle Zeit. Alles, was jetzt noch passieren musste, war, dass diese Einflüsse ihren Weg in die Musik fanden, die wir nach dem Ende von Joy Division machten.

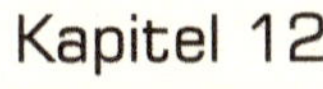

Wiederauferstehung

Wir wussten, dass ein neuer Name essenziell sein würde, wenn wir uns erfolgreich von Joy Division lösen wollten. Einen geeigneten Namen zu finden, ist für jede Band ein schweres Unterfangen: Einerseits ist es ja nur ein Begriff, mit dem man sich eine Identität zu schaffen versucht, aber andererseits muss man in manchen Fällen sehr lange mit ihm leben können – so wie wir das bereits seit über 30 Jahren tun. Deshalb sollte man eine gute Entscheidung treffen. Wir bemühten uns, etwas Effektives, das uns alle ansprach, zu finden, bis Rob eines Tages einen Artikel im *Guardian* las, der beschrieb, wie nach dem Fall der Roten Khmer in Kambodscha eine *Neuordnung* etabliert worden war. Er sah von seiner Zeitung auf und fragte in die Runde: „Jungs, wie wäre es mit *New Order*?"

Wir ließen uns den Namen kurz durch den Kopf gehen. Er war nicht übel.

„Eines steht fest", fuhr er fort, „wir wollen nicht schon wieder einen Namen, der faschistische Assoziationen weckt, nachdem wir solche Scherereien wegen ‚Joy Division' gehabt haben. *New Order*. Das ist völlig neutral."

Ähem.

Wir hatten tatsächlich absolut keine Ahnung von der Verknüpfung zwischen Hitler und dem Begriff „Neuordnung". Wir spitzten die Lippen, nickten und stimmten zu. Der neue Name versprühte ein ähnliches Flair wie „Joy Division" und war in jedem Fall passend. Also entschieden wir uns dafür.

Selbstverständlich sagte jeder, sobald wir damit an die Öffentlichkeit gingen: „Jetzt geht das schon wieder los! Sie sind nichts als ein Haufen verflixter Faschisten! Warum nennen sie sich nicht gleich Third Reich?" Vor ein paar Jahren gab es sogar einmal einen Comicstrip im Magazin *Viz*, in dem eine Band dieses Namens im Rahmen einer TV-Show in der Art von *Top of the Pops* mit ihrer neuen Single „Blue Sunday" angekündigt wurde …

Wir hatten uns wieder einmal ins Fettnäpfchen gesetzt. Katastrophen solchen Ausmaßes schienen bei uns langsam in Serie zu gehen. Allerdings beschlossen wir, den Namen beizubehalten: Wir waren ja keine Faschisten und traten zu jener Zeit sogar bei Rock Against Racism auf – worüber natürlich niemand auch nur ein Wort schreiben wollte. Auf alles drauf geschissen, dachten wir uns. Scheiß auf die Welt, wir tun, was wir tun wollen. New Order heißen wir und aus. Basta.

Ein Puzzlestück fehlte allerdings noch. Als wir beschlossen, dass ich künftig den Gesang übernehmen würde, befiel mich das Gefühl, dass ich nicht gleichzeitig singen und Gitarre spielen könnte. Nun, eigentlich war ich einfach nur kein Sänger – Punkt. Ich hatte gerade erst gelernt, Gitarre zu spielen, weshalb mich die Anforderung, jetzt auf einmal diese beiden Dinge kombinieren zu müssen, schlichtweg überforderte. Bei einem Gig mit Joy Division im Eric's in Liverpool war es einst zu einem Zwischenfall gekommen, bei dem wir zuerst in der Garderobe herumgeblödelt hatten und die Situation schließlich ein wenig außer Kontrolle geriet, als Rob eine Flasche in meine Richtung schleuderte. Sie zersplitterte und ich zog mir einen tiefen Schnitt im Finger zu – das alles ungefähr eine Minute vor unserem Auftritt. Wir gingen auf die Bühne und meine Gitarre und mein Shirt waren voller Blut. Es war offensichtlich, dass ich zumindest ein Heftpflaster bräuchte. An diesem Abend war Steves Freundin Gillian im Publikum. Getroffen hatte er sie, als ihre eigene Band, The Inadequates, bei uns in der Nähe geprobt hatte. Ich zischte jedenfalls: „Gillian kann doch Gitarre spielen, oder? Bringt sie mal eben für einen Song her, während ich mich verarzten lasse." Also geschah Folgendes: Gillian kletterte auf die Bühne und vertrat mich für einen Song an der Gitarre, während mein Finger zusammengeflickt wurde.

Als augenscheinlich wurde, dass ich Probleme dabei hatte, gleichzeitig zu singen und Gitarre zu spielen, beriefen wir ein Meeting ein und beschlossen, dass wir jemanden anheuern sollten, der Abhilfe leisten würde können. Als wir uns an den Vorfall in Liverpool erinnerten, fiel prompt Gillians Name. Wer sie vorschlug, weiß ich nicht mehr, aber wahrscheinlich Rob. Da sie seinerzeit eingesprungen und gut mit der Situation umgegangen war, schien das eine vernünftige Lösung zu sein. Das war definitiv unkomplizierter als das Brimborium, das wir veranstalten hätten müssen, um jemand komplett Neuen zu finden. Außerdem passte sie von ihrer Persönlichkeit gut zu uns, was nicht unwichtig war. Wir fragten sie also, ob sie Interesse hätte. Sie hatte. Und so wurde Gillian Gilbert Mitglied von New Order, was für mich bedeutete, dass ich mich auf meine Rolle als Sänger konzentrieren würde können.

Sie tat sich anfangs ein wenig schwer, aber sie wurde bald besser und besser. Die Gitarrenparts, die ich schrieb, waren ziemlich aggressiv, wohingegen Gillians Spielstil das eigentlich nicht ist. Es war, als ob man einen männlichen Gesangspart mit einer Frauenstimme besetzen würde. Es war nicht leicht für sie, in meine Rolle zu schlüpfen, meine Denkweise zu verstehen und die Parts, die ich schrieb, zu interpretieren. Das hätte jeden vor eine schwere Aufgabe gestellt. Schließlich musste sie auch noch lernen, wie man Keyboard spielte – und das vor drei Typen, drei sehr *typischen* Typen, die, nun ja, eben Typen waren …

Wir hatten uns also auf eine Besetzung und einen Namen geeinigt. Jetzt waren wir gefordert, die Musik voranzutreiben. Der New-York-Einfluss spielte dabei eine wichtige Rolle, keine Frage, aber auch zuhause in Großbritannien, in London um genau zu sein, gab es ein paar Clubs, in denen guter Sound lief, und so kamen wir genau zur richtigen Zeit mit neuen Musikstilen in Berührung. In den paar kurzen Jahren mit Joy Division hatten wir einige düstere und extreme Sachen gespielt. Meiner Meinung nach gingen wir mit diesem Sound so weit, wie man eben gehen kann, und uns war klar, dass wir damit nicht ewig fortfahren würden können. In dieser Hinsicht verhielt es sich ähnlich wie mit Punk, wo bei jeder Nummer einfach schonungslos drei, vielleicht vier Akkorde heruntergedroschen wurden. Das war ja auch absolut großartig, man sah sich diese Bands an und auf der Bühne und davor war diese ungeheure Energie spürbar. Aber nach ein paar Jahren war das Ende der Fahnenstange schließlich erreicht. Es war gesagt, was gesagt werden musste, und Punk steckte in einer Sackgasse, bevor er sich anschließend in etwas anderes verwandelte. Der Erfolg von Joy Division ließ darauf schließen, dass wir etwas Einzigartiges und Neues geschaffen hatten. Aber so wie Punk hatte auch dieser Ethos und dieser Sound seine Grenzen. Zum einen war unsere Musik unglaublich düster und kalt geworden, es ging eigentlich gar nicht noch düsterer und kälter. Zum anderen war Ian nicht mehr bei uns.

Wir gelangten zur richtigen Zeit an einen entscheidenden Wendepunkt und erlebten so diesen außergewöhnlichen Zeitgeist in New York und kamen durch Leute wie Mark Reeder, Frank Callari und Ruth Polsky in Kontakt mit frischen Einflüssen aus Europa und den USA. Ich kann mich noch sehr genau daran erinnern, wie ich eines Nachts gegen drei oder vier Uhr früh in einem New Yorker Club darüber nachdachte, wie toll es wäre, Musik zu machen, elektronische Musik nämlich, die in einem dieser Läden gespielt werden könnte.

Ich hatte bereits in den Tagen von Joy Division begonnen, mich für elektronische Musik zu interessieren. Als Band standen wir auf Kraftwerk und die Intensität, die sie auszeichnete. Wir ließen vor unseren Konzerten sogar „Trans-Europe Express" über das Soundsystem laufen. Aber wir mochten auch Disco-Scheiben von Leuten wie Donna Summer oder Giorgio Moroder, einfach alles, was einen neuen Sound hatte und sich innovativ und vorwärtsgewandt anfühlte. Nichtsdestotrotz liebten wir natürlich immer noch Gitarren: die Velvets, Lou Reed, David Bowie, Neil Young und Iggy Pop. Nachdem wir Ian zum Sänger unserer Band gemacht hatten, besuchte ich ihn zum ersten Mal bei ihm zuhause. Er legte eine Platte auf und sagte zu mir: „Zieh dir verdammt noch mal *das* rein." Es war „China Girl" von Iggy Pop, ein Song, der auf dem Album *The Idiot* zu finden ist. Er sagte, dass die Platte gerade erst an diesem Tag erschienen sei. Ich war hin und weg. Iggy und seine Musik waren mir bis dahin unbekannt gewesen und ich fand sie phänomenal. Und dann gab es da natürlich auch noch all das Zeug aus meinen Jugendclub-Tagen: die Stones, Free, Fleetwood Mac, Santana, Led Zep, The Kinks. Dann veröffentlichte Bowie eine Trilogie von Alben, die er in Berlin aufgenommen hatte, die eine kühle Strenge aufwiesen. Das war etwas, wozu wir einen Bezug zum Leben in Manchester, einer bezüglich ihres Vibes sehr ähnlichen Stadt, herstellen konnten. Wir mochten auch die B-Seiten von

„Heroes“ und „Low“, elektronische Stücke, die er mithilfe Brian Enos aufgenommen hatte. Ich *liebte* sie sogar. Das war eine ganz neue Art von Musik für mich, eine, die die Dinge vorantrieb, die in die Zukunft und nicht in die Vergangenheit blickte.

All diese Einflüsse verschmolzen ungefähr zur selben Zeit, als das Equipment, das notwendig war, um sie in die Praxis umzusetzen, verfügbar wurde. Ich hatte schon bei Joy Division gelegentlich gemeinsam mit Martin Hannett mit Synthesizern herumexperimentiert und hatte selbst einen Streichinstrumente-Synthie, einen ARP Omni II, den ich mir zugelegt hatte, weil mir gefiel, wie er aussah. Wie er klang, war mir eigentlich egal. Wie sich herausstellte, handelte es sich dabei eben um einen Synthesizer, der Streichinstrumente simulierte, was ein glücklicher Zufall war, weil ich genau so einen wollte. Außerdem war es der einzig leistbare dieser Art, auf dem man mehr als eine Note auf einmal spielten konnte. Die meisten Synthies dieser Zeit waren super-teuer und weit außerhalb meiner finanziellen Reichweite, aber eines Tages sah ich auf dem Titelblatt eines Magazins namens *Electronics Today* ein Bild von einem Synthesizer mitsamt dem Schriftzug „Baue dir selbst einen für 50 Pfund“. Ich kaufte die Zeitschrift sowie die Bauteile und bastelte drei Monate lang bis spät in die Nacht hinein an meinem Transcendent 2000. Üblicherweise schaute ich nebenher irgendeinen Film, Sachen wie *2001: Odyssee im Weltraum* oder *Clockwork Orange* oder einen Streifen aus den Vierzigerjahren. Ich liebte die Filme von Powell und Pressburger. Es waren Filme, bei denen ich den Ton abdrehen konnte und die mich zu nachtschlafender Stunde neben meiner Arbeit und der Musik, die ich im Hintergrund laufen ließ, mit einer großartigen visuellen Komponente versorgten.

Ich arbeitete auch viel mit Martin Usher zusammen, jenem Tüftler, den mir Martin Hannett vorgestellt hatte, als er während der Sessions zu *Unknown Pleasures* vorbeigekommen war, um meinen Gitarrenverstärker zu reparieren. Jedes Mal, wenn ich irgendein technisches Problem hatte, wandte ich mich an ihn. Abgesehen von den guten Ratschlägen, die er mir gab, versorgte er mich außerdem noch mit Informationen zu den neuesten Entwicklungen in der Welt der Mikrochips. Er selbst interessierte sich gar nicht für elektronische Musik – Straßenbahnen waren viel mehr sein Ding –, aber trotzdem war er der erste gewesen, der mir von Samplern erzählt hatte. Ich erinnere mich noch deutlich daran, dass er zu mir sagte: „Da gibt es jetzt diese neue Sache namens Sampler, vielleicht sollten wir einen bauen." Ich wollte daraufhin wissen, worum es sich dabei handle, und es stellte sich heraus, dass es eine Art Weiterentwicklung dessen war, was ich schon während des Entstehungsprozesses von *Unknown Pleasures* eingesetzt hatte, diesem kruden, sehr simplen Sampler. Die Technologie war zu diesem Zeitpunkt bereits fortgeschritten, aber generell waren Sampler nur an Universitäten und in Laboratorien verfügbar. Martin berichtete mir auch von diesen sensationellen kleinen Dingern, sogenannten Floppy Disks, einer revolutionären Innovation, mit deren Hilfe sich die Sounds, die man geschaffen hatte, speichern und wiederverwenden ließen. Zuvor war in dem Moment, in dem man den Apparat abdrehte, alles verlorengegangen, aber Martin weihte mich ein, dass man mithilfe dieser Floppy Disks auch später noch auf die gespeicherten Sounds zurückgreifen könnte. So sähe die Zukunft aus, teilte er mir mit, und erklärte mir, dass es zunächst 8-Bit-Sampler gäbe, die wie Langwellenradio klingen würden, es dann bald 12-Bit-Sampler, die wie Mittelwellenradio klängen, beziehungsweise 18- und 24-Bit-Sampler, die an FM-Radio erinnern würden, geben würde. Martin machte mir wirklich den Mund wässrig in Bezug auf die ganzen technologischen Neuerungen, die sich am Horizont abzuzeichnen begannen. Martin nahm nie Geld für seine Hilfe, aber wir revanchierten uns gelegentlich auf andere Art. Einmal wohnte etwa seltsamerweise ein Hells Angel samt seinem Motorrad in Martins Keller, und da dieser Typ eine ausgeprägte Vorliebe für LSD hatte, bat uns Martin um eine milde Gabe für ihn.

Trotz all dieser Entwicklungen kam der erste Dance-Track, den wir mit New Order aufnahmen, eher durch einen glücklichen Zufall zustande. Im Sommer 1981 begaben wir uns ins Marcus Music in London. Steve fand dort einen Oberheim-Synthesizer und versuchte, einen Drumcomputer daran zu koppeln. Wie das Glück es wollte, ergab sich dadurch ein Rhythmus, der perfekt zum Schlagzeug passte. Es klang großartig – wie Giorgio Moroder, aber zu einem Bruchteil des Geldes, das wir in eine Zusammenarbeit mit ihm hätten investieren müssen! Heute mag das vielleicht trivial wirken, aber damals gab es nicht viele Synthies, die so etwas konnten: Üblicherweise musste man sie wie ein herkömmliches Instrument von Hand oder mittels eines primitiven, aber teuren Sequencers bedienen. Mit diesem kleinen Oberheim konnte man jedoch die Tonlage eines Keyboards mit dem Rhythmus eines Drumcomputers kombinieren.

Wir gingen damit zu Martin Hannett. Als Erstes setzte er Steve hinter sein Schlagzeug und ließ ihn eine Spur mit Live-Drums einspielen. Ich fragte ihn, wie wir den Synthesizer vom Schlagzeug ausgehend triggern würden, woraufhin er meinte, dass der VU-Meter des Bandgeräts einen Testausgang hätte, der Spannung erzeugte. Wir verbanden also die Spur des Hi-Hat-Beckens mittels eines Kabels mit dem Synthesizer – und es funktionierte tatsächlich. Nach ungefähr 32 Takten begann das Ganze schließlich nicht mehr synchron zu verlaufen, aber da ließen wir die Maschine einfach wieder von vorne laufen. Damals arbeiteten wir ohne Sequencer: Musikcomputer waren einfach nicht verfügbar und es gab kein MIDI, was ein Code ist, der Synthesizern ermöglicht, miteinander zu kommunizieren. Nichts von alldem war bereits erfunden, weshalb sich bei uns alles um Zünd- und Steuerspannung drehte. Das war alles andere als perfekt – das Keyboard konnte etwa die Tonlage nicht halten –, aber irgendwie haute es hin und so entstand schließlich „Everything's Gone Green", unser erster unverbindlicher Schritt in Richtung elektronischer Tanzmusik. Eine massive Nebenwirkung von alldem war allerdings, dass dieser Song auch das Ende unserer Zusammenarbeit mit Martin Hannett markieren sollte. Als wir „Everything's Gone Green" gemeinsam fertiggestellt hatten, fanden wir die Nummer alle großartig, vor allem diese großen, mächtigen Drums hinter diesem Synthie-Sound, der munter – „dschigga, dschigga, dschigga" – vor sich hin pulsierte. Es hörte sich nach Zukunft an. Am allerbesten aber war, dass es *aggressiv* klang, als ob dir jemand ins Gesicht trat. Als es jedoch daran ging, den Song abzumischen, ließ Martin alles wieder fragil und ätherisch klingen. Ich weiß noch, dass Hooky und ich im Kontrollraum auf einer langen Bank ganz hinten saßen. Martin wollte uns nicht dabei haben, weshalb er uns erzählte, dass der Tontechniker Diabetes hätte und deswegen die Temperatur im Studio niedrig gehalten werden müsse, um ihn wachzuhalten. Er versuchte uns förmlich aus dem Studio hinauszufrieren. Die Belüftung der Klimaanlage befand sich genau über uns und er wusste das. Wir bissen aber so gut es ging die Zähne zusammen. Ich flüsterte Hooky zu: „Der Drumcomputer muss lauter sein, sag du es ihm." Das tat er dann auch. Martin verzog daraufhin das Gesicht und tat genau gar nichts. Nach zehn Minuten oder so schaltete ich mich auch noch ein, um ihn zu zweit dazu zu bewegen, die Aggressivität des Sounds zu erhalten. Irgendwann hatte er dann die Schnauze voll, stand auf und sagte: „Gut, dann macht es doch selbst." Also taten wir das letzten Endes auch. Chris Nagel, der Tontechniker, meinte: „Was macht ihr nur? Ihr habt doch keine Ahnung!" Damit lag er richtig, wir hatten ja wirklich keinen blassen Schimmer, aber wenn man sich nicht getraut, etwas zu versuchen, wie soll man dann jemals Kenntnisse von etwas erlangen? Wir waren Musiker, wir hatten den verdammten Song geschrieben und wussten auch, wie er zu klingen hatte. Und so mischten wir „Everything's Gone Green" selbst und wurden uns gleichzeitig bewusst, dass wir genug davon hatten, uns mit Martin herumstreiten zu müssen. Einerseits war er im Studio stets ein Katalysator und sehr inspirierend gewesen, andererseits jedoch mischte er unsere Schallplatten auf eine Art, die meiner Meinung nach den Sound der Band nicht akkurat wiedergab. Gelegentlich hat er den Nagel aber auch auf den Kopf getroffen. Einer von Martins Mixes, der mir gefiel, war Joy Divisions „Atmosphere". Tatsächlich wird aber immer noch diskutiert, wer den Song wirklich aufgenommen und gemixt hat. Wir nahmen die Nummer im Cargo Studio in Rochdale auf. Das Studio wurde von einem Typen namens John Brierly betrieben, der uns billig oder überhaupt umsonst dort arbeiten ließ, da er angenommen hatte, dass er uns produzieren dürfte. Wir kreuzten also in seinem Studio auf, gefolgt von Rob und schließlich noch Tony und Martin. Es gab eine große Debatte bezüglich des offensichtlichen Missverständnisses. Während im Kontrollraum also gestritten wurde, schrieben wir „Atmosphere". Genau an jenem Tag, vor Ort im Studio. Ich glaube, dass der Kompromiss, der schließlich erzielt wurde, darin bestand, dass John als Tontechniker fungierte, während Martin produzierte. Allerdings veränderte sich „Atmosphere" nicht großartig durch die Produktion. Martin ergänzte diesen flirrenden, klingelnden Sound beim Refrain, der fantastisch klingt, aber im Grunde genommen war alles sehr gut eingestellt und auf den Sound, den wir wollten, ausgerichtet. Wir nahmen auf einem 16-Spuren-Gerät mit 2-Zoll-Röhren auf, was der Sache einen richtig fetten Sound verlieh. Allerdings denke ich, dass mittlerweile ein Remastering überfällig wäre.

Zu jener Zeit hatten Leute bereits seit vielen Jahren mit elektronischer Musik experimentiert, in der Regel an Universitäten und in Laboratorien, wobei Tonspuren beschleunigt und verlangsamt beziehungsweise zusammenhangslos aneinandergereiht wurden, um sehr abstrakte Avantgarde-Musik zu kreieren. Diese Menschen waren echte Pioniere und ihr Vermächtnis steckte in den Samplern und Synthesizern, die in den frühen Achtzigerjahren auf den Markt kamen. Neben anderen Dingen konnte man damit auch Sounds, die im Studio entstanden waren, in ein Live-Konzert einbauen. Ich fand die riesige Palette von Möglichkeiten, die ein Synthesizer auf Lager hatte und die einem diese Art der Manipulation von Sound ermöglichte, höchst interessant – und es war genau dieses Interesse, das für viele der musikalischen Ideen, die wir mit New Order umsetzen sollten, Pate stand.

Der Emulator 1 war ein früher Sampler, mit dem man musikalische Versatzstücke verformen konnte. Die Hersteller gaben sich zu Beginn so exklusiv, dass man mit ihnen zuerst einen Termin in ihrem Londoner Shop ausmachen musste, wenn man das Gerät auch nur ausprobieren wollte, weshalb wir in den Süden pilgerten, damit wir uns das Ding aus der Nähe ansehen konnten. Um uns zu demonstrieren, wozu der Emulator 1 imstande war, sampelten die Hersteller das Wummern eines Harley-Davidson-Motors, wovon besonders Rob beeindruckt war. Wenn man auf eine Taste drückte, erklang statt eines konventionellen Pianos das Geräusch einer Harley aus den Lautsprechern. Rob konnte es gar nicht fassen, als hätte er es mit einer Art Hexenzauber zu tun. Er sah das Ding an und sagte: „Wie zur Hölle funktioniert das?"

Sie zeigten uns auch gerne all ihre anderen Synthesizer – PPG Wave Synthies, echt gute, neue Digitaltechnologie, die noch in den Kinderschuhen steckte –, doch Rob wollte immer wieder zurück zum Emulator 1, um Motorradgeräusche zu machen. Letzten Endes überredete er uns genau aus diesem Grund, das Gerät zu kaufen, aber es sollte sich auch tatsächlich als gute Investition erweisen. Wir verwendeten ihn etwa bei „Blue Monday" für ein paar der Streicher-Sounds und man konnte damit alles, was man wollte, aufnehmen, und dann als Sample einsetzen. Es machte alles viel einfacher. Der Vorgänger dieses Apparats war das Mellotron, das ähnliche Dinge konnte, aber sich einer Reihe von Tonspuren bediente, die mittels einer Feder wieder aufgezogen wurden. Wenn man auf dem Keyboard eine Taste anschlug, wurde ein Stück Viertelzoll-Tonband über einen Wiedergabekopf gezogen. Das alles war sehr primitiv, aber lieferte einen wunderbaren, abgefuckten Sound. Wenn man das Ding allerdings auf Tour mitnehmen wollte, benötigte man ein ganzes Team von Technikern, nur um sicherzustellen, dass es auch gestimmt bliebe. Da war der Emulator 1 viel pflegeleichter.

Während ich angesichts dieser unglaublichen Technologie fasziniert und begeistert war, herrschte anfangs innerhalb der restlichen Band eine gewisse Skepsis. Ich glaube, dass Steve sich zu Beginn von den Drumcomputern bedroht fühlte. Hooky andererseits interessierte sich einfach nicht sonderlich für Keyboards oder diese Art von Musik. Steve fand die Angelegenheit letztlich aber mindestens so faszinierend wie bedrohlich und sollte sich, nachdem klar wurde, dass wir die elektronischen Drums zusätzlich zu seinem Schlagzeug einsetzen würden, vollends damit anfreunden.

Ich muss gestehen, dass ich am Anfang ein wenig über die Stränge schlug. Die Möglichkeiten dieser Technologie waren so verführerisch, dass ich sogar versuchte, die Jungs davon zu überzeugen, sich von ihren echten Instrumenten abzuwenden und sich gänzlich der elektronischen Musik zuzuwenden, was einfach nur falsch von mir war – und die anderen waren offensichtlich auch nicht wirklich willens, diesen speziellen Weg einzuschlagen. Dies hatte schließlich zur Folge, dass wir eine Hybrid-Band wurden: nicht rein elektronisch, sondern eine Mischung aus elektronischen und gitarrenbasierten Tracks, was sich als erfolgreiche Kombination erweisen sollte.

Schon bald begannen wir kommerzielle Erfolge zu feiern, vor allem in Amerika, und es schien, als hätten wir den richtigen Sound zur richtigen Zeit entwickelt. Wir fingen an, mehr elektronische Songs zu schreiben, etwa „Bizarre Love Triangle". Die Leute kapierten, was wir taten, und wir starteten richtig durch. Amerika war dabei ein ausgezeichnetes Barometer: Dort, wo wir zuerst vor 400 Leuten gespielt hatten, kamen auf einmal 1.500, dann 2.000, und jedes Mal, wenn wir zurückkehrten, kamen noch mehr Leute, bis wir plötzlich vor 20.000, 30.000 Menschen auftraten. 1986 wurden drei unserer Songs, nämlich „Thieves Like Us", „Elegia" und „Shellshock", für *Pretty In Pink* verwendet. Der Film stammte vom selben Autor wie *Der Frühstücksclub*, John Hughes, was dabei half, unseren Marktwert in Amerika zu steigern. Wir wurden vom College-Radio rauf und runter gespielt, unsere Konzerte kamen gut an und unser Publikum verdoppelte sich unterm Strich jedes Mal, wenn wir in die USA zurückkehrten, bis wir eben vor riesigen Menschenmengen auftraten.

Ich befand mich nun in einer Zwickmühle, nicht unähnlich jener, in der Ian gesteckt hatte. Zwar wurde der Traum, Erfolg zu haben, wahr, aber ich war mir nicht ganz sicher, ob ich mich dabei wohl fühlte. Außerdem war es nie mein Wunsch gewesen, Sänger zu sein, und doch war ich nun der Frontmann einer Band, die Konzerte vor 30.000 Menschen spielte. Ich hatte nicht wirklich mit dieser raschen Wandlung von einer hoch angesehenen Kultband zu einer international kommerziell erfolgreichen Gruppe gerechnet. Ich wollte nie ein Teil des Mainstreams sein, jedoch waren wir nun genau das, wobei sich der zusätzliche Druck, Erwartungen erfüllen zu müssen, sich in erster Linie auf mich, den einigermaßen unfreiwilligen Bandleader richtete. Ich kann doch nicht einmal richtig singen, dachte ich mir. Schließlich hatte ich keine Gesangsausbildung und noch nicht einmal mit einem Produzenten gearbeitet, der mir gesagt hätte, wenn ich etwas falsch machte. So begann ich, vor den Gigs viel zu viel zu trinken. Nachher fühlte ich mich erleichtert und trank noch mehr. Es war, als wäre ich ins kalte Wasser geworfen worden, und ich wusste nicht, was ich von diesem Erfolg halten sollte. Natürlich hatte die Sache auch ihre Vorteile, allerdings machte ich mir Gedanken darüber, dass mit dem Erfolg auch mehr Verantwortung einhergehen würde. Es erschien mir alles ein wenig zu sehr wie ein gewöhnlicher Job. Und eigentlich wollte ich keinen gewöhnlichen Job, immerhin war ich Musiker geworden, um genau das zu vermeiden. Aber wer hat gesagt, dass das Leben ein Kinderspiel sei? Die meisten Menschen haben es viel, viel schwerer als das, worüber ich mich gerade beschwert habe. Mit der Zeit begriff ich das und fing an, die Aufgabe, ein ordentlicher Sänger zu werden, anzunehmen und zu genießen. Außerdem wollte ich lernen, Songtexte zu verfassen, die nicht nur aus Nonsens bestanden, weil meine Lyrics anfangs tatsächlich nichts anderes waren. Das stellte eine massive Herausforderung dar und war voller Widersprüchlichkeiten, doch mitunter war es auch enorm vergnüglich.

Wir machten also weiterhin Musik und experimentierten. Dabei schufen wir einen Track, der unseren Status über alle Erwartungen hinweg steigern sollte.

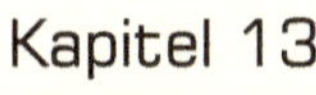

Kapitel 13

Auf Umwegen zum Erfolg

„Blue Monday" spielte für den Aufstieg von elektronischer Musik eine Schlüsselrolle. Ich hatte Lernen in der Schule nicht besonders interessant gefunden, aber dafür fand ich es jetzt umso fesselnder, zu erlernen, wie man Musik – und in erster Linie elektronische Musik – machte, weil es etwas war, das ich mir selbst beibringen konnte. „Blue Monday" bildete schließlich den Zenit dieses Lernprozesses und war gleichzeitig als meistverkaufte Twelve-Inch-Single aller Zeiten auch unser kommerzieller Höhepunkt.

Ich hatte das Gefühl, dass es sinnlos wäre, all dieses neue Equipment anzuhäufen, solange ich nichts Einzigartiges damit erschaffen würde. Wie weit könnten wir damit gehen? Wo lagen die Grenzen des Machbaren? Könnten wir sie noch ein wenig nach hinten verschieben? Indem wir alle unsere neuen Technologiekenntnisse mit den neuen Sounds aus New York und auf den Tapes und Schallplatten, die mir geschickt worden waren, vermengten, ergab sich die berauschende Kombination, aus der schließlich „Blue Monday" wurde.

Einer der Faktoren war dabei der Beat, den ich zum ersten Mal auf einem Gig gehört hatte, als der für den Live-Sound zuständige Mischer mit einem Echogerät herumspielte und – entweder gewollt oder unabsichtlich – für ein paar Sekunden dem Drumbeat etwas Spezielles hinzugefügt hatte. Später hörte ich ihn auch auf einem Song von Donna Summer, „Our Love", und wunderte mich, was sonst noch damit möglich sein würde.

Wir hatten außerdem einen brandneuen Schlagzeugcomputer, den Oberheim DMX, der gerade erst auf den Markt gekommen war, und verbanden ihn mit einem kleinen Sequencer, einem Powertran 1024 Composer, den ich zusammengebaut hatte. Ich bat Steve, den Beat zu programmieren, und er ergänzte noch ein paar Drum-Fills und zusätzliche Parts, während ich mir eine Bassline ausdachte. Mir ging dabei gerade „You Make Me Feel (Mighty Real)“ von Sylvester im Kopf herum, weshalb ich mich davon zu jener simplen Bassline, die den Song stützt, inspirieren ließ. Dann nahmen Steve und ich noch ein paar Anpassungen vor – von Achteln über Sechzehntel hin zu Triolen –, was den Groove subtil veränderte. Anschließend streuten wir noch die Art rhythmischer Betonung ein, die wir in den New Yorker Clubs aufgeschnappt hatten, programmierten alles und ergänzten zum Schluss noch eine Notenlinie für den Synthesizer. Als wir den Sequencer anwarfen, war er minimal aus dem Takt, was sich – obwohl gar nicht beabsichtigt – echt gut und funky anhörte. Verdammte Scheiße, dachte ich mir, das ist fantastisch, wie hat sich das nur ergeben? Wir müssen damit ab ins Studio, um es aufzunehmen.

Als Nächstes gab es aber Schwierigkeiten mit dem Schlagzeug-Programm. Wir waren bereits nach einem Tag Arbeit, ungefähr um vier Uhr am Nachmittag, fertig und wollten das Resultat, so wie damals üblich, mithilfe eines Kassettengeräts sichern. Allerdings löschte es unsere bisherige Arbeit, anstatt sie zu speichern, weshalb wir noch einmal ganz von vorne anfangen und die Drums komplett neu programmieren mussten. Sogar heute noch denke ich manchmal daran, dass manches auf dem Original besser und irgendwie funkiger gewesen war. Aber inwiefern ist das noch wichtig? Wahrscheinlich gar nicht. Dann ergänzte ich mithilfe des Emulator 1 und des Omni noch ein paar Streichinstrumente. Hooky spielte seinen Bass ein und ich nahm das Ganze dann mit und schrieb meine Lyrics. Und das war es dann auch schon. So entstand „Blue Monday“. Es steckten nur ein, zwei Tage Arbeit darin, allerdings repräsentierte es auch die Monate, wenn nicht sogar Jahre, in denen Einflüsse, Wissen und Technologie zusammengetragen und kombiniert wurden, was diese brandneue Art von Musik letztlich erst ermöglichte.

Ein Nebeneffekt dieses elektronischen Songs, bei dem nur sehr wenige „echte“ Live-Instrumente zum Einsatz kamen, war, dass wir uns mit seiner Hilfe ein wenig aus einem Loch, das wir uns selbst gegraben hatten, befreien konnten. In unseren Anfangstagen wurden wir nämlich oft dafür kritisiert, dass wir bei unseren Gigs keine Zugaben spielten. Rob hielt so etwas für abgedroschen, genauso wie Coverversionen. Es war seiner Meinung nach auch definitiv nicht Punk. Dasselbe galt ihm zufolge auch für Autogramme, weil er dachte, dass sie Bands auf ein Podest heben würden, und sagte: „Ihr Mistkerle seid um nichts besser als irgendjemand anderes." Wir nahmen an, dass er damit vermutlich richtig lag, weshalb wir damals tatsächlich davon absahen, Autogramme zu schreiben.

Das war allerdings nicht der einzige Grund, warum wir auf Zugaben verzichteten. Wir gingen gelegentlich zu Multimedia-Veranstaltungen, die im Scala, einem Londoner Kino, stattfanden, oder auch in den Beach Club in Manchester, wo zuerst eine Band auftrat und im Anschluss ein Film gezeigt wurde, ein Dichter vorlas, eine weitere Band spielte und schließlich noch ein DJ auflegte. Wir fanden diese Abende echt gelungen und glaubten, dass sie wegweisend seien. Wir glaubten, dass die Leute, nachdem sie uns 40 Minuten lang zugehört hatten, Bock auf etwas anderes hätten, weshalb wir genau so lang spielten und uns dann verpissten. Nie kamen wir auf den Gedanken, dass nicht jeder so wie wir darüber denken könnte. Vielmehr dachten wir, dass wir dem Publikum einen Gefallen erweisen würden. Wir ließen die Leute ja nicht völlig hängen, denn immerhin achteten wir darauf, dass sie für ihr Geld noch etwas geboten bekämen: Nachdem wir unser Set gespielt hatten, kam ein DJ an die Reihe. Das kam allerdings nicht sonderlich gut an, vor allem außerhalb Großbritanniens. Die Leute in Neuseeland hassten das ganz besonders und in den Niederlanden brach einmal ein Tumult aus, als wir die Bühne verließen. Hooky wurde dabei sogar ausgeknockt. Für den Rest dieser Tour mussten die Veranstalter Schilder in den Locations anbringen, auf denen stand, dass wir weder „Love Will Tear Us Apart" noch irgendwelche Zugaben spielen würden.

Erst als es 1981 nach einem Konzert in Boston, kurz nachdem wir bei Warner Brothers unterschrieben hatten, zu umfangreichen Ausschreitungen gekommen war, begannen wir zu hinterfragen, ob unser gut gemeinter Vorsatz, keine Zugaben zu spielen, wirklich der Weisheit letzter Schluss sei. Wir hatten unsere üblichen 35 bis 40 Minuten auf der

Bühne gestanden und uns dann mit ein paar Drinks in unsere Garderobe zurückgezogen. Plötzlich schwang die Türe auf und die Polizei kam zu uns herein, um uns mitzuteilen, dass wir uns keine Sorgen zu machen bräuchten beziehungsweise dass sie hier wären, um uns zu beschützen. Es stellte sich schnell heraus, dass nach unserem kurzen Set, das ohne Zugabe zu Ende gegangen war, Krawalle ausgebrochen waren. Niemand hatte uns informiert. Erst als die Polizei eintraf, erfuhren wir, was Sache war. Obwohl wir vor dem Konzertsaal mit Steinen beworfen wurden, kamen wir letztendlich mit dem Leben davon. Es erinnerte mich sogar ein wenig an Salford.

Am nächsten Morgen erhielt ich einen Anruf von Mo Ostin, dem Präsidenten von Warner Brothers. „Hey, Bernie", sagte er, „was ist da letzte Nacht vorgefallen? Ich habe gehört, dass es Ausschreitungen gegeben hat. Es geht nicht, dass die Polizei zu euren Konzerten ausrücken muss. Und ihr habt nur 35 Minuten gespielt? Den Amerikanern wird das nicht gefallen."

Wir setzten uns danach als Band zusammen und Rob bestand weiterhin darauf, dass wir keine Zugaben spielen sollten. Aber für ihn war ja alles in Butter: Er hatte ja nicht mit Mo Ostin telefonieren müssen und es waren auch keine Steine nach ihm geworfen worden. Seit unseren Tagen als kleine Indie-Band hatte sich die Lage zweifellos verändert. Damals waren wir mit so etwas noch durchgekommen, aber nun waren wir erfolgreich und spielten vor viel größerem Publikum. „Blue Monday" erschien da ein praktischer Kompromiss zu sein. Wir konnten unser Set abschließen, von der Bühne abgehen, auf einen Knopf drücken und die Maschinen die Zugabe für uns spielen lassen.

Ein paar Leute konnten nichts mit „Blue Monday" anfangen, weil es ihrer Meinung nach nicht nach New Order klang. Ich glaube, dass wir ein paar Fans deswegen verloren haben – ein bisschen so wie Bob Dylan, als er auf die E-Gitarre umstieg. Allerdings kam die Scheibe in den Clubs gut an und die DJs liebten den Song, weil er die Leute auf die Tanzfläche zog. Der Track breitete sich über ganz Europa aus. Das ging so weit, dass er periodisch wieder in den Charts auftauchte, weil ihn die Leute im Urlaub in den Clubs hörten und sich dann zuhause die Single zulegten. Der Erfolg von „Blue Monday" war ein echtes Mundpropaganda-Phänomen.

Die Nummer wurde nicht oft im Radio gespielt, da sie nicht unbedingt ins Tagesprogramm der Sender passte. Mit einer Länge von über sieben Minuten war der Song für eine Single sehr lang und kompliziert. Der Erfolg erreichte allerdings ein Ausmaß, der die Radiosender letztlich dazu zwang, „Blue Monday" doch zu spielen, obwohl der Track dafür gar nicht konzipiert war. Im Grunde genommen war er nämlich nichts anderes als ein Mittel zum Zweck, um den Leuten das Tanzen zu ermöglichen. Als Song an sich ist es nicht unbedingt mein liebster New-Order-Track, aber als Aufforderung zum Tanzen ist er unübertroffen. Sogar heute noch, mehr als drei Jahrzehnte später, laufen die Menschen immer noch schnurstracks auf die Tanzfläche, wenn „Blue Monday" in einem Club gespielt wird. Er bringt's also immer noch.

Wir produzierten den Track im Britannia Row und holten alles, was ging, aus den sagenhaften Lautsprechern dort heraus. Sie lieferten jegliche Frequenz – Unterschall, Ultra-Unterschall: Auf ihnen klang alles umwerfend, als wäre man in einem echt guten Club. Ich ging nämlich genau dorthin, in die Clubs, um mir die Musikanlagen anzuhören. Ich stand dabei nahe an den Lautsprechern und beschäftigte mich mit den Dingen, die eine Schallplatte gut klingen ließen. Auf Bestreben unseres Tontechnikers, Michael Johnson, mieteten wir sehr spezifisches Equipment, darunter auch ein verdammt tolles Teil aus Deutschland namens Transdynamic, um den gewünschten Sound hinzubekommen. Wir taten alles, was nötig war, um den Song so gut wie möglich klingen zu lassen.

Es gab einige technische Hindernisse zu überwinden. „Blue Monday" wurde auf Vinyl veröffentlicht, wobei die Länge des Tracks die Qualität beeinträchtigen hätte können. Wir mussten den Equalizer für den Song sehr sorgfältig einstellen, um einen ziemlich harten Sound zu erzielen und auf diese Weise sicherzustellen, dass er auch noch dann griffig und cool klänge, wenn er schließlich seinen Weg auf Schallplatte gefunden hätte, wodurch ein Track üblicherweise ein wenig aufgeweicht wird. Wir mussten experimentieren, Testpressungen anfertigen lassen und Adjustierungen vornehmen. Die Testpressungen waren aus Acetat, einem sehr harten Plastik, das aber nach drei- oder viermaligem Abspielen unbrauchbar wurde. Dieses Material ließ aber auch keine klaren Schlüsse darauf zu, wie der Sound sich schlussendlich auf Vinyl anhören würde, da das

Acetat einen härteren Klang transportierte. Es verlangte uns viel Arbeit ab, „Blue Monday“ so gut klingen zu lassen, wie wir das letztlich hinbekamen, aber es zahlte sich wirklich aus, weil sich alleine in Großbritannien über eine Million Kopien der Single verkaufen sollten.

Das ist phänomenal, egal, unter welchen Umständen, aber sogar noch mehr, wenn man in Betracht zieht, dass wir die Single eigentlich gar nicht richtig promoteten. Damals taten wir das nämlich für gar nichts, da wir einerseits nicht wirklich wussten, was man dabei zu tun hatte, und es uns andererseits ziemlich egal war. Wenn ich darüber nachdenke, dann glaube ich nicht, dass Factory uns jemals darum bat, dergleichen für sie zu tun. Und Robs Einstellung war, dass die Musik, solange sie gut genug wäre, für sich selbst sprechen würde.

Wenn sich allerdings damals eine Platte richtig gut verkaufte, durfte man aller Wahrscheinlichkeit nach bei *Top of the Pops* auftreten. Als sich uns diese großartige Gelegenheit bot, uns in den Wohnzimmern der Nation zu präsentieren und so womöglich unser Publikum zu vergrößern, fiel uns jedoch nichts Besseres ein, als uns in unseren kollektiven Fuß zu schießen.

Wann immer wir in unseren Anfangstagen von *Top of the Pops* gefragt worden waren, ob wir dort auftreten wollten, hatten wir gesagt, dass wir das nur täten, wenn wir auch live spielen dürften. Die BBC hatte allerdings stets entgegnet, dass dies nicht möglich wäre, da es sich um kein Format für Live-Musik handle, woraufhin Rob sie einfach im Regen stehen gelassen hatte.

„Blue Monday“ schlug jedoch dermaßen ein, dass *Top of the Pops* schließlich einlenkte und uns gestattete, den Track live zu performen. Die potenziellen Tücken, die damit einhergingen, waren zahlreich. Eine wichtige Rolle spielte dabei ein schwindliger Sequencer, den ich zuhause zusammengebaut hatte, und es gab keine Garantie, dass er nicht genau dann den Geist aufgeben würde, wenn wir live auf Sendung den Song zum Besten geben würden. Letzten Endes hielt er aber der Belastung stand, obwohl es ziemlich nervenaufreibend war, live im Fernsehen vor Millionen von Zuschauern zu singen, während man sich bewusst war, dass der Track jede Sekunde zum Stillstand kommen könnte. Für Rob war es ein Leichtes, sich verdammte Philosophien auszudenken, aber im Endeffekt waren wir es, die das dann in die Realität umsetzen mussten.

Die andere Sache, die wir bei unserer blinden Hingabe zur Live-Performance vergessen hatten zu berücksichtigen, war der immense Aufwand, den uns die hervorragende klangliche Qualität der Studioversion „Blue Monday“ abverlangte. Nun in die größte Musikshow des Landes zu spazieren und einfach in ein Mikro reinzusingen, na ja, das wurde – höflich ausgedrückt – dem Song irgendwie nicht ganz gerecht. Wir performten diese High-Tech-Nummer live in einem Fernsehstudio, obwohl uns die Regisseure und Produzenten von Anfang an davon abhalten hatten wollen und die Tontechniker noch nie eine Live-Performance hatten betreuen müssen. Das war praktisch eine Garantie dafür, schrecklich zu klingen. Jeder sonst in der Show kam toll rüber, nur wir spielten live und klangen ein wenig mittelmäßig. Ich denke, dass jedes Mal, wenn wir bei *Top of the Pops* auftraten, unsere Platte in der folgenden Woche in den Charts sank.

Wenn ich zurückblicke, so glaube ich, dass wir mit unserer Weigerung, Playback zu singen, weniger die Single als die Band selbst promoteten. Unsere Langlebigkeit mag diese Theorie untermauern. Andererseits wirkte sich unser Handeln negativ auf die Verkaufszahlen aus. Wir hatten uns eine anscheinend deppensichere Herangehensweise ausgedacht, wie wir weniger Einheiten absetzen konnten. Ich wies immer wieder darauf hin, aber der Rest der Band fand das großartig. Jedes Mal, wenn ich vorschlug, diesen kontraproduktiven Ansatz zu ändern, wurde ich überstimmt. Andere Bands klopften uns auf die Schultern, weil wir unseren Prinzipien treu blieben und live spielten, während ich beharrlich darauf hinwies, dass deswegen unsere Singles in den Charts abrutschten.

Ein paar Jahre später änderte *Top of the Pops* schließlich die Regeln und ließ Bands generell live performen, anstatt sie ihre Songs zu einem Playback pantomimisch aufführen zu lassen. Das hielt sich allerdings nicht lange: Vermutlich stellten die Produzenten dieselben Schlussfolgerungen auf wie ich und entschieden, dass es den Aufwand nicht wert wäre und nicht wirklich das war, wofür die Show stand. Die Herangehensweise, auf die man sich in Folge verständigte, schrieb vor, dass nur der Sänger live performen müsse, wohingegen die Band Playback spielte. Wie ihr euch vorstellen könnt, verärgerte mich das doch ein bisschen, weil es ja eigentlich die anderen in der Band gewesen waren, die live spielen hatten wollen, und ich auch so ganz glücklich gewesen wäre. Ich musste es nur ein paar Mal tun, aber es nervte schon ziemlich. Meine Bandkollegen hingegen fanden das Ganze höchst amüsant.

Es gab noch einen merkwürdigen Anlass, zu dem ich „Blue Monday“ unter schrägen Vorzeichen singen musste, was auch gleichzeitig unseren innigsten Flirt mit der Kommerzialisierung unserer Musik markierte. Der Song sollte nämlich als Hintergrundmusik für einen Werbeclip des Fruchtsaftherstellers Sunkist als Teil einer großangelegten britischen Werbekampagne herhalten. Allerdings sollte ich dafür einen speziellen, auf das Produkt abgestimmten Text einsingen, wofür 100.000 Pfund geboten wurden. Rob befand sich zu dieser Zeit nach einem Zusammenbruch gerade im Krankenhaus und wir wussten, dass er dagegen sein würde. Er hatte schließlich Prinzipien in Bezug auf derlei Dinge und wollte, dass die Musik für sich selbst spreche. Er verkaufte auf unseren Konzerten nicht einmal T-Shirts. Er überließ das lieber anderen. Da gab es etwa diesen Typen – wir kannten ihn als Scottish Tommy –, der vor den Gebäuden, in denen unsere Konzerte stattfanden, Shirts unter die Leute brachte. Er fühlte sich aber angesichts des vielen Geldes, das er damit verdiente, so schuldig, dass er jeden Abend in unsere Umkleide kam, weil er uns einen Scheck geben wollte, um sein Gewissen zu besänftigen. Rob vereitelte das stets und sagte, dass wir sein Geld nicht haben wollten.

Da Rob also außer Gefecht war, beschlossen wir, dass die Werbung für Sunkist eine gute Idee sei. Man ließ mir die adaptierten Lyrics zukommen und sie lauteten ungefähr so: „How does it feel, when a new day has begun? When you’re drinking in the sunshine, Sunkist is the one.“ Auf keinen Fall der beste Songtext aller Zeiten. Als ich ihn nun im Studio singen sollte, ging das einfach nicht, weil ich jedes Mal loslachen musste, womit ich auch alle anderen Anwesenden ansteckte. Hooky sagte: „Komm schon, Bernard, du musst das nur eine Minute lang singen und wir sind um hundert Riesen reicher.“ Er schnappte sich schließlich sogar ein Stück Karton, auf das er „100.000 £“ kritzelte, um es für mich gut sichtbar auf dem Mischpult zu platzieren, und letztlich gelang mir auch ein brauchbarer Take. Als Rob dann aus dem Krankenhaus entlassen wurde und herausfand, was wir getan hatten, drehte er komplett durch.

Die Grundaussage seiner Schimpftirade ließ sich ungefähr so zusammenfassen: „Ihr dummen, scheißblöden, verdammten Salforder Dreckskerle, ihr! Sobald ich euch einmal kurz den Rücken zudrehe, verkauft ihr euch schon!" Er brachte die ganze Aktion umgehend zum Stillstand und die Werbung wurde nie ausgestrahlt.

Egal, obwohl wir uns augenscheinlich große Mühe gaben, das Gegenteil zu erreichen, „Blue Monday" verkaufte sich ausgezeichnet. Dann besuchte uns eines Tages Tony im Studio und fragte uns, ob wir zuerst die gute oder die schlechte Nachricht hören wollten. Wir entschieden uns für die gute Nachricht.

„Nun", sagte er mit strahlendem Gesicht, „‚Blue Monday' erobert gerade die Charts und wir müssen hart schuften, um die Nachfrage zu befriedigen – nicht nur hier, sondern weltweit."

„Toll", sagten wir. „Was ist dann die schlechte Nachricht?"

Er lachte wieder auf die exakt gleiche Art wie damals, als unsere Ausrüstung in Amerika geklaut worden war.

„Ihr wisst doch, die Löcher in der Hülle, die das Ganze wie eine Floppy Disk aussehen lassen sollen?", lachte er. „Nun, diese Löcher machen zu lassen, kostet so viel Geld, dass wir mit jeder verkauften Single Geld verlieren! Ist das nicht herrlich?"

Peter Saville hatte die Plattenhülle so entworfen, dass sie der Floppy Disk für den Emulator ähnelte, inklusive dem Loch, was sensationell aussah. Allerdings schien uns diese Idee angesichts dieser Neuigkeiten nun nicht mehr so brillant. Es wäre mir ja nicht so wichtig gewesen, aber es war ein simples Loch, gefüllt mit verdammter Luft, das für Verluste verantwortlich sein würde! Wir konnten es kaum fassen.

„Nein, Tony", sagten wir schmallippig. „Das ist nicht einmal im entferntesten Sinne ‚herrlich'."

„Macht euch keine Sorgen, meine Lieben", sagte er darauf. „Alles kommt in Ordnung. Ich habe schon mit Peter Saville gesprochen und wir werden das ändern."

„Aber wie viel Stück haben wir bereits mit Verlust verkauft?"

„Ich denke, so um eine Viertelmillion herum. Muss jetzt los, meine Lieben! Tschüss!"

Kapitel 14

New York, London, Los Angeles, Knutsford

Während der Achtzigerjahre hieß der Repräsentant von Factory Records in New York Michael Shamberg. Wir hatten ihn auf unserer ersten Amerika-Tour kennengelernt und sofort gemocht. Michael war – und ist immer noch – eine faszinierende Person. Er produzierte viele von New Orders frühen Videos. Eines der ersten Dinge, die er mit uns unternahm, war 1981 ein Konzertmitschnitt von einem Auftritt im Ukrainian National Home in New York. Er liebte Film als Medium, war gut mit der Arthouse-Filmszene vernetzt und suchte ein paar fantastische Regie-Newcomer für die Arbeit an unseren Videos aus. Er hatte ein gutes Gespür für Talente und unsere Videographie mit New Order liest sich wie ein Who's Who großartiger zeitgenössischer Regisseure und Regisseurinnen: Wir arbeiteten etwa mit Kathryn Bigelow, die ein Video zu „Touched by the Hand of God" mit uns drehte und zu deren Werken *Tödliches Kommando – The Hurt Locker* gehört, der 2009 mit dem Oscar für den besten Film ausgezeichnet wurde. Dann war da auch noch Jonathan Demme, der Regisseur des Videos zu „The Perfect Kiss". Er sollte später *Das Schweigen der Lämmer* und *Philadelphia* drehen.

Es war zu einem großen Teil Michael geschuldet, dass unsere Videos nun wirklich nicht dem damaligen Durchschnitt entsprachen. Es waren vielmehr eigenständige, kleine Inszenierungen, mit eigenen Erzählsträngen und Besetzungen, und zeigten nicht nur eine Band, die an einer exotischen Location vorgab, einen Song zu spielen. Auf kurze Sicht brachte dieser Ansatz vermutlich kleinere kommerzielle Einbußen mit sich, aber auf unsere klassisch widersprüchliche Art sollten sie sich langfristig gesehen als Segen herausstellen. So wie sich unsere Entschlossenheit, bei *Top of the Pops* live zu spielen, kontraproduktiv auf unsere Chartpositionen auswirkte, waren die Videos nicht direkt MTV-kompatibel und somit nicht in der Lage, Platten zu verkaufen, was unserem Label ordentlich gegen den Strich ging. Aber wieder einmal gelang es uns, die Band an sich zu verkaufen, weil die Videos ein Alleinstellungsmerkmal darstellten und unterstrichen, dass es uns nicht nur darum ging, Schallplatten zu verhökern. Diese Einstellung und unsere Videos verliehen uns eine besondere Integrität, was bedeutete, dass wir auf lange Sicht wieder mehr verkaufen konnten. Natürlich hatten wir das so nicht geplant – schließlich planten wir überhaupt nicht viel –, aber es sollte sich letzten Endes als eine unabsichtlich erfolgreiche Strategie, die eigentlich eine Antistrategie war, herausstellen.

Michael war auch gut mit der New Yorker Musikwelt verbandelt. Er war bewandert in den aufkeimenden Elektro-, Alternative- und Hip-Hop-Szenen und kannte viele der Leute, die darin verkehrten. Als nächsten Schritt nach „Blue Monday" hatten wir geplant, eine Dance-Platte in New York aufzunehmen. Michael empfahl uns hierfür Arthur Baker als Produzenten. Arthur, der über die Jahre hinweg seine Rolle in der Entwicklung und beim Erfolg von New Order spielen sollte, war und ist ein Bär von einem Mann. Ein richtiger Grizzly. Mit seiner leicht jähzornigen Art und seinem großen Herzen passte er perfekt zu uns und wir sind bis heute gut miteinander befreundet. Arthur stammt aus Boston und ist, wenn ich mich nicht irre, russisch-jüdischer Abstammung. Trotzdem ist er sehr amerikanisch und durch und durch New Yorker: Er redet Klartext, sieht wie ein harter Kerl aus und lässt sich von niemandem etwas sagen – nun gut, von seiner Ehefrau vielleicht schon.

Arthur war *der* aufstrebende Produzent in New York und hatte bereits eine Reihe von Dance-Hits vorzuweisen, etwa „Planet Rock" von Afrika Bambaata aus dem Jahr 1982 – ich liebte es, wie er dafür die Synthie-Line von Kraftwerks „Trans-Europe Express" für diesen bahnbrechenden Electro-Track adaptierte. Auch eine Single namens „Walking on Sunshine" hatte er produziert – allerdings für ein Projekt namens Rocker's Revenge und nicht den gleichnamigen Hit von Katrina and the Waves.

Arthur arbeitete eng mit einem Musiker namens John Robie zusammen, der perfekt in *The Wolf of Wall Street* gepasst hätte, wenn es um das Musikbusiness anstelle der Finanzwelt gegangen wäre. Ich war bereits dank einiger Freunde aus New York mit John sowie seinem Projekt C-Bank vertraut und wir sollten auch bei „Shellshock" für den Soundtrack zu *Pretty In Pink* zusammenarbeiten. Arthur arbeitete auch mit Fred Zarr, der auf einigen tollen frühen Dance-Platten spielte – so etwa auf Madonnas erstem Album. So fanden wir uns also umringt von wichtigen Vertretern der New Yorker Szene.

Als wir eintrafen, um die Arbeit mit Arthur in Angriff zu nehmen, war er gerade mit dem Track „IOU" von einem Act namens Freeez beschäftigt. Freeez waren im Grunde genommen eine Band aus Großbritannien, die John und Arthur als Performer für den Song auserkoren hatten und die damit einen weltweiten Hit landen sollten. Das Problem bestand aber nun darin, dass sie die Tonart der Nummer gewählt hatten, ohne dabei wirklich an einen Sänger zu denken. Nun versuchten sie die hohen Töne hinzubekommen, weshalb die Session länger als erwartet dauerte. In der Zwischenzeit parkten sie uns in Fred Zarrs Studio, das im Prinzip der Vorraum eines Hauses in Brooklyn war, wo wir an ein paar Ideen arbeiten sollten. Genau das gelang uns aber nicht.

Arthur war es gewohnt, mit erfahrenen Session-Musikern zu arbeiten, die praktisch auf Zuruf ihre Parts ablieferten, wir hingegen funktionierten nicht auf diese Weise. Wir waren keine routinierten Studioknechte, die eine lange Liste von Hits auf der Habenseite hatten, und waren völlig planlos bezüglich dessen, was wir da taten. Unsere Methode, zu komponieren, war viel weniger fieberhaft. In der Tat gab es gar keine Methode. Wir warteten einfach darauf, dass uns die Inspiration ereilte. Nachdem wir uns zusammenfanden, unterhielten wir uns erst einmal über Sachen, die wir am Vorabend im Fernsehen gesehen hatten, Filme, Bücher, Mädchen oder Fußball, bis uns das zu langweilig wurde. Dann wandten wir uns unseren Instrumenten zu und schlugen auf ihnen herum, bis etwas passierte. In New York hatten wir es jedoch mit einer komplett anderen Mentalität zu tun.

Bei Fred Zarr nahmen wir Demos auf, bei denen wir nicht viel mehr taten, als ein paar unterschiedliche Sachen auf dem Synthesizer auszuprobieren, bis wir mal über einen coolen Sound stolperten. Wenn uns das gelang, dachte ich mir, dass ich froh sein würde, wenn ich ihn nie gefunden hätte, da ich nun etwas damit anfangen musste. Wir mühten uns ab. Arthur hatte uns unter Zugzwang gebracht und wir waren der Situation nicht wirklich gewachsen. Um alles noch schlimmer zu machen, bekam ich auch noch die Grippe.

Als Arthur schließlich mit Freeez fertig war, hatten wir nur mehr ein paar Tage Zeit für unsere Arbeit. Nach uns hatte James Brown das Studio gebucht. Also lastete überhaupt kein Druck auf uns ... Das Studio war richtig urban und befand sich unweit des Times Squares, inmitten einer der schnelllebigsten Metropolen der Welt. Die Acts dort wechselten rasch und es erinnerte uns vage an unser „Zeit ist Geld“-Erlebnis, das wir mit Joy Division gemacht hatten. Ganz so schlimm war es aber auch wieder nicht. Arthur ermutigte uns auf seine eigene Art: Wir sollten „uns entweder etwas einfallen lassen oder uns verpissen“. Trotz des Zeitdrucks schafften wir es, einen Track mit dem Titel „Confusion“ aufzunehmen, zu dessen Text jeder von uns etwas beitrug, was in erster Linie daran lag, dass wir nur zwei oder drei Stunden Zeit hatten, um uns etwas einfallen zu lassen.

Kurze Zeit später begaben wir uns auf eine Tour durch die USA und Kanada. Aus irgendeinem Grund mietete Terry in unseren frühen Jahren stets diese Stadtkarossen des Autoherstellers Lincoln, obwohl uns die Autovermieter auslachten und uns sagten, dass sonst niemand unter 60 sich für diese Gefährte entschied.

Üblicherweise fuhren Hooky oder Terry, weil ich die längste Zeit nur über einen Motorradführerschein verfügte. Jedoch hatte ich eine Woche, bevor wir nach New York gereist waren, meine Fahrprüfung bestanden. Ein Glück, denn wie sich herausstellte, hatten sowohl Terry als auch Hooky ihre Führerscheine zuhause vergessen. Das Problem war aber, dass ich noch nie ohne Fahrlehrer gefahren war und nun zum ersten Mal als alleinverantwortlicher Fahrer einen Wagen von der Größe eines kleinen Flugzeugträgers ausgerechnet durch die Straßen von New York City pilotieren musste. Als wir das Auto abholten, versuchte ich mich ganz nonchalant zu geben, aber es dauerte nicht lange, bis der Leihwagen-Typ spitz kriegte, dass ich kein sehr guter Fahrer war. Ich fuhr die Rampe hinab, im Bewusstsein, dass er mich beobachtete, und als ich unten ankam, stieg ich auf die Bremse, was sich anfühlte, als hätte jemand einen Anker aus dem Rückfenster geworfen, wodurch der Motor abgewürgt wurde. Jeder meiner Mitfahrer, die ganze Band sowie Rob, wurden nach vorne geworfen, sodass sie praktisch mit ineinander verhakten Körperteilen an der Windschutzscheibe klebten. Ich beschloss, schnell auf das Gaspedal zu treten, bevor der Kerl, der uns den Wagen vermietete, ihn wieder zurückhaben wollte.

Während wir uns ruckartig in Bewegung setzten, sagte Hooky: „Verdammte Scheiße, Bernard, du kannst ja gar nicht fahren!“ Ich antwortete ihm, dass es nichts damit zu tun hätte beziehungsweise sich die Bremse seltsam anfühlen würde. Er versicherte mir darauf, dass amerikanische Autos besonders sensibel eingestellte Bremsen hätten und ich mich einfach daran gewöhnen müsse. Trotzdem wollte er von mir, dass ich am Straßenrand anhielt. Das tat ich auch und zwar hinter einem Lieferwagen, aus dem zwei Kerle mit einem Leichensack ausstiegen. Kein gutes Omen.

Ich war zwar immer noch nervös, redete mir aber selbst ein, dass ich mich schon noch ans Fahren gewöhnen würde. So steuerte ich das Vehikel entlang der Atlantikküste und umklammerte dabei mit weißen Fingerknöcheln fest das Lenkrad. Mein Gesicht war kreidebleich, während ich durch die Windschutzscheibe auf die Fahrspuren voll mit riesigen Lastern und großen amerikanischen Autos vor mir starrte. Erfüllt vom Stress, womöglich zu heftig auf die Bremse zu steigen und die übrigen Mitglieder von New Order in fluchende menschliche Torpedos zu verwandeln, lenkte ich schlussendlich – und zu meiner großen Erleichterung – den Wagen zurück vor unser New Yorker Hotel. Als wir wieder eincheckten, wartete bereits ein Stapel dringender Benachrichtigungen auf mich. Jemand hatte anscheinend, seitdem wir aufgebrochen waren, wie von Sinnen versucht, mit mir in Kontakt zu treten. Ich erkannte die Telefonnummer: Es war jene des Autoverleihs.

Als ich dort anrief und sagte, wer ich war, rief der Typ am anderen Ende der Leitung: „Oh, mein Gott! Mr. Sumner! Geht es Ihnen gut?“ Ich versicherte ihm, dass bei mir alles in bester Ordnung sei, ich mir aber nun Gedanken machen müsse, weil er sich gar so um mein Wohlbefinden sorge. Er sagte: „Mr. Sumner, es tut mir so leid – wir hätten ihnen diesen Wagen nie geben dürfen. Da gibt es ein ernstes Problem mit den Bremsen!“ Er meinte, dass ich das Auto vorbeibringen solle und er mir dafür ein anderes geben würde. Allerdings hatten wir zu diesem Zeitpunkt bereits Hunderte von Kilometern darin zurückgelegt. Eine lange Reise innerhalb kurzer Zeit, ohne dabei zu wissen, ob wir jemals sicher anhalten würden können? Das hörte sich für mich wie eine Parabel auf unsere Musikkarriere an.

Egal, am Ende der Tour traten wir noch in Washington D.C. auf. Direkt im Anschluss an den Gig sollten wir in einen New Yorker Club namens Funhouse fahren, der sich in der West 26th Street in Manhattan befand. Dort würden wir ein Video zu „Confusion" drehen. Das Funhouse befand sich im Mittelpunkt der New Yorker Electro-Szene von 1983. Es war ein echt wilder Ort, der hauptsächlich von Latinos frequentiert wurde. Keiner trug ein Shirt und alle waren übersät mit Tattoos. Die Beleuchtung strahlte vom Boden aus die Decke und die Wände an und überall standen Punchball-Maschinen, auf die Typen mit voller Wucht einprügelten. Die Rausschmeißer waren riesige Kerle. Es war jedenfalls ein ziemlich irres, elektrisch aufgeladenes Szenario. Wann immer Arthur und John einen neuen Track fertiggestellt hatten, gingen sie mit ihm ins Funhouse, wo DJ Jellybean für sie seine Wirkung auf dem Dancefloor testete. Der Club war somit stets auf dem neuesten Stand und war daher auch die perfekte Location für einen Videodreh.

Nachdem unser Gig dann vorüber war, brachten wir die fast 400 Kilometer zwischen Washington und New York hinter uns, um schließlich gegen 7.30 Uhr am Morgen im Funhouse anzukommen. Die Menschenmenge war immer noch in Partylaune, aber wir waren schon sehr spät dran. Jellybean ging es okay, aber Arthur war sehr angespannt. Seine Ehefrau Tina B bereitete ihm Kummer und die Stimmung war ein bisschen geladen. Wir hätten bereits gegen 3.30 Uhr eintreffen sollen, aber irgendwie hatten wir uns massiv verspätet, und als wir ankamen, wurden wir gerade noch Zeugen des Endes eines großen Streits zwischen den beiden Eheleuten. Arthurs Frau stürmte aus dem Club, schwang sich in sein Auto, rammte den Wagen, der davor parkte, dann den dahinter, darauf erneut jenen, der vor ihr stand – bis sie mühelos ausparken und mit quietschenden Reifen in die Morgendämmerung davonjagen konnte. Arthur erzählte mir später, dass sie ihn, als er nachhause kam, mit seinem Synthesizer beworfen habe. Sie sind mittlerweile geschieden.

Schließlich machten wir uns daran, das Video zu drehen. Der Regisseur hieß Charles Sturridge. Er hatte gerade die Fernsehfilmadaption von Evelyn Waughs *Brideshead Revisited* abgeschlossen und war geradewegs von Dreharbeiten, in denen britischer Landadel im Mittelpunkt stand, auf dieses Set in einem Latino-Club voll mit harten Arbeiterklasse-Typen und Arbeiterklasse-Girls, die zu Electro-Sound abgingen, gereist. Eine ganz schöne Luftveränderung, kann man sagen.

Die Handlung des Videos zeigte eine junge Frau, die nach der Arbeit in einer Pizzeria nachhause kam, sich umzog und sich dann mit einer Freundin traf, um ins Funhouse zu gehen. Gleichzeitig sah man, wie Arthur im Studio einen Track fertigstellte, ihn in den Club brachte, damit Jellybean ihn spielen konnte. Außerdem gab es da noch ein paar Einstellungen, die uns zeigten, wie wir in einem Taxi durch die Straßen von New York fuhren – so auf *Taxi Driver* und so – und uns selbst auch in den Club begaben. Es ist ein cleveres Video, bei dem es nicht nur einen, sondern gleich drei Erzählstränge gibt, und das darüber hinaus noch die Atmosphäre des Clubs, der Szene und jener Welt, in deren Mittelpunkt Arthur, Jellybean und Robie standen, gekonnt einzufangen vermochte.

Wir verstanden uns alle sehr gut mit Arthur. So wie wir entstammte auch er der Arbeiterklasse, was vermutlich eine Rolle gespielt haben dürfte. Er hatte echt ein Gespür für Beats und ich hatte immer das Gefühl, dass er, wenn er nicht Produzent gewesen wäre, einen hervorragenden Schlagzeuger abgegeben hätte.

Es gab einen Aspekt an unserer Arbeit in New York, bei dem wir auf stur schalteten: Wir weigerten uns strikt, irgendwelche Sessionmusiker auf unseren Platten spielen zu lassen. Das hieß, dass keiner der brillanten Leute, mit denen Arthur zusammenarbeitete – etwa John Robie oder Fred Zarr – auf unseren Tracks zu hören waren. Nur wir selbst. Arthur hatte vorgeschlagen, Musiker aus seinem näheren Umfeld einzusetzen – immerhin war das seine bevorzugte Arbeitsweise. Wir waren jedoch dagegen. Falls ihn das überraschte, so ließ er sich nichts anmerken. Er teilte uns aber mit: „Okay, auch gut, dann versucht mal was Gutes abzuliefern, es soll aber einen New-York-Sound haben." Dabei handelte es sich um einen Sound, den wahrscheinlich insgesamt fünf Leute draufhatten, und ihn richtig hinzubekommen, war ein bisschen wie einen Safe zu knacken.

Wie üblich machten wir alles so schwierig wie möglich, aber dadurch gelang es uns, eine gewisse Integrität zu wahren. Vielleicht hatten wir keinen Riesenhit wie Freeez mit „IOU", aber immerhin ziehen wir immer noch unser eigenes Ding durch, was bedeuten könnte, dass diese verrückte Herangehensweise sich auf lange Sicht ausgezahlt haben dürfte. Freilich, wer weiß, was gewesen wäre, wenn wir Arthurs Typen im Studio auf unseren Song losgelassen hätten ... Und ehrlich gesagt, wenn es nur nach mir gegangen wäre, hätten wir das auch tun sollen: Wir hätten einen Riesenhit landen und *trotzdem* eine derart langlebige Band sein können. Was ist denn schließlich falsch daran, Hilfe von außen anzunehmen?

Der nächste große Schritt nach der Kooperation mit Arthur war, dass wir 1985 bei Quincy Jones' Label Qwest, unserer nunmehrigen Plattenfirma für Nordamerika, unterschrieben. Zum ersten Mal hatte ich von Quincys Interesse gehört, als wir bei einer Benefizveranstaltung für die streikenden Bergarbeiter in der Royal Festival Hall im Jahr 1984 aufgetreten waren. Es war ein ziemlich guter Gig gewesen – und nicht nur, weil dieses Mal keine fragwürdige Pornographie vorgeführt worden war. Wir waren absolut gegen Margaret Thatcher eingestellt und mochten nicht, was sie mit der Industrie anstellte, vor allem im Norden, dem Nordwesten und in Schottland. Ich glaube, wir verloren durch ihre Politik 150.000 Jobs im Norden, weshalb wir, als sich uns die Möglichkeit bot, ein Benefizkonzert für die Minenarbeiter zu spielten, nicht lange gezögert hatten.

Es war eine Veranstaltung, die sich gar nicht noch weiter entfernt von Quincys Welt abspielen hätte können. Vor uns trat der Komiker Keith Allen auf und stellte in seinem Stand-up-Programm einen Charakter namens „Northern Industrial Gay" dar. Er trug dabei ein Suspensorium aus Leder sowie einen Bergarbeiterhelm und rieb sich mit Babyöl ein. Terry muss sich gedacht haben, dass sich im Publikum ausschließlich Bergarbeiter befänden, da es ja immerhin eine Benefizveranstaltung für Bergarbeiter war. Das muss ihn irgendwie zum Schluss verleitet haben, dass auch Keith ein Bergarbeiter wäre, der sich vor seinesgleichen stellte, um ein wenig herumzualbern. Also ging Terry da hinaus, um den eingeölten Keith, der versuchte, ihm zu erklären, dass er der Support-Act sei, von der Bühne zu schubsen.

Das war wohl ein heftiger erster Eindruck für Quincys Vertreter, der uns an diesem Abend unter die Lupe nehmen sollte. Später sollte dieser Mann, Tom Atencio, aber dennoch unsere Belange in Amerika managen. Terry nannte ihn gerne Tom Prozento, aber Tom ist ein absolut liebenswerter Kerl, der stets Großartiges für uns geleistet hat und sich von Anfang an perfekt einbrachte. Wie sich herausstellen sollte, waren es wir und nicht die Kumpel, die den größten Vorteil aus dem Event zogen, da wir im Anschluss bei Qwest unterschrieben und dadurch am selben Abend nicht nur eine Plattenfirma, sondern auch einen zusätzlichen Manager für uns gewinnen konnten.

Uns lagen auch noch andere Angebote vor, was uns schmeichelte, aber Rob war der Meinung, dass uns bei Qwest mehr persönliche Aufmerksamkeit zuteil werden würde, obwohl die Firma ja zum Imperium von Warner gehörte und kein Indie-Label war. Wenn ich mich nicht täusche, war der einzige andere Act auf Quincys Label Frank Sinatra. Ian hätte das gefallen, denn er hatte eine kleine Vorliebe für Frank.

Quincy war bereits damals eine der wichtigsten Persönlichkeiten der weltweiten Musikbranche, immerhin hatte er Michael Jacksons Alben *Off the Wall* und *Thriller* produziert, von denen insgesamt über 130 Millionen Stück verkauft wurden. Er kam aus Los Angeles rüber, um uns zu treffen. Wir nahmen ihn nach Knutsford mit. Als wir dort zu Abend aßen, realisierten wir, was für ein richtig cooler Typ er war. Bis heute schickt er mir jedes Jahr eine Weihnachtskarte, und am Tag vor meiner Hochzeit rief er mich an, um mir viel Glück zu wünschen. Auch seine private Lebensgeschichte fasziniert mich, da er – so wie ich – eine Mutter hatte, die an einer langwierigen Krankheit litt. Jedes Mal, wenn wir in Los Angeles spielten, kam er aufs Konzert. Wir hingegen besuchten ihn in seinem Haus in Bel Air. Eines Abends, als wir vor seiner Tür aufkreuzten, ließ uns Nastassja Kinski herein und machte uns etwas zum Abendessen. Ein anderes Mal genehmigten wir uns bei ihm zuhause einen Drink, als er zu mir sagte: „Komm, hör dir das an, Bernard." Er drückte den Abspielknopf auf seinem Anrufbeantworter und da war eine Nachricht von Marlon Brando. „Hey, Quincy", sprach die Stimme von Colonel Kurtz, „hast du jemals … über die schönen Gardenien nachgedacht … die im Park … wachsen …?"

Wir mochten Quincy sehr und sein Label war genau richtig für uns. Er setzte uns nie unter Druck, stellte sich uns nie in den Weg und remixte 1988 sogar „Blue Monday“ für uns. Das Resultat wurde richtig gut, obwohl es ein Track war, der sich nicht leicht mischen ließ (abgesehen von Quincy haben auch noch Hardfloor einen Remix davon mit dem Titel „Blauer Montag“ angefertigt, der mir ganz besonders gefällt).

Indem wir bei Qwest unterschrieben, hatten wir nun nicht nur enge Kontakte zu New York, sondern auch zu Los Angeles. Wir wurden dort mit offenen Armen empfangen: Nach dem Vertragsabschluss wurden wir in die Büros von Warner in L.A. eingeladen, um die involvierten Leute kennenzulernen, und wurden in der Familie willkommen geheißen. Man schmiss eine große Party für uns. Niemand hatte uns zuvor eingeweiht. Wir dachten, dass wir nur kurz Hallo sagen würden. Ich weiß noch, dass Tom Atencio zur Eingangstür ging, die Klinke umfasste und zu mir sagte: „Bist du bereit, Bernard?“ Ich fragte nur: „Wofür denn?“ Dann öffnete er auch schon die Türe und auf uns wartete ein großer Raum mit ungefähr 400 jubelnden Menschen.

Anfangs war mir L.A. sehr fremd. Es ist so ein langer Flug und wenn man sich im Landeanflug befindet, zieht unter einem diese schier endlose Stadtlandschaft mit ihren Flachdächern vorbei. So als würde man die Distanz von Manchester nach London fliegen – und die ganze Strecke wäre mit Gebäuden übersät. In der Regel stiegen wir in einem Hotel in West Hollywood, dem Sunset Marquis, ab. Das war in den frühen Achtzigerjahren ein richtiges Party-Hotel. Andererseits hatte jedes Hotel in der Nähe einen ähnlichen Ruf. John Belushi starb etwa ungefähr zur selben Zeit die Straße rauf im Chateau Marmont. Während unserer frühen USA-Aufenthalte wohnten wir normalerweise in bescheidenen Absteigen: alle hatten einen Kunstrasen und obwohl die Fernseher eigentlich in Farbe hätten übertragen sollen, war das Bild stets in verschiedenen Brauntönen gehalten. Diese qualitätsärmeren Unterkünfte schienen über zwei Arten von Betten als Anreiz für Gäste zu verfügen: Wasserbetten und solche, die vibrierten. Rob liebte die letzteren und entschied sich immer für die Hotels mit den vibrierenden Betten. Er legte sich darauf, guckte irgendeinen bescheuerten Film in der Glotze, trank Bier, rauchte, aß überbutterte English Muffins und warf gelegentlich einen Vierteldollar, die er auf dem Nachtkästchen aufgehäuft hatte, in den Einwurfschlitz, um sicherzustellen, dass das Bett weiter vibrierte. Hooky und ich lauerten inzwischen wie die Geier, weil er uns 15 Dollar dafür bezahlte, wenn wir ihm für 30 Dollar Bier und mehr Vierteldollar-Münzen besorgten.

Das nächste wichtige Kriterium für Rob waren automatische Drehtüren, solche die durch einen Bewegungssensor ausgelöst wurden, wenn man sich ihnen näherte. Wenn eine Absteige mal keine hatte, bezeichnete er es als „Scheiß-Hotel" und er würde sich – ganz egal, wie komfortabel der Ort sonst war – das nächste Mal für ein anderes entscheiden.

Manchmal war auch nicht einmal ein Hotel selbst das Problem, sondern die Leute, die man dort traf. Auf einer Tour im Jahr 1985 flogen wir runter nach New Orleans. Nach der langen Reise – und einer noch längeren durchfeierten Nacht – kamen wir im Hotel an und Ruth Polsky meinte, dass wir uns alle um acht Uhr in der Lobby treffen sollten. Keiner fühlte sich übermäßig gesellig, aber Ruth bestand darauf, dass wir den Konzertveranstalter treffen müssten und es unhöflich wäre, es nicht zu tun.

Wir versammelten uns alle zur ausgemachten Zeit und trafen in der Bar im Parterre auf einen Gigant von einem Mann. Er trug einen Bart und ein Blick in seine Augen hätte Milch im Handumdrehen sauer werden lassen. Ruth stellte ihn uns als den Veranstalter vor, worauf er seine massive, fleischige Hand emporhob und sagte: „Ich bin *nicht* der Veranstalter. Ich bin der *Repräsentant* des Veranstalters." Dann wandte er sich dem Barkeeper zu und bellte: „Acht Wodka-Shots!" Ich mag Wodka bis heute nicht und spürte damals außerdem noch die Nachwirkungen der vorangegangenen Nacht, weshalb ich eigentlich gar nicht trinken wollte, geschweige denn etwas, das ich überhaupt nicht mochte.

„Um ehrlich zu sein, ich trinke keinen Wodka", sagte ich kleinlaut. „Könnte ich stattdessen einen Pernod bekommen, bitte?"

Der Repräsentant des Veranstalters drehte sich um und sah mich an. „Das ist ein Missverständnis", sagte er. „Die sind für mich."

Als Nächstes trank er die acht Wodka, einen nach dem anderen. Wir saßen eine Weile an der Bar und unterhielten uns mit dem Kerl. Dann sagte er plötzlich: „Du!" Er deutete auf mich. „Kommm mit mir mit, ich möchte dir etwas zeigen."

Wir verließen das Hotel. Da standen überall Polizeiautos und Sirenen jaulten. Es hatte irgendeinen Vorfall gegeben, der aber den Repräsentanten des Veranstalters kalt ließ. Wir gingen an den Einsatzwägen vorbei und verschwanden hinter einer Mauer. Dort zog er ein riesiges Bowie-Messer mit einer 25-Zentimeter-Klinge hervor. „Oh, Scheiße", dachte ich mir. „Was hat er bloß vor?"

Er griff in seine Tasche und packte ein Säckchen mit weißem Pulver aus. Dann gab er ein wenig von dem Pulver auf die Klinge des Messers und bot mir davon an, obwohl Unmengen von Cops sich nur wenige Meter von uns entfernt aufhielten. Vielleicht lag es ja auch am Alkohol, keine Ahnung, aber später fühlte ich mich irgendwie viel selbstsicherer. An der Bar tranken wir schließlich mehr und mehr Alkohol, bis ich vorschlug, dass wir doch irgendwo etwas essen gehen sollten. „Nein", sagte der Repräsentant des Veranstalters, dieser Berg von einem Mann. „Wir werden uns jetzt mit dem Veranstalter treffen."

Wir verteilten uns auf eine Flotte von Taxis, ließen die netten Gegenden von New Orleans hinter uns und fuhren tiefer in die Nacht hinein. Wir beobachteten, wie die Straßenlaternen langsam verschwanden und die Abstände zwischen den Häusern größer wurden. Schließlich erreichten wir einen Flecken Ödland, in dessen Zentrum ein einziges Haus stand. Es wurde von Sicherheitsleuchten angestrahlt und war von einem Drahtzaun umgeben. Für zusätzlichen Schutz sorgten noch ein paar furchteinflößende Hunde. Wir tauschten ein paar nervöse Blicke aus, als die Taxis gerade so lange anhielten, dass wir rausspringen konnten, bevor sie wieder im Dunkel der Nacht verschwanden. Ein Typ öffnete das Tor, um uns hereinzulassen. Als die Hunde begannen, hinter dem Zaun durchzudrehen, sah er plötzlich alles andere als stabil aus.

Als wir die Hunde hinter uns ließen und das Haus betraten, fiel uns auf, dass dort Stille herrschte. Inmitten des Wohnzimmers, in das wir geführt wurden, befand sich eine große Wendeltreppe. Eine leicht bekleidete Dame stieg herab. Ihr folgte ein Mann in einem seidenen Morgenrock, den wir für den Konzertveranstalter hielten. Er war das absolute Ebenbild von Gomez Addams aus der *Addams Family*. „Wir wollten euch in unserer Stadt willkommen heißen", sagte er mit einem Lächeln und breitete dabei die Arme weit aus. Er bestand darauf, dass wir einen Drink zu uns nahmen: „Mögt ihr Bourbon? Trinkt einen Bourbon!“ Bourbon schmeckte uns nicht, aber unter diesen Umständen hielten wir es für das Klügste, ihm das nicht unter die Nase zu reiben. Dann tauchte der Mann, den wir im Hotel getroffen hatten, wieder auf und hatte eine große Tüte mit weißem Zeug dabei. Er sagte zu Gomez: „Das ist der Stoff, der noch von der Miami-Lieferung übrig ist.“ Gomez schien das angemessen zu finden – und schon wurde das Bowie-Messer erneut gezückt.

Ich fragte Gomez, ob er der Konzertveranstalter sei. „Aber nein“, sagte er. „Nicht ich. Ich bin ein Repräsentant des Veranstalters. Es gibt zwei Veranstalter. Und beide leben hier draußen in den Sümpfen. Macht euch keine Sorgen, sie kommen morgen zum Konzert.“

Am nächsten Abend spielten wir unseren Gig – es war kein herausragender – und als wir zurück zu unserer Garderobe waren, stand plötzlich der Mann mit dem Bowie-Messer vor unserer Tür. Er machte sich Sorgen, dass es ein Problem mit unserem Security-Typen gäbe. Unser Security-Typ war natürlich niemand anderes als Terry, der sich weigerte, die Konzertveranstalter hinter die Bühne zu lassen.

Wenige Minuten später spazierten die Veranstalter dann schließlich doch in unsere Garderobe. Es waren Veranstalter, wie wir sie noch nie zuvor gesehen hatten: Beide trugen sie Mützen, deren Vorderseite die Südstaaten-Fahne zierte, und sie waren von Kopf bis Fuß in Denim gekleidet. Die Hosenbeine ihrer Jeans waren hochgekrempelt. Sie waren barfuß und ihre Füße waren mit getrocknetem Schlamm aus den Bayous bedeckt. Als wären sie direkt aus *Beim Sterben ist jeder der Erste* entsprungen. Sie bestanden darauf, dass wir zum Haus vom Vorabend mitkämen, wo eine Party stattfände. Sie meinten auch, dass dort bereits unser Schlagzeug aufgebaut würde. Es war glasklar, dass sie von uns erwarteten, dass wir eine Jam-Session starten sollten, doch keiner von uns wusste, wie das gehen sollte. Wir jammten schließlich nie! Wir haben sie im Anschluss nie wieder gesehen. Vielleicht war bei der nächsten Miami-Lieferung ja was schiefgelaufen.

Bevor wir das Sunset Marquis als unser Hotel wählten, wohnten wir zuerst noch im Tropicana, einem berühmten alten Rock'n'Roll-Motel in Los Angeles. Die Doors lebten praktisch dort, Andy Warhol drehte hier ein paar Filme und auch Tom Waits gehörte eine Weile mehr oder weniger zum Inventar. Normalerweise wohnten wir nie in den typischen Rock'n'Roll-Unterkünften, aber irgendjemand hatte es vorgeschlagen, vermutlich Tony, der gerne sah, wenn wir in den Hotels mit viel Geschichte, in denen viele berühmte Bands abgestiegen waren, übernachteten. Er mochte auch das Chelsea Hotel in New York, das zu jener Zeit ein haarsträubendes Rattenloch war. Ich nahm mir dort einmal ein Zimmer und es war wie aus einem Film von David Lynch.

Das Tropicana war darüber hinaus berühmt für Duke's Coffee Shop, der sich im Parterre befand und wo Hollywood-Stars zum Essen vorbeischauten, weil das Essen angeblich dort so gut war. Vielleicht war es das ja auch, aber unser Roadie Dave Pils, Peter Hook und ich teilten uns eine Suite über der Küche, wo außer uns noch ungefähr 3.000 Kakerlaken lebten. Wir mussten unsere Bettdecken seitlich unter die Matratzen stecken, damit keine Kakerlaken unter sie hineinkrabbeln konnten. Vom Bett aus sah es fast so aus, als würden sie an den Wänden eine eigene Spiralnebelgalaxie bilden, und wenn man mitten in der Nacht aufs Klo ging und den Deckel hochschob, erhaschte man noch einen Blick darauf, wie sie vor einem flüchteten. Das heißt, bis sie sich an dich gewöhnt hatten. Ab diesem Zeitpunkt wurde es dann nämlich besonders spannend, auf der Klobrille zu sitzen.

Steve und Gillian durften sich glücklich schätzen, dass sie in dem Zimmer mit den Wodka trinkenden Fliegen schlafen durften. Da unser Zimmer so ekelhaft war, gingen wir in ihres, um Party zu machen. Dort zeigte mir Steve, dass die Fliegen, wenn man alle Trinkgläser abstellte, immer zu jenen mit Wodka Orange und zu keinem anderen flogen. Das Tropicana war eine verkommene Absteige – und wir hatten im Verlauf der Jahre so einige miterlebt. Die Leute, die das Café besuchten, Filmstars miteingeschlossen, können keinen Dunst davon gehabt haben, wie verseucht mit Kakerlaken dieser Ort tatsächlich war. Ich kann mir nur vorstellen, was für Schrecken die Küche bereitgehalten haben muss. Einmal beschwerte ich mich an der Rezeption. Der Mann dort fing an zu lachen und sagte: „Was zum Geier erwarten Sie sich, das ich jetzt unternehmen soll?"

Es hatte schon Klasse, keine Frage. Ich habe gehört, dass es Ende der Achtzigerjahre abgerissen worden ist und mittlerweile das Gebäude einer Hotelkette dort stehen soll. Um seinetwillen hoffe ich, dass die

Kakerlaken gemeinsam mit dem Tropicana dem Erdboden gleichgemacht worden sind.

Das alles trug zu meinen gemischten Gefühlen bei, die ich in Bezug auf Los Angeles hatte. Zum einen kam ich aus Salford, weshalb ich den permanenten Sonnenschein als ganz besonders seltsam empfand. Zum anderen kosteten wir, ein Haufen Leute in ihren Zwanzigern, die Party-Szene in Los Angeles voll aus, beförderten uns allabendlich in komplett jenseitige Zustände und schoben den unweigerlichen Kater mit all seinen Begleiterscheinungen auf die Stadt selbst, als die Schuld lieber bei uns zu suchen.

Nachdem ich damals so eine hin- und hergerissene Einstellung zu Los Angeles gehabt hatte, habe ich mittlerweile eine ganz andere Perspektive auf die Stadt und sehe sie mit viel klareren Augen. Es ist einfach eine nette Stadt, voll mit netten Leuten.

Eine dauerhafte Erinnerung, die ich an diese Zeit habe, ist eine Session, bei der wir mit Arthur und John für den Film *Pretty In Pink* im selben Studio, in dem Fleetwood Mac ihr Album *Tusk* aufgenommen hatten, an Aufnahmen bastelten. Direkt vor dem Studioraum gab es eine Lounge, in der die Bands relaxen konnten, und Fleetwood Mac hatten sie im Stile eines englischen Herrensitzes dekoriert. Die Wände waren mit Eichenholz getäfelt, importiert aus England und sehr luxuriös, aber leider gab es dort keine Fenster. Man hatte versucht, das auszugleichen, indem die Decke mit von hinten beleuchtetem Plexiglas verkleidet worden war, womit der Verlauf der Tageszeiten simuliert wurde. Wenn man in der Früh ankam, war das Licht gelb, dann, als der Tag voranschritt, wurde es zuerst weiß, dann blau, pink, orange (für den Sonnenuntergang) und schließlich stufenweise blauer für die Nacht. Seltsamerweise funktionierte das recht gut.

Der Studiotechniker war einer von diesen typischen Jungs aus L.A., der ständig alles „verdammt cool" fand. „Dieser Track ist der Scheiß-*Wahnsinn*, Alter", sprudelte es aus ihm heraus. „Der heißeste Scheiß, den ich je gehört habe. Ihr Jungs macht echt einen fan-TAS-tischen Job."

Daran waren wir nicht gewöhnt. Als Engländer war es für uns normal, dass der Studiotechniker uns während einer Session durch die Scheibe mürrisch anstarrte. Uns war schon klar, dass der Typ kein einziges Wort ehrlich meinte – und er wusste wiederum, dass wir es wussten. Ich denke aber, dass er Arthur und John mehr nervte, weil sie Jungs von der Ostküste waren, die solch einer gnadenlos sinnentleerten positiven Einstellung mit einer Attitüde begegneten, die „Scheiß auf diesen L.A.-Bockmist" zu schreien schien.

Eines Tages erzählte uns der Studiotechniker wieder einmal, dass der Track „verdammt großartig" klang. Er war laut ihm „schon fast perfekt", doch schlug er vor, „noch ein wenig abgefahrene Percussion" zu ergänzen. Wir sagten: „Danke für den Tipp, Kumpel, aber wir wollen wirklich keine zusätzliche Percussion, wenn für dich ohnehin alles gleich klingt." Er kam aber immer wieder damit an. Schließlich sagte er: „Ich sag euch was, ich ruf diesen Typen an. Er ist verdammt nochmal fanTAS-tisch. Er hat schon mit jedem gespielt und würde diese Nummer total vervollkommnen." Wir gaben schließlich nach, damit wir endlich unsere Ruhe hätten – und der Studio-Typ tätigte seinen Anruf. Als sein Percussion-Typ eintraf, stellte er sich als veritabler Hippie heraus: lange Haare, Hippiegewänder, kubanische Stiefel mit Absätzen und ein Leinensack über der Schulter. Er legte den Sack auf den Tisch und all seine Percussion-Instrumente kullerten heraus. Er schnappte sich die Cabaza, schraubte sie auseinander und kippte den Inhalt auf den Tisch – einen kleinen Hügel weißen Pulvers. Ich vermute, dass es das sein sollte, was dem Soundtechniker zufolge den Track „besser machen" würde. Der Perkussionist meinte, dass er ein Geschenk für uns hätte. Er gab uns ein paar Blätter und sagte, dass wir darauf herumkauen sollten. Also taten wir das auch. Sie schmeckten ziemlich pfeffrig, aber was auch immer das für Blätter waren, sie betäubten unsere Zungen und vertrieben jeglichen Gedanken daran, etwas zu essen. Für 24 Stunden war unser Appetit wie ausgelöscht.

Leider waren wir an diesem Abend zum Essen bei Quincys Stellvertreter Harold Childs eingeladen. Er war ein schwarzer Typ, der sich wie ein englischer Gentleman gab und sogar eine Pfeife rauchte. Ein liebenswerter Kerl, den wir sehr zu schätzen lernen sollten. Jedoch saßen wir nun da in einem noblen Restaurant, nachdem wir uns gerade erst kennengelernt hatten, und brachten keinen Bissen runter. Es war eigentlich von Harold als Einstandsessen für uns gedacht gewesen, weshalb er all dieses tolle

Essen geordert hatte – und wir verschmähten es. Wir stocherten nur darin herum und lächelten dabei so höflich es nur ging.

Aber so war L.A. in der Mitte der Achtzigerjahre. Wir hatten unseren Spaß – und nicht zu knapp. Ich bin seit damals ein bisschen reifer geworden und nicht länger der Junge, den man im Süßigkeitenladen alleine gelassen hat, denn ich habe bereits vor langer Zeit begriffen, dass einem die Zähne ausfallen, wenn man zu viel Süßkram nascht.

Jnser ehemaliger Manager für den amerikani-nen Markt, Tom Atencio. Was für ein netter Kerl!

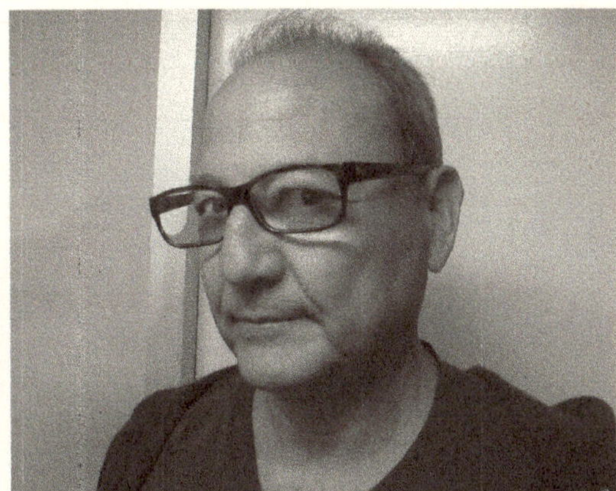

↓ Was für eine Verleumdung!

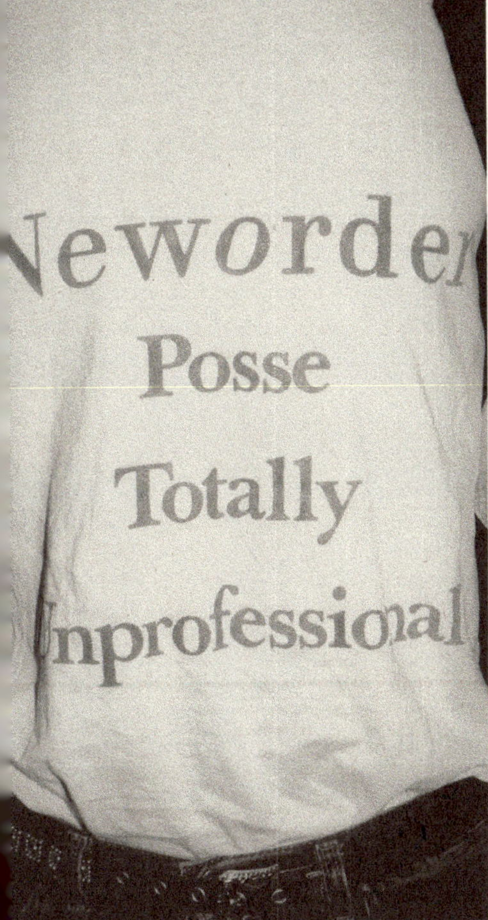

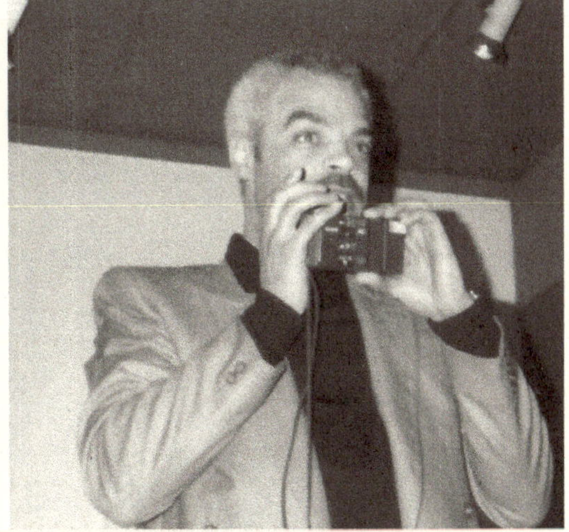

↑ Alan Erasmus, der „stille" Typ im Hintergrund bei Factory. Tatsächlich kann er gar nicht aufhören zu quasseln.

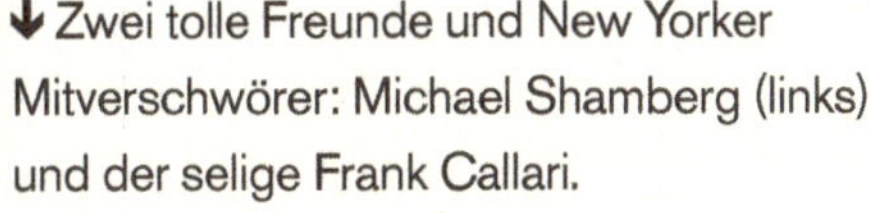

↓ Zwei tolle Freunde und New Yorker Mitverschwörer: Michael Shamberg (links) und der selige Frank Callari.

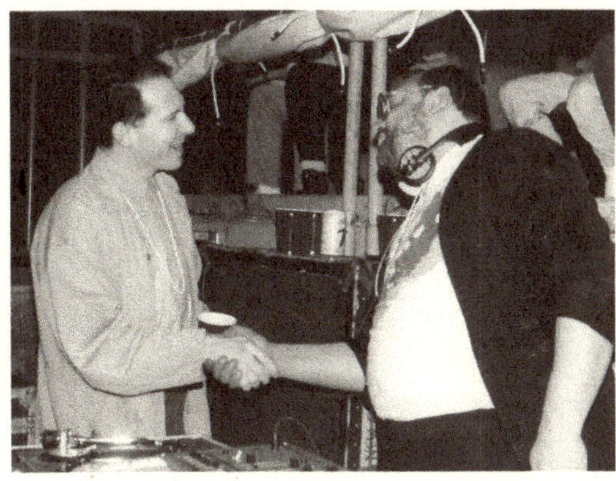

Außer Dienst in der Türkei.

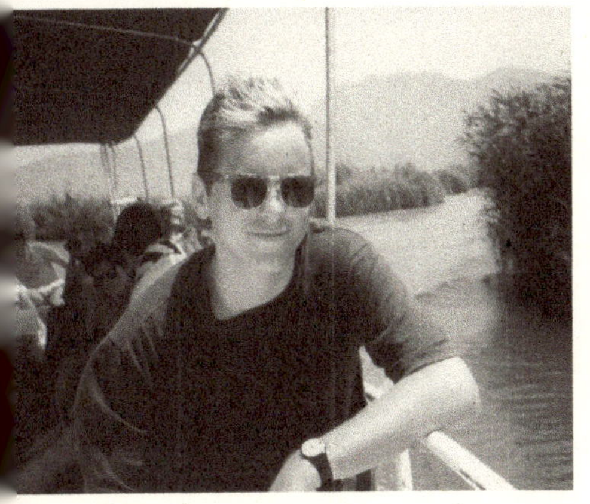

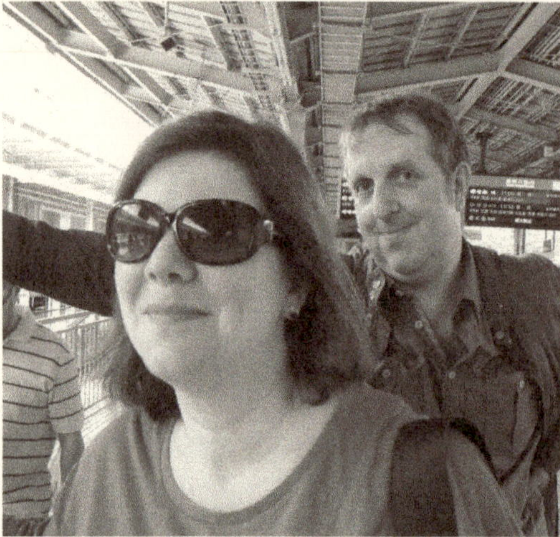

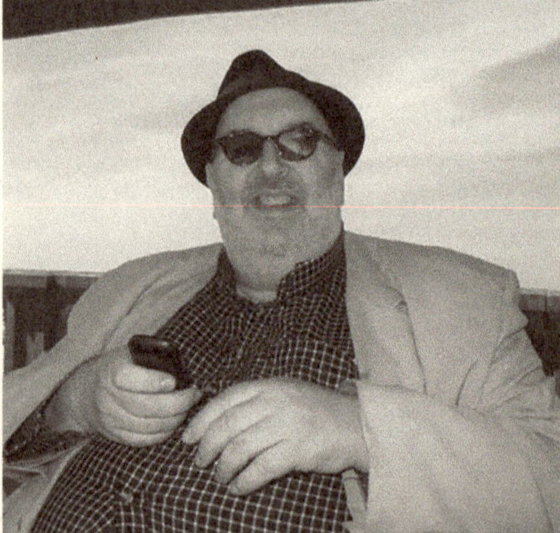

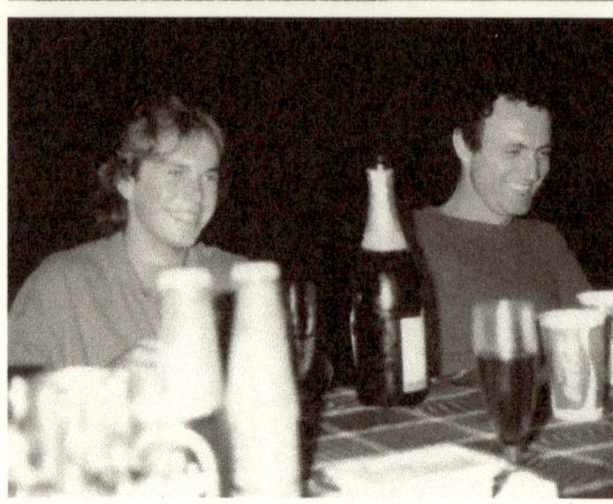

↑ Herman the German (links, eigentlich ist er Spanier), unser Barkeeper auf Ibiza.

→ Die glamouröse Welt des Tour-Lebens.

← Unsere aktuellen Manager Rebecca Boulton und Andy Robinson.

↙ Der unvergleichliche Alan Wise.

↓ Terry Mason entspannt sich am Pool.

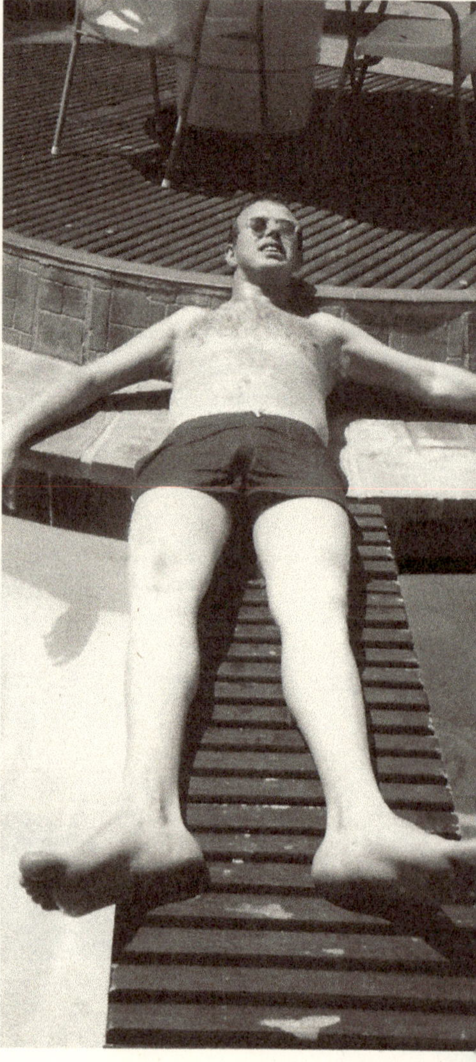

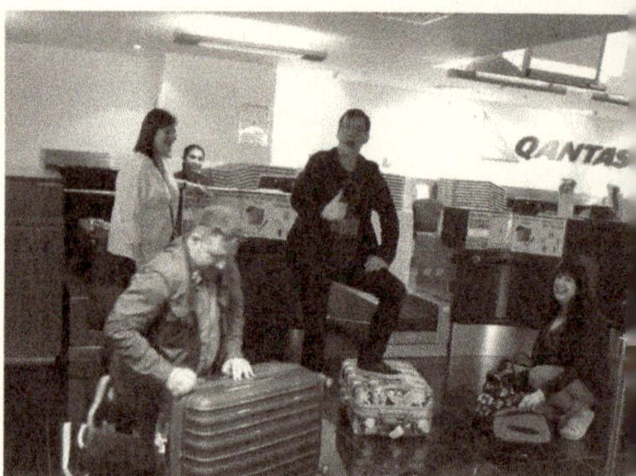

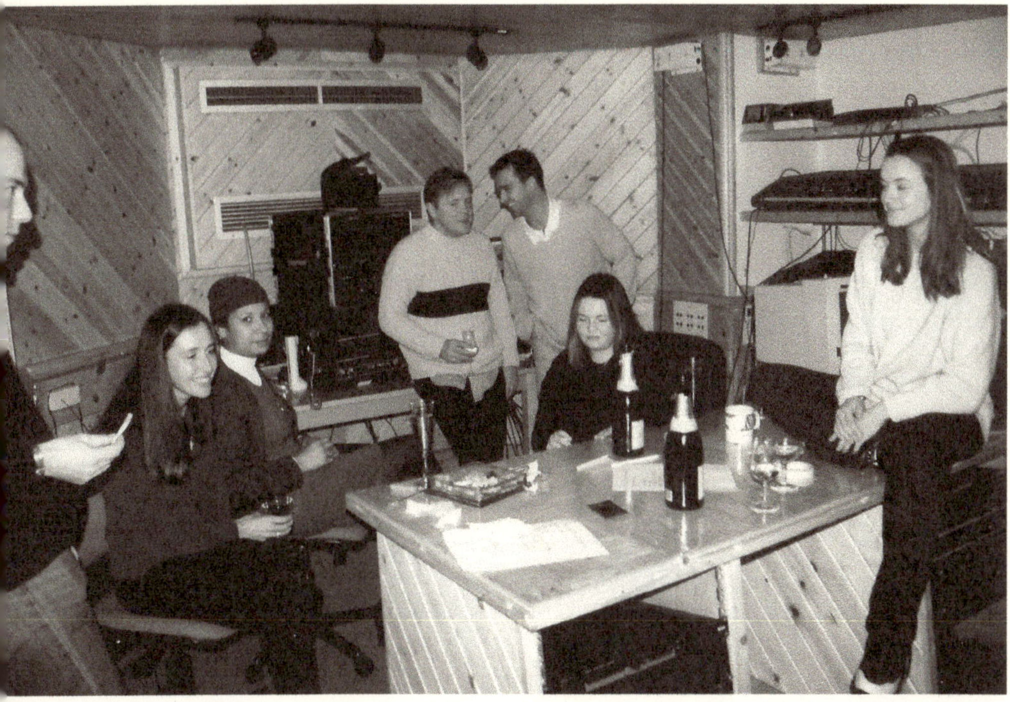

Mit Johnny Marr und Freunden. Wir feiern die Fertigstellung eines unserer Alben mit Electronic.

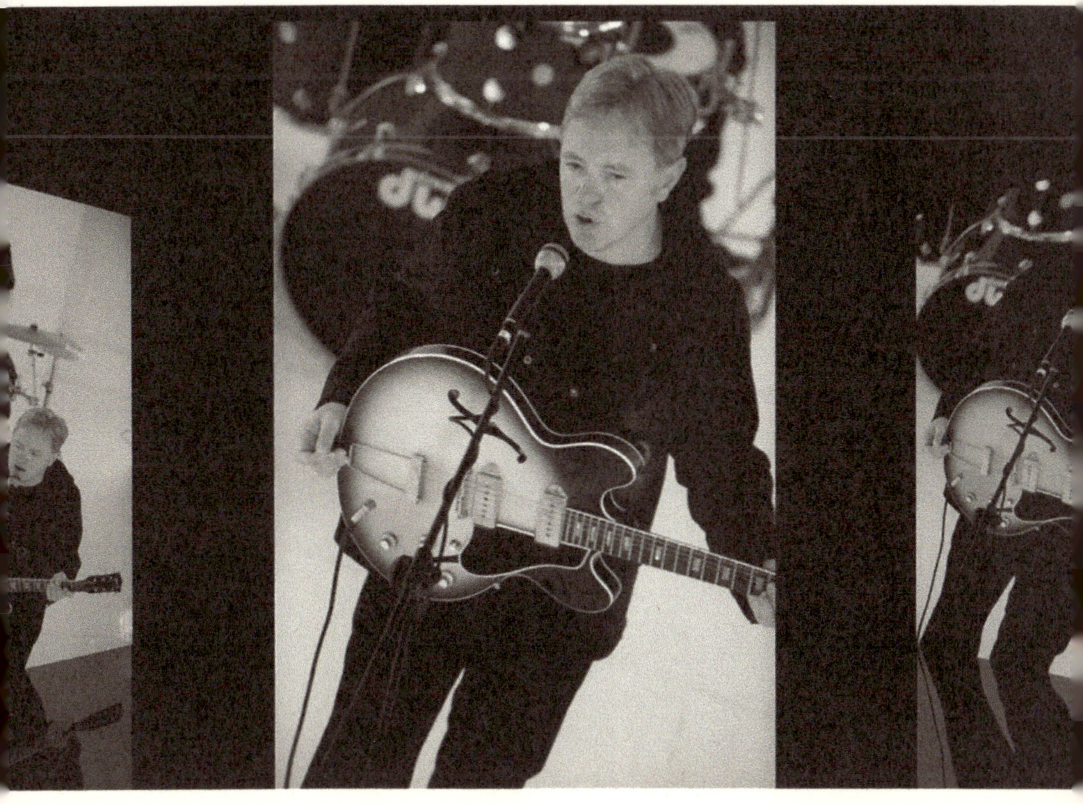

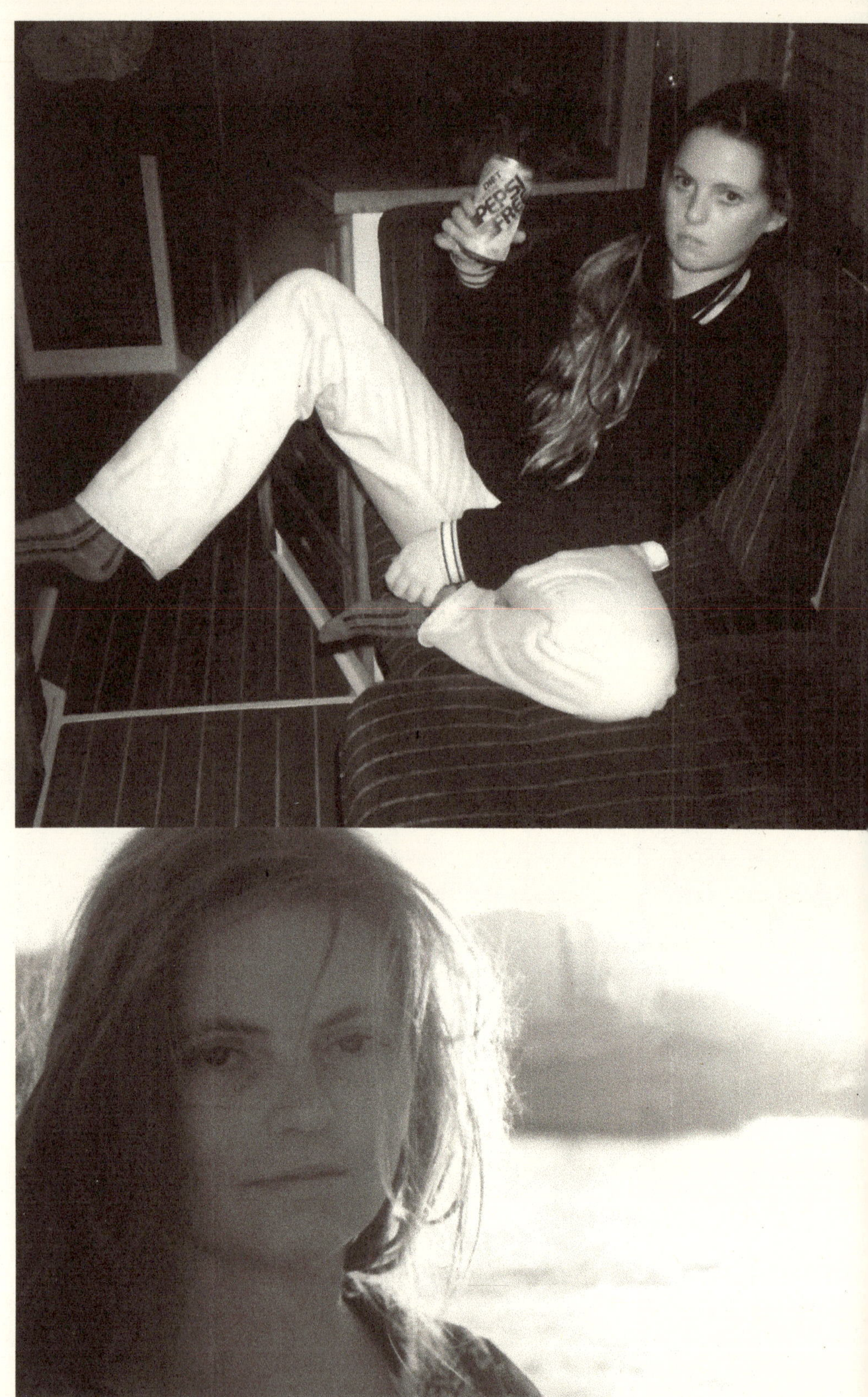

↑ Sarah. Ohne, die ich …

Kapitel 15

Eine Idee

Während wir die Einflüsse der New Yorker Clubszene aufsaugten – wir tarnten das ganz clever als „Ausgehen“ und „Amüsement“ –, entstand zuhause unser ganz eigener Club.

In den frühen Achtzigern hatte es ein oder zwei Mal die Woche eine Factory-Clubnacht im Russell Club in Hulme gegeben. Dahinter steckten Tony Wilson, Alan Erasmus und ein Charismatiker namens Alan Wise, den ihr vielleicht einmal gesehen habt, als er uns vor einem Gig ankündigte. Der Factory Club buchte eine Vielzahl von Bands wie etwa Cabaret Voltaire, Gang of Four, The Durutti Column, The Human League, Throbbing Gristle, Public Image Ltd., The Raincoats, Teardrop Explodes … sie holten sogar einmal Suicide aus Amerika rüber. Es handelte sich dabei um Bands, die Tony und die beiden Alans interessant fanden, und die Abende waren immer ein großer Spaß. Sie buchten auch immer noch zwei lokale Acts dazu: A Certain Ratio, Section 25 und auch wir spielten im Russell Club und wir alle stimmten darüber ein, dass es eine fantastische Angelegenheit war. Irgendwann hörte sich das aber auf – man sagt, dass es mit den großen und stets weiterwachsenden Schulden gegenüber der Brauerei zu tun hatte, aber es kann auch sein, dass der Erfolg Tony dazu bewog, einen eigenen Nachtclub zu kaufen, weil ein paar Abende pro Woche im Russell Club nicht mehr ausreichten. Egal, was stimmt oder nicht, die Saat dessen, was als Haçienda erblühen sollte, wurde ursprünglich auf den klebrigen Teppichen des Russell Clubs ausgebracht.

Irgendwann in den frühen Achtzigerjahren müssen wir dann angefangen haben, gutes Geld zu machen (als Band wurden wir über solch periphere Angelegenheiten nie auf dem Laufenden gehalten). Zufälligerweise kam zu ebenjener Zeit das Thema auf, einen Club zu erstehen. Die zentralen Fürsprecher für die Eröffnung eines Clubs namens Haçienda waren Rob, Tony und der DJ Mike Pickering, ein guter Freund von Rob, der bis heute auch gut mit der Band befreundet ist. 1982 kamen sie auf uns zu und sagten: „Wir haben da diese sensationelle Location in der Whitworth Street in Manchester gefunden. Es war früher mal ein Vorführraum für Yachten und würde sich perfekt als Club eignen. Habt ihr Interesse?" Wir erinnerten uns daran, wie toll der alte Factory Club gewesen war, stellten uns etwas Ähnliches vor und sagten zu: Ja, wir waren definitiv interessiert. Was wir nicht abschätzen hatten können, bevor wir die Location besichtigten, war das enorme Ausmaß der Örtlichkeit – genauso wenig wie die Kosten. Weder Rob noch Tony zeigten uns jemals irgendwelche Hochrechnungen oder Unternehmenskonzepte. Zuerst einmal nahmen wir an, dass wir nur über einen Teil des Gebäudes und nicht das über das ganze reden würden. Uns war auch nicht bewusst, dass die Angelegenheit de facto schon beschlossene Sache war und Tony die Fäden zog. Von den Factory-Machern sprachen sich Alan Erasmus und Martin Hannett dagegen aus. Da er ein Bestandteil der Factory-Nacht im Russell Club gewesen war, wusste Alan genau, wie viel Zeit und Aufwand nötig wären beziehungsweise welche sonstigen Hindernisse überwunden werden müssten. Ihm war klar, dass der Club von der Kerntätigkeit von Factory ablenken würde: Schallplatten zu veröffentlichen.

Es wurde ein Meeting in Tonys Haus in Didsbury einberufen. Tony und Rob stimmten dafür, Alan und Martin dagegen. Damit fiel Peter Saville die entscheidende Stimme zu, der lebte aber damals in London und konnte nicht am Meeting teilnehmen. So wie es mir Alan Erasmus erklärt hat, rief Tony Peter an und bat ihn darum, für den Haçienda-Plan zu stimmen. Es wäre ganz nett gewesen, wäre vielleicht der Band diese entscheidende Stimme zugefallen, aber wir wussten ja nicht einmal von dieser Unterredung.

In weiterer Folge und unter Robs Anleitung wurden die inzwischen aufstrebenden New Order und Factory unter der Führung Tonys Partner bei dem Projekt und es gelang uns irgendwie – vermutlich mithilfe des Geldes, das wir mit Joy Division verdient hatten – das Startkapital auf die Beine zu stellen.

Die Details wurden uns nie besonders eingehend dargelegt. Tatsächlich wurde ich von der Band während der Planungsphase damit beauftragt, von Rob und Tony genau in Erfahrung zu bringen, was da nun vor sich ginge. Sie verstanden aber nicht, warum wir das wissen wollten. Sie waren aufrichtig verblüfft, warum es uns interessierte, was sie mit einem großen Teil unserer Einkünfte vorhatten. So zog ich ohne viel neue Informationen wieder ab und überließ ihnen das Feld. Unser Laissez-faire mag rückblickend verwunderlich wirken. Wir hätten wahrscheinlich etwas hartnäckiger sein sollen, aber der Grund, warum wir uns nicht mehr einbrachten, war, dass unsere Rolle darin bestand, uns um unsere Musik zu kümmern. Robs Aufgabe war das Geschäftliche und wir vertrauten ihm diesbezüglich ohne Einschränkung. Wir wussten, wie man Songs schrieb – und er wusste, wie man Schecks ausstellte. Es ist möglich, dass er sich dachte, dass ein Club eine tolle Möglichkeit wäre, Geld aus Factory herauszuholen.

Allerdings wurden wir eingeladen, das Gebäude selbst eingehend zu inspizieren. Als wir diesen riesigen, höhlenartigen Ort besichtigten, wurde uns klar, dass es sich hier um keine kleine Diskothek mit ein paar Spiegelkugeln an der Decke handeln würde. Nein, hier würde ein anderer Maßstab gelten. Der Begriff war zwar noch nicht gebräuchlich, aber dies sollte ein „Superclub" werden. Der Designer Ben Kelly wurde engagiert, um ein paar Skizzen anzufertigen. Ich war nicht gänzlich überzeugt, da ich fand, dass das Ganze ein bisschen wie eine sehr große öffentliche Toilette inklusive Pollern aussah. Jedoch erinnerte es mich auch irgendwie an die Clubs in New York und es war definitiv ein Schritt weg von den kitschigen Disco-Etablissements in Großbritannien. Es wäre hier der erste Club dieser Art und wir wagten uns damit auf dünnes Eis. Während unser Status, den wir uns mit Joy Division erarbeitet hatten, abgesichert war, hätte sich das mit New Order rasch ändern können, weshalb das Projekt ein massives Risiko darstellte. Aber wenn Rob dachte, dass schon alles hinhauen würde und wir es uns anscheinend leisten könnten, dann hey, warum eigentlich nicht? Uns gefiel ja die Idee, einen Club aufzumachen.

Es schien eine lustige Sache zu sein. Wir waren jung, hatten ein wenig Geld, waren sehr hedonistisch veranlagt und – nicht ganz untypisch für junge Leute – wir dachten, dass wir gegen alles immun seien, quasi kugelsicher. Um einen meiner eigenen Songtexte zu bemühen, hatten wir „too much to drink, but not enough to lose".

Das ursprüngliche Haçienda-Budget betrug 50.000 Pfund. Praktisch im Handumdrehen brauchten sie weitere 50.000 Pfund, dann noch einmal 50.000 Pfund – und von da an stiegen die Zahlen immer weiter an. Wie Steve sagte: „Ich wusste, dass mein Deal mit Factory einen fünfzigprozentigen Anteil am Gewinn festschrieb, aber ich realisierte nicht, dass sich das auf unsere Ausgaben bezog."

Als das Haçienda, eine großflächige Location mit riesigen Fenstern an der Decke, die wie kein anderer Club zuvor aussah, im Mai 1982 aufsperrte, schien die vorherrschende Meinung vonseiten des Managements zu sein: „Wenn du es baust, werden sie kommen."

Es wurde kaum Marketing betrieben und binnen Kurzem waren die einzigen Besucher wir selbst und unsere Freunde. Anlässlich des ersten Abends fand eine große Sause statt, die ziemlich gut besucht war, aber schon bald wurde der Club von der Wirklichkeit eingeholt und er war in weiterer Folge üblicherweise eher leer. Er war zu fremdartig und seiner Zeit zu weit voraus: Das Haçienda glich keinem anderen Club, was die Leute anfangs irritierte. „Was zur Hölle *ist* dieser Ort?", dachten sie sich. „Es ist hier noch nicht einmal dunkel. Und überhaupt, wo ist der DJ?" Es gab nämlich keine DJ-Kabine, nur eine schlitzartige Öffnung, wie bei einem Briefkasten, in der Wand, hinter der der DJ auflegte. Alles, was man von ihm erspähen konnte, war ein Augenpaar, das gelegentlich nach dem Rechten auf dem Dancefloor Ausschau hielt. Dass die Räumlichkeit so hoch war, bedeutete auch, dass der Sound grässlich klang. Die Musik wurde zwischen den Wänden hin und her geworfen, dass man mitunter praktisch gar nichts mehr hören konnte. Das Soundsystem hatte ein Heidengeld gekostet, aber die akustischen Rahmenbedingungen waren vernachlässigt worden, weshalb der Sound im Kampf mit dem Gebäude unterlag. Der Kaufanreiz für die Beleuchtungsanlage bestand darin, dass es etwas ganz anderes als in anderen Clubs sein sollte. Aber wie sich herausstellte, war sie ziemlich beschissen.

Vom ersten Moment an gab es viele Probleme, bei denen nicht bis zum Schluss gedacht worden war.

Schon bald verursachte der Club einen großen Streit zwischen Martin Hannett, Tony, Factory und Rob, der schließlich darin gipfelte, dass Martin das Handtuch warf und Factory endgültig den Rücken kehrte. Martin – er war ja von Anfang an gegen die Idee gewesen – rief mich eines Tages an, um sich wegen der Geldsummen, die in den Club gepumpt wurden, zu beschweren. „Es ist eine lächerliche Idee!", sagte er. „Einfach nur dumm! Wir sollten eher Geld in einen Fairlight-Synthesizer investieren." Als eine der aufregendsten Entwicklungen in der elektronischen Musik der frühen Achtziger war der Fairlight das erste vernünftige computerbasierte Instrument auf dem Markt. Der Nachteil daran war, dass er enorm teuer war – man hätte sich leicht um dasselbe Geld ein Haus kaufen können. Martin zerstritt sich deswegen unwiderruflich mit seinen alten Partnern. Der Streit eskalierte und landete sogar vor Gericht und bekam als Fall Factory versus Factory die Katalognummer (FAC61).

Die Lage besserte sich, als wir anfingen, im Haçienda Live-Gigs zu organisieren: Unter anderem traten Echo and the Bunnymen, The Smiths, die Happy Mondays und die Stone Roses auf – und Madonna feierte dort ihr Live-Debüt in Großbritannien. Wir spielten selbst zwei oder drei Mal und die Location war immer bis unter die Decke voll. Die einfachen Clubnächte hingegen liefen immer noch nicht sonderlich gut, weshalb wir auf mein Bestreben hin ein paar Dinge änderten. Zum Beispiel installierten wir eine konventionelle DJ-Kabine auf dem Balkon, der erst kürzlich für teures Geld umgebaut hatte werden müssen, um den feuerpolizeilichen Auflagen zu entsprechen: Wenn das Haçienda auf der Suche nach einer Möglichkeit war, Geld zu finden, dann fand der Club sie auch. Aber so konnten die Gäste nun wenigstens den DJ sehen, ohne dabei durch einen Briefschlitz gaffen zu müssen. Ich bin mir sicher, dass an vielen Abenden die Leute gedacht haben müssen, dass im Haçienda bloß Dance-Compilations über die Anlage liefen.

Die Ära, die das Haçienda definieren sollte und ihm seinen Platz in der Geschichte der Popkultur sichern würde, brach allerdings erst an, als sich Mitte und Ende der Achtziger die Acid-House-Bewegung formierte. Während dieser Zeit wurde das Haçienda der angesagte Club schlechthin, was vor allem für Nordengland galt. Soweit es mich betrifft, hat Acid House im Norden des Landes so richtig begonnen. Entgegen der landläufigen Meinung wurde dieser Sound nicht auf Ibiza geboren. Es fing alles in Großbritannien an und hatte seine stärksten Wurzeln in Manchester, Glasgow und London. Shoom und Spectrum öffneten 1987 beziehungsweise 1988 ihre Pforten und im Sub Club in Glasgow ging zur selben Zeit auch schon die Post ab – so wie auch im Haçienda. Diese Venues standen im zentralen Fokus der Bewegung. Wie das Ganze zum Namen „Acid House" kam, keine Ahnung. Ich halte das für eine bescheuerte Bezeichnung, aber ich denke, dass man einen Namen brauchte, um diese spezifische Musik kategorisieren zu können – eine Musikrichtung mit einem typischen Bass-Sound, der sich fantastisch anhörte, wenn man auf E war (so nehme ich an).

Acid House erinnerte ein wenig an Punk, obwohl die Musik ganz anders war. Die Energie von Punk leitete sich von einen Drei-Akkorde-Gewitter, das durch verzerrte Verstärker schoss, ab, wohingegen diese Tanzmusik zur Gänze mit Synthesizern und Computern erzeugt wurde – und das war eine fantastische Sache.

Um ganz genau zu sein, während das Haçienda und Acid House eine glückliche Liaison miteinander eingingen, beruhte die Beziehung zwischen New Order und der Szene auf einem Track aus dem Jahr 1982 mit dem Titel „Ecstasy". Wir hatten einen Gig in Dallas gespielt und waren im Anschluss in einen Club gegangen, wo wir mit den Veranstaltern ins Gespräch kamen. Damals war Dallas im Fernsehen gerade richtig groß und sie erzählten uns, dass Mitglieder des Ensembles beziehungsweise der Crew in diesen Club kämen, wo sie dann „E" einwarfen.

„Was soll das heißen?", fragten wir unwissend. „‚E'? Was soll das sein?"

„Die Droge Ecstasy", erwiderten sie. „Habt ihr davon noch nie gehört?"

Hatten wir nicht. Sie erzählten uns alles darüber und wie der Club vor ein paar Wochen von einer Razzia heimgesucht worden sei. Die Polizei habe dabei um die tausend Ecstasy-Tabletten konfisziert, die hastig auf den Boden fallengelassen worden seien. Ecstasy war bereits 1982 in Amerika angekommen, hatte sich aber offenbar noch nicht über diese kleine Szene in Texas hinaus ausgebreitet. Es kam dann ungefähr fünf Jahre später in Großbritannien auf und wir begriffen schon bald, dass es sich dabei um dieselbe Droge handelte, von der wir damals in Dallas gehört hatten. Die Musik unterschied sich aber stark von der, die wir in Amerika gehört hatten. Dort war es elektronische Tanzmusik, die radikal anders war als der ausgeflippte Dance-Sound, der nun wie eine Epidemie in Großbritannien um sich griff. Die Acid-House-Szene wuchs auf enorme Größe an und das Haçienda startete ordentlich durch. Wir waren darüber aufrichtig erleichtert, da, abgesehen von gelegentlichen Live-Gigs, der Club sich nur mit Ach und Krach über Wasser halten hatte können.

Obwohl ich überzeugt bin, dass der Ursprung von House hier in England und nicht auf Ibiza liegt, sollten die Baleareninsel und ihre Clubs eine einflussreiche Rolle in der Entstehungsgeschichte unseres Albums *Technique* spielen. Falls wir gedacht hätten, dass Ibiza ein netter, ruhiger Ort sei, an den wir uns zurückziehen und uns auf die Aufnahmesession zu einem unserer populärsten Alben konzentrieren könnten, hätten wir uns ordentlich etwas vorgemacht, da bei unserer Ankunft im Frühling 1988 die balearische Beat-Szene gerade davor stand durchzustarten.

Als New Order immer erfolgreicher wurden, begannen wir, uns für die Arbeit an unseren Alben auf Reisen zu begeben. Unsere offizielle Begründung dafür lautete, dass es in Manchester kein Studio gab, das gut genug wäre, aber in Wahrheit hatten wir einfach viel mehr Spaß, wenn wir woanders waren. Die Vorstellung, nach Ibiza zu gehen, sprach uns dabei sehr an. Uns war gesagt worden, dass das hiesige Aufnahmestudio nicht besonders gut sei, aber wir waren bereit, uns auf dieses Risiko einzulassen, in erster Linie deswegen, weil sich in der unmittelbaren Nachbarschaft eine Bar befand, die 24 Stunden geöffnet war und deren Barkeeper irre gute Cocktails mixte. Außerdem gab es da noch einen Swimmingpool und auch die Nachtclubs waren nicht allzu weit entfernt.

In jedem Fall hatten wir das Gefühl, dass wir uns das Recht verdient hätten, zur Abwechslung einmal ein Album an einem sonnigen Ort aufnehmen zu dürfen, nachdem wir bisher oft genug im trostlosen Norden Englands aufgenommen hatten. Nach unserer Ankunft stellte sich heraus, dass das Gebäude im Stil einer spanischen Hazienda gebaut war und sich am Ende einer langen, staubigen Straße befand. Das Studio war nicht so gut wie das, an was wir gewöhnt waren, und die Schlafzimmer erinnerten mich ein bisschen an *Scarface*, da sie so groß und weiß waren. Jedoch gab es nicht wirklich etwas auszusetzen und als wir im späten Frühling eintrafen, also bevor die Hitze unerträglich wurde, freuten wir uns darauf, uns an die Arbeit zu machen.

Wir hatten ein paar Ideen im Gepäck, an denen wir bereits zuhause in England gebastelt hatten, aber wir neigten dazu – und zogen es vor –, hauptsächlich im Studio an Songs zu feilen. Am Anfang der Sessions zu *Technique* vollendeten wir zuerst die Entwürfe zu Songs, die wir mitgebracht hatten, und holten dabei das Beste aus unserer Umgebung heraus: Den Akustikgitarrenpart für „Guilty Partner" nahm ich etwa unter einem Baum mithilfe eines Mikrophons, das vor meiner mit Nylonsaiten bezogenen Gitarre postiert war, auf, während im Hintergrund die Vögel zwitscherten. Es war toll, im Freien aufzunehmen, da im Inneren des Gebäudes die Resonanz sehr flach war. Steve ist kein Freund der Hitze und des Sonnenscheins, weshalb er vornehmlich im Haus seine Schlagzeugspuren aufnahm, während wir anderen unsere Zeit mit Cocktails am Pool ausfüllten. Es dauerte auch nicht sehr lange, bis wir das Nachtleben für uns entdeckten, was unsere Produktivität merklich verringerte. Die meisten Clubs befanden sich in Ibiza-Stadt oder San Antonio, wobei die wichtigsten Ku und Amnesia hießen und an der Straße, die die beiden Orte verband, lagen. Wir machten es uns zur Angewohnheit, dass wir zuerst ein paar Drinks in einer netten Bar, die in einer kleinen Stadt namens Santa Eulalia gefunden hatten, zu uns nahmen. Es war ein überaus angenehmes Plätzchen, wo wir eines Abends auch den Schauspieler Denholm Elliott sahen. Im Anschluss zogen wir weiter nach Ibiza-Stadt, wo es etwas vornehmer – und für unseren Geschmack zu vornehm – zuging, woraufhin wir uns dann ins Amnesia begaben, das damals ein Open-Air-Nachtclub war. Dort ließen wir uns komplett gehen und blieben bis ungefähr halb zehn am Vormittag. Dann stand noch ein Club namens Manhattan in San Antonio auf dem Programm. Gegen Mittag kehrten wir dann, bevor es zu heiß wurde, ins Studio zurück. Diese Odyssee verlief zumeist einigermaßen ereignisreich: Ich erinnere mich etwa noch daran, dass wir einmal einem Bauern auf einem Feld unsere Autoschlüssel mit der Bitte, uns doch den restlichen Weg zu chauffieren, in die Hand drückten.

Im Grunde genommen verbrachten wir dort eine tolle Zeit. Es war sogar so toll, dass sich das bis nach Manchester herumsprach und Leute uns besuchen kamen. Bez von den Happy Mondays schaute etwa mit ein paar anderen aus dem Haçienda vorbei und aus irgendeinem Grund lieh ich ihm meinen Führerschein. Warum auch immer ich das getan habe, werde ich nie verstehen, da es klar war, dass das in einer Katastrophe enden würde. Das erste Mal, dass er sich hinters Lenkrad begab, versprach er, dass er und dieser Typ namens Geoff der Chefkoch mich und meine Freundin (und spätere Ehefrau) Sarah um 10.30 Uhr beim Studio abholen würden, damit wir alle zusammen in die Stadt fahren könnten. Es war eine regnerische Nacht und aus zehn Uhr wurde zuerst elf Uhr. Dann rückten die Zeiger auf 11.30 Uhr vor, ohne dass Bez ein Lebenszeichen von sich gegeben hätte, und wir begannen, uns ein wenig zu sorgen. Kurz nach Mitternacht stand schließlich Geoff der Chefkoch klatschnass vor der Türe, allerdings ohne Bez oder irgendeinem motorisierten Untersatz. „Bez hat einen verdammten Unfall gebaut", verkündete er, während Regenwasser von seiner Nase rann. „Es hat so fest geregnet, dass er die Verkehrsschilder nicht sehen konnte, weshalb er ranfahren wollte, um es besser erkennen zu können, aber stattdessen ist er in eines hineingekracht."

Ich kann nicht behaupten, dass ich sehr überrascht war. Bez ist davon überzeugt, ein guter Fahrer zu sein, aber eigentlich ist er das nicht – was jeder, der ihn kennt, bestätigen wird können. Zu diesem Zeitpunkt hatte es aufgehört zu regnen, weshalb wir Geoff zur Unfallstelle folgten. Das Auto war praktisch um das Verkehrsschild herumgewickelt. Bez stand daneben, trat auf das Wrack ein und schimpfte wie ein Rohrspatz, aber nicht etwa, weil er einen Totalschaden verursacht hatte, sondern weil er dachte, dass damit sein Ausgeh-Abend ruiniert wäre.

Trotz allem schafften wir es dennoch in die Stadt, wo ich mich so richtig spektakulär gehen ließ. Das ging so weit, dass ich mich nur mehr daran erinnern kann, wie mich Sarah, Debs – sie war die Freundin von Bez – sowie ein weiteres Mädchen aus Manchester aus dem Club schleppten. Bez half nicht mit. Er stand nämlich schon draußen. Es war ihm irgendwie gelungen, ein weiteres Auto aufzutreiben. Jetzt stand er daneben, grinste übers ganze Gesicht und klimperte mit den Schlüsseln.

Am nächsten Tag wollten wir zurück nach England fliegen, um ein paar Wochen Auszeit zu nehmen, doch anstatt im Studio aufzuwachen, um uns zum Flughafen zu begeben, fand ich mich in Bez' Apartment wieder. Sarah beobachtete mich und war ganz krank vor Sorge um mich. Ich befand mich in einer ziemlich schlechten Verfassung und während Sarah versuchte, mir wieder Leben einzuhauchen, konnte ich Debs hören, wie sie im anderen Bett sagte: „Hör auf, Bez, nicht jetzt. Nicht mit Bernard und Sarah im Zimmer." Und da heißt es immer, es gäbe keine Romantik mehr.

Der Kater, der mich heimsuchen sollte, war monumental und es sollte bis zum Abend dauern, bis ich mich wieder gut genug fühlte, um von Bez ins Studio gefahren werden zu können. Er hatte definitiv nichts aus seiner Erfahrung mit spanischen Verkehrsschildern aus der Vornacht gelernt und empfand es jedes Mal als persönlichen Affront, wenn ihn jemand überholte. Um seine Ehre rasch wiederherzustellen, musste er deshalb umgehend einen Konter fahren, um sich wieder an die Spitze der Kolonne zu setzen. Er gab außerdem unumwunden zu, dass er sich auf den Mittelstreifen konzentrieren müsse, um einigermaßen geradeaus fahren zu können. Wir kamen heil beim Studio an, jedoch war ich ein nervöses Wrack, als ich mich aus dem Wagen schälte. Alle waren bereits nach England zurückgekehrt. Nur der Barmann, Herman the German, der gar kein Deutscher, sondern Spanier war, war noch da. Als wir also vorfuhren, fingen Bez' Augen zu strahlen an und er sagte: „Ich wette, er hat ein paar Drogen." Als wir in die Bar einliefen, fanden wir Herman allein und komplett zugedröhnt vor – was Bez sofort auffiel. Er zog ihn an seinem Hemd über den Tresen und verlangte von ihm zu verraten, wo er seine Drogen hatte. Die Augen des entsetzten Herman weiteten sich auf die Größe von Tellern und sobald er sich aus Bez' Griff befreien konnte, ergriff er die Flucht. Bez nahm sofort die Verfolgung auf und jagte ihn quer durch das Gebäude. Das Geschrei und Gekreische, das die Jagd begleitete, war zu viel für meine armen Nerven, weshalb ich und Sarah in unser Zimmer verschwanden. Da wir eigentlich zwei Wochen lang nicht dort sein sollten, fanden wir unsere Betten abgezogen vor. Es gab keine Handtücher und unsere Koffer standen bei der Tür. Aber das war uns egal: Wir sperrten uns ein und beschlossen uns niederzulegen, bis die Luft wieder rein war. Was inzwischen draußen vor sich ging, hörte sich an, als würde Herman gevierteilt werden. Ich traf ihn allerdings später wieder und war erleichtert, dass er die traumatische Begegnung mit dem Maracas-Virtuosen der Happy Mondays überlebt hatte.

Als wir ungefähr drei Tage später zuhause eintrafen, kaufte ich mir eine Ausgabe des *NME* und las darin, dass Bez in der Nacht, bevor er nach Ibiza aufbrechen sollte, vor dem Haçienda in fünf Autos gekracht war.

Er war ein absoluter Albtraum hinterm Steuer. Als wir endgültig aus Ibiza nach England zurückgekehrt waren, um *Technique* in den Real World Studios in Bath fertigzustellen, kam Bez mit ein paar Kumpels vorbei. Er sollte uns zu einer privaten Party in die Stadt fahren. Allerdings war er spät dran, weil er – ratet mal – gegen ein anderes Auto gefahren war. Der vordere Kotflügel war komplett hinüber. „Sorry, dass ich zu spät komme, Bernard“, sagte er. „Ich hatte wieder einen Unfall, aber an diesem war ich nicht Schuld. Jemand hat seinen Wagen mitten auf der Straße abgestellt.“

Nach einer spannungsvollen Autofahrt, bogen wir in die Straße, in der die Party stattfinden sollte. Bez verkündete darauf, dass er schon einmal hier gewesen sei. Als wir vor dem Haus stehenblieben, ließ er eine Reihe von allseits bekannten Schimpfwörtern vom Stapel – und es wurde schon bald klar, warum er das tat: Von allen Autos, die sich an diesem Abend in Bath befanden, hatte es Bez geschafft, ausgerechnet jenes, das unserem Gastgeber gehörte, zu demolieren. Die Moral von der Geschichte lautet wohl, dass man sich nie zu Bez ins Auto setzen oder ihm sein eigenes anvertrauen sollte. Und ihm schon gar nicht seinen Führerschein leiht.

Noch auf Ibiza hatte Terry die brillante Idee gehabt, das Studio der Route einer Party-Bustour hinzuzufügen. Nur der Himmel weiß, wie er darauf gekommen war. In San Antonio hatte er ein Hotel aufgesucht und ein wöchentlich stattfindendes Grillfest sowie die Möglichkeit, New Order bei der Arbeit im Studio beobachten zu können, angeboten. Und ehe wir uns versahen, traf jede Woche ein Bus mit fröhlichen Urlaubern ein, die dann so viel aßen und tranken wie nur möglich, bevor sie dann alles ankotzten. Das hört sich irre an, ich weiß, und noch jetzt, während ich das hier schreibe, kann ich es kaum fassen. Damals konnte uns nichts aus der Ruhe bringen. Nichts schien zu abgefahren. Niemand ging drauf, also warum sollten wir nicht ein paar uns unbekannte Hedonisten während der Aufnahmesessions für ein wichtiges Album bei uns herumlaufen lassen? Ich denke, dass das ungefähr drei Wochen so ging, bis uns das mit dem Kotzen zu viel wurde. Wir zogen schließlich die Reißleine, als wir mitten auf dem Pool-Tisch ein kreisrundes Andenken an einen der Ausflügler vorfanden.

Abgesehen von solchen Vorkommnissen, hatten wir dort einen großartigen Aufenthalt. Wir waren wie üblich genau zur richtigen Zeit am richtigen Ort und vertieften uns in die balearische Beat-House-Music. Und ich erinnere mich auch noch an meinen ersten Kontakt mit einem Ecstasy-Opfer im Amnesia. Er lallte: „N'gut, Mann, ziiiehst duuu dir die balearischen Beats rein, oder waaas?" Eine seiner Hände war bandagiert und ich fragte ihn, was er denn angestellt hatte. Er meinte, er arbeite in einer Sägemühle und habe sich, nachdem er zu viele Ecstasys eingeworfen hatte, vier Finger abgeschnitten. Es schien ihm gar nicht allzu viel auszumachen. Nein, er amüsierte sich sogar prächtig. Das war der Geist jener Zeit: Jedem war alles scheißegal.

Aufgrund all der Ablenkungen, die die Insel bereithielt, bekamen wir nicht so viel vom Album fertig, wie wir uns vorgenommen hatten. Mit „Fine Time" entstand dort aber auch jener Song, der auf dem fertigen Album *Technique* am offensten mit Acid House flirtete. Allerdings waren wir die ganze Zeit über ziemlich im Eimer und die ganze Sache kostete uns ein Vermögen.

Wir arbeiteten sehr hart, als wir dann im Real World waren, und ließen uns nur hin und wieder in den Londoner Clubs blicken. Auch die Bewohner von Bath terrorisierten wir nur gelegentlich. Der Spaß, den wir zu jener Zeit hatten, spiegelt sich in *Technique* wider. Nicht umsonst gilt es als eines unserer besseren Alben.

Real World hatte damals gerade erst aufgesperrt, als wir dort ankamen, um *Technique* den letzten Schliff zu verleihen. Alles war sauber und brandneu. Es *roch* sogar neu dort: Überall neue Teppiche und Kiefernholz. Peter Gabriel, der die Studios bauen hatte lassen, war gerade fort, als wir fertig wurden, aber sein Studioverwalter sagte im Freudentaumel über die vollbrachte Arbeit zu Rob: „Jetzt, wo das Album fertig ist, hättet ihr Lust im Studio eine Party zu feiern?" Was er sich vermutlich darunter vorstellte, war wahrscheinlich ein gemütliches Beisammensein mit ein paar Kästen Bier, Sandwiches und vielleicht ein paar Hühnerflügeln. Rob hingegen dachte sofort nur an eines: eine massive, pulsierende, ausufernde Acid-House-Party. Er grinste den Studioverwalter an und sagte: „Eine *ausgezeichnete* Idee."

Innerhalb von 24 Stunden arrangierte er, dass die DJs des Haçiendas sowie ein paar Reisebusse voll mit verrückten Manchesterern mit Fischerhüten und Trillerpfeifen sich von der Whitworth Street in den idyllischen, verschlafenen georgianischen Kurort begaben. Die Disc-Jockeys richteten sich im Mezzanin des Studiogebäudes ein und bald schon zuckten die ersten Strobolampen. Es kamen auch Leute aus London, und Vertreter der Plattenfirma kreuzten auf. *Jeder* war dort. Wir luden sogar ein paar Ortsansässige ein – und sie waren es, die schließlich für Verwüstung sorgten: Jemand, anscheinend ein Rugby-Spieler, riss einen Spülkasten aus der Toilettenwand. Zum blanken Entsetzen des Studioverwalters, den selbst Rob nicht besänftigen konnte, dauerte die Party die ganze Nacht an. Es war fantastisch. Ich gebe aber gerne zu, dass ich mir ein wenig Sorgen zu machen begann, als unser Presseagent mit einer Axt in der Hand unseren Plattenpromoter hinter sich über den Boden schliff. Vielleicht war alles ein wenig aus dem Ruder gelaufen, aber als es schließlich 8.30 Uhr in der Früh wurde, begaben sich die Gäste wieder in die Reisebusse und wollten zurück nach Manchester fahren. Der Ausdruck der Erleichterung im Gesicht des Studioverwalters, als all diese durchgeknallten Spinner wieder abzogen, war ein ziemlicher Anblick. Obwohl: Einer der Reisebusse sprang nicht an. Alle stiegen wieder aus und marschierten zurück ins Studio, um die Party noch einmal in Gang zu bringen, bis der Fahrer den Bus starten konnte – was ihm erst ungefähr drei Stunden später gelang.

Das Ausmaß an Hedonismus war enorm, aber damals wussten wir noch nicht, dass Leute von Ecstasy sterben konnten. Wir sollten es aber schon bald herausfinden. In seltenen Fällen kann es vorkommen, dass bei Leuten, die einmal Ecstasy eingeworfen haben, ein Priming-Effekt auftritt, der sich auf das Immunsystem auswirkt. Das bedeutet, dass es beim zweiten Mal zu enormen Abwehrreaktionen kommen kann. Das führte zu einem schrecklichen Zwischenfall im Juli 1989, als eine junge Frau namens Clare Leighton trotz des schnellen Handelns der Haçienda-Angestellten und der Rettungskräfte im Krankenhaus verstarb. Es war eine riesige Tragödie. Der Gerichtsmediziner sagte, dass die Reaktion, die bei Clare aufgetreten war, extrem selten sei und es zuvor erst zu zwei solchen Fällen, jeweils in Amerika, gekommen wäre.

Soweit ich in Erfahrung bringen konnte, hatte sie erst ein Mal Ecstasy genommen und zwar ein paar Monate davor. Beim zweiten Mal revoltierte dann ihr Immunsystem, was schließlich tragisch endete.

Selbstverständlich verkauften wir kein Ecstasy im Haçienda und die Sicherheitskräfte gaben sich große Mühe, es außen vor zu halten, aber man kann sich heute nur mehr schwer vorstellen, wie allgegenwärtig es damals war. E war überall – in Pubs, Clubs, auf Partys und sogar auf Fußballtribünen. Ich nehme an, dass es sich damit ein wenig so verhielt wie mit der Prohibition in den USA in den Zwanzigerjahren des vorigen Jahrhunderts: Wenn die Leute es unbedingt tun wollen, dann finden sie immer eine Möglichkeit, egal, wie sehr man sich bemüht, sie davon abzuhalten.

Die Acid-House-Bewegung zum Ende der Achtzigerjahre hin sollte den Höhepunkt der Popularität des Haçiendas markieren. Das Fassungsvermögen dieses enormen Clubs betrug 1.800 Besucher und an Donnerstag-, Freitag- und Samstagabenden war er stets rappelvoll mit feiernden und tanzenden Menschen. Wir veranstalteten auch eine Reihe von Themen-Nächten und es schien sehr gut zu funktionieren. Ich erinnere mich zum Beispiel an eine Nackt-Nacht an einem Freitag, die besonders gut lief. Dann gab es auch noch die Hot-Night, für die wir – ihr könnt mir ruhig glauben – einen kleinen Pool im Club errichteten.

Zu jener Zeit verbrachte ich sehr viel Zeit im Club. In einer Nische unter dem Balkon saßen Leute wie Sarah und ich sowie unsere Freunde, Leute wie Bez, Shaun Ryder und die anderen Mitglieder der Happy Mondays. Wir bunkerten uns dort im Wochentakt ein, was mit einem ruhigen Abend am Donnerstag begann, mit einer ausgelassenen Party am Freitag Abend weiterging und schließlich in einer rauschenden Samstagnacht kulminierte, wo wir noch woanders bis sieben Uhr weiterfeierten und schließlich in höchst bedenklichem Zustand ins Bett krochen. Wir hatten einen angesagten Club, kostenlose Getränke und alle unsere Freunde dort: Es war unvermeidbar, dass ich so viel Zeit wie möglich im Haçienda verbrachte. Darf ich anmerken, dass ein gewisser „Mr. Haçienda“ kaum Zeit dort verbrachte? Er war nie ein Teil dieses Treibens und zeigte nie irgendein Interesse an Dance-Music. Aber der Rest von uns war ständig dort. Wir waren eine Gang aus vielleicht 15 Leuten – und im Anschluss gab es immer noch eine weitere Party zu feiern. Wenn der Club um zwei Uhr früh schloss, bahnte ich mir üblicherweise meinen Weg ans DJ-Pult, um ihn zu überreden, noch ein paar Tracks zu spielen, obwohl unsere Konzession ganz klar festlegte, dass wir nicht länger als bis zwei Uhr offen haben durften. Die Menschenmenge tanzte unterdessen bis zum Sonnenaufgang weiter, während der Club-Manager drohte, den Stromstecker zu ziehen. Dann machten wir einfach andernorts weiter. The Kitchen in Hulme war etwa ein Teil eines fünf Stockwerke umfassenden Blocks, das sich auf einem Grundstück befand, auf dem der Reihe nach Wohngebäude flachgemacht wurden. Ein paar geschäftstüchtige Jungs hatten sich dort eingenistet, um eine Location für die Fortsetzung des abendlichen Clubbesuchs zu betreiben, in der in erster Linie Black Music, aber auch ausgesuchter Techno und Acid House, Detroit House sowie Chicago House und auch ein paar Sachen aus Manchester, etwa A Guy Called Geralds „Voodoo Ray“ und 808 State liefen. Serviert wurde warmes Lager und ekelerregende Snacks, aber nachdem man seine zwei Pfund Eintritt abgedrückt hatte, konnte man so lange man wollte dort bleiben. Es war alles höchst illegal, aber die Polizei hielt sich üblicherweise fern, und als sich das herumsprach, durchbrachen die Kitchen-Leute mehr und mehr Wände zu den anderen Wohnungen, um die Venue größer zu machen. Am Wochenende gab es die Clubnächte – und unter der Woche wurden Wände mit Vorschlaghämmern eingerissen. Irgendwann wurde der Club sogar auf das Stockwerk darunter ausgeweitet.

Einmal nahm ich die Pet Shop Boys dorthin mit. Eigentlich nahm ich sie an mehrere Orte hin mit, was ich vermutlich nicht hätte tun sollen, und das Kitchen war einer davon. Als wir eintrafen, sagten sie noch: „Wow, diese Location ist großartig!“ Aber so um vier Uhr herum tauchte dieser kräftige, seltsame schwarze Typ auf. Seine Augen waren irre und blutunterlaufen. Außerdem trug er ein Karate-Outfit inklusive einem Stirnband, in das er eine Schere geschoben hatte. Dann begann er sich im Stile von Elvis in seiner Vegas-Phase herumzuwerfen. Ich drehte mich zu Neil und Chris und sagte: „Ich denke, wir sollten Leine ziehen, der Kerl sieht ein wenig *zu* verrückt aus.“

Die armen Jungs. Ich zucke sogar heute noch zusammen, wenn ich an einen Abend zurückdenke, als ich sie an einen echt üblen Ort mitschliff. Meine besten Kumpels zu dieser Zeit waren zwei Typen namens Mal und Bins. Beide hatten sich eine Zeitlang auf der falschen Seite des Gesetzes aufgehalten, waren aber, als ich sie kennenlernte, echt nette Kerls – was sie übrigens immer noch sind. Eines Nachts endeten Mal, Bins, Neil, Chris, Sarah und ich also im berüchtigten Manchesterer Viertel Moss Side in einer illegal betriebenen Kaschemme, die einer unserer Freunde betrieb. Bins hatte Kontakte dort und nachdem wir im Haçienda gefeiert hatten, beschlossen wir, dass es eine gute Idee sein würde, dorthin zu fahren. Es hatte einen ganz speziellen Ruf: Ein paar der Jungs aus der Kaschemme rasten nämlich so lange durch die Gegend, bis sie die Polizei dazu brachten, sie zu verfolgen. Dann fuhren sie zurück in diese unwirtliche Zone, wo sie ein paar Mal mittels Handbremse ihren Wagen herumrissen, nur um die Polizei zu provozieren, im Wissen, dass die Polizei aufgrund des verkommenen Rufs der Gegend nur wenig Lust hätte, ihnen überhaupt zu folgen. Dort herrschte der unbehaglichste Vibe, den ich je erlebt habe – und genau dorthin hatte ich die Pet Shop Boys mitgenommen, um Party mit diesen Vögeln zu machen.

Als wir eintraten, lehnten ein paar echt hartgesottene farbige Jungs an der Wand, die ins Nichts starrten und mit niemandem – nicht einmal miteinander – Augenkontakt aufnahmen. Es war wohl gut, dass wir uns unter dem Schutz unseres hiesigen Freundes befanden, denn ich bin mir sicher, dass wir sonst ordentlich Ärger bekommen hätten. Neil und Chris waren ziemlich eingeschüchtert und es wurde alles noch ein wenig ungemütlicher. Ein Drink flog über Sarahs Kopf hinweg und unser Kumpan brachte die Werferin dazu, sich bei ihr zu entschuldigen, aber diese Spelunke war ein Pulverfass und es war an der Zeit, dass wir uns vom Acker machten. Man konnte sich nicht einmal ein Taxi dorthin bestellen und es war auch absolut keine gute Idee, so lange zu gehen, bis man wieder auf eines traf. Deshalb nahm uns unser Freund mit zum Haus seiner Mutter, um von dort aus ein Taxi für uns zu bestellen. Der Junge kümmerte sich echt gut um uns – und nicht nur dieses eine Mal. Mittlerweile sitzt er im Knast, aber ich besuche ihn hin und wieder.

Rund um Moss Side und die illegale Party-Szene wurde es immer noch heftiger, bis schließlich irgendwann Morde begangen wurden. Das war die Zeit, in der die Menschen Manchester als „Gunchester" bezeichneten. Es passierten richtig schreckliche Dinge und die Ortsansässigen mussten viel Schmerz ertragen, bevor es wieder besser wurde.

Nach einer Nacht im Kitchen oder wo auch immer wir unsere Zeit verbracht hatten, schliefen üblicherweise ein paar der anderen Nachtvögel in meinem Haus. Wenn wir erwachten, versuchten wir, das zu tun, was normale Leute an einem Sonntag auch taten: Wir lasen die Zeitung, aßen Toast und sahen fern. Dann wurde es in der Regel irgendwann Montag, der bei uns auch als „der Tag danach" bekannt war, weil es so lange dauerte, bis wir uns wieder vom Wochenende und den zugehörigen Aktivitäten erholt hatten. Während Sonntag normalerweise recht ruhig verlief, hatte man am Montag – und mitunter auch noch am Dienstag – ein Gefühl wie damals in der Schule, als der Lehrer mit der Kreide über die Tafel quietschte und es einem Schauder über den Rücken jagte. Nur war dies ein anhaltendes Gefühl. Man konnte nicht viel dagegen tun: ein heißes Bad, ein Spaziergang, ein Dauerlauf – nichts schien zu helfen. Ein Glas Rotwein vermochte einen ein wenig zu besänftigen, aber in dieser Phase hatte man nicht wirklich Lust darauf, Alkohol zu trinken. Ab Mittwoch begann man, sich wieder normal zu fühlen. Dann schwor man sich, das nächste Wochenende ein wenig maßvoller anzugehen. Aber bevor man sich versah, rief einem am Donnerstag Bez oder irgendwer an, um sich zu erkundigen, ob man ausginge. Da man nicht in der Lage war, solch unschuldigen Anfragen zu widerstehen, war man in der Folge dazu verdammt, den Kreislauf erneut in Gang zu setzen.

Zur gleichen Zeit gab es ringsum von Manchester, in ländlicheren Gegenden, aber fern von zwielichtigen Etablissements wie dem Kitchen, jede Menge Raves. Das waren herrliche Events. Jemand stellte mitten im Nirgendwo eine PA-Anlage auf, setzte auf Mundpropaganda und Hunderte Menschen pilgerten daraufhin in die Hügel, um eine riesige Party zu feiern. Das waren Veranstaltungen wie etwa Sweat It Out und Joy, die von den Donnelly Brüdern, Anthony und Chris, draußen in den Mooren im Ashworth Alley im Sommer 1989 auf die Beine gestellt wurden. Anthony und Chris waren Bekannte von uns – ihre Schwester Tracey arbeitete bei Factory und im Haçienda – und ihre Raves zählten zu den besten. Sie hatten diese großen PA-Anlagen, die von Generatoren angetrieben wurden. Jeder ging auf ihre Raves. Ihre Mutter briet Burger. Es war einfach von A bis Z brillant und die Atmosphäre war eine Wucht. Ich erinnere mich wirklich sehr gerne an diese Nächte. Niemand tat sich weh und es gab nicht den Anflug irgendwelcher Probleme. Da fand sich einfach eine Gruppe von Menschen im Freien ein, um eine schöne Zeit miteinander zu verbringen, ohne dabei der Umgebung mehr Schaden als der gewöhnliche Spaziergänger oder Wandersmann zuzufügen.

Ein Stachel im Fleisch der Acid-House-Bewegung, die – so möchte ich betonen – eine ganz andere Szene darstellte als jene, die ich den Pet Shop Boys zumutete, war der berüchtigte Chief Constable der Greater Manchester Police, James Anderton. Er war – gelinde gesagt – ein Mann, der polarisierte. Er bevorzugte nicht nur eine aggressive und unbarmherzige polizeiliche Herangehensweise, nein, er war darüber hinaus auch offen politisch und gnadenlos anti-links eingestellt. Er war ein lautstarker Befürworter für die Wiedereinführung körperlicher Züchtigung und beschrieb Homosexuelle und Drogensüchtige, die sich mit AIDS angesteckt hatten, als Menschen, die im übertragenen Sinne in ihrer „hausgemachten Jauchegrube" zu schwimmen hätten. Er war dabei angetrieben von seiner tiefreligiösen Überzeugung, die ihm den Beinamen „God's Cop" einbrachte und den gleichnamigen Song der Happy Mondays inspirierte. Einem Interviewer sagte er sogar einmal, dass er denke, er sei womöglich von Gott persönlich als Prophet auserkoren worden. Anderton hatte jedenfalls beschlossen, dass er allem, wofür er kein Verständnis hatte, einen Riegel vorschieben würde – und er hatte nicht für *vieles* Verständnis. Sobald er die Rave-Szene als etwas identifiziert hatte, das er als Teil seiner heiligen Mission auslöschen müsse, fand ein Wandel statt. Am Silvester-Abend 1989 sollte etwa eine Party in einer alten Lagerhalle in Ancoats stattfinden. Dabei handelte es sich nur um einen kleinen Event mit ungefähr 150 Partygästen. Als wir jedoch eintrafen, hatte die Polizei das Gebäude bereits umzingelt. Helikopter schwebten darüber und Scheinwerfer beleuchteten die Lagerhalle von außen. Das volle Programm eben. Es war ein übertriebener Aufwand für so eine kleine Silvester-Fete, aber es führte einem deutlich vor Augen, wie wild entschlossen Anderton war, uns unseren Spaß zu verderben.

Trotz allem machte sich das Haçienda weiterhin hervorragend und obwohl die Acid-House-Explosion einen großen Teil dazu beigetragen hatte, musste man das auch dem neuen Manager des Clubs, Paul Mason, hoch anrechnen. Mit dem Erfolg im Rücken setzte er uns Anfang 1989 ein bisschen die Pistole auf die Brust, indem er sagte: „Seht mal, ich habe diesen Club auf Kurs gebracht, aber mir reicht das nicht mehr, ich will mehr. Ich denke, dass wir im Zentrum von Manchester noch eine Bar eröffnen sollten." Und so entstand unsere neue Bar namens Dry.

Als wir sie eröffneten, war ich fest entschlossen, die Fehler, die wir mit dem Haçienda gemacht hatten, zu vermeiden. Immerhin hatte sich der Erfolg des Clubs ja fast zum Trotz all der Strategien, die das Management verfolgt oder auch nicht verfolgt hatte, eingestellt. Ich war ein großer Bewunderer des Danceteria in New York, einem jener Clubs, in den uns unsere Freundin Ruth Polsky mitgenommen hatte. Leider weilte Ruth damals bereits nicht mehr unter uns: Sie war tragischerweise 1986 von einem Taxi vor dem Limelight im Alter von 31 angefahren und getötet worden. Einmal hab ich Madonna im Danceteria getroffen, aber es war nur eine sehr kurze Begegnung und ein Moment, in dem sich Ms. Ciccone wohl dachte: „Wer zum Geier ist dieses Arschloch?" Aber sie kannte Ruth ganz gut und hatte sogar einmal – wenn ich nicht irre – dort im Club gearbeitet.

Das Tolle an diesem Club war, dass er sich über mehrere Etagen erstreckte und man mit dem Aufzug zwischen den verschiedenen Szenen und Musikrichtungen switchen konnte. Ich fand das brillant. Während der Woche, wenn nicht so viel los war, schlossen sie die oberen Stockwerke, damit sich das Publikum nicht so sehr verteilen konnte. Auch das hielt ich für eine großartige Idee. Das Haçienda war etwa am Donnerstag, Freitag und Samstag brechend voll, dafür aber den Rest der Woche komplett leer, weil es beim besten Willen nicht möglich war, sechs Abende die Woche jeweils 800 Menschen anzulocken. Tatsächlich musste ein Club von der Größe des Haçiendas schon einigermaßen voll sein, um den Anschein zu vermitteln, dass überhaupt *irgendetwas* los war.

Als wir uns Gedanken über ein Konzept für das Dry machten, schlug ich vor, dass wir uns am Danceteria orientieren sollten. Mir war außerdem auch aufgefallen, dass sich in Manchester der größte Studentencampus in Großbritannien befand, weshalb ich empfahl, die Bar in einer Studentengegend einzurichten, da wir somit gleich eine Stammklientel bei der Hand hätten. Ich bin sicherlich kein großer Impresario, aber es schien vom geschäftlichen Standpunkt aus durchaus Sinn zu ergeben.

„Oh, nein", lautete Tonys postwendende Antwort. „Das wollen wir nicht." Er erklärte mir, dass er und die anderen sich bereits ein paar potenzielle Standorte angesehen hätten und sich dabei am meisten für eine Immobilie in der Oldham Street erwärmen hatten können. Das war weit ab vom Schuss für die Studenten, lag dafür aber in einer Gegend, die „im Kommen" war. Nun, gegen eine Gegend, die „im Kommen" ist, kann man ja nichts einwenden, doch wäre es prinzipiell nicht uninteressant, wann das tatsächlich passieren wird. Im Falle unserer Bar, dem Dry, wurde dieses kleine Detail der Einfachheit halber ignoriert. Die Oldham Street ist mittlerweile zweifellos „voll da", aber als die Bar eröffnet wurde, war die Ecke mehr ein Treffpunkt für Penner und Säufer als für junge Berufstätige und Studenten, die wir eigentlich gerne angezogen hätten.

„Wir haben da dieses wunderbare Gebäude gefunden", fuhr er fort. „Es ist sehr lang und wir haben uns gedacht, dass wir vielleicht den längsten Tresen in Großbritannien einbauen lassen könnten."

Ich denke, dass es dieser Aspekt war, der Tony am meisten ansprach und ausreichte, um ihn zu überzeugen. Sie hatten Ben Kelly, der schon das Haçienda designt hatte, engagiert, damit er einen Blick auf die Location werfen konnte. Tatsächlich hatte er auch eine Putzfassade im Art-Decó-Stil entdeckt, wovon er sehr begeistert war. Die Würfel waren gefallen. Und somit hatte sich das Management erneut – so wie schon beim Haçienda – von der Optik der Location blenden lassen, ohne dabei noch andere Aspekte in Erwägung zu ziehen. Ich hatte versucht, aus der Haçienda-Erfahrung zu lernen, aber – wer hätte das gedacht – wir machten denselben Fehler ein zweites Mal. Nachdem das Dry im Juli 1989 eröffnet worden war, traf sich das Haçienda-Publikum dort, bevor es schließlich weiter in den Club ging. Ich glaube mich daran zu erinnern, dass es zwischen den beiden Locations sogar eine Busverbindung gab, was dann wohl eine gute Idee war. Aber von Sonntag bis Mittwoch, wenn niemand ausging, befand sich die Bar auf verlorenem Posten und war ein

Verlustgeschäft. All das Geld, das wir am Ende der Woche einnahmen, ging unter der Woche wieder flöten.

Im Juli 1989 befanden sich New Order außerdem gerade auf einer knochenharten Tour durch Amerika und mein von Party geprägter Lebensstil sollte mich letztlich doch noch einholen.

Kapitel 16

Zu viel zu trinken, aber nicht genug zu verlieren

Ich fing so gegen zwei Uhr früh an, mich zu übergeben, und übergab mich noch um vier Uhr am Nachmittag. Das war im Juli 1989 in Chicago. Die Dinge hätten durchaus besser für mich laufen können.

Am Abend des Vortrags war ich mit Sarah in einer Limousine gesessen, wir waren auf dem Weg ins Metro, einen Club, der unserem Freund Joe Shanahan gehörte, als plötzlich dieser Husten einsetzte. Schon nach ein paar Minuten war klar, dass er sich nicht wieder legen würde. Ich bat den Fahrer umzukehren und uns zurück ins Hotel zu bringen. Dort angekommen gingen wir auf unser Zimmer. Dieser hartnäckige trockene Husten hielt die ganze Nacht an. Dann begann ich mich zu erbrechen und wusste, dass irgendetwas ganz und gar nicht in Ordnung war. Ich hatte nicht einmal getrunken und doch kniete ich nun über der Kloschüssel in einem Chicagoer Hotelzimmer und spie und würgte auch noch lange, nachdem nichts mehr in mir gewesen war, das ich erbrechen hätte können. Um vier Uhr am Nachmittag des nächsten Tages beschloss ich, dass ich Hilfe benötigte. Ich hatte mich auch früher schon mal elend gefühlt, aber nicht auf diese Weise. Rob und Tom Atencio kamen zu mir ins Zimmer und sahen, wie übel es um mich bestellt war. Tom meinte sofort, dass ich mich ins Krankenhaus gegenüber dem Hotel begeben solle. Rob protestierte und hielt dagegen, dass am nächsten Tag ein Gig in Detroit auf dem Programm stünde, was vermutlich verständlich war, da er es sein würde, der sich mit den Folgen einer krankheitsbedingten Absage herumschlagen müsse. Aber Tom blieb unnachgiebig.

Ich begab mich auf wackligen Beinen in den Aufzug, fuhr in die Lobby, überquerte die Straße, stieg erneut in einen Aufzug, fuhr hoch und wurde – bäng! – sofort in ein Krankenhausbett gelegt. Das erste, das der Doktor zu mir sagte, war, dass ich zunächst ein paar Tage dortbleiben würde müssen und nichts essen dürfe beziehungsweise eine Endoskopie durchgeführt werden müsse. Rob wurde angst und bange. Außer dem Gig sollte in Detroit auch eine große Party mit lokalen House-DJs stattfinden – eine große Partynacht. Er verließ den Raum und informierte den Rest der Band und die Crew. Der Gig müsse zwar abgesagt werden, aber die Flüge seien dennoch schon gebucht und auch die Party solle stattfinden – und überraschenderweise zogen fast alle es vor, nach Detroit weiterzureisen, um Party zu machen, und nicht bei mir in Chicago zu bleiben, um Däumchen zu drehen. Rob und Tom blieben aber an meiner Seite und kamen am nächsten Morgen vorbei, um bei mir nach dem Rechten zu sehen. „Du wirst es uns nicht glauben", sagten sie, „aber da auf der Straße unten findet ein Essensfestival statt." Na toll.

Als ich zur Endoskopie geholt wurde, fiel ich fast vom Rollbett, als ich die Sachen sah, die man mir in den Hals stecken wollte. Heutzutage sind die Kameras, die dafür verwendet werden, winzig, aber das Ding, das 1989 auf mich zurollte, wirkte wie ein Elefantenrüssel. Als der Arzt meine Beunruhigung bemerkte, meinte er: „Keine Sorge, Mr. Sumner, wir haben eine kleine Dosis Valium in ihren Tropf gegeben. Alles wird gut. Sie werden sehr entspannt sein und überhaupt nichts spüren." Oje. Er wusste nicht, dass ich schon während der ganzen bisherigen Tour Valium geschluckt hatte, um besser zu schlafen. Nun hatte ich eine erhebliche Toleranz entwickelt. Ich antwortete ihm: „Sehen Sie, Herr Doktor, das Valium hat leider gar nicht gewirkt und ich versichere Ihnen, dass ich ohne Probleme aufstehen und von der Station laufen könnte. Ernsthaft, es wirkt nicht." Trotz meines zunehmend intensiveren Bittens lächelte er mich nur mitfühlend an, tätschelte meinen Arm und versicherte mir, dass es nichts gebe, um das ich mir Sorgen machen müsse. Sie schoben mir also dieses Ding in den Hals und es war absolut ekelhaft. Was sie dort allerdings vorfanden, war noch schlimmer. Meine Magenschleimhaut war übersät mit Verätzungen, Schnitten und Abschürfungen. Es war zwar kein Geschwür, aber es ging stark in diese Richtung. Der Grund für meinen

Husten war, dass Magensäure durch die Schleimhaut gedrungen war und dieser Dunst nun durch meine Speiseröhre stieg und ich nun im Grunde genommen diese giftigen Dämpfe einatmete.

Es gab wenig Zweifel daran, was die Ursache war: Nach Jahren des ungesunden Lebenswandels musste ich nun den Preis dafür bezahlen. Ich wollte zwar der höllisch scharfen Mahlzeit, die ich ein paar Tage zuvor in Minneapolis zu mir genommen hatte, die Schuld an meinem Zustand geben, doch hatte ich mit meiner Gesundheit so lange Raubbau betrieben, dass ich nun schließlich das Ende der Fahnenstange erreicht hatte. Es musste sich etwas ändern, bevor ich mir selbst richtigen Schaden zufügen würde.

Als ich dort lag und an die Decke starrte, während fast alle anderen – die Band, die Crew, Public Image Ltd. und schließlich Sugarcubes, die mit uns auf Tour waren – in Detroit die Nacht zum Tag machten, hatte ich ausreichend Zeit, um über die Auswirkungen meiner Situation nachzudenken. Ich hatte mich im Dienste einer Kostenfalle – eines Groschengrabs mit einem massiven Loch in der Mitte – selbst krank gemacht. Ich brauchte ein Auszeit, sonst würde ich ernsthaft Gefahr laufen, ein Alkoholiker oder sonst in irgendeiner Weise abhängig zu werden und vielleicht sogar abzukratzen.

Ich war hungrig, schwach, wund und 450 Kilometer von der Party entfernt. Der Arzt hielt mir einen lehrreichen Vortrag und ich hörte meine eigene Stimme in meinem Kopf sagen: „Verdammte Scheiße, Bernard, was machst du da bloß?" Ich hatte bereits vor dieser Episode meine Sorgen gegenüber Rob zum Ausdruck gebracht, dass ich der Meinung sei, dass wir ein wenig zurückschalten sollten, um Zwischenbilanz zu ziehen und darüber nachzudenken, wie wir New Order weiterbringen könnten. Damit war ich allerdings auf taube Ohren gestoßen. Ich denke, dass sich Rob wegen des Geldes sorgte. Schließlich mussten wir weiterhin auf Tour gehen, um den Geldfluss, der auch das Haçienda mitfinanzierte, aufrecht zu erhalten. Aber nun stand meine Gesundheit auf dem Spiel. Eine dumme, untragbare Situation. Ich würde die Dinge selbst in die Hand nehmen müssen. Die Schwerpunktsetzung von New Order war in Richtung einer schier endlos anmutenden Abfolge von Gigs und Touren abgedriftet.

Besonders Hooky gefiel das sehr und er liebte es viel mehr, als Zeit im Studio zu verbringen. Ich aber brauchte eine Pause. Außerdem hatte ich das Gefühl, dass ich zum Ziel eines gewissen Argwohns innerhalb der Band geworden war, entweder weil ich die Band in eine elektronischere Richtung gedrängt hatte oder weil ich den Eindruck vermittelte, an den Schalthebeln der bandinternen Machtverteilung zu sitzen. Wenn ich damals auf sie wie ein Saftarsch gewirkt haben mag, dann bloß deswegen, weil ich so viel Druck auf meinen Schultern verspürte. Außerdem war ich ziemlich sauer wegen des finanziellen Fasses ohne Boden, das uns auf der Geldtasche lag. Wir lieferten unsere Beiträge ab, indem wir Hit-Platten veröffentlichten und erfolgreiche Touren, die Geld einbrachten, absolvierten, aber zuhause schienen die Leute sich in eine Lage bugsiert zu haben, aus der sie sich nun nicht mehr befreien konnten. Die Lyrics unseres Songs „Run" handeln davon. Rückblickend schrieb ich diesen Text über meine damalige Gefühlslage: „Work your way to the top of the world, then you break your life in two. You don't get a tan like this for nothing, so here's what you've got to do."

Zur selben Zeit erholte sich Johnny Marr gerade von den Nachwirkungen des Endes seiner alten Band, The Smiths. Auch er war ziemlich ausgebrannt, doch aus anderen Gründen: Bei den Smiths hatten sie binnen sehr kurzer Zeit Unmengen an Material geschrieben und der Split der Band war leider ziemlich feindselig vonstatten gegangen. Ich hatte ihn ein paar Jahre zuvor bei einer Session von Mike Pickerings Band, die ich als Produzent betreute und wo er Gitarre spielte, kennengelernt und wir waren in Kontakt geblieben. Unsere jeweilige Lage hatte dazu geführt, dass wir uns ein wenig wie verwandte Geister fühlten, und es sollte nicht lange dauern, bis wir als Electronic begannen, gemeinsam Musik zu machen.

Electronic war für uns in erster Linie ein Dampfablassventil, da wir uns beide in relativ vertrackten Situationen befanden. Johnnys missliche Ausgangslage unterschied sich von meiner insofern, als dass die Smiths tatsächlich nicht länger existierten, wohingegen ich einfach etwas Distanz zwischen mich und New Order bringen wollte, um so meine kreative Energie erneuern und mit neuen Kräften ausgestattet zurückkehren zu können. Außerdem kam es mir mittlerweile ein wenig so vor, als wäre das Haçienda zu unserem Gott geworden, den wir verehren mussten, ohne dass dabei unsere diesbezüglichen Bedenken noch wahrgenommen wurden. Wir steckten in einer Bredouille, bei der der Schwanz mit dem Hund zu wedeln schien. Es musste etwas unternommen werden, aber niemand schien in der Lage zu sein, den ersten Schritt zu machen. Wenn man das nun zu den selbst verschuldeten Auswirkungen zu vieler Partynächte hinzurechnet, dann war eine Veränderung aber dringend nötig. Und so trat ich de facto bei New Order in Streik. Ich ging dabei nicht unbedingt militant vor, aber ich war dennoch überzeugt, dass ich meine Besorgnis bezüglich der gegebenen Situation entsprechend zum Ausdruck bringen musste. Es sollte sich schließlich bei unserem Auftritt beim Reading Festival im August 1989 um unseren letzten Auftritt als New Order für ganze vier Jahre handeln.

Eine subtile Note, die sich durch all dies hindurchzog, war, dass wir als New Order nie jemanden in unseren geschlossenen inneren Kreis von Musikern vordringen ließen. Während uns das zwar erlaubt hat, einen sehr charakteristischen Sound beizubehalten, hat es auch die Gefahr mit sich gebracht, dass wir uns wiederholten und Jahr für Jahr dasselbe ablieferten.

Wenn man als Band über die Jahre hinweg auf diversen Touren in Bussen, Flugzeugen und stickigen Garderoben sowie bei der intensiven Arbeit in Aufnahmestudios so zusammengepfercht ist wie wir, sammelt sich zwangsläufig viel emotionaler Ballast an, der sich oft nicht mehr so leicht über Bord werfen lässt. Bei einer solchen Intensität ist es unvermeidbar, dass man kleinere Aversionen gegeneinander aufbaut. Wer heute mit dem Bus oder dem Zug fährt, der weiß, dass da üblicherweise unmittelbar neben einem ein Jugendlicher sitzt, der blechern klingende Musik auf seinem Mobiltelefon hört, oder ein Geschäftsmann, der sich lautstark via iPhone mit Nigel aus der Buchhaltung über sein arschlangweiliges Business unterhält, bis in einem das Bedürfnis hochsteigt, ihm die Fresse zu polieren. In einer Band ist dieses Gefühl in vielfach verstärkter Form praktisch allgegenwärtig. Du wirst in diesem oder jenem Land vom Hotel zum Flughafen chauffiert, hast in der Vornacht vielleicht eineinhalb Stunden Schlaf abbekommen, du bist verkatert und neben dir sitzt jemand, der in der Nase bohrt und sich dieses Tape von einer Band, die du nicht ausstehen kannst, anhört. Irgendwann wird das jedem einmal auf die Nerven gehen. Selbst wenn man das Glück hat, in einer Band zu spielen, in der keine überbordenden Egos den Ton angeben, wird sich eine Spannung aufbauen, die an einem gewissen Punkt zu einer Kernschmelze führen wird.

Es gibt dafür meiner Meinung nach zwei Lösungen. Die eine wurde mir von Billy Corgan von den Smashing Pumpkins vorgeschlagen: Vermeidet es, als Band zusammen zu reisen. Zuerst erschien mir das lächerlich – schließlich spielt man ja im selben Team. Aber je mehr ich darüber nachdachte, desto mehr Sinn ergab es: Wenn man sich gegenseitig nervt, dann sollte man erst direkt vor den Konzerten zusammentreffen. Ja, vielleicht freut man sich dann sogar, einander wiederzusehen. Der andere Lösungsansatz besteht darin, überhaupt eine Weile lang getrennte Wege zu gehen, um etwas Luft holen zu können. Das war es, was wir 1989 und dann noch einmal und in viel größerem Ausmaße zwischen 1993 und 1998 taten. Ich glaube nicht, dass vier oder fünf Typen, die nicht miteinander verwandt sind, so viel Zeit zusammen verbringen sollten. Das ist einfach nicht natürlich.

Ich spürte in mir das Bedürfnis, mich als Musiker zu erneuern und von anderen zu lernen, wie sie Songs schrieben und zu beobachten, was sie anders oder gleich wie ich machten. Unsere nach außen hin sehr zugeknöpfte und undurchlässige musikalische Herangehensweise brachte es mit sich, dass ich dieses Verlangen bei New Order nicht hätte stillen können. Unsere musikalische Ausbildung war schließlich nicht über die Unterrichtsbücher für Autodidakten, die wir als Teenager gekauft hatten, hinausgegangen – und selbst das umfasste nur zehn Prozent unseres musikalischen Know-hows. Die anderen 90 Prozent erhielten wir aus unseren Plattensammlungen, unseren Lebensgeschichten und unserem Umfeld. Wir lernten außerdem durch unsere Live-Auftritte, aber um auf der Bühne gut spielen zu können, musste man zuerst im Proberaum schuften. Bis heute hasse ich es, zu proben. Phil und Tom lieben es, und auch Steve tut es echt gerne. Wie Gillian darüber denkt, kann ich gar nicht mit Sicherheit sagen. Es ist einfach so mechanisch: Bei Probesessions geht es nur darum, die Gehirnzellen, die deine linke und deine rechte Hand kontrollieren, zu reaktivieren, und obwohl ich weiß, dass es getan werden muss, finde ich es öde, so wie Liegestützemachen. Was mir am besten gefällt, ist das Schreiben, das Erfinden – und in den späten Achtzigern musste dieses Feuer ein wenig neu angefacht werden. Mit Johnny Marr fand ich dafür den perfekten Partner zur richtigen Zeit.

Interessanterweise verfolgte Johnny musikalisch einen ganz anderen Ansatz als ich. Er hatte bereits viele brillante Sachen geschrieben – und das tut er immer noch –, doch während ich durch die Clubs von New York und Manchester zog, blieb er lieber zuhause, um sein Gitarrenspiel zu verfeinern. Je mehr er übte, desto glücklicher war er. Das war ein ganz anderer Weg, Erfolg zu haben, nämlich der konventionelle. So wurde er schließlich ein sehr fähiger Musiker. Bei New Order taten wir alles auf eine unorthodoxe Weise, folgten mehr unseren Instinkten und der Inspiration. Das soll nicht heißen, dass Johnnys Spiel uninspiriert war, ganz im Gegenteil, aber sein Ding war eben eine Mischung aus Finesse und Inspiration. Bei uns kam die Inspiration an erster Stelle und spieltechnische Feinheiten ergaben sich dann erst später.

Ich begann die Arbeit mit Johnny am ersten Album von Electronic, das ebenso *Electronic* heißen würde, im Jahr 1988 und es lief großartig. Ich durfte so viele Synthesizer, wie ich wollte, verwenden, ohne damit für schlechte Vibes zu sorgen. Eigentlich ermutigte Johnny mich sogar dazu, weil er alles über sie lernen wollte, immerhin waren sie bei den Smiths streng verboten gewesen. Und obwohl ich auf diesem ersten Album absolut begeistert davon war, dass Johnny so begierig war, mehr über elektronische Ansätze zu erfahren, war es mir dennoch wichtig, dass er weiterhin so brillant Gitarre spielte. Ich sagte eines Tages zu ihm im Studio: „Johnny, wenn du auf diesem Album nicht deine verdammte Gitarre spielst, werden alle mir die Schuld daran geben."

„Ja, okay, Bernard", antwortete er, „aber wozu ist dieser Knopf hier gut?"

Johnny ist ein zukunftsorientierter, aufgeschlossener Musiker und wollte gerne ein paar neue Sachen ausprobieren. Bis zu einem gewissen Grad sah sogar er – als einer der besten Gitarristen, die Großbritannien je hervorgebracht hat – die Welt der elektronischen Musik als die Zukunft an. Das war buchstäblich Musik in meinen Ohren. Aber selbstverständlich kann man auch nicht die großartige Musik, die seit jeher auf der Gitarre gespielt wird, verneinen – ich würde das jedenfalls nie tun. Trotz meiner Liebe zur Dance-Music und zu elektronischen Klängen liebe ich auch Gitarrenmusik. Schließlich liegen dort meine Wurzeln und frühesten Einflüsse. Wenn ihr einen Blick auf Interviews mit mir aus dieser Zeit werft, dann werdet ihr kein einziges Mal lesen, dass ich gesagt hätte, elektronische Musik sei der einzige Weg. Ich betone ununterbrochen, dass ein guter Song ein guter Song bliebe, ganz egal, auf welchem Instrument er entstanden sei. Das konnte eine Gitarre oder eben ein Synthesizer sein – es konnte vom mir aus sogar eine verfluchte Nasenflöte sein.

Johnny und ich gingen einfach ins Studio und legten los. So seltsam es auch klingen mag, es dauerte gute fünf oder sechs Monate, bis wir uns in der Gegenwart des jeweils anderen richtig wohlfühlten. Anfangs waren wir vermutlich einfach ein wenig zu beeindruckt voneinander gewesen. Sobald wir aber dieses Hindernis überwunden hatten, wurde die Arbeit ein großer Spaß. Neil Tennant rief uns an, um uns zu sagen, dass er von unserem Projekt gehört habe und sich gerne beteiligen würde, weshalb wir ihn auch zu uns einluden. Wir hatten zu dieser Zeit gerade die Instrumentalspuren für „Getting Away With It" fertiggestellt. Neil kam rauf in Johnnys Heimstudio und Neil sang die Lyrics ein. Dieser Song wurde schließlich unsere erste Single.

Ich lernte jede Menge. Wir holten uns eine Arrangeurin namens Anne Dudley, die uns mit den Streichern half, was eine tolle Erfahrung war. Es war unglaublich interessant, mit klassisch ausgebildeten Musikern zusammenzuarbeiten und ihre unterschiedlichen Herangehensweisen zu beobachten. Anne rief mich etwa eines Tages an und ging mit mir einen Fragenkatalog durch: Zum Beispiel, ob ich ein aktiver oder passiver Mensch sei, eher introvertiert oder extrovertiert sei (ich bezeichnete mich als „introvertierten Extrovertierten"). Diese Art Fragen eben. Anhand meiner Antworten stellte sie die Streichersätze so zusammen, dass sie zu meiner Persönlichkeit passten.

Das soll aber nicht heißen, dass ich und Johnny nicht mitunter dieselben alten Probleme hatten, die ich von New Order her kannte. Nehmen wir etwa Electronics erste Promo-Tour durch die USA. Dort waren Electronic bei Warner Brothers und sie holten uns rüber, damit wir von New York ausgehend ein bisschen Publicity machen und Interviews geben konnten.

Nach unserer Ankunft hatten wir einen freien Abend, bevor sich die alte Vermarktungs-Tretmühle in Gang setzen sollte. Und so machten sich Johnny und ich prompt auf, die Stadt unsicher zu machen. Zufälligerweise sollte an diesem Abend eine Vollmond-Party im Schatten des World Trade Centers stattfinden, wo 3D von Massive Attack als DJ auftreten sollte – ein Rave im Freien, mitten im Herzen von Manhattan, unter den Twin Towers. Der Himmel war klar, der Mond voll und wir hatten eine richtig gute Zeit. Sogar zu gut, wie sich herausstellen sollte. Als nämlich alles vorüber war, hatte ich noch nicht genug und fiel zurück in die alten Gewohnheiten einer Tour mit New Order. So landeten wir in einem kleinen Club, in dem Soul lief. Ich war aber nicht wirklich in der Stimmung dafür, denn eigentlich war mir mehr nach House. Als ich also den Club so gegen drei Uhr am frühen Morgen verließ, hatte ich immer noch nicht genug, obwohl wir schon in ein paar Stunden mehrere Interviews zu absolvieren hätten. Wir waren noch nicht einmal 24 Stunden in Amerika und schon hatte ich Johnny unter meine korrumpierenden Fittiche genommen, denn ich glaube eigentlich nicht, dass diese Art von Ausschweifungen Teil seines Charakters sind. Er hatte sicher nichts gegen eine gute Party einzuwenden, schließlich war er in dieser Hinsicht auch kein Heiliger oder Engel, aber er war nicht so auf Tanzclubs fokussiert wie ich. Aber, hey, er war fasziniert von der Welt der elektronischen Musik und Instrumente und wollte mehr darüber erfahren, weshalb diese Nacht für ihn eine Art Bildungserlebnis darstellen sollte. Es war, wenn man so will, eine Exkursion. Wenn es mir nur gelänge, irgendwo für ihn House Music aufzutreiben …

Als wir also aus dem Soul-Club herauskamen, parkte da ein offener Kleinlaster. Hinten saß eine Gruppe von Leuten, die aussahen, als würden sie sich auskennen. Ich fragte sie daher, ob sie wüssten, ob irgendwo eine Party stattfinden würde. Eine Stimme bejahte und meinte, dass wir uns doch zu ihnen auf den Pick-up gesellen sollten. Wir sprangen also auf, der Truck setzte sich in Bewegung, und bevor ich mich versah, drehte sich der Typ vor mir um und sagte in breitestem Birminghamer Dialekt: „Ich scheiß mich an, das ist ja Bernard Sumner, was zum Geier machst du denn hier?“ Ich sagte, dass wir gerade angekommen und auf der Suche nach einer Party seien. Als ich fragte, wohin wir unterwegs seien, meinte er, dass es in Harlem eine Privatparty geben würde. Und ab ging die Post.

Dann drehte sich noch wer anderer zu mir um und sagte: „Verdammte Hölle, New Order!" Es war niemand anderes als Seal. Er wollte wissen, weswegen ich hier sei. „Jemand hat uns gesagt, dass wir auf diesen Wagen steigen sollen", antwortete ich. „Und das haben wir dann getan." Ich sah ihm an, dass er dachte: „Warum um alles in der Welt würde das irgendjemand machen, du ausgeflippter Spinner?"

Wir trafen auf der Party ein und sie war eher eine entspannte Angelegenheit, nicht ganz das, was ich erwartet hatte, aber dennoch keine schlechte Umgebung, um den Abend langsam ausklingen zu lassen. Als wir uns zurück zu unserem Hotel in Uptown begaben, spazierten wir durch den Central Park, während das Dunkelblau des frühen Morgens langsam vom Sonnenaufgang durchbrochen wurde. Wir gingen an Menschen vorbei, die sich auf dem Weg zur Arbeit befanden. New York erwachte und machte sich startklar für einen neuen Tag. Unser Tag hingegen ging gerade erst zu Ende. Es war acht Uhr morgens, und als wir in das Foyer unseres Hotel taumelten, wartete schon Marcus Russell, damals der Manager von Electronic. Er musterte uns mit jener Art vernichtendem Blick, den ungezogene Schulkinder von ihren Lehrern ernten. Johnny und ich sahen uns an. Vom gnadenlosen Tageslicht eingeholt, schienen wir denselben Gedanken zu teilen: „Oje, was haben wir getan?"

Die Interviews sollten um zehn Uhr beginnen, gerade einmal zwei Stunden später, weshalb wir uns für eine Stunde hinlegten, um dann gleich wieder aufzustehen. Liebe Leser, hier schlägt die Erzählung leider wieder in eine weitere Geschichte um, in der es um Erbrochenes geht.

Wir saßen in einer Limousine, um der Reihe nach die New Yorker Radiosender abzuklappern, und als der Tag voranschritt, fühlten wir uns – gelinde ausgedrückt – in zunehmendem Maße unwohl. Wir hatten eine sehr große, knallgrüne Tüte bei uns, die wir relativ bald schon dazu verwendeten, um uns in sie hinein zu übergeben. Während mein Kater immer schlimmer wurde, hielt die Limousine vor einem Sender. Es half nichts, ich musste meine Niederlage eingestehen.

„Verdammter Mist, Johnny", krächzte ich. „Es tut mir echt leid, aber ich kann mich nicht bewegen. Ich bin fertig."

„Mach dir keine Sorgen", gab Johnny zurück. „Ich werde mich alleine um diesen Termin kümmern. Bleib du einfach hier."

Er verschwand in das Gebäude und der Fahrer sagte: „Ihr Typen seid im Radio, oder? Ich dreh mal auf." Ganz gegen meinen Willen suchte er den richtigen Sender, damit ich Johnny beim Interview zuhören konnte. Nach ein paar Fragen und Antworten, bei denen Johnny, der ja selbst mit den verheerenden Auswirkungen seines eigenen Katers zu kämpfen hatte, ganz klar nach Worten fischte, sagte der Radiomann: „So, Johnny, wir haben eigentlich ja auch Bern-*ard* heute hier erwartet." Johnny begann zu stammeln und versuchte, etwas Zeit zu gewinnen, um sich etwas Besseres einfallen zu lassen als: „Er sitzt draußen in der Limousine und hat seinen Kopf in einer Kotztüte." Johnny, der liebe Kerl, tat sein Bestes und ließ sich schließlich etwas einfallen, das angesichts der Umstände gar nicht so übel war.

„Ich habe ganz schlechte Nachrichten", sagte er mit allem Ernst, den sein Kater zuließ. „Bernard hat die Nacht wegen seines Magengeschwürs im Krankenhaus verbracht." Das war die Story, die wir nach der Geschichte in Chicago verbreiteten, als wir den Detroit-Gig absagen mussten. Guter Einfall, Johnny. Aber dann sagte der DJ: „Echt? Das ist eigenartig, weil wir vorhin gerade Seal hier hatten und er erzählt hat, dass du und Bern-*ard* beide noch am Partymachen ward, als er um sieben Uhr heute Morgen los musste." Ertappt.

Irgendwie schafften wir es, die restlichen Interviews hinter uns zu bringen. Gleich im Anschluss mussten wir weiter nach Dallas. Als wir am Flughafen ankamen, wimmelte es dort nur so vor Leuten. Ein langes Wochenende stand vor der Tür und es schien, als würde die halbe Stadt sich auf Kurzurlaub begeben wollen. Die grüne Tüte war mittlerweile recht voll, aber ich fühlte mich noch kein bisschen besser. Ich saß im Eingangsbereich des Flughafens und vor und hinter mir schlossen und öffneten sich die automatischen Türen. Auf der anderen Straßenseite konnte ich ein Holiday Inn sehen. Ich tippte Johnny an und sagte heiser: „Johnny, lass uns dort einchecken. Dieser Kater lässt sich nicht abschütteln." Er meinte aber: „Nein, Bernard, wir müssen all diese Promo-Termine wahrnehmen." Das musste man ihm lassen: Er war ein echter Kämpfer. Ich hingegen war ein Loser.

Also blieb ich da auf dem Boden sitzen, während eine Familie nach der anderen an mir vorbeizog und auf mich herabsah, als wäre ich irgendein versoffener Penner. Schließlich raffte ich mich auf und schleppte mich durch den Flughafen. Ich befand mich halb im Delirium und versuchte mir einzureden, dass alles wieder gut werden würde, wenn ich es nur bis ins Flugzeug schaffte. Wenn ich einsteigen, meinen Sitz zurückstellen, ein wenig meditieren und kontrolliert atmen würde, dann würde alles wieder gut sein. Mein armes, vom Kater umnachtetes Gehirn machte mir vor, dass dann alles wieder in Ordnung käme.

Ich gab mich weiter dieser Träumerei hin, bis ich mich, bei der Sicherheitskontrolle angelangt, selbst in die reale Welt zurückholte. Als ich nämlich die nächste Person war, die durch den Metalldetektor gehen sollte, fiel mir ein, dass ich immer noch meine grüne Tüte voll mit Kotze festhielt. Einem der Sicherheitskräfte war mein Unwohlsein aufgefallen. Nun musterte er mich mit einem Anflug von Misstrauen. Ich dachte mir, dass er die Tüte inspizieren würde, wenn ich sie sofort entsorgen würde. Dann würde er mich für irre halten, weil ich mit einer vollgekotzten Plastiktüte durch die Gegend lief. Oder noch schlimmer: Er könnte annehmen, dass es sich um einen Bombencocktail aus hochbrennbaren Flüssigkeiten handle. Die einzige Möglichkeit war nun, die Tüte ohne mit der Wimper zu zucken auf das Fließband zu legen und so zu tun, als wäre alles in bester Ordnung.

Das war also, was ich tat, und die Tüte – wer hätte das gedacht? – kam ohne weiteres Aufsehen seitens des Sicherheitspersonals durch die Kontrolle. Vielleicht sah ich ja so verrückt aus, dass sie anstatt auf den Monitor zu sehen, lieber weiterhin mich im Blick behielten. Ich schritt also durch den Metalldetektor, nahm meine Tüte samt Erbrochenem wieder an mich und entfernte mich unaufgeregt, als ob darin nichts weiter als eine Ausgabe von *Newsweek*, ein Päckchen Lutschbonbons und ein Taschenbuch gewesen wären. Ich bestieg meinen Flieger und trat meine Reise zur vollständigen Ausnüchterung an. Und das war es dann auch schon: Wir gingen nach dieser Geschichte nicht mehr aus. Ich glaube sogar, dass Johnny seither nie wieder getrunken hat.

Trotz unserer Versuche, unsere Werbetour in Kotze zu ertränken, verkaufte sich das Album ausgezeichnet und erreichte die zweite Position in den UK-Charts. Damals war ich ein wenig enttäuscht darüber, aber mittlerweile denke ich, dass das verdammt gut war für eine Newcomer-Band, von der niemand zuvor gehört hatte. Danach machten wir noch zwei Alben, *Raise the Pressure* und *Twisted Tenderness*. Die Arbeit mit Johnny war cool und, da wir nur zu zweit waren, auch irgendwie intensiver. Es war ein bisschen so, als würden wir Badminton spielen oder uns abwechselnd einen Staffelstab in die Hand drücken. Entweder musste er sich spontan etwas einfallen lassen, oder eben ich. Dass wir dabei gleichzeitig als unsere eigenen Produzenten fungierten, trug nur noch dazu bei. Aber es war ein gesunder kreativer Druck: Man lernte zu schwimmen oder man ging unter. Wir jedenfalls gediehen prächtig in diesem Klima.

Die Prämisse von Electronic war, dass wir beide zwar den Kern der Band darstellten, aber verschiedene Gastkünstler zu uns einluden. Auf *Electronic* waren das die Pet Shop Boys und auf *Raise the Pressure* war es Karl Bartos von Kraftwerk. Ich bin ein riesiger Fan von Kraftwerk. Das war ich schon immer. Ich wusste, dass Karl ein paar Jahre zuvor Kraftwerk verlassen hatte, dachte darüber nach, wie toll es doch wäre, mit ihm zu arbeiten, und fragte mich, ob er nicht dazu Lust hätte. Als ich ihn kontaktierte, war er zunächst wohl ein wenig skeptisch angesichts dieses schrägen Engländers, der da wie aus dem Nichts auftauchte und von einer Zusammenarbeit an einem Album faselte. Jedoch willigte er ein, uns in Düsseldorf zu treffen, und nahm uns zum Essen mit. Wenn ich mich richtig erinnere, gab es eine seltsame Kombination aus Spargel und Eiskrem. Schließlich stimmte er zu, zu uns rüberzufliegen und mit uns an *Raise the Pressure* zu arbeiten.

Als wir uns an die Arbeit machten, gab es zuerst wieder einmal eine Kennenlernphase. Jeder wusste, was der jeweils andere in seiner musikalischen Vergangenheit bereits geleistet hatte. Dennoch wusste keiner so recht, was dabei herauskäme, wenn man uns gemeinsam ins Studio steckte. Es ist eine eigentümliche Zwiespältigkeit: Du solltest ein Album mit jemandem machen, bevor du ihn wirklich kennst, aber gleichzeitig wäre es natürlich besser, denjenigen erst kennenzulernen, bevor du das Album in Angriff nimmst. Ich denke, dass Karl von Kraftwerk mitunter frustriert war, da ihr Output nicht so rasch größer wurde, wie er sich das gewünscht hatte. Zu ihrer Zeit war sehr viel Programmierarbeit vonnöten gewesen, um gute Resultate zu erhalten, und nur jeweils einer konnte sich zur selben Zeit darum kümmern. Diese Situation ähnelte jener, die ich von der elektronischen Seite von New Order kannte. Eigentlich sollte die ganze Gruppe eingebunden sein, aber natürlich kann nur eine Person auf einmal eine Computermaus bedienen. Ich denke, dass er die Herumsitzerei, die die perfektionistische wie betuliche Arbeitsweise bei Kraftwerk mit sich brachte, satt hatte, weshalb er letztlich beschloss, seinen eigenen Weg zu gehen. Es kann leicht passieren, dass man sich hinter der Technologie verschanzt, weil man, indem man die allerneuesten Geräte verwendet, der Konkurrenz voraus bleiben will. Das bringt mit sich, dass man sich intensiv mit neuen Maschinen beschäftigen muss, sobald sie erhältlich sind. Karls Pech war, dass uns, als er zu uns stieß, um an *Raise the Pressure* zu arbeiten, gerade unser Toningenieur Owen Morris abhanden gekommen war. Das hieß, dass Johnny und ich, solange, bis wir schließlich Jim Spencer fanden, selbst versuchten, das Album tontechnisch zu betreuen, während wir gleichzeitig aber auch als Autoren, Arrangeure und Musiker eingebunden waren. Das verlangsamte den Prozess zwangsläufig.

Zu dieser Zeit beteiligte ich mich außerdem an einem Dokumentarfilm über Depressionen fürs Fernsehen, der von einem bekannten Psychologen zusammengestellt wurde. Die Grundannahme des Films war ziemlich interessant: Die Theorie des Psychologen berief sich auf jene von Freud und Jung, der zufolge Künstler im Grunde genommen kaputte Leute waren, deren Kunst ein Symptom ihrer Krankheit war. Er ging nun noch einen Schritt weiter, indem er davon ausging, dass der kreative Funke einem niedrigen Serotoninspiegel geschuldet sei. Er war der Ansicht, dass man einem Künstler Prozac verabreichen könnte, um so seinen Serotoninspiegel anzuheben, was zur Folge hätte, dass ihre Kunst zerstört würde. Rückblickend war es vielleicht keine so tolle Idee, sich während der Aufnahmen zu einem Album bei einem Projekt zu beteiligen, das genau diese These zu bestätigen versuchte.

Ich hatte viel über Prozac gelesen. Zwar litt ich nicht unter einer ausgewachsenen Depression, doch war ich damals sicherlich disponiert dafür, was womöglich an meiner Familiengeschichte lag: Vermutlich hatte mich all die Krankheit, die ich, während ich heranwuchs, mitansehen musste, ein wenig emotional verwundbar gemacht. Außerdem trank ich ehrlich gesagt zu viel, etwas, das den Serotoninspiegel im Gehirn am einen Tag anhebt und am nächsten wieder senkt: ein zusätzlicher, ungesunder Faktor für jemanden, der von Natur aus zu Depressionen neigt. Allerdings kann ich nicht sagen, dass ich von einer chronischen Ausprägung dieser Krankheit betroffen war. Ich war aber zweifellos mitunter traurig, und die Möglichkeit, unter Aufsicht Prozac zu nehmen und seine Auswirkungen zu untersuchen, faszinierte mich. Nachdem ich meine Teilnahme zugesagt hatte, begann ich meine Prozac-Kur und wartete darauf, was geschehen würde. Es funktionierte beachtlich gut und all meine depressiven Gefühle verschwanden auf dieselbe Weise, wie Aspirin Kopfschmerzen vertreibt.

Es heißt, dass Prozac arge Nebenwirkungen auslösen könne und Menschen wegen der schrecklichen Entzugssymptome in den Selbstmord treiben könne. Ich erlebte jedoch nichts von alledem. Nachdem ich Prozac wieder abgesetzt hatte, hatte ich keinen stärkeren Entzug, als wenn ich ein paar Paracetamol geschluckt hätte. Prozac macht einen nicht high oder verleiht Glücksgefühle wie etwa Valium oder irgendetwas in der Richtung. Wenn man sich seine Stimmungslagen als Sinuskurve vorstellt, sorgt Prozac einfach nur dafür, dass die Hochs ein wenig flacher und die Tiefs nicht ganz so abgründig sind. Es hilft einem, einen eher mittigen Kurs zu verfolgen. Die Chemie des Gehirns wird auf diesem Wege ausgeglichen, indem es dazu veranlasst wird, mehr Serotonin auszuschütten, während man sich kognitiv daran gewöhnt, in einer positiven Gemütsverfassung zu befinden. Bei mir funktionierte das wunderbar und ich bin dem Fernsehprojekt dankbar dafür, mir Prozac nähergebracht zu haben – aber sicherlich nicht für mehr.

Eines Tages, nachdem die Dreharbeiten vorüber waren, fuhr ich auf der Autobahn Richtung Norden und hörte Radio 1. Zur vollen Stunde liefen die Nachrichten und eine atemlose Stimme berichtete: „Bernard Sumner gibt zu, eineinhalb Jahre an einer Schreibblockade gelitten zu haben und nun, da er Prozac nimmt, kuriert zu sein." Danach wurde der Dokumentarfilm beworben. Laut der Vorschau würde ich diese Hölle namens Schreibblockade in den Fernsehstuben der Nation erörtern, was mir absolut neu war, da ich überhaupt nie unter einer Schreibblockade gelitten hatte. Und falls dem so gewesen wäre, warum hätte ich dann an einem Experiment teilgenommen, das die Lage womöglich verschlimmern hätte können? Als ich zuhause eintraf, fand ich eine VHS-Kassette in der Post. Ich schob sie umgehend ein, um sie mir anzusehen. Diese Sinuskurven, die ich erwähnt hatte und die durch Prozac flacher verlaufen würde? Je länger ich das Programm verfolgte, desto mehr begannen sie, bei mir auszuschlagen. Die Doku war so zusammengeschnitten worden, dass es tatsächlich so wirkte, als würde ich an einer lähmenden Blockade leiden, und dass Prozac mir nur dabei helfen würde, neue Songs zu schreiben. Das war genau das Gegenteil von dem, was der Psychologe gesagt hatte, und nicht im Entferntesten das, was wirklich passiert war. Ich wurde fuchsteufelswild und rief den Typen an, drohte mit rechtlichen Schritten und wollte wissen, warum er diesen Bockmist verzapft hatte. Was zum Teufel war da los? Er war immerhin ehrlich genug zuzugeben, dass der Produzent des Films die Sache ein wenig aufpeppen hatte wollten. Ich nehme an, dass „Bernard Sumner fühlt sich jetzt allgemein ein bisschen besser" wohl nicht für die Nachrichten auf Radio 1 gereicht hätte. „Nun, peppt auf, so viel ihr wollt", gab ich ihm zu verstehen, „aber wenn ihr ausstrahlt, was ich gerade gesehen habe, dann verspreche ich, dass ich euch nach Strich und Faden verklagen werde!" Als das Programm in der nächsten Woche im Fernsehen lief, war es tatsächlich noch einmal ein wenig überarbeitet worden – doch hatte man der Presse zuvor schon die Originalversion zugeschickt gehabt, womit nicht nur mir, sondern auch dem Medikament und dem Psychologen, dessen ursprüngliches Konzept vernünftig gewesen war, ein Bärendienst erwiesen wurde. Da der Presse die „aufgepeppte" Version zugespielt worden war, bezog sich die Berichterstattung auf diese Version und nicht auf die Sendung, die tatsächlich gezeigt wurde. Nie wieder werde ich bei einer derartigen Dokumentation mitwirken.

Das alles geschah, während wir *Raise the Pressure* aufnahmen – vielleicht gar kein unpassender Titel angesichts dieser Situation. Wir hatten angenommen, dass Karl nach den vielen Jahren bei Kraftwerk Mr. Electronic Music sein würde, aber die Musik, die er wirklich liebte, seit er in den Sechzigerjahren herangewachsen war, stammte von den Beatles. Er war davon ausgegangen, dass ihm unser Album die Möglichkeit geben würde, sich einmal an Gitarrenmusik zu probieren. Es sollte schließlich ein unstetes, schwieriges Album werden: Karl war vom langsamen Arbeitstempo bei Kraftwerk frustriert gewesen – und nun war er hier mit Electronic, wo alles in der Geschwindigkeit eines Gebirgsgletschers voranzuschreiten schien. In der Zwischenzeit kämpfte ich mit ein paar Dämonen, brachte mich selbst wieder in die Spur und bedrohte Psychologen mit Klagen, weshalb alles ein wenig angespannt war. Jedoch mochte ich Karl wirklich und bin froh, ihn meinen Freund nennen zu dürfen. Er lebt inzwischen in Hamburg und jedes Mal, wenn ich dort bin, was nicht so oft vorkommt, wie ich das gerne hätte, treffen wir uns, um ein wenig miteinander zu lachen. Er hat nämlich einen tollen Sinn für Humor und weiß genau, was für eine Flasche ich bin, weshalb er mir auch nichts durchgehen lässt.

Auch Johnny zähle ich immer noch zu meinen guten Freunden und ich denke gerne an die Zeit, die wir bei Electronic verbracht haben, zurück. Ich denke, wir waren ein gutes Team, da wir sowohl musikalisch als auch charakterlich gut zueinander passten. Er ist ein Spitzentyp, aber eines muss ich schon sagen (und Johnny, wenn du das hier liest, musst du zugeben, dass ich Recht habe): Er redet echt *viel.* Wenn ich nach einem Telefonat den Hörer auflege, ist mein Ohr ganz heiß und knallrot und ich habe selbst kaum einmal ein Wort gesagt. Er ist ein lebensfroher Mensch und seine Leidenschaft gehört der Musik – und diese Leidenschaft ist er stets bereit, jemandem detailliert darzulegen. Johnny lebt für die Musik, was bei ihm schon fast an Besessenheit grenzt. Ich habe schon mehrmals versucht, die Zahl seiner Interessen zu vergrößern: So nahm ich ihn etwa einmal mit zum Segeln, wobei er aber die ganze Zeit nur über Musik gequatscht hat. Ein anderes Mal fuhren Sarah, Johnny, seine Ehefrau Ange und ich in ein Hotel in einer wunderschönen Ecke, wo es mir zu meiner großen Freude gelang, ihn zu einem Spaziergang in den Hügeln zu überreden, es war ein umwerfend schöner Ort, aber während wir da so durch diese unglaubliche Landschaft flanierten, starrte er nur auf den Boden und sprach … über Musik. Ich bin im Verlauf der Jahre mit Johnny in einigen sehr netten Restaurants gewesen, wo er jedes Mal über dasselbe reden wollte: über Musik. Ich habe es mittlerweile aufgegeben, echt. Aber er hat einen tollen Sinn für Humor und ist ein hochanständiger Mensch. Er ist aufmerksam und kann Leute gut auf den Punkt bringen (er hat auch ein paar tolle Imitationen drauf) und er ist ein viel disziplinierterer Mensch als ich: Ich denke, er ernährt sich ausschließlich von Nüssen, Samen, Beeren und destilliertem Wasser. Außerdem läuft er so an die 30 Kilometer am

Tag. Johnny ist sich stets treu geblieben und erreicht seine Ziele durch harte Arbeit. Er ist zweifellos ein richtiges Arbeitstier.

Wir waren unlängst beide mit der Lollapalooza-Tour in Südamerika unterwegs, obwohl er sich kurz vorher seine Hand gebrochen hatte. Er war Joggen gewesen, hatte dabei kurz nicht aufgepasst und schon lag er am Boden, wobei er mit dem Kopf aufschlug und seine Hand verletzte. Die Gehirnerschütterung, die er erlitt, mag vielleicht seine Erinnerung getrübt haben, weil mir nämlich ein Vögelchen ins Ohr zwitscherte, dass er eigentlich in einen Laternenmast gerannt ist, vermutlich als er sich gerade im Vorbeilaufen in einem Schaufenster bewunderte.

Es ist großartig, mit ihm zusammenzuarbeiten, und ich würde es nie ausschließen, dass wir das irgendwann wieder tun werden. Wir kennen einander gut und mittlerweile fühlen wir uns beide ein wenig besser in unserer eigenen Haut. Es ist schon witzig, denn in der Spätphase von Electronic sagte Johnny, dass ich mehr wie er und er mehr wie ich geworden sei. Ich denke, dass das seither, als wir aufgehört haben, miteinander zu arbeiten, noch mehr so ist. Ein Hauptunterschied ist jedoch, dass ihr mich nie dabei beobachten werdet können, wie ich mit vollem Karacho gegen einen Laternenmast laufe.

Ich bin jetzt ein bisschen weit vorgesprungen, damit ich die gesamte Geschichte von Electronic erzählen konnte. Deshalb werden wir nun wieder ein wenig zurückrudern, zurück zum Beginn der Neunzigerjahre, zu einem fabelhaft heißen Sommer, in dem wir die musikalische Begleitung lieferten, als die Hoffnungen und Träume einer ganzen Nation auf den Schultern von elf Männern in weißen Trikots lasteten.

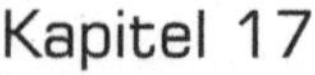

Kapitel 17

Wir singen für England

Anfang 1988 fragte uns Tony, ob wir nicht Musik zu einer TV-Show auf Granada, für die er verantwortlich war und die *Best and Marsh* hieß, beisteuern könnten. Es war eine Sendung, die einen Rückblick auf die Glanzzeiten des Fußballs in den Siebzigerjahren warf. Das war noch vor der großen Fußball-Nostalgie in den Neunzigern und somit seiner Zeit voraus. Tony präsentierte die Show gemeinsam mit George Best und Rodney Marsh und sie benötigten dafür einen Titelsong, weshalb sich Tony an uns wandte. Wir nahmen die Aufgabe zwar dankbar an, allerdings war das Resultat ein wenig unausgegoren, da wir bald auf Tour gehen sollten und es gerade mal so schafften, die Sache terminlich unterzubringen. Das hatte zur Folge, dass wir nicht unbedingt die beste Musik, die wir je aufgenommen hatten, ablieferten, und das Stück wird auch nie auf irgendeiner Hitliste der besten Fernsehtitelmelodien auftauchen. Jedoch entstand auf diese Weise eine Querverbindung zwischen uns und Fußball. Irgendjemand beim englischen Fußballverband, der Football Association, muss die Show gesehen haben, denn Anfang 1990 wurden wir dazu eingeladen, die Teilnahme Englands an der Fußballweltmeisterschaft in Italien mit einem Song zu untermalen.

Angesichts dessen, dass der Song letzten Endes sogar die Charts anführen sollte, hört es sich eigenartig an, dass wir uns zuerst nicht einig darüber waren, ob wir es tatsächlich tun wollten. Als uns das Angebot ins Haus flatterte, beschäftigten wir uns außerdem gerade mit der Möglichkeit einer Zusammenarbeit mit Michael Powell, Regisseur solch berühmter

Filme wie *Die schwarze Narzisse*, *Die roten Schuhe* und *Irrtum im Jenseits*. Er arbeitete eng mit Emeric Pressburger zusammen und ich denke, dass ich bereits erwähnt habe, dass ich ein großer Fan von ihnen bin. Ich ließ die Filme seinerzeit laufen, während ich in den allerfrühesten Tagen von New Order bis spät in der Nacht an Synthesizern bastelte. Wir reisten runter nach London, um uns mit Michael und seiner Frau Thelma, einer Filmcutterin ersten Ranges, zu treffen, weil wir hören wollten, was ihm konkret vorschwebte. Er war ein liebenswerter Kerl – eine echte Type – und trug einen sehr markanten Schottenmusteranzug. Michael hatte die Idee, einen Kurzfilm basierend auf dem Gedicht „The Sands of Dee" von Charles Kingsley (sein bekanntestes Werk ist vermutlich *Die Wasserkinder*) zu drehen. Darin ging es um eine junge Schäferin, die von der herannahenden Flut des Flusses Dee, der sich seinen Weg durch Chester bahnt und schließlich in die Irische See mündet, überrascht wird. Keine Ahnung, wann Michael das letzte Mal dort gewesen war, aber nun stand da eigentlich eine große Ölraffinerie. Die Mündung ist eine sehr große, wo die Flut sehr rasch heranrollt und sich ebenso rasch wieder zurückzieht, was dazu führt, dass sich die Protagonistin abgeschnitten im Treibsand wiederfindet. Michael plante, eine Dramatisierung des Gedichts mit Tilda Swinton als Schäferin und mit unserer musikalischen Begleitung zu drehen, wofür mit „Age of Consent" ein Song vorgesehen war, der sich den Titel mit der letzten großen Filmproduktion Michaels, mit James Mason in der Hauptrolle, teilte. Es lag allerdings an uns, das Budget in der Größenordnung von ungefähr 100.000 Pfund für die Produktion bereitzustellen.

Als großer Fan von Michael Powell wollte ich echt gerne mit ihm arbeiten. Auch Steve war ein Fan, aber wahrscheinlich nicht ganz so besessen von ihm wie ich, und war auch dafür, weil er es für eine tolle Idee hielt. Das Problem bestand allerdings darin, dass es sich mit dem Angebot des Fußballverbandes überschneiden würde und wir nicht genug Zeit hatten, beides zu tun. Das war eine echt schwierige Entscheidung, aber wir mussten dabei pragmatisch bleiben: Das Projekt mit Michael würde uns 100.000 Pfund kosten. Das war Geld, das wir vielleicht nie wieder zurückbekommen würden. Sogar Tony verzog angesichts dieser Summe das Gesicht, aber wir verdienten damals ziemlich gut und hätten das Geld schon aufgetrieben, wenn wir wirklich gewollt hätten – oder um genau zu sein: wenn es von vornherein Tonys Idee gewesen wäre. Schlussendlich entschieden wir uns aber für den Fußball-Song.

Die Einladung der Football Association stellte eine interessante Herausforderung für uns dar. In der Regel waren Fußball-Songs seit jeher richtig schlecht gewesen. Üblicherweise sang dabei irgendein Team in feinem Zwirn beliebigen hymnischen Mist, der den Nationalstolz anstacheln sollte. „Back Home“, das 1970 anlässlich der Weltmeisterschaft veröffentlicht wurde, ist ein Paradebeispiel für dieses Phänomen. Auch gab es jedes Jahr dieselbe Peinlichkeit, wenn die Mannschaften, die sich im Pokalfinale gegenüberstanden, bei *Top of the Pops* unbeholfen ihre Münder zu hohlen, aber fröhlichen Songs, die irgendwelche lokalen Nachtclubsänger komponiert hatten, auf- und zumachten. Solche Projekte schienen stets unausgegoren zu sein und wirkten beinahe, als würden sie die Spieler absichtlich wie Idioten aussehen lassen wollen. Wir waren nicht unbedingt auf einer Mission, den Charakter von Fußball-Songs grundlegend zu verändern, aber wir wollten dennoch eine gute Nummer schreiben, eine, hinter der die Spieler stehen konnten und gerne mitsangen.

Meine Beziehung zu Fußball war in den Jahren als professioneller Musiker distanzierter geworden. Ich war echt darauf gestanden, als ich noch jünger war. Außerdem bin ich ein Fan von Manchester United – was eher ungewöhnlich für einen Salforder ist. Ich ging regelmäßig ins Old Trafford, um George Best zu sehen, und als United 1968 den Europacup gewann, war ich dabei, als sie am Albert Square die Trophäe präsentierten. Allerdings habe ich gemischte Erinnerungen daran, da ich noch ein Kind war und beinahe im Gedränge erstickt wäre. Mein Interesse war 1990 jedenfalls nicht mehr sonderlich groß. Ich denke, dass ich aus Fußball herausgewachsen war und mich anderen Dingen zugewandt hatte. Also war ich kein Fußballexperte. Jedoch war ich ein Songschreiber, ein Texter, weshalb ich mich anschickte, etwas anderes als „Wir holen den Pokal, juchee!“ zu versuchen. Um das zu schaffen, holte ich mir etwas Hilfe. Wir waren alle große Fans der *Comic Strip Presents*-Filmreihe und hatten alle Keith Allen in einem dieser Filme namens *The Yob*, der eine Parodie auf *Die Fliege* war, gesehen. Darin transformierte sich Keith von einem affektierten Londoner Musikvideo-Regisseur in einen hundertprozentigen Fußball-Hooligan. Wir fanden das zum Niederknien. Keith war brillant in der Hauptrolle und da wir wussten, dass er ein Fußballfan war, fragten wir ihn, ob er nicht mit uns die Lyrics schreiben wolle. Ich kannte Keith damals nicht gut. Er war mit uns Jahre zuvor bei dieser Benefizveranstaltung zugunsten der Minenarbeiter aufgetreten. Auch war er einmal bei einer Party in meinem Haus gewesen – keine Ahnung, wie er da hingekommen war. Im Haçienda war er auch ein paar Mal gewesen. Allerdings hatten wir uns allerhöchstens mal zugenickt. Wie sich herausstellen sollte, war es aber genau der richtige Schritt, Keith zu uns an Bord zu lotsen.

Wir schrieben „World in Motion“ so wie jeden anderen unserer Songs. Jeder trug etwas bei. Steve und Gillian arbeiteten am ersten Teil und ich am zweiten. Somit besteht die Nummer – passend für einen Fußball-Song – aus zwei Hälften. Wir nahmen den Song schließlich in der glamourösen Umgebung von Slough auf, weil das englische Team in der Nähe trainierte. Somit hatten es die Spieler nicht weit, um im Studio ihre gesanglichen Beiträge beizusteuern. In der Nacht vor der Aufnahmesession hatte ich einen Gastauftritt bei 808 State, die im G-Mex auftraten. Ich sang einen Song mit dem Titel „Spanish Heart“ und hatte anschließend einen leichten Schwips. Am nächsten Tag war ich jedenfalls schrecklich verkatert und als ich mit Tony und Keith im Studio ankam, war mir immer noch speiübel. Damit gab ich zwar kein gutes Vorbild für die Fußballer ab, bestätigte jedoch womöglich ihre bereits vorgefasste Meinung von Musikern. Die Mannschaft kam schließlich auch vorbei – Paul Gascoigne, Peter Beardsley, Chris Waddle und die anderen. Der gute Gazza warf einen Blick auf das Mischpult und meinte: „Verdammte Scheiße, Alter, das ist mal 'ne große Orgel.“ Falls sie nervös gewesen waren, so trug der Champagner, der sie erwartete, schon bald dazu bei, dass sie sich entspannten.

Im Studio hatten wir eine der Melodiestimmen für das Klavier ausgearbeitet und einen Text hinzugefügt: „We're playing for England / We're playing this song / We're singing for England / arrivederci, it's one on one.“ Ich fand, dass das eine tolle Hookline war. Sobald wir damit zufrieden waren, fanden sich die Spieler, Keith und die Band gemeinsam im Studio ein, um aufzunehmen. Für den Mittelteil hatte Keith einen Rap geschrieben und er fragte die Spieler, ob sich ein Freiwilliger unter ihnen befände, der sich daran versuchen wolle. Es trauten sich tatsächlich einige von ihnen, obwohl ihre Begabung wohl mehr der Fußball und weniger die Musik war. Der mit Abstand Beste bei diesem Rap-Battle war John Barnes. Er schlug sich wacker und war auch sonst ein richtig netter Kerl. Steve hat auch noch immer ein Tape mit den Versuchen der anderen Spieler irgendwo herumliegen. Es ist ziemlich witzig.

Als wir die B-Seite in Angriff nahmen – eine erweiterte Version des Songs –, mischten wir sie im Real World in Bath. Unser Toningenieur hieß Richard Chappell, ein „wiedergeborener Christ", dem Terry den Spitznamen „Dickie, der Christ" verpasst hatte. Er sprach mit einem ziemlich starken West-Country-Akzent, den wir irgendwie charmant fanden, und als wir ihm vorschlugen, auf der B-Seite zu rappen, zögerte er keine Sekunde. Das ist also „Dickie, der Christ", der da mit seinem lieblichen, etwas tuntigen Bath-Akzent rappt – es ist jedenfalls so weit von Gangsta-Rap entfernt, wie man sich nur vorstellen kann.

Wir trafen erneut mit den Spielern zusammen, als wir, kurz bevor die Mannschaft nach Italien abreiste, das Musikvideo für „World in Motion" drehten. Ein Teil wurde bei einem Vorbereitungsspiel gegen Uruguay vor der Weltmeisterschaft von ein paar der Factory-Typen im Wembley-Stadion separat gefilmt, aber der Großteil entstand im Verlaufe eines Tages in Liverpool im Stadion des FC an der Anfield Road.

Ich beschloss aus irgendeinem Grund, dass das passendste Kostüm für ein Weltmeisterschafts-Musikvideo das Outfit eines Elvis-Imitators sei. Ich arbeitete gerade bei Johnny zuhause an Material für Electronic und hatte mich schon dort in Schale geworfen. Mein Kostüm bestand aus einem weißen, mit Pailletten besetzten Ganzkörperanzug mit glockig geschnittenen Hosenbeinen, Perücke und Sonnenbrillen – die billige Polyester-Version von Vegas-Elvis eben. Johnny hatte damals zwei sehr große Deutsche Schäferhunde und sobald ich als Elvis ausstaffiert ins Studio stolzierte, fielen sie über mich her. Ich kam gerade mal so mit dem Leben davon. Vermutlich waren sie keine Fans des Kings.

Da es ein schöner Tag war, fuhr ich mit offenem Dach zum Stadion. Als ich ankam, fand ich das Stadion allerdings komplett verlassen vor. Wie sich herausstellte, war der Dreh auf ein ein paar Kilometer entferntes

Trainingsgelände verlegt worden. Also stand ich da vorm Stadion an der Anfield Road – ein United-Fan als Elvis verkleidet in einem knallroten Kabrio. Als ich nun zum neuen Drehort fuhr, war gerade die Schule aus und jedes Mal, wenn ich an einer Ampel anhielt, riefen mir Kinder aus den Schulbussen zu: „Hey, Elvis, du Wichser, wohin fährst'n, Alter?"

Nachdem ich schließlich am Trainingsplatz angekommen war und jeden mit dieser Geschichte amüsiert hatte, versuchte mir der Regisseur schonend beizubringen, dass der Elvis-Look nicht wirklich passen würde und ich mich doch lieber in ein Trikot der Nationalmannschaft werfen solle. Warum er so dachte, werde ich nie verstehen. Eine kurze Einstellung, in der ich das Kostüm trug und Keith neben mir im Auto mit der Perücke auf dem Kopf sitzt, hat es dennoch ins fertige Video zu „World in Motion" geschafft.

Die Football Association liebte den Song und so wurde „World in Motion" als Single veröffentlicht – und landete schließlich an der Spitze der UK-Charts. England erreichte in Italien in weiterer Folge das Semifinale, vermutlich, weil sie der Track so angespornt hatte. Immerhin haben sie diesen Erfolg seitdem nicht mehr wiederholen können. Die Jungs spielten richtig gut und schieden erst nach dem Elfmeterschießen gegen das deutsche Team aus.

Ich denke, dass „World in Motion" in Bezug auf Fußball-Songs einen gänzlich neuen Weg beschritt. In der Theorie sollten Fußball und Musik wie füreinander gemacht sein – schließlich ähneln sich ihre jeweiligen Fankulturen in vielerlei Hinsicht. Allerdings haben sich die beiden seit jeher nie wirklich unter einen Hut bringen lassen. Es schien so, als hätte der Fußballverband in den Jahren zuvor sich einfach an Joe und Albert von der ortsansässigen British Legion oder irgendwelche abgehalfterten Chansonetten gewandt, damit sie dann für sie einen Song zusammenschusterten, also war es definitiv ein Schritt nach vorne, als sie mit ihrem Ansuchen an uns herantraten. Anstelle von weiteren abgeschmackten Phrasen erkoren wir „express yourself" zur Schlüsselbotschaft, was dem Song ein ganz anderes Kredo als üblich verlieh. Die Nummer erschien zu einer Zeit, als sich auch das Spiel selbst an einem Wendepunkt befand. Die Achtzigerjahre waren eine sehr betrübliche Phase für Fußballfans gewesen: Hooligans wüteten und es gab die Katastrophen von Bradford, im Brüsseler Heysel-Stadion und nur ein Jahr vor der Weltmeisterschaft im Hillsborough-Stadion in Sheffield. Allerdings schienen sich mit der WM 1990 tatsächlich die Dinge zum Guten hin zu verändern. Ob „World in Motion“ dafür eine Rolle gespielt hat, kann ich nicht wirklich sagen, aber zumindest der Erfolg der englischen Nationalmannschaft war dabei sehr hilfreich. Die Fußball-Fanzines erlebten einen Boom und ich denke, dass bei den Fans ein Umdenken stattfand, womit sich in weiterer Folge auch die Einstellung der breiten Öffentlichkeit zum Thema veränderte. Das strikte Stammesdenken blieb bis zu einem gewissen Grad erhalten – immerhin ist es auch der Treibstoff der Fußballkultur als solcher –, doch die aggressive Gewaltbereitschaft nahm dramatisch ab. Und dieser lange, heiße Sommer 1990 war retrospektiv wohl so etwas wie eine Wasserscheide für den Fußball. Die Fans erkannten im Spiel wieder Freude und Schönheit. In diesem Zusammenhang ist auch Keiths ursprünglicher Vorschlag für den Titel unseres Songs sehr vielsagend: „E for England“ …

Als der Song schließlich ein Hit wurde, nahm jeder an, ich sei ein Fußballexperte, was ich definitiv nicht war. Ich halte es für ein wunderbares Spiel und es gibt nichts Besseres, als wenn ein aufregendes Spiel läuft. Da erinnere ich mich etwa an das Finale der Championsleague im Jahr 1999, als Manchester United auf Bayern München traf. Ich würde gerne sagen, dass ich im Stadion war, aber stattdessen saß ich mit einem der übelsten Kater, die ich jemals gehabt hatte, in meinem Londoner Hotelzimmer und machte mich bereit für einen Videodreh um 1.30 Uhr in der Nacht. Die Bayern hatten nach sechs Minuten oder so die Führung erzielt und im Anschluss daran – bildlich gesprochen – ihren Mannschaftsbus vor dem eigenen Tor geparkt. United musste sich bis zur Nachspielzeit abmühen, diese Barrikade zu durchbrechen. Dann waren es Teddy Sheringham und Ole Gunnar Solskjaer, die mit ihren Toren das Spiel noch herumreißen konnten. Es war ein irre Dramaturgie, ein verrückter Höhepunkt, einer, der unterstrich, wie aufregend Fußball sein kann. Mein Kater war schlagartig wie weggeblasen.

Obwohl ich Fußball immer noch für ein spannendes Spektakel halte, denke ich, dass inzwischen das Geld eine zu große Rolle im Spiel einnimmt. Die Fans aus der Arbeiterklasse werden mit hohen Preisen vergrault und man kann sich die Titel mittlerweile fast schon kaufen. Das ist mit Sicherheit kein nachhaltiger Ansatz und hat die Prioritäten, welche den Sport ursprünglich so großartig machten, leider verschoben. Und ich sage das nicht nur, weil ich ein United-Fan bin, der in einem Haus voller City-Fans lebt. Auf keinen Fall.

Traurigerweise starb Michael Powell übrigens genau an jenem Tag, als wir ins Studio gingen, um mit der Arbeit an „World in Motion“ zu beginnen.

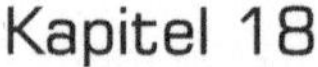

Kapitel 18

Brenne schnell oder lebe lang

Im Haçienda hatten wir inzwischen vermehrt ernsthafte Probleme mit Gangs, die in der ganzen Stadt wie kleine Unternehmen aus der Erde schossen. Das bedeutete, dass wir immer noch zähere Burschen als Türsteher einstellen mussten, damit sie ihren undankbaren Job erledigten. 1991 etwa wies einer der Türsteher ein Gangmitglied ab. Als der Kerl abzog, imitierte er mit der Hand eine Pistole und rief ihm zu: „Okay, ich komme wieder, und zwar, um dich zu erschießen, du Bastard." Der Türsteher gab zurück: „Yeah, ist gut, Söhnchen, dann beeil dich mal besser." Der Typ kam dann tatsächlich zurück – mit einem Maschinengewehr. Der Türsteher rannte durch den Club und der Ganove blieb ihm auf den Fersen. Schließlich erreichte unser Mann den Keller und wollte durch eine Ausgangstür ins Freie. Diese war aber verschlossen. Er drehte sich dem bewaffneten Kerl zu, der den Abzug seiner Waffe drückte – doch zu dessen unglaublichem Glück klemmte sie.

Das war im Januar 1991 und wir waren uns einig, dass nun genug war. Wir schlossen daraufhin den Club für ganze fünf Monate. Wir hatten die Schnauze voll. Irgendjemand würde noch schwer verletzt oder sogar getötet werden. Diese bewaffneten Halunken waren keine Scherzbolde: Sie meinten es ernst. Wir trafen uns zu Krisensitzungen wegen allerhand dubioser Figuren, während, wie sich herausstellte, auch die Gangs Krisensitzungen einberiefen – und zwar bei uns im Club.

Als wir freiwillig zusperrten, waren wir nicht die einzigen mit Vorhängeschlössern an den Türen, da im Grunde genommen ganz Manchester für eine Zeitlang die Rollläden herunterließ. Polizeichef Anderton ließ alle After-Party-Locations dichtmachen und irgendein Abgeordneter, der sich profilieren wollte, hatte es geschafft, einen Antrag durchzubringen, demzufolge von nun an alle Outdoor-Veranstaltungen mit mehr als 20 Personen beziehungsweise einem repetitiven Beat untersagt waren. Irgendwann verschob sich die Szene einfach um ein paar Kilometer vor die Stadtgrenze, nach Blackburn und Blackpool oder ins Quadrant Park in Bootle.

Ich selbst fing an, ins Quadrant Park zu gehen, wo es mit der Zeit sogar noch härter abging als im Haçienda. Es war ein großer Club, in dem bis zu 3.000, 4.000 Leute Platz fanden. Viele meiner Freunde fuhren extra aus Manchester dorthin. Es konnte dort ziemlich heiß hergehen. Einmal stand ich zum Beispiel am Klo, um zu pinkeln, als plötzlich drei oder vier große Kerls hereinkamen und die Tür einer der Kabinen eintraten, diesen armen Typen herauszogen und seinen Schädel gegen das Urinal direkt neben meinem donnerten. Aus seiner Tasche fiel eine Spritze heraus ins Pissoir. Es waren Cops, denen jemand zugeflüstert hatte, dass sich am Klo jemand einen Schuss setzte. Ein anderes Mal fuhr eine Gruppe von uns aus dem Haçienda zu einer Party in einem Wohnblock in Moston. Wir quetschten uns alle in den Aufzug und warteten darauf, dass wir losfuhren, aber nichts bewegte sich. Wir waren ungefähr zu neunt, konnten nicht mehr hinaus und warteten vielleicht eine halbe Stunde, bis einige von uns langsam ein wenig panisch wurden. Würden wir womöglich die ganze Nacht hier drinnen verbringen müssen? Schließlich kam es zu folgendem Dialog:

„Hast du den Knopf gedrückt?"

„Nein, habe ich nicht."

„Ich habe gedacht, dass du ihn gedrückt hast …"

„Ich habe ihn *nicht* gedrückt."

„Aber ich habe gesehen, dass ihn jemand gedrückt hat. Nämlich sie."

„Sieh nicht mich an, ich habe gar nichts gedrückt."

„Nun, wer hat ihn dann gedrückt?"

Natürlich stellte sich heraus, dass *niemand* den Knopf gedrückt hatte. Jeder hatte angenommen, dass es schon wer erledigt hätte. Schließlich drückte ich auf den Knopf, und los fuhren wir. Oh, was war das dann noch für eine nette Party! Zuerst einmal gab es dort keine Fensterscheiben – wir waren also im 14. Stock und jemand hatte sie einfach herausgenommen. Es war mitten im Winter und eine eisige Brise zog durch die Location und trieb eiskalte Regentropfen vor sich her. Es war echt das Letzte. Wahrscheinlich waren wir schlussendlich länger im Aufzug als auf der Party gewesen, aber auch wenn es sich komisch anhört, wir konnten dennoch darüber lachen.

Das Haçienda feierte im Mai 1991 sein Comeback. Kurze Zeit später bestiegen wir ein Flugzeug, um nach New York zu fliegen, wo wir eine Tour starten wollten, als mir eine Stewardess ein Exemplar der *Manchester Evening News* in die Hand drückte. Die Schlagzeile auf der Titelseite lautete in etwa: „SECHS HAÇIENDA-TÜRSTEHER BEI WILDER MESSERATTACKE VERLETZT" … Wir ließen die Köpfe hängen. Jetzt ging alles wieder von vorne los.

Abgesehen von solchen Episoden hatten wir als Band das Gefühl, dass wir für alles finanziell geradestehen mussten. Wir hatten hart gearbeitet, um Geld zu verdienen, nur damit es dann in den Club und das Label gepumpt wurde. Als Individuen bewegten wir uns in Bezug auf unsere Finanzen immer noch auf dünnem Eis. Uns wurden auch nie Kontoauszüge oder Abrechnungen gezeigt – andererseits muss man fairerweise hinzufügen, dass wir auch nie danach fragten. Ich hatte auch nie wirklich eine Ahnung davon, wie viel die Band durch Plattenverkäufe einnahm. Wenn wir auf Tour gingen, bekamen wir dafür einen schönen Batzen Geld, aber ansonsten hatten wir zum Leben ein paar hundert Pfund in der Woche und nicht die geringste Vorstellung davon, wie viele Alben wir verkauft hatten. In Amerika hatten wir mit der Compilation *Substance* ein Platinalbum – und das wusste ich nur, weil mir unsere amerikanische Plattenfirma dafür die entsprechende Auszeichnung überreichte. Aber so wie alles organisiert war, schien das Geld von den Plattenverkäufen eher ins Haçienda zu fließen als auf unsere Konten.

Aber wisst ihr was? Es machte uns alles gar nicht so viel aus, weil das Leben ein Spaß war und wir jung waren. Wir wollten ohnehin nicht wirklich viel: Wenn ich einen Wagen zum Herumfahren und einen Platz zum Wohnen hatte, dann war ich schon happy. Die Band produzierte gute Musik, mein Leben war wunderbar und ich hatte so ziemlich alles, was ich mir wünschte, was in Bezug auf Dinge, die man kaufen konnte, eben nicht sehr viel war. Wir vertrauten Rob vorbehaltlos – wir waren fest überzeugt, dass er in puncto Geld die richtigen Entscheidungen traf. Das tat er tatsächlich – aber auf seine eigene Art. Nur in Bezug auf das Haçienda lag er falsch. Sobald er erst einmal im Strudel um das schwarze Loch an der Whitworth Street gefangen war, konnte er sich nicht mehr daraus befreien.

Außer den mittlerweile legendären Geldschwierigkeiten blieben dem Haçienda auch die Gewaltprobleme und die Gangs, die sich gerne weiterhin im Club aufhielten, treu. So fanden wir heraus, dass eine dieser Banden sich sogar im Gay Traitor, einer Bar im Erdgeschoss, ihr Hauptquartier eingerichtet hatte. Die Sache wurde immer heftiger: Zuerst war da der Zwischenfall mit dem Maschinengewehr, dann wurde einem Türsteher tatsächlich ins Bein geschossen. Auch Sarah war körperlich bedroht worden. Sie wollte für mich etwas aus dem Haçienda holen und fuhr mit meinem Auto hin. Als sie schließlich aus dem Club zurück zum Wagen ging, saß da ein besonders widerlicher Typ, ein Mann namens „White Tony“, der mittlerweile schon lange tot ist, auf der Motorhaube. Wenn ich mich nicht irre, gab es eine Verbindung zwischen ihm und den Moors-Morden – er war wohl der Cousin eines der Opfer. Aber in erster Linie war er ein richtiger Kotzbrocken. Sarah bat ihn also, von meinem Auto herunterzusteigen.

„Sprich noch einmal so mit mir und ich steche dir dein Scheiß-Auge aus“, lautete seine Antwort.

Sie ging zurück in den Club und holte einen der Türsteher, dem es schließlich gelang, „White Tony“ zu überreden, sein Hinterteil von meiner Motorhaube zu entfernen. Er wies Sarah außerdem an, sich ohne Umwege nachhause zu begeben beziehungsweise, falls ihr jemand folgen sollte, direkt zu einer Polizeiwache zu fahren. „‚White Tony‘ war ein gefährlicher, unberechenbarer und brutaler Spießgeselle, der sich viele Feinde machte.

In vielerlei Hinsicht war es keine sehr schöne Zeit. Neben den Problemen mit dem Haçienda musste ich auch noch den Tod meiner Mutter verkraften. Nachdem Jimmy gestorben war, war meine Großmutter in den Bungalow in Swinton gezogen, den sich meine Mutter mit ihm geteilt hatte. Sie konnten einander helfen, doch war das extrem schwer für sie beide: Meine Mutter konnte sehen und meine Großmutter, die komplett blind war, anleiten, damit sie an die Dinge, die sie wiederum nicht erreichen konnte, herankam. Da ich so viel mit der Band unterwegs war, konnte ich nicht so oft helfen, wie ich gewollt hätte, aber ich kam so oft vorbei, wie es eben ging. Ein paar Jahre nach Jimmys Tod lernte meine Mutter aber jemanden anderen kennen, nämlich einen sehr netten Mann namens Eric. Er sammelte kleine Modellautos und hatte ein Wohnmobil, auf das er sehr stolz war. Außerdem war er sehr gut zu meiner Mum und zu meiner Großmutter.

Im Spätsommer 1991 verstarb meine Mutter schließlich. In der Nacht passierte etwas Seltsames: Ich träumte, dass sie in ihrem Rollstuhl nach vorne sackte, und im Traum wusste ich, dass sie tot war. Das war echt merkwürdig – es war einer jener intensiven Träume, die einen durch den Tag begleiten. Ich spazierte am darauf folgenden Tag mit Sarah und den beiden Kindern – ich hatte mittlerweile zwei davon – durch unseren Ort, als uns beinahe ein Auto anfuhr. Der Fahrer machte sogar noch eine obszöne Geste, als er an uns vorbeibrauste. Ich wies Sarah an, mit den Kindern weiterzugehen, während ich mich auf die Suche nach dem Kerl begab. Schlussendlich fand ich ihn und wir prügelten uns an einem Samstagnachmittag auf einer geschäftigen Straße voller Shopper. Die Angelegenheit landete sogar in den Lokalzeitungen. Ich bin zwar nicht gerade stolz darauf, aber er hätte fast meine Frau und meine Kinder umgebracht und ich lass mich von niemandem verarschen.

Es war ein ganz eigenartiger Tag. Ich war aufgewacht aus einem luziden Traum, in dem meine Mum gestorben war und der meine Stimmung den ganzen Tag trübte, hatte mich angezogen, war frühstücken gegangen und letztlich in eine Prügelei mit einem völlig Fremden geraten. Als ich dann wieder zuhause war, erhielt ich einen Anruf, in dem mir mitgeteilt wurde, dass meine Mutter gestorben sei, genau so, wie ich das in meinem Traum gesehen hatte.

Wieder zurück zum Haçienda: Wie ihr euch vorstellen könnt, mussten unsere Türsteher ziemlich heftige Typen sein. Ein paar von ihnen waren in kriminelle Machenschaften verwickelt und sogar Mitglieder einer Verbrecherorganisation, die von den Noonan Brothers koordiniert wurde –

und eigentlich sollten sie bei uns als „gute Jungs" für Ordnung sorgen, so prekär war die Lage inzwischen. Wir waren Musiker – Aufnahmesessions und Konzerte waren unser Geschäft –, und doch mussten wir uns mit Gangs, Knarren und organisierten Verbrechersyndikaten, mit denen sich nicht einmal die Polizei befassen wollte, herumschlagen. Wir gaben uns solche Mühe, richtig zu handeln, aber die ganze Szene war gekippt und ich hatte genug – genug von Krisensitzungen, genug vom Druck, genug von den endlosen Touren. Ich wollte einfach nur Musik machen.

Offensichtlich wollte Rob, dass wir weiterhin tourten, damit wir das Haçienda über Wasser hielten, aber ich wusste, dass wir unterm Strich auf diese Weise nur unser eigenes Geld verbrannten, da bereits allen klar war, dass das Schiff dem Untergang geweiht war. Es war nur der Stolz mancher Beteiligter, der das Wrack noch irgendwie auf Kurs hielt.

Als wir von der zermürbenden Tour im Jahr 1993 – unserer ersten seit vier Jahren – zurückkehrten, wurden wir zu einem Meeting ins Rathaus eingeladen, wo wir darüber informiert wurden, dass nun die Möglichkeit bestünde, das Gebäude zu kaufen. Es war kaum zu glauben: Ganz zufällig sollte es beinahe exakt so viel kosten, wie wir gerade auf unserer Amerika-Tour verdient hatten. Uns wurde sorgfältig erklärt, dass die Besitzer das Gebäude an jemanden anderen verkaufen würden, wenn wir nicht sofort zuschlügen. Alles wäre dann verloren. Der Band wurde damit quasi die Pistole auf die Brust gedrückt. Niemand war sonderlich überrascht, als später durchsickerte, dass doch mehr Geld, als ursprünglich veranschlagt worden war, erforderlich wäre, um den Kauf über die Bühne zu bringen, aber angesichts der Dringlichkeit der Situation wurde ein Überbrückungskredit mitsamt eines horrenden Zinssatzes vereinbart, um die Differenz abzudecken. Erst als der Kredit gewährt worden war, wurde klar, dass eine Hypothek zum Kauf des Gebäudes wegen Factorys finanzieller Lage nicht zur Debatte stünde. Die Firma verlor bereits so schon Geld wie ein Fass ohne Boden – und nun mussten wir uns zusätzlich noch um einen Kredit kümmern, dessen Rückzahlungsraten doppelt so hoch waren wie die Wuchermiete, die zuvor für das Gebäude bezahlt werden hatte müssen. Eine weitere Geschäftsentscheidung, die komplett nach hinten losging.

Wir reflektierten die Situation, wie sie sich für uns anno 1993 darlegte: Da waren die Maschinengewehre und Messer sowie Türsteher, die in

Messerstechereien verwickelt waren; wir mussten uns mit der Polizei, die uns hasste, herumplagen; Gangs und Gewalt … und zusätzlich verloren wir trotz all des Aufwandes und der vorherrschenden Begeisterung für Acid House auch noch Geld. Es wurde offensichtlich, dass das Haçienda sich nie auszahlen würde. Wir hatten es wirklich versucht, aber es war einfach zum Scheitern verurteilt. Rob war ein Spieler. Ich allerdings nicht – ich habe seit seiner Einführung ungefähr drei Mal Lotto gespielt und nichts dabei gewonnen. Aber so, wie ich ihn kannte, lag es in Robs Natur, voller Optimismus auf eine baldige Wende weiterhin volles Risiko zu nehmen. Ich hingegen konnte mich nicht auf Dinge wie Glück und Optimismus verlassen. Alles musste sich aus zahlreichen Gründen einfach ändern.

Beim Reading Festival am 29. August 1993 beendeten wir unser furioses Set mit „Blue Monday“. Als die vertrauten Drumbeats über die PA erklangen und von einer riesigen Menschenmenge in ohrenbetäubender Lautstärke bejubelt wurden, wirkten wir auf alle Anwesenden wie eine Band auf dem Gipfel ihres Schaffens, der die Welt zu Füßen zu liegen schien. Unser neuestes Album, *Republic*, war ein paar Wochen vorher veröffentlicht worden und befand sich gerade an der Spitze der Albumcharts – so wie uns das auch schon mit dem Vorgängeralbum *Technique* geglückt war –, während „Regret“ die vierte Position in den Single-Charts belegte. Und doch sollten, nachdem die letzten Klänge von „Blue Monday“ verhallt waren und wir uns vom tosenden Publikum mit klingelnden Ohren verabschiedet hatten, fast auf den Tag genau fünf Jahre vergehen, bis wir wieder auftreten würden. So wie sonst auch bei New Order lief bei uns eben nichts wirklich normal ab.

Das Festival von Reading hatte am Ende einer besonders anstrengenden Tour stattgefunden und ich stand kurz vor einem Burnout. Es schien, als würden wir jeden Sommer durch Amerika tingeln und als würde mit jedem Jahr der Rummel um uns größer werden. Unsere frühen Tage, als wir in kleinen Clubs spielten, in die vielleicht 500 Menschen passten, irgendwo privat übernachteten, bevor wir weiterfuhren, wirkten mittlerweile wie eine ganz andere Welt. Damals war alles noch überschaubar und erfreulich. Ich hatte ja kein Bedürfnis danach, berühmt zu sein. Nicht einmal Charterfolge kümmerten mich groß. Toll, wenn es passierte, aber ich war nicht aktiv auf der Jagd danach. Für mich ging es bei der Band hauptsächlich um die Kreativität und den Lifestyle. Immerhin hatte ich das Glück, mein Geld mit etwas, das ich liebte, verdienen zu können. Solange das so blieb, war alles in Ordnung für mich. Die Weltherrschaft stand nicht auf meinem Programm. Schließlich hatte ich Leute gesehen, die vom Erfolg kosten hatten dürfen, süchtig danach wurden und letzten Endes den Hals nicht mehr voll bekamen. Fröne dieser spezifischen Sucht und du wirst eines Tages besonders hart auf dem Boden der Realität aufprallen. Meiner Erfahrung zufolge ist es ein gutes Rezept für Langlebigkeit, wenn man versucht, alles locker zu nehmen und dankbar zu sein – dankbar dafür, was man tut und für die Resultate ebendieser Tätigkeit. Brenne schnell oder lebe lang, das ist die simple Wahl, vor der man steht.

Mir ist allein die Musik wichtig. Ich bin fasziniert davon, Songs zu schreiben, und der kreative Prozess ist etwas, das mich immer in seinen Bann gezogen hat.

Nie hätte ich das aufgeben wollen, andererseits wurde ich aber zunehmend unglücklicher. Wie ihr euch vielleicht erinnern könnt, war ich vor meiner Karriere als Musiker aus Gründen, die außerhalb meines Einflusses lagen, davon abgehalten worden, eine Kunstschule zu besuchen, obwohl Kunst scheinbar der einzige Ausweg aus der frustrierenden Welt der nordenglischen Arbeiterklasse für mich gewesen war. Dann hatte sich plötzlich die Welt der Musik vor mir geöffnet und mein Leben verwandelt, wie nichts das jemals vermocht hätte. Ich konnte mich so aus meiner Sackgasse befreien und wurde nun für etwas, das ich liebte, bezahlt. Das war meine Lebensweise. Ich fühlte mich unglaublich glücklich – und ich bin es immer noch.

Ein weiterer Aspekt dieses Daseins, der mir zugesagt hatte, bevor wir so extrem kommerziell erfolgreich wurden, war die zwischenmenschliche Komponente gewesen: Leute bei Konzerten treffen und durch viele unterschiedliche Länder reisen. Etwa Amerika. Amerikaner sind sehr freundlich, sie sprechen dieselbe Sprache wie wir und es ist in der Regel sonnig und warm. Die Städte, in denen wir auftraten, waren üblicherweise interessant und die Musik, auf die wir in diesen Städten trafen, war oft umwerfend. Und das beschränkte sich nicht nur auf Amerika: Ich sah alle möglichen Länder und Städte rund um den Erdball. Es war ein flüchtiger Lebenswandel, klar, aber ich habe unterwegs viele gute Freunde kennengelernt.

Als die Jahre verstrichen, nahm der soziale Umgang gemeinsam mit unserer Popularität immer mehr zu, weshalb ein Gig von New Order immer mehr zu einer großen Party wurde. Wir spielten unser Konzert und im Anschluss ließen wir Leute zu uns hinter die Bühne kommen. Dank unserer regelmäßigen Touren, hatten wir bald in jeder Stadt einen eigenen Freundeskreis, der sich von uns Party erwartete: Die Leute brachten ihre Freunde mit und diese wiederum *ihre* Freunde. Als schließlich die Acid-House-Phase angebrochen war, bauten wir Nebelmaschinen, Tanzflächen und Strobolampen in *unseren Garderoben* auf. Dann ging es weiter in einen Club, vielleicht sogar zwei, und in weiterer Folge brachten wir den Club noch mit ins Hotel, wo die Fete bis nach Sonnenaufgang weiterging. So war das jeden Abend – jede verdammte Nacht – und wenn es sich mal nicht ergab, war man enttäuscht.

In diesem Alter hält man sich für unbesiegbar und denkt nicht darüber nach, welche Konsequenzen dieser hedonistische Lebensstil mit sich bringen würde. Ich hatte nun das Gefühl, dass wir einen organisierten Rückzug antreten sollten, um mehr Zeit zuhause zu verbringen. Mein Sohn Dylan war im Jahr zuvor zur Welt gekommen und ich wollte mehr für ihn und meinen anderen Sohn James, der mittlerweile zehn war, da sein. Mich zog es stark nachhause, was unvermeidbar zu Spannungen innerhalb der Band und mit dem Management führte. Alle wollten, dass wir auf Tour blieben – besonders Hooky. Ihm schien es nichts auszumachen, lange von zuhause weg zu sein. Nein, er genoss es sogar. Für mich hatte sich das Novum langer Touren längst abgenutzt. Es war nicht so, dass ich nun überhaupt nicht länger live spielen wollte, ganz und gar nicht. Ich war nur nicht länger heiß darauf, die schier endlose Parade von Flugzeugen, Hotels und Konzert-Venues, die an mir vorbeizog, ewig fortzusetzen. Dies war von äußeren Faktoren beeinflusst. Rob – da bin ich mir sicher – versuchte, uns auf Tour zu halten, da es für die Organisation als Ganzes wichtig war, dass weiterhin Geld reinkam. Ohne die regelmäßigen Tour-Einkünfte ließ sich das Haçienda nur schwer finanziell stützen.

Obwohl ich das alles verstand, war ich mir sicher, dass meine Beweggründe die richtigen waren. Ich wusste, wenn wir weiterhin in diesem Ausmaß auf Tour gingen, würde ich meine Gesundheit ernsthaft gefährden und nur mir selbst die Schuld daran geben können. Ich hatte mir heftigst die Kante gegeben und niemand außer mir ist dafür verantwortlich, aber ich fordere jeden heraus, der sich in einer solchen Umgebung aufhält, es zu versuchen: nicht mitzumachen, die Clubs, die Limousinen, die Drinks und die Menschen, die man dort trifft, zu meiden – und stattdessen mit einem Buch unterm Arm früh zu Bett zu gehen. Das ist fast unmöglich und es war viel leichter, sich vom Zirkus um eine New-Order-Tour mitreißen zu lassen. Ich will mich auch nicht beschweren, denn ich *liebte* dieses Drumherum. Jedoch war der Nachteil daran, dass ich davon krank wurde. Und diese Nachwirkungen schienen mich schwerer zu betreffen als die anderen. Am Vormittag rannte ich aufs Klo, um mich zu übergeben, während die anderen aßen und tranken, als wäre nichts gewesen. Wir hatten genau gleich hart Party gemacht, aber ich war derjenige, der die Konsequenzen am meisten spürte und langsam anfing, den Preis für die Ausschweifungen zu bezahlen.

Auch abseits unserer Touren gab es Probleme: Factorys berüchtigte finanzielle Schwierigkeiten waren mittlerweile besonders akut. Zum ersten Mal überhaupt hatten sie eine weitere erfolgreiche Gruppe unter Vertrag: Die Happy Mondays hatten den Durchbruch geschafft und verkauften jede Menge Alben. Das Problem war allerdings, dass Factory nun uns und die Mondays finanzieren musste, während gleichzeitig auch noch das Haçienda über Wasser gehalten werden musste. Alles war in Butter, wenn die Alben erst einmal veröffentlicht waren und sich gut verkauften, aber wenn sich beide Bands gleichzeitig im Studio befanden, bedeutete das, dass viel Geld ausgegeben werden musste, es jedoch noch eine gewisse Zeit dauern würde, bis es durch Plattenverkäufe wieder zurück in die Kassen gespült werden würde.

Damals konnte das Studio für uns und die Mondays sehr kostspielig sein. Zu allem Überdruss verbrannte der Club auch noch Geld wie ein Industriehochofen. Zwischen all dem versuchten wir, *Republic* einzuspielen, fernab von allem, in einem Studio, von dem wir hofften, dass es jemand bezahlen würde. Es war uns peinlich, mit Tontechnikern arbeiten zu müssen, von denen wir nicht wussten, ob wir sie uns leisten können würden. Irgendwann schlug Gillian vor, dass wir so lange streiken sollten, bis Factory alles geklärt hätte. Die Idee fand durchaus positive Resonanz innerhalb der Band – allerdings wäre es dann ein sehr langer Streik geworden.

Aber auch in der Gruppe nahmen die Unstimmigkeiten zu. Wir schrieben nun immer mehr elektronische Musik, Sachen wie etwa „The Perfect Kiss". Wie ich bereits erwähnte, fühlte sich Steve anfangs von dieser Richtung in seinem Status als Schlagzeuger bedroht, denn in der Dance-Music werden nun mal viele Beats eher programmiert und nicht von einem echten Drummer gespielt. Hooky fühlte sich womöglich aus ähnlichen Gründen als Bassist in Frage gestellt. Wie schon Karl Bartos bei Kraftwerk aufgefallen war, kann, wenn man elektronische Musik kreiert, eben immer nur einer gleichzeitig am Computer sitzen, während alle anderen warten müssen. Das führte zwangsläufig zu dem Eindruck, dass ein Einzelner den ganzen Laden schmeißen würde. Dem war aber nicht so – doch war es nun einmal eine Ein-Personen-Aktivität, die zufällig auch viel Zeit in Anspruch nahm.

Trotz allem lief es musikalisch hervorragend für uns. Allerdings begannen sich nun, da wir Erfolg hatten und vor großem Publikum auftraten, viele Dinge zu verändern. Wir mussten nun etwa bereits um 20 Uhr anstelle von 23 Uhr auf die Bühne und mussten Zugaben und 90-minütige Sets spielen, wohingegen wir in den Jahren zuvor vielleicht bloß für 40 Minuten – wenn überhaupt – gespielt hatten. Ständig erhielten wir Interviewanfragen und mussten an allen möglichen Meetings teilnehmen, weshalb wir kaum Zeit für uns selbst hatten. Vielleicht hört es sich so an, als würde ich mich über den Erfolg beschweren, aber das tue ich nicht: Wenn Menschen viel Geld bezahlen, um dich in einer großen Location zu sehen, dann möchte man, dass es sich für sie auszahlt. Und je größer man wird, desto mehr steigt auch die Nachfrage. Jedoch wurde damit auch alles sichtbar unternehmerischer. In der Garderobe verkehrten zum Beispiel nun weitaus mehr Schlipsträger als früher und ich hatte das Gefühl, dass sich dieser Eilzug nur schwer bremsen lassen würde.

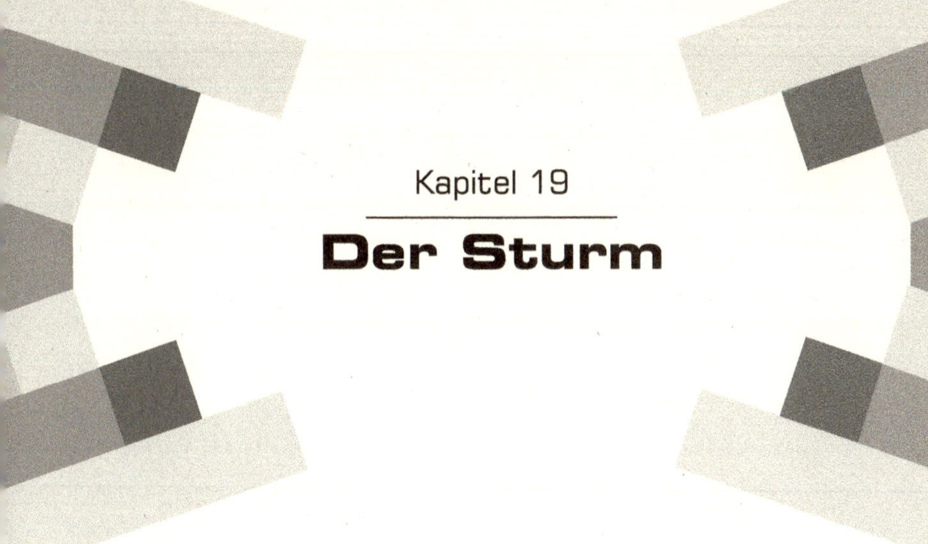

Kapitel 19

Der Sturm

Als ich schließlich eine Knarre unter die Nase gehalten bekam, erwies sich das als effektive Methode, mich davon zu überzeugen, dass sich ein paar Dinge ändern mussten. An jenem speziellen Abend waren wir nach der Sperrstunde im Haçienda bei einer Reggae-Party in einem Jugendclub in Moss Side gelandet. Bei unserer Ankunft versuchte sich bereits eine übel gelaunte Gruppe von Leuten Eintritt zu verschaffen, was schon mal kein gutes Zeichen war. Dann sah ich einen Freund von uns, der – sagen wir es mal so – über einen gewissen Einfluss verfügte. Die Leute machten Platz für ihn und er nahm uns mit hinein. Dort – wir standen noch an der Eingangstüre – trafen wir auf einen bärtigen Typen in einer grell orangen Jacke, der, während mehrere hundert Menschen versuchten hineinzugelangen, hinaus wollte. Er war offen gesagt ein ziemlicher Arsch, der Menschen aus dem Weg schubste, wofür ihm dann jemand ins Gesicht schlug.

Wir dachten nicht weiter darüber nach, gingen an der Durchreiche zur Küche vorüber und sahen, dass köstlich aussehendes karibisches Essen serviert wurde. Ich bestellte mir eine Portion Huhn mit Klößchen und aß im Stehen aus einer weißen Styropor-Schüssel, als sich plötzlich in meinem Augenwinkel etwas zusammenbraute, das einer schrägen Halluzination glich. Es sah so aus, als hätten sich alle Leute in Grashalme verwandelt, die nun gegen die Wände gedrückt wurden. Als ich mich umsah, begriff ich, dass das hier keine Halluzination war: Jeder in diesem Club presste sich fest gegen die Wand, womit die einzigen Menschen, die nun in der Mitte des Geschehens standen, Mr. Vollidiot Weißarsch mit seinem Hühnchen-Schmaus einerseits und andererseits ein Kerl mit Sturmmütze und oranger Jacke waren, wobei Letzterer mit einem *seeehr* großen Revolver herumfuchtelte. Es war der Typ, der geschlagen worden war. Seine Verkleidung war relativ ineffektiv, aber es war die enorm große Waffe in seiner Hand – jeder außer mir hatte sie sofort registriert –, die mir nun am meisten Sorgen bereitete. Er eilte herum, um die Person, die ihn geschlagen hatte, ausfindig zu machen. Als er nun an mir vorbeiging, fuchtelte er nur wenige Zentimeter vor meinem Gesicht mit seiner Pistole herum. Ich glaube nicht, dass er mich wahrnahm, denn er war darauf fokussiert, seinen Widersacher zu suchen, aber als er in einen anderen Raum verschwunden war, sagte ich zu Sarah: „Ich denke, wir sollten jetzt am besten heimgehen." Als wir dort eintrafen, erfuhren wir, dass Sarahs Vater, dem es schon am frühen Abend nicht besonders gut gegangen war, ins Krankenhaus gebracht werden hatte müssen, weshalb wir direkt dorthin weiterfuhren, um die restliche Nacht bei ihm zu bleiben.

Alles in allem war diese Nacht absolut zu viel für mich. Mir reichte es. Darüber hinaus stellte ich mir selbst ein paar wichtige Fragen. Wollte ich all diese Belastungen? Machte mich dieser Lifestyle wirklich glücklich – oder schmeichelte er bloß meinem Ego? War es gesund, mir selbst für kommerziellen Erfolg auf die Schulter zu klopfen? Ich nahm mir die Zeit, um die wirklich wichtigen Dinge abzuwägen, und begriff, dass Zufriedenheit für mich bedeuten würde, die richtige Balance zwischen meinem öffentlichen Leben und meinem Privatleben, der Arbeit und meinem Zuhause, der Musik und meiner Familie herstellen zu können.

Mit Factory wurden die Probleme immer gravierender, obwohl sie nun zwei der erfolgreichsten Bands der Ära unter Vertrag hatten. New Order befanden sich künstlerisch in einer schwierigen Position, aber dennoch liebten die Menschen unseren Sound, er funktionierte. Aber egal, wohin ich mich wandte, überall herrschte Widerspruch – und ich kämpfte dagegen an. Hooky war da anders. Er liebte den Erfolg und die Annehmlichkeiten, die damit einhergingen. Er genoss die Bewunderung, er schwelgte quasi darin. Ich genieße das selbstverständlich auch, aber nur bis zu einem gewissen Punkt. Es ist nicht das Wichtigste meiner Existenz. Außerdem, wenn ich zurückdachte, dann war die Botschaft von Punk im Grunde doch gewesen, dass man auf die Stars scheißen sollte, oder? Bleib mit deinen Füßen am Boden und nimm dich selbst nicht zu ernst. Und dennoch waren wir nun hier und liefen Gefahr, die Bodenhaftung zu verlieren und uns immer weiter von unseren Anfängen zu entfernen.

Ich fällte also den Beschluss, nicht mehr so oft auf Tour zu gehen. Für Hooky war das ein Problem. Ich denke, dass ich mich damit zwischen ihn und seine Ambitionen stellte, was er mir sehr übelnahm. Was mich betraf, so hatte ich immer noch das Gefühl, dass ich schlechte Schwingungen abbekam, weil ich die Band in eine elektronische Richtung gelenkt hatte, obwohl wir alle davon profitierten.

Dies alles spitzte sich kurz vor der Veröffentlichung von *Republic* zu. Besonders Hooky hatte das Gefühl, dass ich den kreativen Aspekt an mich gerissen hätte, indem ich die elektronischen Songs auf *Technique* geschrieben hatte. Ich hatte zu allen gesagt, dass auch sie Sachen beisteuern sollten, damit ich mich mehr auf den Gesang konzentrieren konnte und wir dann sehen würden, ob wir auf diese Weise vielleicht unser altes Gleichgewicht wiedererlangen würden können. Wir hatten uns wieder in die Real World Studios begeben, wo Peter Gabriel etwas hatte, das „die Pagode" hieß und als Schreibraum fungieren sollte. Ich hatte mich dorthin zurückgezogen und ließ mir von der Band das Material, an dem sie bastelte, zuspielen. Manche Passagen gefielen mir besser als andere. Stephen Hague, unser Produzent, schaute bei mir vorbei, um zu sehen, wie ich vorankam. Ich sagte ihm in etwa: „Nun, der Refrain ist toll, aber ich bezweifle, dass die Strophe hinhaut." Ich bat ihn, dass er die anderen die Strophe überarbeiten ließe, während ich an einem anderen Song weiterarbeitete. Dann, eine Woche später oder so, erkundigte er sich erneut nach dem ersten Song, worauf ich sagte: „Ich habe noch nichts bezüglich des überarbeiteten Teils gehört." Wir fanden uns in einer bizarren Situation wieder, in der alles über Stephen lief, was bedeutete, dass alles letztlich fast zum Stillstand kam. Dazu kam noch, dass ich das Material streckenweise nicht als besonders stark empfand, was den Schreib- und den Aufnahmeprozess für dieses Album erheblich erschwerte. Der Vibe innerhalb der gesamten Band hatte sich leider verschlechtert und es machte mir keinen großen Spaß mehr. Ich brauchte eine Pause. Wir alle hatten eine nötig. Und so hörten wir ab 1993 für eine Weile auf, als New

Order zusammenzuarbeiten. Obwohl wir uns nie auflösten, sollten nach der Show in Reading fünf Jahre vergehen, bevor wir wieder gemeinsam auf einer Bühne stehen würden.

Die Situation mit dem Haçienda sollte sich noch bis 1994 hinziehen, bis Steve, Gillian und ich erklärten, dass wir die Schnauze so richtig gestrichen voll hatten. Genug war genug. Wir drei ließen alle anderen wissen, dass wir von nun an keine Kohle mehr in den Club stecken wollten, weil es nun einfach vorbei sein würde. Wir müssten das Schiff untergehen lassen. Rob und Hooky sagten, dass wir das Ruder immer noch herumreißen könnten, und dass sie, auch wenn wir nicht weiter investieren würden, weitermachen würden. Ich wies darauf hin, dass wir alle in derselben Band spielten und sie überstimmt worden seien. Alles, was wir taten, wurde demokratisch entschieden und wir hatten beschlossen, dass wir diesen desaströsen Zustand nicht länger aufrechterhalten wollten. Wir sagten, dass es ihre Entscheidung sei, wenn sie weitermachen wollten, aber es für jeden offensichtlich sei, dass sie nur ihre Zeit und ihr Geld verschwendeten. Ich behielt meine Anteile am Haçienda, war von nun an aber nur mehr stiller Teilhaber. Nachdem ich so viel Geld in den Laden hineingebuttert hatte, erschien es mir das Richtige zu sein.

Trotz unserer Warnungen blieben die beiden noch zwei oder drei weitere ertraglose Jahre an Bord, während der Club immer mehr in finanzielle Notlage geriet. Ich weiß nicht, woher sie das Geld nahmen, aber sie steigerten sich richtig hinein. Wir anderen hatten begriffen, dass das Haçienda nicht mehr zu retten war, aber sie harrten stur weiterhin aus. 1997 mussten sie den Club aber erneut vorübergehend wegen noch mehr Drogenvorfällen schließen.

Nur Wochen nach der Wiedereröffnung fiel schließlich der letzte Vorhang für das Haçienda. Im Juni hatte ein Junge – ich denke, er war aus Liverpool – ein Mädchen, die die Freundin eines Gangmitglieds war, im Club angequatscht, was gar nicht gut angekommen war. Als er schließlich gegangen war und die Whitworth Street überquert hatte, hatte ihm ein anderes Mitglied derselben Gang einen Knüppel von hinten über den Schädel gezogen. Der Typ war auf der Stelle zusammengebrochen, woraufhin das Gangmitglied in sein Auto gesprungen war und ihn überfahren hatte. Wie es der Zufall gewollt hatte, war gerade in diesem Moment ein

Minibus mit Magistratsbeamten vorgefahren, die nachsehen wollten, wie sich der Club nach seiner Wiedereröffnung entwickelte, sodass sie diese Szene aus nächster Nähe mitverfolgen hatten können. Ich habe sogar gehört, dass einige von ihnen mit Blut vollgespritzt worden seien.

Es war daher keine große Überraschung, dass sie, nachdem sie Zeugen dieses abscheulichen Zwischenfalls geworden waren, nicht unbedingt positiv in Bezug auf den Club eingestellt waren. Und das war es dann auch gewesen: Sie hatten ihn endgültig dicht gemacht.

Das war aber noch nicht das Ende der Haçienda-Saga. Als der Club in Liquidation trat, kam es zu einem Treffen mit den Buchhaltern, zu dem ich nicht eingeladen wurde. Rob und Hooky waren aber vor Ort und es wurde beschlossen, dass alles Geld, das aus dem Verkauf des Gebäudes und der Einrichtung übrigbliebe, an sie ginge, um sie für das Extra-Geld, das sie aufgewandt hatten, nachdem wir unseren Geldhahn zugedreht hatte, zu entschädigen. Sobald das erledigt war, blieb natürlich kein Geld mehr übrig, um dem Rest von uns die vielen Hunderttausenden Pfund, die wir im Laufe der Jahre investiert hatten, zurückzuzahlen. Sie bekamen ihr Geld zurück für die desaströse Phase, die sie auf ihr eigenes Risiko beaufsichtigt hatten, aber wir – Steve, Gillian, der Factory-Vorstand und ich – gingen letztlich komplett leer aus. Ich habe die unwahre Behauptung gehört, dass wir unser Investment in den Kamin geschrieben hätten, als wir beschlossen hatten, keine weiteren Mittel mehr aufzubringen. Steve und Gillian hatten ihre Anteile auch tatsächlich verkauft, aber ich nicht. Ich hatte nichts abgeschrieben, sondern mich schlicht geweigert, weiterhin Geld in etwas zu investieren, was sich ganz klar als finanzielles Desaster herauskristallisierte. Hooky beschwerte sich bei mir, dass Rob mehr Geld als er erhalten hätte und dass Rob in der Lage gewesen wäre, viel mehr Geld in das Haçienda zu stecken. Er sagte, dass er einen Verdacht bezüglich der Herkunft dieser Gelder hege und absolut der Meinung sei, dass wir ihn feuern sollten. Hooky berief ein Band-Meeting ein, bei dem er erklärte, dass Rob seinen Hut nehmen müsse. Aber nach allem, was passiert war, und nach allem, was wir zusammen durchgemacht hatten, und der Tatsache, dass ich Rob trotz all seiner Fehler keine böse Absicht unterstellen wollte, entschieden wir, dass Rob einer von uns bleiben würde – und wir niemanden von uns im Stich lassen würden. Wenn wir ihn in die Wüste schickten, was hätte er denn nach all der Zeit, die er mit uns zusammengearbeitet hatte, schon tun sollen? Was hätte er tun *können*? Der Rest von uns hatte das Gefühl, dass wir unabhängig von gewissen Vorkommnissen Rob vertrauen konnten, weshalb er ein Teil des Teams blieb. Unlängst las ich mir ein paar der Unterlagen durch, und ich denke, dass Rob *tatsächlich* mehr Geld investiert hatte und daher potenziell im Recht war, als er mehr als Hooky erhielt. Aber wie üblich bei New Order war alles sehr kompliziert. Rob wurde zwar als unser Manager bezahlt, erhielt aber zusätzlich auch einen Gehaltsscheck als Vorstandsmitglied von Factory. Ich denke, dass er vermutlich das Geld aus beiden Einkommensquellen in das Haçienda gesteckt hatte. Er scheint also mehr investiert zu haben (und hätte mehr Geld verdient, wenn das Haçienda ein finanzieller Erfolg gewesen wäre). Wir aber erhielten gar nichts und Factory ging schließlich 1997 selbst pleite, obwohl uns das Label noch Tantiemen schuldete.

Ein Jahr nach der Schließung des Clubs, im Frühsommer 1998, trafen wir alle zusammen, da wir ein Angebot von Vince Power von der Organisation Mean Fiddler erhalten hatten, beim Phoenix Festival in Stratford-upon-Avon aufzutreten. Zu diesem Zeitpunkt hatten wir alle schlechten Dinge verdrängt und konzentrierten uns stattdessen auf die guten. Das Angebot schien eine gute Möglichkeit für einen Neustart zu bieten und zu unserer größten Stärke – Musik zu machen – zurückzukehren. Die Band hatte sich ja nicht aufgelöst. Wenn dem so gewesen wäre, hätten wir das auch so mitgeteilt. Wir hatten nur eine Weile nicht mehr miteinander gearbeitet und uns auf andere Projekte konzentriert. Vince war immer sehr gut zu uns gewesen und wir verstanden uns prächtig mit ihm, weshalb wir seine Offerte annahmen. Wir trafen uns in Robs Büro, wo wir unsere Verfehlungen besprechen wollten, beziehungsweise wie es so weit hatte kommen können. Es lag die wohlwollende Bereitschaft in der Luft, die Situation zu klären. So fühlte ich mich im Anschluss an das Meeting sehr positiv und die Band begann wieder zusammenzuarbeiten. Ich hatte zwar noch eine Verpflichtung abseits von New Order, der ich nachkommen musste, nämlich die Veröffentlichung und Bewerbung des Electronic-Albums *Twisted Tenderness*. Doch im Anschluss daran war ich frei, um mich wieder auf New Order konzentrieren zu können.

Schließlich kam unser Auftritt beim Phoenix Festival leider nicht zustande, aber Vince schlug vor, dass wir stattdessen beim Reading Festival etwas später im selben Sommer als Headliner spielen könnten. Da unser bis dahin letzter Gig 1993 auch in Reading stattgefunden hatte, ergab sich somit eine hübsche Symmetrie – und es wurde eine umwerfende, fantastische Show.

Alles schien gut zu sein, als das Jahr 1999 langsam ins Land zog. Aber dann, im Mai jenes Jahres, starb Rob plötzlich an einem Herzinfarkt. Robs gesundheitliche Verfassung war immer eine komplizierte Angelegenheit gewesen, vor allem nach einem Zusammenbruch im Jahr 1983. Wir hatten damals das Interesse des Finanzamts auf uns gezogen, nachdem Rough Trades amerikanische Filiale bankrottgegangen war und uns immer noch einen großen Batzen unserer Joy-Division-Tantiemen schuldig war. Es ging dabei um eine Summe in der Größenordnung von 600.000 Pfund. Nachdem wir uns beraten hatten lassen, glaubten wir, nur tatsächlich erhaltene Summen versteuern zu müssen. Da wir, nachdem Rough Trade America pleite gegangen war, unser Geld von ihnen nicht bekamen, mussten wir daher auch keine Steuern dafür bezahlen. Das Finanzamt sah das aber anders, weshalb wir zu einer Reihe von einschüchternden Treffen vorgeladen wurden. Der Steuertyp wusste nämlich etwas, das wir nicht wussten: wie viel Geld tatsächlich in unser Unternehmen floss. Egal, wie viel es war, es war um einiges mehr, als unsere individuellen Einkommen wiedergaben. Niemand in unserem Unternehmen verdiente viel. Ich glaube, jeder bekam so um die 100 Mäuse zu diesem Zeitpunkt. Für Tony war das okay, denn er hatte ja noch den Job bei Granada TV. Alan Erasmus, der für die Außenwelt das stille Vorstandsmitglied von Factory war, obwohl er tatsächlich viele Ideen beisteuerte, sagte mir kürzlich, dass jedes Mal, wenn Tony um eine Lohnerhöhung bat, er Karl Marx zitiert habe: „Jeder nach seinen Fähigkeiten, jedem nach seinen Bedürfnissen, mein Lieber." Allerdings bin ich mir nicht sicher, ob Marx wirklich „mein Lieber" geschrieben hatte.

Bei den Treffen mit dem Finanzamt bekamen wir das volle „guter Bulle, böser Bulle"-Programm geboten. Da war einerseits ein unnachgiebiger Schotte namens Mr. Munro in der Rolle des bösen Bullen und andererseits sein treues Helferlein, das den guten Bullen gab. Sie vermuteten wohl, dass wir Tausende von Pfund-Sterling auf Schweizer Bankkonten gebunkert hatten, was aber nicht stimmte – dafür wären wir einfach schon mal nicht clever genug gewesen. Wir wiesen darauf hin, dass wir nichts von Rough Trade bekommen hätten, weil sie zugesperrt hatten, weshalb wir auch sicher keine Steuern schuldig wären. Mr. Munro bereitete es großes Vergnügen, uns darüber in Kenntnis zu setzen, dass wir die Summen, die wir *verdient*, und nicht nur jene, die wir *bekommen* hatten, versteuern hätten müssen. Obwohl wir eigentlich die Opfer des Rough-Trade-Kollapses waren, war das Finanzamt also dennoch überzeugt, dass wir Steuern für Geldsummen, die wir nie erhalten hatten, bezahlen müssten. Das war natürlich eine ernste Situation und es bestand echte Gefahr, dass rund um uns alles in sich zusammenstürzen würde. Wir mussten sogar unsere Scheckbelege zusammensuchen und all unsere Einrichtungsstücke und Besitztümer für den Fall auflisten, dass die Gerichtsvollzieher vor unseren Türen stünden. Bei Rob riefen sie tatsächlich einmal an und er hatte wirklich Angst, dass er alles verlieren würde.

Schließlich heuerten wir einen erstklassigen Steueranwalt namens Paddy Grafton-Green an, der uns dann zu einem Treffen mit Mr. Munro begleitete und ihn informierte, dass keine Steuerschuld zu begleichen sei, da die angebliche Summe als Werbekosten für das Haçienda abgeschrieben werden könne. Dann schloss er seinen Aktenkoffer und führte uns wie ein siegreicher Feldherr aus dem Raum. Somit waren wir vom Haken. Aber die ganze Angelegenheit hatte ernsthafte Spuren bei Rob hinterlassen. Mir fiel etwa bei Meetings auf, dass seine Hände ziemlich zitterten, wenn er seine Teetasse hielt. Er war eigentlich ein zäher Bursche und zeigte kein außerordentliches Interesse an Geld, aber dieses Zittern wurde mit jedem Meeting heftiger. Außerdem begann er, sich seltsam zu verhalten. Eines Tages kam er mit Terry zu einer Probe, bat uns, uns hinzusetzen, und kramte einen Stapel mit Zeitungsausschnitten hervor. Er wandte sich daraufhin an Terry und fragte ihn: „Terry, was ist mein Gehirn?“

„Ein Supercomputer, Rob“, antwortete Terry.

„Das stimmt, Terry, mein Gehirn ist ein Supercomputer“, sagte er. „Ich habe die Lage analysiert und all diese Zeitungsausschnitte recherchiert.“

Da waren Sachen dabei wie „RASENMÄHER TÖTET MANN DURCH STROMSCHLAG“ – alle möglichen Geschichten, die anscheinend für unsere steuerliche Situation relevant waren. Einfach verrückt.

Irgendwann hatte Rob dann einen Zusammenbruch und landete eine Zeitlang im Krankenhaus. Es war wirklich sehr erschütternd, ihn so zu sehen. Zur Zeit der steuerlichen Untersuchung verlor das Haçienda bereits Geld, was Robs Stress verdoppelte, da einerseits Geld, mit dem er rechnete, länger auf sich warten ließ, und andererseits das Finanzamt an seine Tür klopfte, um damit zu drohen, dass wir mitsamt unserer Familien bald auf der Straße sitzen würden.

Er war unter enormem Druck gestanden und davon sehr krank geworden. So wie auch schon Ian nach seiner Epilepsie-Diagnose, wurde auch Rob auf ein paar ziemlich heftige psychoaktive Medikamente gesetzt und er sollte für mich nie mehr ganz derselbe sein. Er verlor dadurch einen großen Teil seiner kumpelhaften Art. Obwohl er sich erholte, glaube ich nicht, dass er wieder ganz gesund wurde. Ein paar Jahre später hatte er Probleme mit einer Schilddrüsenüberfunktion und die Ärzte schnitten ihm die halbe Schilddrüse heraus, was dazu führte, dass er fortan unter einer Unterfunktion litt. Womöglich trug auch das zu seinem Infarkt bei. Bei einer Schilddrüsenüberfunktion wird zu viel Adrenalin produziert, was vermutlich auch die Panikattacken erklärt. Ich erinnere mich noch, dass ich vor einem Gig in Amerika zu ihm sagte: „Ich bin heute ein bisschen nervös, Rob, du solltest mal mein Herz fühlen." Rob meinte darauf: „Vergiss das mal, fühle lieber meines." Er öffnete seine Jacke und ich konnte sein Herz tatsächlich unter seinem Hemd schlagen sehen. Darüber hinaus gab er nie wirklich Acht auf sich. Er trank viel Bier und ernährte sich ungesund, machte niemals Sport und verbrachte stattdessen jede Menge Zeit im Pub.

Ich wusste zu jener Zeit nicht, dass er Herzprobleme hatte, und wundere mich immer noch, ob es mit seiner Schilddrüse zu tun gehabt haben könnte. Egal, so oder so waren wir total am Boden zerstört, als er starb. Für uns war er eine Vaterfigur, immerhin waren wir noch sehr jung, als er unser Manager wurde. Er hielt uns stets davon ab, komplette Narren aus uns zu machen.

Es war seine Entscheidung gewesen, uns auf Factory einzulassen, wo Tony und er praktisch als die zwei Flügel ein und desselben Vogels fungierten. Ich denke, dass sie sich politisch sehr ähnlich waren, ich meine in Bezug auf den Sozialismus, außerdem glich ihr Sinn für Humor sich ziemlich. Obwohl Tony in Cambridge studiert hatte, war er dennoch im Herzen ein Junge aus Salford geblieben. Rob stammte aus Wythenshawe und trotz ihrer vordergründig sehr unterschiedlichen Charaktere, teilten sie sich dieselbe Empfindsamkeit. Nicht dass wir unmoralische Menschen gewesen wären, aber er war dennoch unser moralischer Kompass. Er unterrichtete uns in puncto Unabhängigkeit, wies uns an, in Manchester zu bleiben und Dinge zu tun, die gut für die Stadt waren. Er ermutigte uns in Bezug auf unsere Ausrichtung und unsere Musik – und dafür werde ich ihm immer dankbar sein.

Was er hingegen nicht tat, war, das Chaos zu zügeln. Er sah Geld nicht als so wichtig an, weshalb auch der Verlust von selbigem keine so große Rolle für ihn spielte. Wenn man aber mit Gestalten wie Mr. Munro an einem Tisch sitzen muss und dieser fragend eine Augenbraue nach oben zieht, wird es plötzlich *sehr* wichtig. Es kommt der Punkt, an dem man den liebenswert-naiven, chaotisch-amateurhaften Ansatz hinter sich lassen muss, da der Erfolg es ausschließt, so frohsinnig-anarchistisch wie einst weiterzuarbeiten. Tony liebte die Anarchie, aber er hatte auch seinen Job bei Granada, der ihm Sicherheit gab. Robs ganze Welt wurde von seinem Instinkt für von Prinzipien geleitete Anarchie bestimmt – und vielleicht passte er sich, während wir immer erfolgreicher wurden, nicht ausreichend an.

Rob hatte eine Gabe dafür, in schwierigen Situationen genau zum richtigen Zeitpunkt etwas Unbeschwertheit einzubringen, und war außerdem sehr witzig. Er vermittelte uns ein Selbstvertrauen, das es uns ermöglichte, uns auf niemanden verlassen zu müssen, einfach deshalb, weil wir *gut genug* waren. Um die geschäftlichen Aspekte hätte er sich vielleicht besser kümmern können, aber ohne seine Anleitung wären wir nie auch nur annähernd zu einer solchen Macht geworden.

Er war ein großer Anhänger von Manchester City und sollte auf dem Southern Cemetery in Manchester beerdigt werden. Der Verwalter des Friedhofs teilte seiner Witwe Lesley mit, dass er für ihn einen tollen Platz direkt neben dem legendären United-Manager Sir Matt Busby hätte. Das ging aber schon mal gar nicht, weshalb schnell eine andere Stelle gefunden werden musste. Obwohl: Wenn Rob mitreden hätte dürfen, hätte man wohl Sir Matt umbetten müssen.

Meine letzte Erinnerung an Rob ist, wie wir uns kurz vor seinem Tod bei einer Probe unterhielten. New Order arbeiteten wieder zusammen und er war echt begeistert davon. Er meinte aber, dass er in ein paar Tagen zu einem Begräbnis müsste. Allerdings hatte er überhaupt keine Lust darauf, weil er bei solchen Anlässen immer weinen musste. Das war das Letzte, was er zu mir sagte. Robs Tod war tragisch, unerwartet und ich vermisse ihn heute noch jeden Tag. Bei seinem Begräbnis waren schließlich wir es, die heulen mussten.

Sobald wir uns davon zu erholen begannen, fanden wir als Band langsam zurück zu alter Stärke. Wir fingen wieder an, Songs zu schreiben, und setzten in weiterer Folge unsere Tradition fort, unsere Angelegenheiten innerhalb der Familie zu regeln, indem wir Robs Assistenten, Rebecca Boulton und Andy Robinson, zu seinen Nachfolgern als Manager der Band machten. In Robs Fußstapfen zu treten, war keine leichte Aufgabe, aber Andy und Rebecca füllten jeweils einen aus. Damit wurde ein nahtloser Übergang sichergestellt und beide machen bis heute einen tollen Job, sowohl für die Band als auch für jedes seiner Mitglieder.

Sogar meine und Hookys Beziehung schien sich eine Zeit lang freundschaftlich entspannt zu haben. Doch leider blieb das nicht lange so. Eines Tages sagte er fast schon beiläufig zu mir: „Ach, übrigens, ich habe den Namen ‚Haçienda' von den Konkursverwaltern gekauft."

„Echt?", fragte ich. „Für wie viel?"

„Das sage ich dir nicht."

Was er mir schon sagte, war, dass er außerdem einen Deal mit der Baufirma, die auf dem Grundstück Wohnungen errichten sollte, erzielt habe, demzufolge er ihr den Namen für den Wohnblock weiterverkaufen würde. Ich war geplättet. Wir hatten uns gerade wieder zusammengerauft und nun hatte Hooky diese Aktion abgezogen. Er hatte die Sache mit niemandem von uns besprochen, schließlich hätte er ja auch der Band vorschlagen können, den Namen gemeinsam zu kaufen. Stattdessen hatte er es ganz allein getan.

So wie ich die Sache sah, gab es nun zwei Möglichkeiten, wie wir weitermachen konnten: Wir konnten das, was er getan hatte, alles ruinieren lassen, gerade als alles sich zum Guten zu entwickeln schien, oder wir ignorierten die Angelegenheit und machten einfach weiter. Zum Wohle aller entschied ich mich für zweitere Option. Aber dennoch gefiel mir das alles nicht. Ich erinnerte mich daran, wie Rob uns ungefähr zu jener Zeit, als der Club vor die Hunde ging, in Steves Studio besucht hatte. Alan Erasmus hatte erwähnt, dass die Möglichkeit bestünde, den Namen Haçienda käuflich zu erwerben, und Rob hatte sich nun erkundigt, ob er ihn in unserem Namen – im Namen *aller* – kaufen sollte. Steve, Gillian und ich waren dafür gewesen und Steve hatte gemeint, dass die Namensrechte – falls möglich – immer in unserem Besitz bleiben sollten. Rob hatte das Ganze nicht mehr erwähnt und ich hatte angenommen, dass alles in die Wege geleitet wäre. Wir machten uns also wieder daran, Musik zu machen. Um ganz ehrlich zu sein, wollte ich nicht länger über den verdammten Club nachdenken.

Egal. Ich bin mir bewusst, dass ich große Teile der Geschichte dieses außergewöhnlichen Etablissements sehr negativ erscheinen lasse, aber bitte denkt nicht, dass alles nur schlecht war. So wie viele Leute habe auch ich viele tolle Erinnerungen an das Haçienda. Immerhin habe ich dort meine Frau Sarah kennengelernt – und es gab auch sonst viel Positives, auf das ich gerne zurückschaue. Außerdem war es auch ein Teil von Robs und Tonys noblem Anliegen, Manchester zu einem besseren Ort zu machen und die Stadt und die Musikszene zum Leben zu erwecken. Sie wollten die Szene für DJs, Tänzer, Musiker und Konzertveranstalter – alle, die darin verwickelt waren – lebenswerter gestalten. Und in weiterer Folge würde sich dadurch eine bessere Umgebung für die ganze Stadt und ihre Bewohner ergeben. Das war schon eine starke Leistung, obwohl ein paar ungeschickte Entscheidungen sicherstellten, dass der Club nie finanziell erfolgreich sein sollte. Es war ein wunderbarer Traum – und er wurde zu einem großen Teil Wirklichkeit –, aber es war auch ein Traum, bei dem zu oft das Herz über den Verstand obsiegte.

Kapitel 20

„Eine verstörende Story, keine Frage."

Wenn man die Begebenheiten rund um Joy Division, New Order, Factory und dem Haçienda betrachtet, kommt es einem so vor, als würde das Leben die besten Geschichten schreiben. Deshalb ist es vermutlich auch keine Überraschung, dass gleich zwei große Spielfilme darüber gemacht wurden. Der erste war *24 Hour Party People*, bei dem Michael Winterbottom Regie führte und der im Frühjahr 2002 in die Kinos kam. Der Film bot einen amüsanten Blick hinter die Kulissen von Factory und dem Haçienda und konzentrierte sich auf Tony als zentrale Figur. Steve Coogan spielte dabei Tony und machte das wirklich ausgezeichnet. Ich glaube, sie waren schon vor dem Film miteinander befreundet gewesen, was ihm bei seiner Performance geholfen haben muss. Mir war jedenfalls bewusst, dass Steve einen sehr guten Tony draufhatte, und ich fand, dass seine Darbietung auf der Leinwand eine brillante Karikatur war. Tony war im echten Leben ja schon so etwas wie eine Karikatur seiner selbst: extravagant, charismatisch und (oft auch unabsichtlich) komisch. Steve brachte das in seiner Darstellung sehr gut rüber. In mancherlei Hinsicht muss es einfach gewesen sein, Tony zu spielen, doch gleichzeitig war er auch eine so große Persönlichkeit, sodass es für jeden Schauspieler eine Herausforderung war. Steve traf den Ton ziemlich gut und war die perfekte Wahl für die Rolle.

John Simm spielte mich und oft werde ich gefragt, ob ich denke, dass er mich gut getroffen habe. Ich kann das gar nicht wirklich beantworten, weil ich mich ja nicht von außen beobachten kann. Das tue ich nur, wenn ich mich im Spiegel betrachte – allerdings neige ich dazu, gerade dann nicht viel zu sprechen. Irgendwann nach Abschluss der Dreharbeiten lief ich Steve und John im Press Club in Manchester über den Weg. Während ich mit Steve quatschte, fiel mir auf, dass John mich intensiv studierte. Obwohl der Film bereits abgedreht war, nahm er mich immer noch unter die Lupe, um zu sehen, ob er es richtig hinbekommen hätte. Mir gelang es später, ihn noch einmal so richtig dranzukriegen, als ich ihn bei einem Konzert im Finsbury Park, das wir in diesem Sommer spielten, auf die Bühne zog, um mit mir „Digital“ zu singen. Er sträubte sich sehr dagegen, aber sobald er sich mir am Mikrophon angeschlossen hatte, schmetterte er „Day in, day out“, als ob sein Leben davon abhängen würde.

Ich mochte Steve und John, sie waren großartige Jungs und ich bin ein Fan ihrer Arbeit. Ich war wirklich sehr glücklich damit, dass John mich darstellte und ebenfalls höchst zufrieden, dass Steve Tony spielte: Diese tolle Besetzung half den Filmemachern, die Essenz des Irrsinns, der hinter Factory steckte, einzufangen. Bei all meiner Jammerei, die sich über diese Seiten verteilt findet – und, hey, zumindest teilweise ist sie gerechtfertigt –, über den Stress, den Schmerz und die finanziellen Untiefen, ist es sehr leicht zu vergessen, welchen Spaß wir hatten. Wenn *24 Hour Party People* die vorherrschende Anarchie dieser Zeit festgehalten hätte, wäre es nicht einmal ein halb so guter Film geworden. Die Sex Pistols sangen zwar von „Anarchy in the UK“, aber wir haben sie auch gelebt – im Guten wie im Bösen. Menschen, die *24 Hour Party People* gesehen haben, fragen mich, ob es sich tatsächlich so zugetragen hätte, was ich stets verneine. Sie sehen mich dann ein bisschen enttäuscht an, bis ich hinzufüge, dass in Wirklichkeit alles viel extremer gewesen sei.

Rückblickend denke ich, dass wir vielleicht erfolgreicher gewesen wären, wenn wir unseren Scheiß auf konventionellere Art und Weise geregelt bekommen hätten. Jedoch ist es auch durchaus möglich, dass wir in diesem Fall heute nicht so stark unterwegs wären und nicht immer noch dasselbe Ausmaß an Erfolg genießen könnten. Außerdem bin ich mir sicher, dass es nicht halb so lustig gewesen wäre – und was uns betrifft, so war der Spaß stets eines unserer zentralen Themen.

Der Film gab uns auch die einzigartige Gelegenheit, ein bisschen von diesem Spaß noch einmal erleben zu dürfen, weil für die Dreharbeiten das Haçienda wieder zum Leben erweckt wurde. Es war eine Situation, die sehr zu Factory und New Order passte: Das Haçienda-Gebäude war kurz vor dem Dreh zum Abriss vorgesehen, weshalb die Produzenten ein brandneues errichten ließen. Das war köstlich ironisch, weil Tonys Slogan in Bezug auf den Club war: „Das Haçienda muss errichtet werden." Immer, wenn er sich dazu in Schrift oder Wort äußerte, benutzte er diese Phrase, die er sich von den radikal-avantgardistischen Revolutionären der Situationistischen Internationalen geborgt hatte. Fünf Jahre waren seit der endgültigen Schließung vergangen – und das Motto war wieder aktuell: Das Haçienda musste errichtet werden. Nachdem das Original gerade erst abgerissen worden war, entstand in einem Lagerhaus in Ancoats bereits ein neues Haçienda. Als die Dreharbeiten dort abgeschlossen waren, stand eine Party für das Ensemble, die Crew und all die alten Haçienda-Leutchen – die Bands, die DJs und alle anderen – auf dem Programm. Ich trat ein und war sprachlos: Es war bis ins letzte Detail genau das gleiche Interieur wie beim alten Haçienda. Als würde man durch die Zeit reisen, einfach atemberaubend. Diese Nacht war in vielerlei Hinsicht phänomenal, aber besonders deshalb, weil wir nie wirklich standesgemäß Abschied vom Club genommen hatten. Als das Ende schließlich da gewesen war, war alles ganz schnell gegangen – und wir hatten ein mieses Gefühl, weil wir damals nicht das Vermächtnis des Clubs gefeiert hatten. Aber das hier war anders: Es war viel Zeit vergangen, ein Spielfilm zelebrierte das Erbe des Haçiendas und von allem, was dort passiert war. Ich bin sehr froh darüber, dass uns der Film dies ermöglichte, denn es war uns sehr wichtig. Diese Nacht war ein wenig so, als würde man durch einen Traum wandeln. Kein Gerichtsvollzieher der Welt wird uns jemals die Erinnerungen, die wir an diese besonderen Zeiten haben, wegnehmen können. Für mich war diese Party – ganz egal, wie viele Haçienda-Themenabende auch noch immer stattfinden mögen – das finale Kapitel, die Nacht, in der die Sonne wirklich hinter dem Club unterging, und ich denke, man sollte ihn in Frieden ruhen lassen.

Nicht alles an unserer Reise war selbstverständlich lustig gewesen und Anton Corbijns Film *Control* aus dem Jahr 2007 gab das wieder. Sein Werk unterschied sich stark von Winterbottoms *24 Hour Party People* und zeigte einen Aspekt der Geschichte, der die Kehrseite der Medaille repräsentierte. *Control* setzte sich spezifisch mit Joy Division auseinander und stellte – basierend auf dem Buch seiner Witwe Debbie, *Touching from a Distance* – Ian in den Mittelpunkt des Geschehens. Ich habe das Buch gelesen und auch wenn es sich so zugetragen hat, entspricht es dennoch Debbies eigener Perspektive, die verständlicherweise nicht immer ganz objektiv war. Debbie hatte eine Seite von Ian gesehen, wir eine andere – und keiner von uns kannte die ganze Geschichte. Ian war nie ein offenes Buch gewesen – niemand von uns ist das. Wir alle haben unsere privaten Rückzugsorte in unserer Seele, was auch in Ordnung ist. Trotz aller Risiken, die der Film einging, gelang es ihm aber meiner Meinung nach, den Ian, den wir kannten, sehr effektiv abzubilden. Und wieder fragen mich die Leute, ob *Control* die Story und die zugehörige Zeit korrekt wiedergebe. Ich kann das bejahen – obwohl wir natürlich alles in Farbe erlebt haben.

Außerdem hatte während der Dreharbeiten zum Film eine unglaubliche Hitzewelle geherrscht. Es war unfassbar und ganz sicher nicht wie 1977. Das Porträt, das der Schauspieler Sam Riley von Ian zeichnete und welches im Mittelpunkt des Films steht, ist tatsächlich sehr treffend. Ich war auch zufrieden damit, wie mich James Anthony Pearson darstellte, und auch die übrigen Schauspieler überzeugten mich. Anton Corbijn hatte viele der berühmtesten Fotos von Joy Division und der frühen New-Order-Fotos geschossen, also kennen wir ihn bereits seit unseren allerfrühesten Tagen als Band. Es gab damals auch noch andere großartige Fotografen, etwa Kevin Cummins, aber Anton war der Liebe wegen aus seiner Heimat, den Niederlanden, nach England gezogen, wobei es sich allerdings nicht um ein Mädchen, sondern um Joy Division handelte. Die Musik hatte ihn auf eine Art in ihren Bann gezogen, die ihn dazu veranlasste, über den Ärmelkanal zu emigrieren. Anton war ein Fan unseres Schaffens, er war, als große Teile davon entstanden, vor Ort. Außerdem ist er ein brillanter Fotograf, weshalb es absolut passte, dass er den Film drehte. Der Film ist auch tatsächlich wunderschön fotografiert, so wie man es sich von Anton erwartet. Die Schauspieler lernten sogar, die Songs von Joy Division zu spielen, und sie klangen im Film besser als wir auf unseren Alben! Der Filmsound entspricht in der Tat viel mehr dem, was ich mir damals gewünscht hatte, aber, hey, so läuft das nun mal mithilfe digitaler Technologie.

Aus naheliegenden Gründen überschattete Ians Freitod einiges vom Humor und der Unbeschwertheit, welche das alltägliche Leben bei Joy Division begleiteten. Abgesehen davon war die Musik natürlich auch ziemlich heavy und düster. Aber wie ich schon erwähnte, waren wir eben das Produkt unserer Erziehung und auch von Manchester selbst. Ich glaube ganz fest daran, dass einen die jeweilige Umgebung bis zu einem gewissen Grad prägt – und unsere war von einem visuellen Standpunkt aus ein brutaler, karger Ort, was sich zweifellos in der Musik von Joy Division widerspiegelte. Damals stellten wir uns auch gegen das, was im Radio lief, nämlich Musik, zu der wir keinen Bezug hatten. Wir mochten sie nicht und unsere Schulfreunde genauso wenig. Aber dennoch war sie überall: Jedes Mal, wenn man das Radio aufdrehte, liefen da schmalzige Balladen und Acts wie Chicory Tip, The Sweet, Tina Charles und Showaddywaddy. Es war das musikalische Äquivalent zu Junkfood, mit dem eine Nation von Schlafwandlern zwangsernährt wurde. Wir hingegen dachten, dass wir etwas dagegen unternehmen müssten. *Control* fing unseren Kampf ein, wie wir trotz der Karten, die uns das Leben zugespielt hatte, auf einen grünen Zweig zu kommen versuchten. Der Film gibt auch die Atmosphäre in Macclesfield akkurat wieder: Für die dort stattfindenden Dreharbeiten stand sogar Ians und Debbies echtes Haus zur Verfügung, jener Ort, an dem sich Ian das Leben genommen hatte.

Es ist eine verstörende Story, keine Frage. Es gibt kein Happy End und es führt auch kein Weg daran vorbei. Ich habe im Verlauf der Jahre viel über Ians Tod nachgedacht und bin ehrlich gesagt der Meinung, dass ein anderer Ausgang außer Frage stand. Wir alle versuchten, es ihm auszureden, wir taten alles, was wir tun konnten, aber er war eine sehr eigenwillige Person. Er hatte einen bestimmten Weg eingeschlagen und ließ sich von niemandem davon abbringen. Auch das gibt der Film meiner Meinung nach sehr gut wieder.

Beide Filme sind großartige Porträts und Nacherzählungen zweier unterschiedlicher Kapitel einer langen, abwechslungsreichen und faszinierenden Geschichte. Wir hatten sehr wenig direkten Einfluss: Ich glaube, dass uns eine frühe Version des Drehbuchs zu *24 Hour Party People* gezeigt wurde, aber das war es dann auch schon wieder mit unserer Beteiligung, zum Teil auch, weil wir gerade damit beschäftigt waren, *Get Ready* aufzunehmen. Was *Control* betraf, so lasen wir alle das Skript, überprüften gemeinsam mit Anton die Fakten und wiesen auf Stellen hin, die so nicht passiert waren, beziehungsweise Dinge, die wir so nicht gesagt hätten. Mit dem Soundtrack hatten wir ebenfalls zu tun, aber abgesehen davon, ließen wir die Filmemacher einfach ihr Ding machen.

Ich frage mich, was wohl Ian zu den beiden Filmen gesagt hätte. Es hätte ihm, so denke ich, sicher gefallen, dass man sich an ihn erinnert. Das tun die meisten guten Menschen und Ian war einer davon. Ich glaube, dass er einen schweren Fehler begangen hat, als er sich umgebracht hat. Er befand sich inmitten eines emotionalen Wirbelsturms, dessen Auge in jenen Nächten über ihn hinwegzog – hätte er ein wenig mehr Zeit verstreichen lassen, hätte er sich für einen anderen Lebensweg entschieden. Er wäre zur Ruhe gekommen und hätte vermutlich aufgehört zu performen und wäre Schriftsteller geworden.

Als Band, als Individuen sowie als Unternehmen gedenken New Order Ians Todestag normalerweise nie öffentlich, weil wir keinen kommerziellen Nutzen daraus ziehen wollen. Ich ziehe es vor, ihm in privatem Rahmen zu gedenken, da ich das für die würdigere und angemessenere Art halte. Dasselbe gilt auch für Rob, Martin Hannett – er verstarb 1991 an Herzversagen – sowie natürlich auch Tony, der an Nierenkrebs erkrankte und im Alter von nur 57 Jahren im Sommer 2007 – nur ein paar Wochen vor der Veröffentlichung von *Control* – von uns ging. Tony war einer jener Menschen, zu denen es nie gepasst hätte, alt zu werden, weil er einfach im Geiste so jung geblieben war. Er ging in Jugendkultur und Musik auf und verabreichte Manchester eine Frischzellenkur. Tony war so von Tatendrang durchdrungen, dass es ein großer Schock war, als wir von seiner Krankheit erfuhren: Wir waren davon ausgegangen, dass ihn nichts aufhalten könnte und dass er einfach ewig weitermachen würde.

Nach dem Niedergang von Factory hatte Tony versucht, Factory Too zu gründen. (Versehentlich habe ich zuerst geschrieben: „Factory versuchte, *Tony Too* zu gründen.“) Aber leider wurde letztlich nichts daraus. Ich denke, dass sich einfach die Landschaft der Stadt verändert hatte: Diese spezielle Geschichte war zu Ende und womöglich war es an der Zeit, eine neue zu erzählen.

Als er erkrankte, lebte Tony in einem Loft, nicht weit vom Haçienda entfernt, fast genau über die Straße vom ehemaligen Standpunkt von TJ Davidsons Lagerhaus. Er hatte aufgehört, Vollzeit bei Granada zu arbeiten, und verbrachte nun seine Tage damit, seinen Hund auszuführen – dann erfuhr er von seiner schrecklichen Krankheit. Letztendlich sollte er den Kampf verlieren. Er starb am 10. August 2007. Das letzte Mal, als ich ihn sah, war bei meiner und Sarahs Hochzeit im Juli. Es ist schwer für mich, daran zu denken, dass er damals nur mehr wenige Wochen zu leben hatte. Sein Geist ist in Manchester nach wie vor spürbar, genauso wie der Spirit von Rob, Ian und Martin. Wenn man mich bedrängen würde, dann würde ich sagen, dass Tony und Rob die größten Verfechter von Manchester waren, und ich denke, dass sie ihr Ziel, die Stadt zum Besseren zu wenden, erfolgreich umsetzen konnten. Eine unauslöschbare neue Facette wurde der Stadtgeschichte hinzugefügt, ein Kapitel, das niemals in Vergessenheit geraten wird.

Als bekannt wurde, dass Tony gestorben war, wurde die Fahne über dem Rathaus von Manchester auf Halbmast gesetzt. Ich glaube, dass ihm das gefallen hätte. Ich werde Tony ewig dankbar sein, denn wenn er nicht gewesen wäre, würde ich jetzt nicht dieses Leben leben können. Mein Leben wäre meiner Meinung nach ziemlich öde ohne Tony Wilson gewesen.

Kapitel 21

„Egal, was du sagst oder wer du bist, es sind deine Taten, die zählen."

St. Catherine's Court in Bath, wo wir uns versammelten, um 2005 mit den Aufnahmen zu *Waiting for the Sirens' Call* zu beginnen, ist ein wunderschöner, friedlicher Ort. Das aktuelle Gebäude stammt aus dem frühen 16. Jahrhundert. Es war nach der von Heinrich VIII. initiierten Auflösung der Klöster – sein Wunsch, sich scheiden zu lassen, war mit der katholischen Lehre unvereinbar gewesen – an John Malt gegangen, den Schneider des Königs, dessen Tochter Audrey außerdem eigentlich das außereheliche Kind von Heinrich gewesen war. Die Schauspielerin Jane Seymour hatte es in den Achtzigerjahren gekauft, aber nach ihrer eigenen Scheidung umbauen lassen, und vermietete es nun als Aufnahmestudio.

Falls man eine Band tatsächlich mit einer Ehe vergleichen kann, dann machte das jahrhundertealte Vermächtnis ehelichen Disputs St. Catherine's Court zu einer überaus passenden Umgebung für New Order. Denn obwohl wir es damals nicht wissen konnten, sollten Geschehnisse, die dort ihren Ursprung hatten, schließlich zu Hookys Abschied aus der Band führen.

Auch wenn es ein wenig gruselig war, hielt ich es für einen tollen Ort. Steves Zimmer war mit dunklem Holz ausgekleidet. Außerdem hing in einer Ecke ein Gemälde, das ein unfreundlich dreinschauendes Paar in elisabethanischen Gewändern zeigte. Man konnte sich dem Bild nur schwer entziehen, da es in den vielen Spiegeln, die ebenfalls an den Wänden hingen, zu sehen war. Neben seinem Himmelbett befand sich eine antike Kinderkrippe, in der eine Puppe lag. Anscheinend war während einer Renovierung in den Sechzigerjahren hinter einem der Kamine ein Baby-Skelett entdeckt worden, weshalb man nun die Puppe nicht aus ihrem Bettchen heben durfte. Ihr könnt mich ja ein Weichei nennen, aber dieses Zimmer war nichts für mich. Ich entschied mich stattdessen für das Zimmer, in dem auch schon Joan Collins geschlafen hatte.

Alles schien in Ordnung zu sein, als wir eintrafen. Wir versuchten, mit verschiedenen Produzenten an diesem Album zu arbeiten, und alles lief ziemlich gut. Uns fiel auf, dass Hooky mitunter sehr ungestüm war, vor allem, wenn wir Essen gingen. Manchmal war das ganz lustig, aber man konnte auch sehen, dass es den Leuten an den anderen Tischen gelegentlich unangenehm war. Nachdem wir ein paar Wochen in St. Catherine's Court gearbeitet hatten, übersiedelten wir wieder in Peter Gabriels Real World Studios. Als Peter Saville uns dort besuchte, kam es wie aus dem Nichts zu einem Eklat: Hooky ließ eine Tirade gegen den armen Kerl vom Stapel und nannte ihn unter anderem einen Parasiten. Es war fürchterlich, komplett unangebracht und schlichtweg ungerechtfertigt: Peter Saville ist der netteste, friedfertigste Mensch, den ihr euch nur vorstellen könnt. Was Hooky betraf, so hatte ich oft das Gefühl, dass er eine Art persönlicher Agenda verfolgte und stets unterschwellig feindselig eingestellt war, aber bereits im St. Catherine's Court hatte es Anzeichen gegeben, dass seine Ressentiments an die Oberfläche vorzudringen drohten. Dieser Zwischenfall mit Peter Saville schien seinerzeit rätselhaft, sollte sich aber rückblickend als Wendepunkt herausstellen.

Anfangs unterschied sich unsere Arbeitsweise von jener unseres letzten Albums *Get Ready* von 2001. Die Instrumentalisten jammten ein paar Ideen und ich konzentrierte mich auf Gesang und Texte. Bei *Get Ready* hatte ich viel Zeit im Studio verbracht, um an Gitarren-Parts zu feilen, während der Gesang sich letztlich nicht sehr von dem unterschied, was ich mir bereits zuhause ausgedacht hatte. Allerdings war das bei *Waiting for the Sirens' Call* nun praktisch andersrum. Es war nicht unbedingt meine bevorzugte Herangehensweise, da ich mich nicht als reinen Sänger sehe: Für mich steht immer die Musik an erster Stelle. Allerdings war ich mit dieser Situation einverstanden, solange ich auch noch die Möglichkeit bekäme, etwas Musik beizutragen. So hatte ich spät in der Nacht im St. Catherine's Court begonnen, Musik zu komponieren.

Wie immer verfolgten wir einen unkonventionellen Weg. Schon bei Joy Division waren wir anders. Die Dinge passieren eben – und manchmal sind diese Dinge auch ziemlich seltsam. So etwas trug sich auch im Real World zu, als wir an *Waiting for the Sirens' Call* arbeiteten. Wir hatten die Aufnahmen für die Nacht beendet und ich war zu Bett gegangen. Schon kurze Zeit später hörte ich eigenartige Geräusche. Ich ging ans Fenster und blickte rüber zum Hügel, auf dem ein riesiges Scheunengebäude und ein Haus in Flammen standen. Um besser sehen zu können, ging ich hinaus, wo ich auf Hooky traf, der leicht schwankte. Ich schlug vor hinüberzufahren, um uns die Sache aus der Nähe anzusehen. Es war ein echt wilder Brand und die Einsatzkräfte waren schon vor Ort, als wir eintrafen. Wir konnten Rufe hören, die direkt vom Haus kamen, weshalb wir das Auto in einem nahegelegenen Feld abstellten, um uns zu Fuß so nahe wie möglich heranzupirschen. Das Nächste, was passierte, war, dass ein Typ genau auf uns zulief, laut schrie und ein massives Stück Holz schwang. Ziemlich unerwartet, gelinde gesagt. Ich drehte mich um und sah, wie Hooky so schnell wie möglich den Hügel hinuntersprintete. Ich rannte zurück zu unserem Wagen, sprang hinein und startete den Motor, gerade als der Wahnsinnige am Feldesrand auftauchte. Dann schoss ich an ihm vorbei und entkam gerade noch rechtzeitig. Im Rückspiegel konnte ich sehen, wie er mir wie in einem Actionfilm im Laufschritt hinterherjagte. Er schrie und fuchtelte mit seinem Holzteil.

Als Nächstes kam es genau hinter mir zu einer gewaltigen Explosion – vielleicht war ja eine Gasflasche hochgegangen – und irgendetwas traf die Rückseite meines Autos. Bis heute weiß ich nicht, ob es das Holz, ein Stück einer Gasflasche oder der Schädel meines Verfolgers war.

Dies sollte allerdings nicht die einzige Explosion während der Entstehung von *Waiting for the Sirens' Call* bleiben. Unter der Woche wohnten wir alle im Real World und fuhren an den Wochenenden nachhause, obwohl ich manchmal an den Freitagen mit Andy Robinson, der mir beim Engineering half, etwas länger blieb. Eines Montags kam ich zurück ins Studio und es war sofort spürbar, dass eine echt eigenartige Atmosphäre herrschte. Ich war am Nachmittag als Letzter eingetrudelt und alle waren ganz angespannt und kribbelig. Auf meine Nachfrage, was denn los sei, antwortete mir jemand: „Hooky hat ein paar getrunken und dreht jetzt durch. Er behauptet, dass Andy ihm gesagt hätte, dass du nicht wolltest, dass irgendwer von uns deine Sachen spielt." Das war natürlich kompletter Unsinn. Keine Ahnung, was Andy zu ihm gesagt hatte oder ob Hooky irgendetwas falsch interpretierte, aber hier bedurfte es einer Aussprache. Andy erklärte mir, dass er und Hooky das Studio aufgeräumt hätten und er ihm nur gesagt hätte, dass ich der Meinung gewesen wäre, dass ein spezieller Track nicht noch mehr Bass nötig hätte. Hooky hatte aber entschieden, dass ich damit gemeint hätte: „Ich will nicht, dass irgendwer sonst auf meinen Sachen spielt." Daraufhin war er abgegangen wie eine Fabriksirene. Ich fand Hooky in seinem Zimmer, sagte ihm, dass ich gehört hätte, was vorgefallen war. Ich machte ihm klar, dass ich nichts dergleichen zu Andy gesagt hätte und es mir leid täte, falls er es anders verstanden hätte. Er schien dies zu akzeptieren, war aber immer noch absolut außer sich. Von nun an hatte er es nämlich auf Andy abgesehen. Obwohl sich Andy bei ihm entschuldigte, schien es, als hätte Hooky von nun an ihn im Visier.

Nachdem die Aufnahmesessions beendet waren, machten wir uns daran, die Resultate in den Olympic Studios in Barnes, im Südwesten Londons, abzumischen. Wir machten uns mit Jim Spencer, unserem Toningenieur, an die Arbeit und beinahe umgehend wurde Hooky aggressiv, weil ihm an der Bassdrum bei einem der Tracks etwas nicht passte. Er war in einem Pub eine Bloody Mary trinken gewesen, so wie er das jeden Tag tat, und als er zurückkam, legte er sofort los und bestand darauf, dass man sie mehr in den Vordergrund mischen müsste. Ich sagte ihm, dass es so schon okay sei, wovon er allerdings nichts wissen wollte. „Nein, sie muss lauter sein", sagte er. „Jim, was denkst du?" Das war Jims erster Mix auf dem Album, aber auch er stimmte mir zu. Also wandte er sich an Steve. „Steve", sagte er, „du bist der Drummer, es ist deine Bassdrum, was denkst du?"

„Die Bassdrum ist in Ordnung", versicherte ihm Steve. Hooky wurde einen Augenblick lang still. Dann fixierte er mich und sagte: „Typisch. Du weißt ja, wie sie sind, sie schlagen sich immer auf deine Seite." Ich sagte: „Mach mal halblang, niemand ‚schlägt' sich auf irgendjemandes ‚Seite'. Steve ist der Drummer und Jim der Toningenieur – und sie beide denken, dass die Bassdrum gut klingt, so wie sie ist. Das ist doch ziemlich überzeugend, oder?"

Er ließ jedoch nicht mehr locker und jedes Mal, wenn jemand eine Frage zum Mix stellte, sagte er: „Die Bassdrum gehört lauter." Das ging fast die ganze Nacht so, und zu sagen, dass es genervt hätte, wäre ein starke Untertreibung.

Mir ist schon klar, dass solche Zwischenfälle bei den meisten Bands vorkommen, aber hier handelte es sich um nichts anderes als um irrationales, uneinsichtiges Verhalten. Bei jeder noch so geringen Möglichkeit gegen alle anderen sein zu müssen, das war schon sehr befremdlich. Diese Episode beschreibt die damalige Atmosphäre aber jedenfalls sehr gut. Wer zwischen den Zeilen lesen konnte, dem fiel auf, dass es hier nicht um die Lautstärke der Bassdrum ging, sondern eher darum, dass Hooky gerne mehr Macht gehabt hätte. Ich hatte das Gefühl, dass „Kontrolle" der wahre Zankapfel war. Ich bin ganz sicher nicht so und als Band sind wir eine Demokratie. Das ist immer so gewesen und wird auch immer so sein. Schon vor Jahren hat Rob das bei Joy Division festgelegt: Wenn wir eine Auseinandersetzung hatten, lösten wir das Problem mittels Abstimmung. Keine Streitereien, keine Wutanfälle – so und nicht anders wurde vorgegangen. Keiner hat das alleinige Kommando und das wird auch so bleiben.

An einem Montag nach diesem Vorfall wollten wir mit der Arbeit fortfahren, doch war von Hooky weit und breit keine Spur. Ich erkundigte mich nach ihm und jemand meinte, dass er sich anscheinend im Priory, einer Entzugsklinik, eingecheckt hatte. Der Umstand, dass wir alle viele Jahre lang sehr viel getrunken hatten, hatte uns wohl übersehen lassen, welche Probleme Hooky damit hatte. Natürlich musste man ihm hoch anrechnen, dass er die Lage richtig einschätzte und sich um die Angelegenheit kümmern wollte, aber für uns kam das aus heiterem Himmel. Er hatte mit uns nicht darüber gesprochen und schon gar nicht erwähnt, dass er darüber nachdachte, in eine Rehaklinik zu gehen. Rückblickend hätte das geholfen, sein in letzter Zeit eher extremes Verhalten zu erklären. Obwohl wir uns selbstverständlich für ihn freuten, dass er versuchte, das Problem in den Griff zu bekommen, mussten wir dennoch ein Album fertigstellen, was durch seine plötzliche Abwesenheit nicht leichter wurde. Auf ein paar der Tracks herrschte bezüglich des Basses noch ein wenig ein Durcheinander, weil er gerade einmal halb eingespielt war. Der Tontechniker versuchte die Läufe den richtigen Stellen zuzuordnen, was ihm aber nicht überall gelang, wofür er sich in Folge den Unmut von Hooky zuzog.

Ich würde ja gerne behaupten, dass Hooky, als er aus der Reha zurückkehrte, wieder ganz der Alte war und eine neue Perspektive auf das Leben und die wichtigen Dinge gewonnen hatte, doch war dem leider nicht so. Auf mich wirkte er nach seiner Rückkehr sehr verspannt. Wir besprachen die Möglichkeit, dass die Trinkerei eventuell alles unter Verschluss gehalten hatte, dass all seine Dämonen durch den Alkohol unterdrückt worden waren, und sie nun entfesselt worden seien. Wir freuten uns, ihn wieder bei uns aufnehmen zu dürfen, wünschten ihm alles Gute, setzten unsere Proben für die Tour fort und begaben uns schließlich auf Achse. Dort begannen mir seltsame Dinge an ihm aufzufallen. Er wollte etwa nicht neben mir im Flugzeug sitzen und manchmal warf er mir seltsame Blicke zu. In anderen Situationen schien wiederum alles in Ordnung mit ihm zu sein. Es wirkte so, als würde hinter alldem keinerlei Logik stecken.

Ungefähr zu dieser Zeit begann er jedenfalls auch, als „Celebrity-DJ" in Erscheinung zu treten. Er hatte angefangen, regelmäßig „New-Order-Aftershow-Partys" zu schmeißen, um so zu mehr Geld zu kommen. Obwohl wir durch unsere Touren ziemlich gut verdienten, war es ihm offenbar nicht genug. Mir gefiel das alles nicht sonderlich, wenn ich ehrlich sein soll. Mir kam es wie Abzockerei vor und es wirkte wie Selbstbeweihräucherung. Letzten Endes war es aber seine Sache und so lange es sich nicht negativ auf die Band auswirkte, durfte er damit weitermachen. Ich selbst habe mich nur ein paar Mal als DJ versucht, fast ausschließlich, um Freunden damit einen Gefallen zu tun. Für Hooky wurde es aber plötzlich zu einem großen Ding, obwohl er zuvor nie großes Interesse an Dance-Musik gezeigt hatte.

Die Situation spitzte sich zu, als wir im Juli 2005 nach Japan flogen, um beim Fuji Festival aufzutreten. Wir hatten bis dahin ein sehr gutes Jahr gehabt und im Verlauf des Frühjahrs und Sommers viele Gigs und Festivals in Europa und Amerika gespielt. Fuji sollte unser letzter Auftritt für die nächsten paar Monate sein, was eine nette Abrundung einer angenehmen wie erfolgreichen Zeit zu sein schien. Wir waren im Park Hyatt Hotel in Tokio untergebracht, wo auch *Lost In Translation* gedreht worden war. Einen oder zwei Abende vor unserem Auftritt gingen wir hinauf in die Panorama-Bar, um zusammen etwas zu essen und zu trinken (ohne Steve: Er hat Höhenangst und entschied sich dagegen, hoch über den Dächern Tokios zu speisen). Wir waren guter Laune, weil alles positiv zu sein schien. Die Konzerte waren toll gewesen und hatten riesige Menschenmengen angezogen. Ich war rundum ziemlich entspannt – das waren wir alle –, aber sobald wir mit ein paar Drinks am Tisch Platz genommen hatten, steigerte sich Hooky ohne jegliche Vorwarnung in einen völlig unprovozierten, gehässigen Angriff gegen mich. Er warf mir vor, seine Vergangenheit zerstört zu haben und nun zu versuchen, seine Zukunft ebenso zu zerstören. Er gab mir an allem die Schuld, was jemals bei New Order schiefgelaufen war. Wir hätten etwa eine viel größere Band sein können, wenn nur ich nicht gewesen wäre. Auch würden wir nicht genügend Konzerte wegen mir spielen. Ich hätte ihn gebremst und davon hätte er nun genug.

Ich war völlig perplex. Ich dachte mir: „Warte mal, ich habe das Album fertiggestellt, wir alle hier haben das getan, während du in der Rehaklinik warst." Außerdem: Wie hätten wir denn noch größer werden sollen? Immerhin saßen wir hier in der Bar, weil wir feiern wollten, dass wir bei den letzten paar Gigs vor Hunderttausenden Menschen auf drei Kontinenten aufgetreten waren. Aber nein, das reichte ihm nicht. Anscheinend schien ich ihm im Weg zu stehen – und aus. Er schäumte über. Ich hätte ihn am liebsten an Ort und Stelle zum Mond geschossen, doch stand uns noch ein wichtiger Gig bevor – der letzte von vielen, bevor wir uns unseren Familien widmen würden können, weshalb ich nicht alles mit einem ausgewachsenen Streit ruinieren wollte. In Wirklichkeit, so denke ich, rührte sein Problem von etwas her, das sich in ihm selbst befand, doch versuchte er es irgendwie auszutreiben, indem er mir die Schuld an allem gab. Es wirkte auf mich, als könnte er nicht begreifen, warum ich nicht wie er dachte und nicht so viel wie er haben wollte. Als er unsere Persönlichkeiten miteinander verglich, gefiel ihm nicht, was dabei herauskam.

Da sind wir wieder bei dieser angeblichen „Rivalität", von der Hooky glaubt, dass sie zwischen uns besteht. Eine Rivalität ist laut Definition etwas gegenseitiges, aber in diesem spezifischen Fall kam alles nur aus einer Richtung. Worin auch immer sein Problem mit mir begründet war, sein Ausbruch in Tokio machte unmissverständlich klar, dass für ihn das

Ende der Fahnenstange erreicht war. Wenn er nicht bekäme, was er wollte, wären wir alle, nun ja, Wichser. Aber von allen war ich der größte Wichser.

Wir spielten im Sommer 2006 ein paar Gigs in Großbritannien und auf dem Kontinent. Hooky machte dabei gelegentlich Andy und Rebecca das Leben schwer. Etwa bei einem Gig in Newcastle, zu dem er selbst fahren wollte. Als er mitbekam, dass sie für Steve einen Wagen gemietet hatten, der ihn nach dem Gig nachhause fahren würde, wurde er wütend auf Rebecca, weil sie ihm keinen bestellt hatten – obwohl er ja explizit erklärt hatte, dass er keinen bräuchte. Alles, was er sah, war, dass sie sich um Steve kümmerten, aber nicht um ihn.

Abseits aller seltsamen Ausbrüche: Generell verlief alles recht geruhsam für New Order und das sollte so bleiben, bis wir wie geplant im Herbst 2006 auf Tour in Südamerika gingen. Auf diesem Trip wurde allerdings eine Spannung, die sich rund um Hooky und seine Einstellung mir gegenüber aufbaute, immer greifbarer. Er warf mir ständig Blicke zu, die zu sagen schienen: „Du weißt genau, warum ich so sauer bin." Das tat ich selbstverständlich nicht. Ich hatte absolut keine Ahnung, was dieser Typ gegen mich hatte beziehungsweise warum dem so war.

In Südamerika war Hooky an den meisten Abenden bis vier Uhr morgens als DJ bei seinen Aftershow-Feten aktiv. Eines Nachts informierte ihn unser Sicherheitsmann Sarge, dass wir bereits um halb neun Uhr am nächsten Morgen aufbrechen würden. Leider irrte Sarge dabei, denn wir wollten erst später am Tag losfahren. Als Hooky nun nach vier Stunden Schlaf an der Rezeption aufkreuzte, war niemand außer ihm da. Er drehte durch, war aber nicht sauer auf Sarge, sondern rief Andy und Rebecca an, damit er sie völlig grundlos anschreien konnte – die beiden hatten rein gar nichts mit der Sache zu tun.

Abseits der Bühne kam es ebenfalls immer wieder zu solch seltsamen kleinen Ausbrüchen, doch dann wurden auch die Dinge, die sich auf der Bühne abspielten, immer schräger. So hatte er etwa angefangen, Slogans auf seine Bass-Amps zu sprayen, Sachen wie „Salford Rules" zum Beispiel – was schon sehr kauzig war, denn schließlich lebte er schon seit Jahren nicht mehr dort. Allerdings sah ich diese Sachen in der Regel nicht, da ich auf der Bühne vorne am Mikro stand und sich seine Verstärker üblicherweise links hinter mir befanden. Es blieb schließlich an den Roadies hängen, mich beiseite zu nehmen, um mir zu erzählen, was er im Verlauf von drei Gigs in Südamerika auf seine Amps gesprüht hatte. Der erste Spruch lautete in etwa „Zwei kleine Jungs gingen zusammen in die Schule“, der zweite war „Und dann stritten sie sich“, und in der Nacht danach noch: „Und jetzt hassen sie einander.“ Ziemlich wirres Zeug. Ich war zwar nicht gerade happy mit ihm, milde ausgedrückt, hasste ihn aber natürlich nicht. Wenn er ein Problem hatte, was ganz offensichtlich war, ja, wenn das tatsächlich seine Sicht der Dinge war, warum beschmierte er dann seine Verstärker damit und suchte nicht das Gespräch mit mir?

Dann fing er an, sich hartnäckig auf der Bühne vor mir zu postieren, während ich sang. Das war nun alles echt jenseits von schräg. Die Sache mit den Amps, über die mich die Roadies informiert hatten, dann die bösen Blicke, die er mir ständig zuwarf, die Pöbeleien gegen Andy und Rebecca – und nun das. Je größer der Gig, desto mehr tat er es. Wenn die Show sogar mitgefilmt wurde, versuchte er sich zwischen mich und jede Kamera zu drängen, die auf mich gerichtet war. Er zog dieselbe Nummer bei unserem Gitarristen Phil ab. Es war einfach nur lächerlich.

Die Tour war jedenfalls ziemlich hart: Unser üblicher Tontechniker hatte nicht mitkommen können und sein Ersatz war überfordert mit unserem für damalige Verhältnisse bemerkenswert komplizierten Live-Set, weshalb ich mich auf der Bühne nicht gut hören konnte. Dazu noch ein Airline-Streik, der uns auf manchen Flughäfen bis zu fünf Stunden Verspätung einbrachte. Es war ja nicht so, als hätten wir nicht schon genug Stress gehabt. Irgendwann wollte ich nur mehr die Tour schnell abschließen und dann nachhause.

Dann kam *Control*. Wir sollten am Soundtrack arbeiten, was zu noch mehr Spannung zwischen uns und Hooky führte. Der Input, den wir von Anton Corbijn erhalten hatten, lautete, dass er von uns die Musik für die Hintergrundstimmung benötigte. Deshalb hielt ich es für eine gute Idee, den Ball mit ein paar Sound-Panoramen ins Spiel zu bringen, um sie in weiterer Folge an die anderen Bandmitglieder weiterzugeben, damit sie sie spielen könnten. Hooky stellte sich das Ganze aber eher so vor: Wir würden ins Studio gehen, um dann zu den Bildern zu jammen. Ein paar der Szenen, etwa jene, die Ian in der Nacht seines Suizids zeigten, waren sehr heikel und mussten sehr sorgsam bearbeitet werden, weshalb ich nicht dachte, dass eine Jam-Session Antons Anweisungen in puncto atmosphärischer Klänge entsprochen hätte.

Kurz vor der Südamerika-Tour hatten wir 2006 einen Gig in der Civic Hall in Wolverhampton gespielt – ein richtig gutes Konzert. Nachdem wir von der Bühne abgegangen waren, erzählte ich Hooky, dass ich noch in dieser Woche mit der Arbeit für *Control* beginnen würde, weshalb ich vorschlug, dass er doch vorbeikommen sollte, um mit mir zusammen zu arbeiten. Er meinte jedoch, dass das nicht ginge, weil er einen Auftritt als DJ habe. Ich erinnerte ihn noch daran, dass wir eine Woche darauf nach Südamerika aufbrechen würden, weshalb uns nur beschränkt Zeit bliebe. „Da kann ich aber nichts dagegen tun", fuhr er mich an. „Ich bin beschäftigt."

Control sollte im Mai 2007 bei den Internationalen Filmfestspielen von Cannes gezeigt werden. Wir hatten seit der Südamerika-Tour nicht mehr live gespielt. Das bedeutete, dass wir zum ersten Mal seit Längerem wieder im Rampenlicht stehen würden, und wir freuten uns schon darauf. Ins Programm von Cannes aufgenommen zu werden, ist für jeden Film eine große Ehre, weshalb wir mit Begeisterung anreisten und uns sehr mit Anton mitfreuten. Der Film sollte eine Reihe von Awards absahnen, weshalb schließlich alles noch einmal so aufregend und positiv für uns war. Zumindest hätte man das annehmen können.

Vier Tage vor der Vorführung erreichte uns die Nachricht, dass Hooky in Clint Boons Radiosendung auf XFM ein Interview gegeben hatte und dort verkündet hatte, dass New Order sich getrennt hätten – beziehungsweise hatte er präzisiert, dass es wir beide gewesen seien, die nicht mehr miteinander zusammenarbeiten würden. Niemand von uns hatte vorab von dieser Ankündigung gewusst.

Wenn eine Band sich auflöst, scheint eine der Grundvoraussetzungen dafür, dass die Mitglieder der Gruppe darüber im Bilde sind. Selbstverständlich hatten wir uns nicht getrennt. Das hatten wir auch zuvor nie getan – auch wenn wir alle über die Jahre hinweg an anderen Projekten arbeiteten, waren wir immer New Order geblieben. Auf was, in der Welt, wollte er nur hinaus? Um eine Band aufzulösen, mussten alle damit einverstanden sein und dann ihre eigenen Wege gehen. Die einzige Person, auf die das in diesem Fall zutraf, hieß Peter Hook – und das auch nur auf eigenen Antrieb hin. Ich war außer mir. Nicht nur wegen dem, *was* er getan hatte, sondern auch, dass er es genau vor Cannes getan hatte, womit er sowohl Anton als auch seinen Film aus dem Scheinwerferlicht zu verdrängen versuchte. Ich war so wütend, dass ich mit Hooky nicht einmal sprechen konnte und ihn auch nicht sehen wollte. Nach 30 gemeinsamen Jahren und nach allem, was wir durchgemacht hatten, hielt ich das, was er getan hatte, für eine Schande.

Nun wurden wir beim Festival, wenn wir Interviews zum Film geben wollten, mit Fragen zur angeblichen Trennung von New Order bombardiert. Der Grund für unsere Anwesenheit in Cannes – Anton und den Film zu supporten – war völlig unterminiert worden. Es war einfach echt uncool.

Steve und ich stellten uns den Interviews gemeinsam – wir weigerten uns, sie zusammen mit Hooky zu geben – und sagten immer wieder, dass wir schlicht keine Ahnung gehabt hätten, wovon er gesprochen hätte. Wir wüssten nicht mehr als alle anderen. Wer mehr wissen wolle, müsste schon Peter Hook selbst fragen. Dann machten sich alle auf den Weg zu Hooky, um ihm dieselben Fragen zu stellen. Zurück in England dachte er im Anschluss, dass er sich nun endgültig zum Narren machen dürfe, woraufhin er Rebecca feuerte.

Angesichts der medialen Aufregung und zur Information unserer Fans, die verständlicherweise besorgt waren, veröffentlichten wir ein Statement, um die Dinge wieder gerade zu rücken:

„Nach nunmehr 30 gemeinsamen Jahren in einer Band sind wir sehr enttäuscht, dass Hooky beschlossen hat, sich eigenmächtig an die Presse zu wenden, um die angebliche Trennung von New Order bekanntzugeben. Wir hätten uns gewünscht, dass er wenigstens vorher zu uns gekommen wäre. Er spricht jedenfalls ganz und gar nicht im Namen der Gruppe, weshalb wir bloß annehmen können, dass er nicht länger ein Teil von New Order sein will. Was immer nun auch passieren mag, musikalisch und auch sonst, New Order haben sich *nicht* getrennt, sondern machen weiter und werden sich nicht mehr weiter zu diesem Thema äußern."

Wir wollten – nein, mussten sogar – weitermachen, doch die Umstände machten uns einen Strich durch die Rechnung. Erstens einmal wurde bei Gillian Brustkrebs diagnostiziert und Steve musste ihr beistehen. Zweitens musste ich mich nach den Ereignissen in Japan und Südamerika und der in den vergangenen Jahren zunehmenden Intensität innerhalb der Band vorerst einmal mit etwas anderem beschäftigen. Daraufhin begann ich mit Jake Evans, Phil Cunningham, Alex James und drei verschiedenen Schlagzeugern – Carl Jackson, Jack Mitchell und, nachdem Gillian ihre Behandlung erfolgreich abgeschlossen hatte, Steve – an einem Bandprojekt namens Bad Lieutenant zu arbeiten. Wir schrieben auch ein Album, das nicht ganz unpassenderweise den Titel *Never Cry Another Tear* trug: Ich brauchte einfach eine Auszeit von all dem Stress und wollte an etwas Positivem arbeiten – und zwar mit Leuten, die nicht mit irgendwelchem Ballast beladen waren. Bad Lieutenant war eine echt schöne Erfahrung, was zu einem, wie ich finde, richtig guten Album beitrug.

Während sich dies zutrug, trafen wir uns auch mit Hooky. Obwohl er aus der Band ausgestiegen war, gestaltete sich alles ein wenig komplizierter. Er war ja nicht einfach mit seiner Bassgitarre über der Schulter auf Nimmerwiedersehen in den Sonnenuntergang geritten, sondern immer noch geschäftlich mit uns verbunden. Schließlich gehörten die Tage, in denen wir den Ausstieg eines Bandmitglieds mit einer Schachtel Pralinen, einem aufmunternden Klaps und einem fröhlichen „Alles Gute noch!" besiegeln konnten, längst der Vergangenheit an. Es stand eine Reihe von Diskussionen auf dem Programm, wie von nun an mit geschäftlichen Angelegenheiten verfahren werden sollte. Eine bittere Sache. Vor einem dieser Treffen – meines Wissens nach waren es zwei – hatte unser Management in Erfahrung gebracht, dass Lesley, Robs Witwe, die Hälfte der Haçienda-Namensrechte gehörten. Das war mir neu, da ich gedacht hatte, dass Hooky sie allein besaß. Er hatte diesbezüglich keinen Raum für Zweifel bei mir hinterlassen und niemals eine Beteiligung Robs erwähnt. Lesley wollte nun ihre Anteile loswerden, da sie sich einfach nicht mehr mit Hooky herumschlagen wollte. Theoretisch hätte er zwar ein Vorkaufsrecht besessen, aber – auch nachdem Hooky sein Interesse an den Anteilen angedeutet hatte – Lesley beabsichtigte, uns Robs Hälfte umsonst zu überlassen.

Hooky hatte sich zu diesem Zeitpunkt auch schon von Andy und Rebecca getrennt, und er warf ihnen Bevorzugung vor und behauptete, dass sie stets meiner Meinung wären. Das Problem bestand meiner Meinung nach darin, dass die beiden nicht jedes Mal sprangen, wenn er es von ihnen verlangte. Stattdessen trafen sie den Umständen entsprechende, logische Entscheidungen. Außerdem vermute ich, dass er immer noch alles durch den Zerrspiegel eines imaginären Machtkampfes zwischen mir und ihm sah und deshalb alles, was Rebecca und Andy taten, aus dieser Perspektive sah.

Am Ende des zweiten Meetings sagten wir: „Ach, übrigens, wir glauben, dass du versuchst, Lesleys Anteil an den Haçienda-Namensrechten zu kaufen, oder?"

„Ja", antwortete er, ein wenig überrascht darüber, dass wir Bescheid wussten. „Das stimmt."

„Nun, wir wollen das auch", ließen wir ihn wissen. „Angesichts des Geldes und der Zeit, die wir im Verlauf der Jahre in das Haçienda gesteckt haben, denken wir, dass uns zumindest ein Anteil am Namen zusteht."

Er steigerte sich in einen unglaublichen Wutanfall hinein, schrie uns an und drehte komplett am Rad. Ich fragte ihn, warum er denke, dass er ein Anrecht auf den Namen hätte und wir offenbar nicht.

„Du bist keine drei Jahre durch die Hölle gegangen!", schnauzte er mich an und zeigte mit dem Finger auf mich.

„Warte mal", sagte ich. „Das war aber ganz allein deine Entscheidung. Davor sind wir schon zwölf Jahre durch die Hölle gegangen, weshalb wir auch endlich damit aufhören wollten. Hast du das etwa vergessen?"

Tatsächlich war ich ja außerdem bis zum bitteren Ende Anteilhaber geblieben. Hooky stand auf, schrie uns noch ein bisschen an, stürmte dann hinaus, schlug die Türe so heftig hinter sich zu, dass sie fast aus den Angeln sprang, und ließ uns mit offenen Mündern zurück. Wir blickten uns an und es herrschte ein paar Augenblicke lang Stille. „Das lief ja prima", sagte Steve.

Das war der Zeitpunkt, als ich beschloss, dass ich nichts mehr mit dem Typen zu tun haben wollte. So ist das auch heute noch, obwohl seit seinem Ausstieg mittlerweile ein paar Jahre vergangen sind. Unsere geschäftlichen Angelegenheiten klären unser Management und Drittparteien. Seine Einstellung, die zu sagen schien „Ihr könnt mich mal, ich nehme mir einfach alles", war einfach ein wenig zu viel des Schlechten nach all den Provokationen der letzten – wie lange? – 30 Jahre oder mehr. Wenn man in einer Band spielt, müssen alle am selben Strang ziehen und das Beste für die Gruppe und nicht für sich als Einzelperson wollen. Keiner ist größer als die Band und es ist überlebenswichtig, dass jeder in der Band so denkt. Wir sind ein Team. Das ist das Allerwichtigste. Wenn die Angreifer einer Fußballmannschaft nicht mannschaftsdienlich spielen, etwa den Ball nicht an besser positionierte Mitspieler abgeben, weil ihr persönlicher Ehrgeiz ihren Teamgeist übersteigt, dann muss am Ende das ganze Team darunter leiden – und in weiterer Folge auch die Anhänger auf der Tribüne. Das ist genau gleich wie bei einer Band. Drei verschiedene Phasen hatten zu diesem Schlamassel geführt. Zuerst war da der Erwerb des Haçienda-Namens, der – so fanden wir – eigentlich uns allen zustand. Dann Hookys Behauptung, wir hätten uns aufgelöst, obwohl jeder wusste, dass dem nicht so war. Der Vorhang fiel schließlich endgültig für ihn, als er wegen unserer Kühnheit, unsere 50 Prozent an „seiner“ Haçienda einzufordern, in einen selbstgerechten Wutanfall verfiel.

Ich akzeptierte schlussendlich, dass man mit ihm nicht vernünftig reden konnte. Er wollte einfach nichts hören, was nicht zu seinen Absichten passte – und seine primäre Absicht bestand unserer Meinung nach darin, sich um sich selbst zu kümmern. Sein allgemeines Verhalten war untragbar geworden, aber vor allem in Bezug auf den Club hatten wir das Gefühl, dass er im Grunde einen großen Teil unseres Vermächtnisses gestohlen hatte. Und, ehrlich gesagt, genug war genug. Ich lasse mich von niemandem verarschen.

Als er noch ein Mitglied von New Order gewesen war, hatte Hooky eine Band namens Freebass zusammengestellt, in der außerdem noch Andy Rourke und Mani von den Stone Roses gespielt hatten, die aber mittlerweile sanft entschlafen war. Nicht viel später fanden wir heraus, dass er inzwischen eine weitere Gruppe gegründet hatte, die einzig und allein *Unknown Pleasures* von Anfang bis Ende vor Live-Publikum zum Besten gab. Er hatte genau dasselbe, was er mit dem Club gemacht hatte, nun auch mit einem Album getan, bei dem sowohl Steve und ich mehr als einfach nur dabei gewesen waren. Wie üblich hatte er uns nichts davon erzählt und es der Presse überlassen, uns darüber zu informieren. Allerdings war mir auch zugetragen worden, dass er plante, sich chronologisch durch die Alben, die wir als Joy Division aufgenommen hatten, zu arbeiten, um als Nächstes dann zu jenen von New Order überzugehen. Er behauptete, er würde das tun, weil ich ja auch Songs von New Order und Joy Division bei unseren Auftritten als Bad Lieutenant spielen würde, was auch stimmte. Allerdings streuten wir in ein Set bestehend aus vielleicht 15 Songs nie mehr als drei ein – und wir hatten schließlich auch erst ein Album voll mit eigenständigem Material zur Verfügung. Klarerweise muss er sich gegenüber uns nicht länger für jeden seiner Schritte verantworten, aber hier verhielt sich das anders: *Unknown Pleasures* war uns heilig, etwas, bei dem wir alle drei mitgeholfen hatten, es zu erschaffen. Es war ein Album, das uns allen dreien sehr viel bedeutete.

Peter Hook hat viele dumme Dinge über mich gesagt, speziell seit er die Band verlassen hat. Ich bin mir sicher, dass ich nicht einmal alles gehört habe und ich werde auch sicher nicht deswegen recherchieren, aber ich habe mir immer große Mühe gegeben, nicht darauf zu reagieren, da die meisten Aussagen schlichtweg keine Antwort verdient haben. Ich habe weder die Absicht noch das Bedürfnis, mich in eine öffentliche Schlammschlacht mit ihm zu werfen. Manchmal ist das schwierig, vor allem dann, wenn er sich wieder besonders absurde Unterstellungen und höchst beleidigende Beschimpfungen einfallen lässt, um sie über die Presse zu verbreiten. Er scheint immer noch dazu entschlossen, seine eingebildete Rivalität fortzusetzen, doch New Order sind längst weitergezogen – und ich auch. Er ging aus freien STücken und macht nun sein eigenes Ding. Viel Glück dabei. Ich wünsche ihm, dass er auf Solopfaden die Zufriedenheit und die Erfüllung findet, die ihm als Mitglied von New Order anscheinend verwehrt geblieben ist. Wir sind jedenfalls glücklicher damit, wie die Dinge jetzt sind. Hoffentlich trifft das auch auf ihn zu.

Trotz aller Meinungsverschiedenheiten, die ich mit Hooky hatte, habe ich stets auch seine Arbeit am Bass gelobt und betont, dass er eine wichtige Rolle dabei gespielt hat, unseren einzigartigen Sound zu erschaffen. Es ist eine Schande, dass seine Frustration, das Gefühl, dass jemand seine Ziele vereiteln wollte, oder was auch immer ihn dazu bewegt hat, seinen Hut zu nehmen, seinem Talent als Bassist dermaßen im Weg standen. Ich würde nie etwas Schlechtes über sein Bassspiel sagen, denn es ist zweifellos sehr gut. Jedoch muss man – egal, über welche Talente man verfügt – auch mit anderen Menschen zusammenleben können und ihnen

Respekt entgegenbringen – und ganz besonders jenen, mit denen man eng zusammenarbeitet. Das ist ein überaus wichtiger Aspekt, wenn man in einer Band spielt. Ich bin natürlich selbst auch alles andere als perfekt und gebe offen zu, dass ich gelegentlich wohl ein richtig erbärmlicher Dreckskerl war. Das war üblicherweise die Folge irgendeines Exzesses – aber nicht immer – und ich bin mir nicht sicher, ob das eine gute Rechtfertigung darstellt. Allerdings habe ich gelernt, dass die Dinge irgendwann ordentlich den Bach runtergehen, wenn man seinen Mitstreitern keinen Respekt entgegenbringt oder ihren Respekt einbüßt. Egal, was du sagst oder wer du bist, es sind deine Taten, die zählen. Sie werden deinen wahren Charakter preisgeben.

Für einen Fremden auf der Straße muss es schwer sein, die Lage richtig einzuschätzen – sogar auf eingefleischte Fans von Joy Division und New Order trifft das zu –, weil sie keinen wirklichen Einblick haben. Alles, was ich dazu sage, ist Folgendes: Zählt einfach eins und eins zusammen. Denn alle anderen sind nach wie vor in der Band. Jeder, der mit dem Management zu tun hat, zur Crew gehört oder für unsere Garderoben zuständig ist, ist auch noch da. Manche gaben sich Mühe, nach Hookys Ausstieg wenigstens ein zivilisiertes Verhältnis zu ihm aufrechtzuerhalten, ihr Bemühen flog ihnen aber letztlich nur um die Ohren. Es ist irgendwie schon traurig, weil er so viel verloren hat. Er war ein großer Teil dieser unglaublichen Reise, aber er hat schließlich alles weggeworfen und dabei viele Menschen vergrault, von denen er mit ein paar seit Jahrzehnten zusammengearbeitet hatte.

Obwohl ich absolut der Meinung bin, dass die Leute eine Klarstellung in Bezug auf Hookys Abschied von New Order verdient haben – und ich bin nun sehr ins Detail gegangen, um manches zurechtzurücken –, möchte ich nun nicht mehr weiter darauf eingehen. Schließlich hat sich seit seinem Ausstieg alles so positiv entwickelt. Mein abschließendes Wort zu dieser Causa ist: Wenn man die Situation, die rund um Peter Hooks Ausstieg 2007 entstanden ist, sowie die unmittelbaren Folgen richtig einschätzen will, sollte man nicht viel auf das geben, was er sagt, sondern sich vielmehr sein Handeln genauer ansehen.

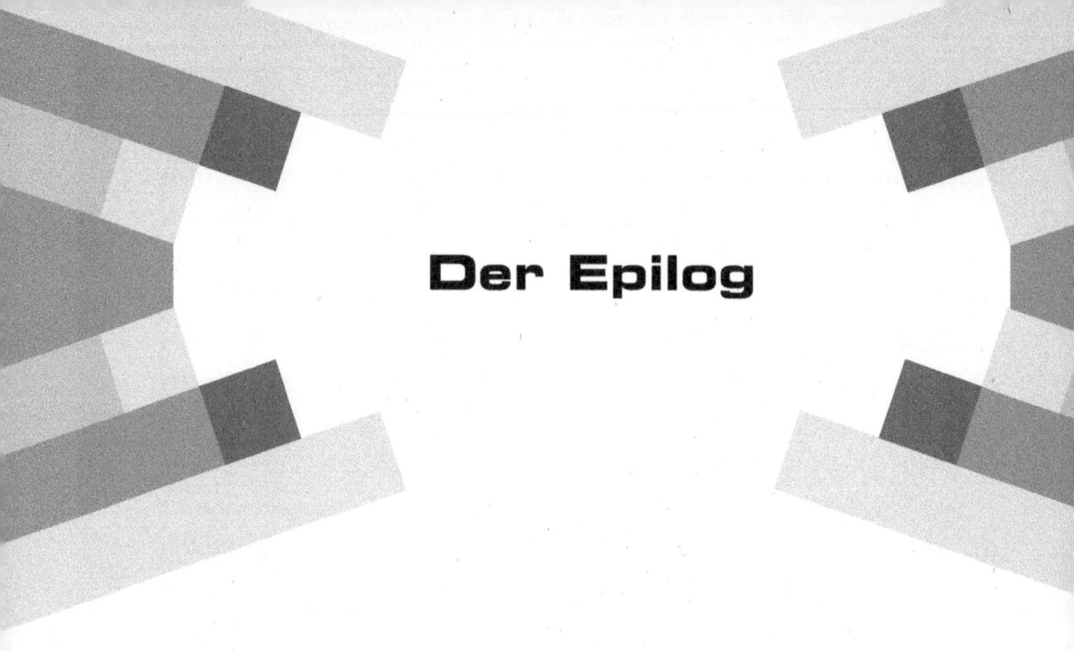

Der Epilog

Wir näherten uns dem Ende von „Love Will Tear Us Apart" auf der Bühne der Carnegie Hall, als ein wirbelnder Derwisch ohne Shirt unter seinem Anzug sowie mit strähniger, blondierter Mähne neben mir am Mikrophon auftauchte. Sein eigenes Mikro stach er sich in die rechte Wange, sah mir direkt in die Augen und sang mit mir „Love, love will tear us apart again" in einem knurrenden Bariton, der sich von irgendwo unter der Bühne zu erheben schien und vermutlich sogar aus dem Erdinneren stammte. Ich hatte zwar einige wilde Träume im Verlauf meiner Zeit gehabt, aber „Love Will Tear Us Apart" mit Iggy Pop, einem meiner musikalischen Helden und großen Einflüsse, in der vielleicht prestigeträchtigsten Konzert-Location überhaupt zu performen, war keine Schlummerfantasie – sondern Realität. Es war im März 2014 und es geschah tatsächlich.

Die letzten Klänge des Songs verschwanden im aufbrandenden Jubel des Publikums und noch bevor ich die Möglichkeit hatte, die Gitarre abzustellen, kam Iggy grinsend auf mich zu, um mich fest und herzlich zu umarmen. Über seine Schultern hinweg konnte ich Philip Glass erkennen, der lächelte, applaudierte und zustimmend nickte.

Von der Alfred Street in die Carnegie Hall war eine lange Reise gewesen. Wie um alles in der Welt hatten wir es nur bis hierher geschafft?

Ich hatte die Arbeit am Bad-Lieutenant-Album *Never Cry Another Tear* sehr genossen. Wie schon bei Electronic war es großartig, in einer anderen Konstellation, mit anderen Musikern, aufzunehmen und mit einer anderen eingespielten Konzertformation aufzutreten. Wir hatten ein paar sehr gute Songs geschrieben, ein Album herausgebracht, auf das ich sehr stolz bin, und waren live überall hervorragend angekommen. Ich sah das Ganze als positive und lohnende Erfahrung – wenn man von zwei katastrophalen Versuchen, in Amerika zu touren, absieht. Beim ersten Mal, es war im Jahr 2009, mussten wir die Tour buchstäblich im letzten Moment absagen, da sich ganz kurzfristig Probleme mit unseren Visa ergeben hatten. Das passierte damals vielen Bands, denke ich, aber die Nachricht, dass wir nun doch nicht fahren würden, erreichte uns wirklich erst, als wir bereits auf dem Bahnsteig standen, um zuerst nach London zu fahren, wo wir unsere Pässe abholen sollten und von wo aus wir in weiterer Folge über den Atlantik fliegen wollten. Es war in gleichem Maße ärgerlich wie niederschmetternd.

Wir waren fest entschlossen, die Leute, die sich schon Tickets gekauft hatten, dennoch nicht im Stich zu lassen, weshalb wir die Tour ein Jahr später nachholen wollten und zusätzlich noch das Coachella-Festival mit ins Programm nahmen.

Auch dieses Mal gab es ein Problem, doch handelte es sich lediglich um eine Verspätung bei meinem Visum. Der Rest der Band reiste daher mit ein wenig Vorsprung nach London ab. Rebecca fuhr ebenfalls schon mit, um sich darum zu kümmern, dass meine Angelegenheiten ohne weitere Verzögerungen abgewickelt wurden. Der Plan war, dass ich sie, nachdem sie meinen Pass mitsamt Visum abgeholt hatte, in Euston treffen sollte und dann vom Flughafen Heathrow aus in die USA fliegen würde. Das Telefon klingelte bereits früh an jenem Morgen. Sarah ging ran und kam mit dem Hörer zurück ins Schlafzimmer, während ich gerade den Reißverschluss meiner Tasche zuzog und damit im Grunde startklar war.

„Wer ist dran?“, fragte ich leicht irritiert. „Ich kann nämlich nicht herumtrödeln, sondern muss einen Zug erwischen.“

„Genau genommen“, sagte sie, „fährst du nirgendwo hin.“

„Was?“, antwortete ich.

„Es ist Rebecca. Du wirst es nicht glauben, aber auf Island ist ein Vulkan ausgebrochen und wegen der Aschewolke müssen bis auf weiteres alle Flugzeuge am Boden bleiben.“

Ich konnte es nicht fassen. Nicht schon wieder. Rebecca meinte, ich solle dennoch nach London kommen, um zu warten, bis sich die Lage gebessert hätte. So landete ich schließlich mit vielen anderen gestrandeten Reisenden in einem Hotel in Paddington. Quer durch Europa wiederholte sich diese Geschichte: Johnny Marr und seine Band steckten etwa in einem Rotterdamer Fährhafen fest und auch viele andere Bands versäumten das diesjährige Coachella. Nach einem Tag oder vielleicht auch zwei des Wartens wurde klar, dass wir die Tour erneut absagen mussten. Ich kann gar nicht sagen, wie leid mir das für die Leute tut, die sich Tickets gekauft hatten. Das ist natürlich nur ein schwacher Trost, ich weiß, aber die Band ärgerte sich nicht weniger darüber als die Fans. Wahrscheinlich entmutigte uns die ganze Geschichte dermaßen, dass sie schlussendlich entscheidend zum Ende des Projekts beitrug.

Bad Lieutenant war für mich in gewisser Weise ein Neustart gewesen. Als die Sache jedoch ihre natürliche Haltbarkeitsgrenze erreicht hatte, war ich bereit, wieder mit New Order zu arbeiten. Was das betraf, war ich auch nicht allein: Bald schon war uns allen klar, was wir tun wollten und was dafür notwendig war. Ich denke, Steve fasste es am besten zusammen, als er sagte, dass er nicht bereit wäre, 30 Jahre seines Lebens in die Mülltonne zu werfen, bloß weil einem Einzelnen sein Spielzeug in den Schmutz gefallen war. Als dann noch ein alter Freund in unglücklicher Lage unsere Hilfe benötigte, war das der letzte Schub, den wir gebraucht hatten, um wieder mit New Order loszulegen.

Michael Shamberg, an den ihr euch als jenen Mann erinnern werdet, der die Strippen bei unseren bahnbrechenden frühen Videos zog, hatte viel seiner Zeit auf unserer Seite des Atlantiks – vor allem in Paris und Beirut – verbracht. Wir waren über die Jahre hinweg mit ihm in Kontakt geblieben und waren stets glücklich, wenn wir ihm helfen konnten. In den späten Achtzigerjahren hatte er einen Film namens *Salvation* gedreht, zu dem wir die Musik bereitgestellt hatten, darunter etwas auch „Touched by the Hand of God". Damals standen wir unter enormem Zeitdruck und nahmen alle Songs für den Film in einer Nacht auf und überreichten dem Kurier um acht Uhr am Morgen die fertigen Songs, weil wir Michael niemals im Stich gelassen hätten. In jüngerer Zeit hatte er *Souvenir in Paris* mit Kristin Scott Thomas gedreht und eine Zeitlang im Libanon verbracht, um einen Film mit dem Titel *P.S. Beirut* zu produzieren. Jedoch bekam Michael in Beirut eine mysteriöse Krankheit, die so ernst war, dass er in einem Londoner Krankenhaus ins Koma fiel. Nach einer gewissen Zeit erwachte er wieder, war aber immer noch unglaublich angeschlagen und auf die Hilfe seiner britischen Freunde und seiner Partnerin Miranda angewiesen. Nach einer Serie von Tests kamen die Ärzte zu dem Schluss, dass es sich um eine Viruskrankheit des Gehirns handelte – die Auswirkungen erinnerten mich an jene von ALS – und Michael blieb lange in London, bevor er sich wieder gesund genug fühlte, um nach New York zurückzukehren. Er war aber noch lange nicht richtig genesen und brauchte nach wie vor permanente Pflege. 2011 hörten wir, dass Michael wieder richtig krank war und ihm seine Arzt- und Behandlungskosten über den Kopf wuchsen. Wir alle wissen ja, wie das amerikanische Gesundheitssystem funktioniert. Wir wollten ihm jedenfalls zur Seite stehen.

Meine Gedanken kreisten darum, wie wir ihm wohl am besten helfen konnten. Bad Lieutenant spielten viel kleinere Gigs als New Order und verkauften auch nicht so viele Alben. Realistisch betrachtet hatte *Never Cry Another Tear* als Produkt das Ende seiner Lebensspanne bereits erreicht, doch die Zeit mit der Band hatte mir die Möglichkeit gegeben, mich so weit von New Order zu erholen, dass ich nun endlich wieder vor lauter Bäumen den Wald erkennen konnte. Steve und Gillian hatten genug Zeit gehabt, sich um ihre Tochter zu kümmern, die auch medizinische Hilfe nötig hatte, und Gillian selbst hatte inzwischen ihren Kampf gegen den Brustkrebs gewonnen. Sie war nun bereit, zum ersten Mal seit 2001 wieder zur Truppe zu stoßen, und tat dies mit Vergnügen, da es ein Teil ihres Lebens war, den sie sehr liebte und vermisst hatte. Steve ging es genauso. Ich konnte erkennen, wo die Zukunft lag. Es war an der Zeit für New Order, sich wieder in die Arbeit zu stürzen.

Da Hooky nun andere Projekte verfolgte, brauchten wir einen neuen Bassisten und die naheliegendste Wahl hieß Tom Chapman. Er war schon bei Bad Lieutenant involviert gewesen: Tom war zum einen unser Bassist auf der Bühne und hatte auch ein paar Tracks für das Album eingespielt. Der ursprüngliche Bassist, Alex James von Blur, lebte unten im Süden, während wir alle hier im Norden wohnten – ebendort, wo die echten

Männer herkommen. Deshalb war es schließlich einfach ein zu großer Aufwand für Alex, seine Ausrüstung jedes Mal quer durch das ganze Land karren zu müssen. Jake Evans, der die Gitarre auf dem Album gespielt hatte, war auf ein paar der Tracks ebenfalls als Bassist am Start gewesen, doch war klar, dass er live nicht gleichzeitig Gitarre und Bass beisteuern konnte. Tom bekam schließlich den Job bei New Order. Als er zum Vorspielen kam, vermittelten wir ihm anscheinend den Eindruck, dass wir vor ihm schon 20 andere Bassisten ausprobiert hätten. Tatsache war, dass er unser einziger Kandidat war. Tom ist ein echt netter Mensch, was sehr wichtig ist, und ein sehr guter Bassist. Er passt immer noch perfekt zu uns. Als wir ihn fragten, ob er bei New Order einsteigen wolle, kann die Entscheidung für ihn gar nicht so leicht gewesen sein, wie man vielleicht annehmen mag. Immerhin musste er in ziemlich große Fußstapfen treten. Allerdings ist Tom sehr optimistisch eingestellt und so gelang ein absolut nahtloser Übergang, für ihn und auch für uns. Er ist auch ein sehr flexibler Musiker: Neben unserem alten Zeug beherrscht er auch eine Reihe verschiedener Stile, was der Sache eine zusätzliche Dimension verleiht.

Phil Cunningham freute sich ebenso, wieder zu spielen. Er war 2001 eingestiegen, als Gillian ihre Auszeit nahm. Ich kannte Phil über Johnny. Er hatte zuvor in der sehr erfolgreichen Band Marion gespielt, die in den Neunzigern der Britpop-Szene angehört hatte, und hatte schon Electronic bei einem Fernsehauftritt verstärkt. Als Nächstes half er Johnny Marr aus, als dieser mit *Twisted Tenderness* ein sehr gitarrenlastiges Album vorlegte, weshalb er ein logischer Ersatzmann für Gillian war, als sie es eine Zeitlang ruhiger angehen musste. Phil passt sehr gut zum Rest der Band. Er hat eine sehr unkomplizierte Persönlichkeit und ich bin mir sicher, dass es ihm nichts ausmacht, wenn ich sage, dass er mitunter auf eine nette Art ein bisschen ein Dussel ist. Man hat ihn einfach gerne um sich. Abgesehen davon, dass er ein sehr netter Mensch ist, ist er auch ein sehr guter Gitarrist. Dass Tom nun bei uns einstieg, war ein weiterer Anreiz für Phil, denn abgesehen davon, dass die beiden gute Freunde sind, hieß das außerdem, dass nach einem Jahrzehnt bei New Order nicht mehr er „der neue Typ“ war.

Sobald alle an Bord waren, arrangierten wir drei Konzerte, von denen zwei auf dem europäischen Festland stattfinden sollten. Unser erster Gig nach fünf Jahren Pause sollte im Ancienne Belgique am 17. Oktober in Brüssel stattfinden. Am Abend darauf spielten wir dann im Bataclan in Paris. Unser Agent hatte uns gesagt, dass das Bataclan die heißeste Location der Stadt sei, womit er Recht behielt – es war tatsächlich irre heiß: Seit seinem Bestehen war nie ein Lüftungssystem eingebaut worden. Der dritte Auftritt war im Dezember im Londonder Troxy – eine herrliche Location. Der Gig spielte die Kosten für die anderen beiden Konzerte wieder herein und gab uns darüber hinaus die Möglichkeit, die restlichen Einnahmen Michael zukommen zu lassen. Jede dieser Shows verlief reibungslos und wir verwendeten den Mitschnitt des Troxy-Konzerts sogar für ein Live-Album.

Vor allem die ersten beiden Gigs zogen viel Aufmerksamkeit auf sich und sobald sie bestätigt waren, erhielten Rebecca und Andy etliche Anrufe von Konzertveranstaltern aus aller Welt, die uns buchen wollten. Es war überwältigend und unvermittelt: Vor der Show im Troxy im Dezember schafften wir es sogar, noch drei Auftritte in Südamerika unterzubringen. Das Publikum in Südamerika war fantastisch. Die Leute dort tragen zweifellos ihr Herz auf der Zunge und die Gigs waren ebenso großartig wie die Caipirinhas.

2012 wuchs die ganze Sache schneeballartig an und wir versanken förmlich in Angeboten: Ich glaube, wir spielten 50 Konzerte in diesem Jahr – darunter auch bei der Abschlusszeremonie der Olympischen Spiele im Londoner Hyde Park. Das war aber nur ein Gig einer De-facto-Welttournee. In puncto Konzerte und Touren war es für mich das geschäftigste Jahr seit langem – vielleicht war es sogar überhaupt das betriebsamste. Wir traten auch beim Ultra Music Festival in Miami auf, einer unglaublichen Veranstaltung, die im Bayfront Park vor einer Kulisse aus Wolkenkratzern, auf die Bilder projiziert wurden, in Szene ging. Wir tourten durch Großbritannien, das restliche Europa, Japan, Südkorea, Australien und Neuseeland und schlossen das Jahr schließlich noch mit ein paar Gigs in den USA und in Kanada ab.

Ich weiß, dass sich ein paar Leute fragten, ob das Interesse an der Band durch den Ausstieg eines Gründungsmitglieds – vor allem bei den Fans – abnehmen würde, jedoch kamen die Konzerte äußerst gut an. Die ersten drei waren sogar binnen Minuten ausverkauft. Alles an New Order war wieder im grünen Bereich: Die Gigs waren ein Erfolg (wir wurden sogar für unseren Auftritt beim Festival No. 6 in Portmeirion mit einem Award für die beste Festival-Performance belohnt), die Schwingungen waren gut und wir hatten wieder Spaß. Touren hatte mir seit Jahren keine solche Freude mehr bereitet. Wir versuchen auch nach wie vor, Michael wo es nur geht zu unterstützen, denn es geht ihm immer noch nicht sehr gut. Aber so wie schon seinerzeit bei unserem Auftritt beim Bergarbeiter-Benefiz im Jahr 1984 schien es, als würden wir, wenn wir wohltätig in Erscheinung traten, selbst auch davon profitieren.

Anfang 2014 erhielten wir einen Brief von Philip Glass, in dem er fragte, ob es möglich wäre, dass ich und zwei weitere Mitglieder der Band bei einem von ihm organisierten Konzert zugunsten einer Organisation namens Tibet House, die sich für die Erhaltung tibetanischer Kultur einsetzt, auftreten würden. Ich hatte eine gewisse Affinität zu Tibet, weil mein Cousin Steve und ich als Teenager begeistert die Schriften eines tibetanischen Mönchs namens Tuesday Lobsang Rampa gelesen hatten, die zu einer Art Bibel für uns geworden waren. Die Bücher enthielten jede Menge moralischer und spiritueller Anleitungen und Weisheiten – etwa wie man sich benehmen sollte, oder die Auswirkungen von Drogenkonsum auf die Seele, oder wie die Tibeter spirituelle Lehren dazu verwendeten, um sich und ihren Verstand zu optimieren. Steve und ich waren ziemlich beeindruckt davon und als wir lasen, dass die Mönche im Himalaja heißen Buttertee tranken, versuchten wir uns auch einen zu brauen. Es blieb aber ein einmaliges Experiment. Glaubt mir, Butter schmeckt viel besser auf Toast.

Ich hatte auch in Comics über tibetanische Mönche mit sagenhaften Kräften gelesen. Diese hatten sie durch Meditation erlangt und eine davon war die Fähigkeit, frei zu schweben. Eine andere bestand darin, sich ein Tuch, das in Eiswasser getunkt worden war, umzulegen und es dann dampfen zu lassen. Zumindest in meinen Comics waren sie außerdem dazu in der Lage, extreme Distanzen zu laufen, indem sie eine spezielle, übermenschliche Schritttechnik anwendeten. Tibet wirkte wie ein magischer Ort. Auf jeden Fall schien es sich stark von Salford zu unterscheiden.

Als schließlich der Brief von Philip eintraf, indem er mir erklärte, dass die Organisation sich für die Erhaltung der tibetanischen Kultur einsetzte,

setzte meine Erinnerung an meine jugendlichen Tibet-Studien ein und mein Interesse war geweckt.

Was den guten Lobsang Rampa betraf: Es stellte sich irgendwann heraus, dass er eigentlich ein Klempner aus Plymouth namens Cyril war. Als man den Dalai Lama zu ihm befragte, meinte dieser: „Obwohl wir ihn nicht als echten tibetanischen Mönch akzeptieren, sind wir dennoch voll des Lobes für jeden, der die Botschaft unserer Nation verbreitet." Ich finde das sehr liebenswürdig von ihm.

Aber unabhängig vom Anlass wird kein Musiker lange zögern, wenn sich ihm die Möglichkeit bietet, mit Philip Glass zu arbeiten. Er ist nämlich einer unserer besten zeitgenössischen Komponisten und ich bin schon sehr lange ein Fan von ihm. Ich kann mich noch daran erinnern, wie ich vor einigen Jahren zu einer Aufnahmesession in London war. Wir kehrten jeden Tag aus dem Studio in die Wohnung, in der wir untergebracht waren, zurück, um *Koyaanisqatsi* zu schauen, eine absolut hypnotische Kombination aus Bildern und Sound, für die Philip die Musik komponiert hatte. Seit damals habe ich mir auch seine anderen Arbeiten angehört – und es ist echt unglaubliches Zeug. Gelegentlich habe ich Kritik an ihm wahrgenommen, der zufolge sein Werk zu repetitiv sein würde, aber denkt einmal an Club-Musik, House, R'n'B: Das ist *alles* ziemlich eintönig und repetitiv. In der Wiederholung kann doch auch viel Schönes stecken. Und Philips Musik ist trotzdem nicht einfach nur monoton. Seine Stücke entwickeln sich gemächlich, wie eine Welle, die langsam auf die Küste zurollt. Sie verändern sich auf subtile Weise und bauen sich in Richtung ihrer Höhepunkte kontinuierlich auf. Ich finde, seine Musik zu hören, ist so atmosphärisch, als würde man den Ozean beobachten und den Wellen dabei zusehen, wie sie sich aufbauschen, um dann am Strand zu brechen. Wellen sind durchaus auch repetitiv, aber doch ist jede anders und hat eine eigene Energie und Harmonik. Philips Musik funktioniert auf genau dieselbe Weise.

Ich sprach mit Philip am Telefon – ich glaube, dass er mich von einem mexikanischen Flughafen angerufen hat – und er erörterte mir noch ein wenig mehr im Detail den Inhalt und den Kontext der Veranstaltung. Das Konzert für Tibet House habe nun schon seit über 25 Jahren stattgefunden, erklärte er mir, und habe seit jeher ein starkes Flair der musikalischen Zusammenarbeit gehabt. Er meinte, dass er auch dieses Mal mit ein paar der anderen Musiker, die involviert seien, Kollaborationen anstreben werde. Darunter befanden sich Patti Smith, The National und – für mich wahrscheinlich am aufregendsten – Iggy Pop. Philip teilte mir mit, dass Pattis Band und außerdem noch das Scorchio Quartet zur Verfügung stünden, sollten wir sie brauchen.

Das brachte mich auf eine Idee. Ein Poet aus Manchester namens Mike Garry hatte ein fantastisches Gedicht mit dem Titel „Saint Anthony" über Tony Wilson verfasst. Der Streicher-Arrangeur Joe Duddell, der am bekanntesten für seine Arbeit mit Elbow sein dürfte, hatte sich des New-Order-Songs „Your Silent Face" angenommen und ihn als Streichquartett arrangiert, während Mike vor dieser klanglichen Kulisse sein Gedicht vorlas. Mir gefiel das sehr gut. Wir performten das Ganze 2013 bei einem sensationellen Gig beim Jodrell-Bank-Radioobservatorium, im Schatten des enormen Lovell Telescopes, und es kam fantastisch gut an.

Ich ließ Philip das Gedicht zukommen und er liebte es. Er erzählte mir, dass Allen Ginsberg bis zu seinem Tod im Jahr 1997 ein großer Teil des Events gewesen wäre, und war begeistert von der Idee, etwas Poesie in den Abend einfließen zu lassen, um so Allens Vermächtnis weiterleben zu lassen. Als ich Mike anrief, um ihm von alldem zu berichten, fiel er fast von seinem Stuhl.

Was Kollaborationen mit anderen Künstlern betraf, hatte ich noch eine weitere Idee. Wir hatten einen Song geschrieben, der „Californian Grass" hieß und der auf dem Album *Lost Sirens* erschienen war, das aus Songs bestand, die wir aufgenommen hatten, als wir an *Waiting for the Sirens' Call* arbeiteten, aber keinen Platz darauf gefunden hatten. Wir hatten viel mehr Songs als notwendig, mit Absicht. Denn die Idee dahinter war, dass wir gleich zwei Alben auf einmal machen könnten, um für längere Zeit nichts mehr aufnehmen zu müssen. Das Album, das schließlich *Lost Sirens* heißen sollte, war also als direkter Nachfolger von *Waiting for the Sirens' Call* vorgesehen. In der Zwischenzeit hatten sich gewisse Dinge verschoben, weshalb *Lost Sirens* erst 2013 – ein Jahrzehnt, nachdem es aufgenommen worden war – erschien. Eigentlich stimmt es mich ein wenig traurig, wenn *Lost Sirens* als Sammlung von Outtakes von *Waiting for the Sirens' Call* betrachtet wird, weil es das eigentlich nicht ist, sondern ein eigenständiges –

wenn auch unvollendetes – Album. Unvollendet deshalb, weil neben anderer Probleme Hooky sich geweigert hatte, ins Studio zu kommen, um es fertigzustellen und dann die Veröffentlichung verschleppte.

Ich hatte „Californian Grass" in meinem Heimstudio geschrieben. Üblicherweise komponieren und arrangieren wir die Musik, nehmen sie dann auf und schaffen somit zuerst einmal einen Track, der sich als Instrumental gut anhört. Wenn es dem Stück dann gelingt, mich zu inspirieren, ziehe ich mich in den kleinen Raum, der mir zuhause als Studio dient, zurück, um mir ein paar Melodien, Lyrics und Gesangsarrangements dazu zu überlegen. Mit „Californian Grass" musste ich ein wenig ringen, da es in einer Tonhöhe geschrieben war, die ein wenig schwierig für mich ist. Das Stück war nämlich ziemlich tief angesiedelt, ich aber habe eine hohe Tenorstimme. Und vor allem die Strophen waren eine große Herausforderung für meine Stimme. Ich kann mich noch genau daran erinnern, als ich eines Nachts im Studio saß und dachte, dass das wohl gut zu Iggy passen würde, dass das genau seine Phrasierung und Tonart wäre.

Als ich also hörte, dass auch Iggy bei dem Konzert für Tibet House dabei sein würde, ging über meinem Schädel eine kleine Glühbirne an. Ich fragte mich, ob er an einer Zusammenarbeit bei „Californian Grass" Interesse habe. Immerhin war seine Musik zum Teil für meine Band und dafür, dass es mich heute in dieser Form gibt, mitverantwortlich. Vielleicht erinnert ihr euch: Als ich zum ersten Mal bei Ian zuhause war, nachdem wir ihn zu unserem Sänger gemacht hatten, das erste Mal, als wir wirklich miteinander Zeit verbrachten, spielte er mir Iggys „China Girl" von *The Idiot* vor, jenem Album, das genau an jenem Tag veröffentlicht worden war. Er war von Anfang an immer ein Schlüsseleinfluss für Joy Division gewesen. Ich dachte mir jedenfalls, dass eine Zusammenarbeit mit ihm immens aufregend sein würde.

Ich war zwar ein wenig nervös deswegen, schickte den Song aber dennoch zu Iggy rüber, um herauszufinden, was er davon hielt. Er meldete sich fast postwendend und meinte: „Klar kann ich das singen, Ber-*nard*. Die Tonart ist ziemlich cool." Ich dachte mir: „Yeah, natürlich ist es cool, denn ich habe ja an dich gedacht, als ich das geschrieben habe." Ich war jedenfalls hin und weg, dass er dabei sein würde. Außerdem würde sich am fraglichen Abend auch noch Philip zu uns gesellen und uns auf der Bühne am Klavier begleiten – eine umwerfende Erfahrung, die verschiedene Aspekte und Einflüsse meiner musikalischen Vergangenheit kombinierte, zeichnete sich ab.

Die Proben waren beinahe so magisch wie das Konzert selbst. Neben Iggy auf einem Sofa zu sitzen und gemeinsam Patti Smith zu beobachten, wie sie vor Philip Glass' prüfendem Auge eine wunderschöne Version von „Perfect Day" sang, war schon ziemlich abgefahren, das muss mal gesagt werden. Die Proben waren für uns – Tom, Phil und mich – allerdings mit einer Extraaufgabe verbunden. Als wir eintrafen, sagte Philip zu uns: „Wir lassen euch Jungs vier Songs spielen, weil ihr die mit Abstand weiteste Anreise hattet." Das war zwar überaus nobel von ihm, doch blieben uns nur 20 Minuten, um zu proben. Wir hatten „Saint Anthony" vor unserer Abreise bei mir zuhause mit Mike und einem englischen Quartett einstudiert und es klang großartig, aber dennoch war die Zeit äußerst knapp bemessen. Wir hatten noch eine weitere Probe in der Carnegie Hall vorgesehen, vor der uns kurzfristig mitgeteilt wurde, dass wir nur sieben Minuten hätten, was ungefähr für eineinhalb Songs reichen würde. Wie sich herausstellen sollte, bekamen wir aber letztlich doch eine vernünftige Probe zugestanden, und als schließlich das Konzert anstand, lief bereits alles wie am Schnürchen. Als erstes spielten wir „Saint Anthony", dann kam Iggy zu uns raus, um „Californian Grass" zu singen. Als er sich uns anschloss, war das so, als würde die Sonne auf der Bühne aufgehen: dieses breite Grinsen, die warme Präsenz, ein zuckender, rotierender Dynamo von einem unglaublich großen Charismatiker – und dann natürlich noch diese Stimme, die sich ihren Weg von den Toren der Hölle zu uns gebahnt zu haben schien. Ich glaube, dass er sogar eine Oktave tiefer als die, die ich noch erreiche, singen kann. Es war, als würde seine Stimme aus der Erde unter unseren Füßen hervorbrechen. Und nun kamen wir zu jenem Moment, mit dem wir dieses Kapitel begonnen haben: Iggy sang mit uns „Transmission" und „Love Will Tear Us Apart". Es gibt Augenblicke im Leben, in denen alles auf so freudige Weise vollkommen zu sein scheint und man um sich sieht und denkt, dass man nun zufrieden sterben könne. Dies war ein solcher Augenblick.

Aber damit wäre ja die ganze Geschichte zu einem abrupten Ende gekommen, obwohl sie das natürlich noch nicht ist. Es gibt immer noch viel zu tun und New Order sind weiterhin erfolgreich und gefragt: Wir spielen

Konzerte in Gegenden, in denen wir noch nie zuvor aufgetreten sind, unser Ruf als Live-Band wird immer besser und Gig-Angebote und Einladungen zu Festivals flattern uns beständig ins Haus. Ich denke, dass wir nun eine bessere Konzertband als jemals zuvor sind. Unser Live-Set-up ist in puncto Technik phänomenal, visuelle Effekte werden auf eine Leinwand hinter uns projiziert und unsere Setlist enthält eine gute Mischung aus populären Hits, ein paar eher unerwarteten Tracks und einer Hand voll Neuinterpretationen klassischer Nummern, die das Ganze jung halten sollen. Mein Lieblingssong auf der Bühne ist „Temptation". Es ist einer von New Orders ältesten Songs. Er stammt aus dem Jahr 1981, hat sich aber über die Jahre hinweg weiterentwickelt und ist mittlerweile ein neunminütiger, stampfender und donnernder Koloss, den wir heute als Höhepunkt unserer Liveshow spielen.

Wir hatten die Nummer seinerzeit in einem Londoner Studio in der Nähe des Post Office Towers aufgenommen. Draußen schneite es heftig. Während ich den Gesang aufnahm, schlich sich Rob herein und steckte mir einen Schneeball von hinten ins Shirt. Man kann das auf der langen Version nachhören: All das Geschrei war das Resultat von Robs eisiger Überraschung, die meinen Rücken hinunterglitt. Das ist natürlich eine wunderbare Erinnerung, wenn man es sich immer wieder auf Platte anhören kann, aber dennoch denke ich, dass „Temptation" live ein noch viel mächtigerer Song ist, als er das im Studio jemals sein könnte. Der Track ist weder unser berühmtester noch kommerziell erfolgreichster, doch er zieht die Leute in seinen Bann und ist inzwischen das Highlight der gesamten Show. Irgendetwas an der Wiederholung und der Emotionalität, die sich ergibt, der strukturellen Einfachheit und den Lyrics macht „Temptation" zu einem sehr spirituellen Song für mich. Ich kann das vermutlich gar nicht erklären, da ist einfach dieses greifbare Gefühl, wenn ich ihn singe, das ihn sich anfühlen lässt wie ein Gebet. Er ist transzendent, frohlockt förmlich und stellt wie keine andere unserer Nummern eine Verbindung zwischen dem Publikum und der Band her. „Temptation" ist der eine Song, von dem ich aus den genannten Gründen niemals jemals müde werde, ihn zu spielen, was aber auch daran liegt, dass er sich vor einem ein wenig wie ein Film offenbart. Da gibt es etwa Szenenwechsel, die das Publikum mit sich mitzunehmen scheinen.

„Love Will Tear Us Apart“ spiele ich ebenfalls liebend gerne. Eigentlich fällt mir jetzt kein Song ein, den ich nicht gerne live spiele, nicht einmal diejenigen, die ich schon Hunderte Male gespielt habe. Wir mischen das Set immer wieder durch und würzen es mit ein paar unerwarteten Nummern, aber selbstverständlich kommen die Leute zu unseren Gigs wegen ein paar gewisser Songs, die wir spielen müssen, um sie nicht zu enttäuschen. Erst kürzlich hat mich ein peruanischer Journalist übers Telefon interviewt, während ein Konzertveranstalter als Dolmetscher mit in der Leitung hing. Der Journalist fragte mich etwas über „Blue Monday“, die Verbindung war aber schlecht, weshalb ich den Dolmetscher bat, es noch einmal zu wiederholen. „Er hat gesagt, dass sie euch aufknüpfen werden, solltet ihr nicht ‚Blue Monday‘ spielen.“

Während ich das hier schreibe, arbeiten wir an neuem Material und die Stimmung bei uns ist sehr beschwingt. New Order entwickeln sich stetig weiter. Zuerst Phil vor über einem Jahrzehnt und jetzt auch noch Tom sind bei uns eingestiegen und verfügen beide über außergewöhnliche Persönlichkeiten auf und abseits der Bühne. Tom hat eine knifflige Rolle im neuen Abschnitt der New-Order-Saga auszufüllen und sein Beitrag zu den Liveshows ist schlicht großartig – die Fans haben ihn auch bereits in ihre Herzen geschlossen – und ich hoffe, dass sich das auch im Studio fortsetzen wird. Zusätzlich ist auch Gillians Keyboard-Spiel merklich besser geworden, seitdem wir wieder live zu spielen begonnen haben. Sie wird einfach immer noch besser. Ich denke, dass sie seit ihrer Auszeit viel mehr an sich als Live-Performerin glaubt und auf jeder Tour noch an Statur hinzugewinnt. Die Besetzung ist also fixiert und die Chemie stimmt ebenfalls. Live-Auftritte sind ein echtes Vergnügen, seitdem wir 2011 diese Konzerte für Michael gespielt haben, und ich kann reinen Gewissens behaupten, dass dies die angenehmste Ära für mich als Mitglied von New Order ist.

Auch abseits der Band geht es mir gut. Ich bin glücklich und zufrieden. Als Musikgruppe ist es uns gelungen, die heikle Balance zwischen dem Leben auf Achse und dem Leben zuhause zu finden. Ich schätze mich außerdem glücklich, ein spezielles Interesse neben der Musik zu haben, das ich dank dieser Balance verfolgen kann. Das Meer hat auf mich eine sehr entspannende Wirkung und ich liebe, dass es wie ein Lebewesen wirkt. Ich erinnere mich noch ganz deutlich daran, wie ich es zum ersten Mal gesehen habe: Es war bei einem sommerlichen Feiertagsausflug in Rhyl, als ich noch sehr jung war. Ich lief eine Düne hinauf, gespannt, was mich auf der anderen Seite erwartete. Als ich oben angelangt war, blickte ich hinab auf diese unglaublich große Wasserfläche, die sich bis zum Horizont erstreckte. Ich war ergriffen. Mein Leben war von engen Grenzen und den Straßen Lower Broughtons definiert gewesen. Aber hier hatte ich das Gefühl, als würden meine Fesseln abfallen. Der ungebrochene Horizont wirkte auf mich, als könnte ich ewig weit sehen. Während das Sonnenlicht auf der Oberfläche sich in Millionen glänzenden und sich ununterbrochen verändernden Scherben widerspiegelte, fühlte ich sofort eine Verbindung, die bis heute besteht. Ich kann mich sogar daran erinnern, dass ich mit dieser unüberschaubaren, glitzernden, sich kräuselnden Wasserfläche konfrontiert war und laut zu mir selbst sagte: „Mein Meer!“

Wenn ich mir eine Pause von der Musik gönne, beschäftige ich meinen Verstand gerne mit etwas, das sich nicht um Instrumente, ums Programmieren oder um Lyrics dreht, mit etwas, das meinem Gehirn erlaubt, sich zu entspannen. Auf einem Boot zu sein, ist in dieser Hinsicht perfekt: Dort bin ich Millionen von Kilometern entfernt von Studios, Garderoben und Bühnen. Sowohl mein Gehirn als auch meine Hände haben etwas zu tun. Es ist etwas, das ich von ganzem Herzen liebe. Beim Segeln bändigt man die Natur – den Wind, die Gezeiten und die Strömungen –, um sich von Punkt A nach Punkt B zu bewegen. Man muss dem Wetter und dem Meer Respekt entgegenbringen. Du begibst dich in ihr Reich, direkt ins Herz der Natur. Dort herrschen nur sie. Mir gefallen das Planen, das Navigieren, das Ausarbeiten von Routen und das Überwachen der Wetterkarten, aber vor allem genieße ich es, in der Nacht unter klarem Himmel, fernab jeglicher Lichtverschmutzung auf meinem Boot auf dem Rücken zu liegen. Vielleicht halte ich einen Drink in der Hand, während ich etwas Musik höre oder einfach nur den Wellen, die gegen den Bootsrumpf schlagen, lausche und in die unendlichen Weiten des Nachthimmels, übersät von unzähligen Sternen, blicke. Ich bin schon oft an der Westküste Schottlands entlang gesegelt. Das ist bei gutem Wetter eine atemberaubende und wilde Route. Einmal segelte ich von der kleinen Insel Canna, südwestlich der Isle of Skye, nach Barra in den Western

Isles, wobei wir sehr früh in See stechen mussten. Mein Sohn Dylan hatte sich widerwillig dazu bereiterklärt, mit mir gemeinsam aufzustehen und mir dabei zu helfen, den Anker zu lichten, zog sich danach aber wieder zurück in sein „Schlafgemach". So musste ich alleine eine fast 15 Meter lange Yacht manövrieren, während der Wind langsam stärker wurde.

Ungefähr eine Stunde später erreichten wir den westlichen Zipfel der Insel. Unter Deck schliefen immer noch alle, als plötzlich von unten ein doppeltes Knirschgeräusch vom Schiffsrumpf zu mir drang, als ob wir auf einen Felsen aufgelaufen wären. Ich blickte um mich, aber die See war rau und ich konnte nichts sehen. Darauf überprüfte ich meine Karten, aber an dieser Stelle befand sich auf dem Meeresboden nichts, das ein Problem dargestellt hätte. Ich öffnete eine Luke, um in den Rumpf hineinsehen zu können, aber dort war alles trocken. Da ich wusste, dass es auf Canna keine Einrichtungen oder Taucher gab, mit deren Hilfe der Rumpf inspiziert hätte werden können, rief ich per Funk die Küstenwache und erklärte ihnen den Vorfall. Mir wurde bestätigt, dass auf meiner Position weder Felsen noch Schiffswracks lägen. So beschloss ich, die Fahrt nach Barra fortzusetzen. Alle zehn Minuten blickte ich unter Deck, um sicherzugehen, dass nicht doch Wasser eindrang. Die Küstenwache bat mich, sie noch einmal anzufunken, wenn wir uns der Insel, die noch ungefähr 45 Kilometer entfernt war, nähern würden. Mittlerweile waren alle aufgestanden und ich muss gestehen, dass ich ein wenig beunruhigt war, aber wir nahmen kein Wasser auf und alles schien in Ordnung zu sein.

Als ich mich schließlich wie vereinbart bei der Küstenwache meldete, wurde mir mitgeteilt, dass auch ein anderer Seemann per Funk Kontakt aufgenommen hätte, da dieser bei der Durchfahrt durch die fragliche Gegend einige Haie nahe der Wasseroberfläche gesehen habe. Als wir vor Anker gegangen waren, bat ich einen Taucher, den Rumpf zu kontrollieren. Tatsächlich fand er den Abdruck eines großen Hais mitsamt Kiemen im Schlick am Rumpf. Wahrscheinlich hatte es sich um einen Riesenhai gehandelt. Dieser kann bis zu zehn Meter lang werden und an die vier Tonnen wiegen. Das Boot war in Ordnung, aber nach diesem speziellen Trip musste ich mir erst einmal einen hinter die Binde kippen.

Auch im Musikbusiness hatte ich es im Verlauf der Jahre immer wieder mit Haien zu tun: Sie mussten also gar nicht erst unter meinem Boot auftauchen. Vor ein paar Jahren bin ich über den Atlantik gesegelt – zuerst die afrikanische Küste hinunter, dann in westlicher Richtung bis in die Karibik. Es war unglaublich. Wir brauchten drei Wochen, und es war die ganze Zeit, die wir außer Sichtweite der Küste waren, so, als wären wir auf einem anderen Planeten. Wenn du dich weit draußen auf See befindest und dich in jeder Richtung nichts als der Horizont umgibt, ist das schon ein besonderes Gefühl, nämlich eines, das dir hilft, dein eigenes Leben mit Distanz zu betrachten, ein Gefühl für seine Bedeutung zu erlangen und eine Vorstellung davon zu erhalten, wie riesig die Welt doch tatsächlich ist.

Ich darf mich glücklich schätzen, einen Teil dieser Welt gesehen zu haben. Ich habe viele Kontinente bereist, viele fantastische Orte gesehen und zahllose tolle Menschen, von denen viele Fans meiner Bands und meiner Musik waren, kennengelernt. Womöglich denken alle Bands so, aber ich glaube, dass die Fans von New Order ganz besonders sind. Sie fühlen sich spirituell mit der Band verbunden – oder noch spezifischer: mit der Musik, die wir spielen. Viele sind mit ihr aufgewachsen. Oft höre ich etwa die Phrase: „Eure Musik ist der Soundtrack zu meinem Leben." Nun, sie war auch der Soundtrack zu meinem Leben. Sie hat mir nicht weniger als euch dabei geholfen, mich selbst zu definieren. Wenn man sich niedergeschlagen fühlt, kann Musik eine große heilende Wirkung haben, und wenn man gut drauf ist, hilft sie dabei, dass das so bleibt. Die beste Musik vermag es, eine spürbare Verbindung zu ihren Hörern zu erschaffen, indem sie ihnen die Emotionen, die den Urheber dazu inspiriert haben, sie zu komponieren, vermittelt. Durch ein Musikstück spricht die Person, die es geschrieben hat, zu einem und schüttet einem ihr Herz aus – und das ist eine fabelhafte, hochwichtige Angelegenheit. Ich kann gut nachvollziehen, wie das für unsere Fans sein muss, weil es mir mit der Musik, die ich liebe, nicht anders geht.

Fans von New Order finden sich in allen gesellschaftlichen Schichten. Jeder Gig ist anders. Vor einem Jahr oder so traten wir etwa bei T in the Park in Schottland auf und es war, als würden wir vor einer Armee, die gleich eine Festung erstürmen wollte, spielen. Bei unseren Shows stehen manchmal Teenagerinnen in der ersten Reihe, dann wieder ältere Rockfans oder ein Dance-Publikum, eben weil unsere Musik verschiedene Stilrichtungen umfasst. Sie hat Breitenwirkung, was dazu führt, dass unsere Anhängerschaft bunt durchmischt ist.

Es ist zwar ein totlangweiliges Klischee, aber wenn unser Publikum in Bezug auf unsere Musik nicht so leidenschaftlich wäre, würde ich jetzt nicht hier sitzen und an diesem Buch schreiben. Ich kann wohl im Namen der ganzen Band sprechen, wenn ich sage, dass wir unglaublich dankbar sind für die Treue, die uns unsere Fans seit über 30 Jahren entgegenbringen. Es ist wirklich bewegend.

Die Dinge sind mittlerweile so gut, wie sie es schon sehr lange nicht mehr waren, und ich muss sagen, dass ich die ganze Erfahrung jetzt viel mehr zu schätzen weiß, da mir bewusst wird, dass die einzige Gefahr, vor der ich mich auf der Bühne zu fürchten brauche, darin besteht, dass ich von ihr herunterfalle. Ich genieße das Leben und meine Arbeit mehr als je zuvor. Ich gebe besser auf mich Acht und habe es aufgegeben, ständig zugedröhnt zu sein. Wie schon Jimmy Cliff so schön gesungen hat: „I can see clearly now the rain has gone.“

Scheiße passiert manchmal im Leben, aber man kann auch wieder darüber hinwegkommen. Lasst euch davon nicht unterkriegen.

Und mit diesen Worten, so denke ich, beenden wir hier nun unsere Reise.

Postskriptum

Ja, wir sind Hedonisten. Ja, wir haben uns betrunken. Und ja, wir waren ziemlich oft voll. Große Sache, yeah, yeah, bla-bla-bla. Na und? Für einen Musiker ist das schon fast eine konformistische Haltung. Darum geht es nicht hauptsächlich in diesem Buch, da diese Geschichte schon viele andere vor mir niedergeschrieben haben.

In diesem Buch geht es darum, was es heißt, wirklich am Leben zu sein. Es handelt davon, abseits des Systems zu funktionieren und es zu überwinden. Auch davon, Katastrophen zu überstehen. Es geht darum, ein paar Dingen, die einem schon als Kind wichtig waren, treu zu bleiben, und wie man, indem man Spaß hat, Erfolg hat – und allein Spaß zu haben, ist bereits ein Erfolg. Manchmal muss man nur ein paar Schritte Abstand nehmen, um die Dinge so zu sehen, wie sie sein müssen.

Bernard Sumner, Juni 2014

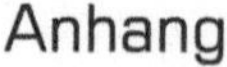

Bernard Sumner hypnotisiert Ian Curtis

Etwa zu der Zeit, als bei Ian Epilepsie diagnostiziert wurde, las ich ein Buch über hypnotische Regression. Es beschrieb, wie mittels Rückführungstherapie etwas aus einem vergangenen Leben ermittelt werden kann, das sich negativ auf das gegenwärtige Leben auswirkt. Ich dachte mir, dass ich das ja mal versuchen könnte. Zumindest wäre es ein guter Gag auf Partys.

Als Kinder in der Alfred Street hatten wir mit Hypnose experimentiert und es schien etwas an der Sache dran zu sein, weshalb ich es – fasziniert von den Möglichkeiten – an ein paar Leuten ausprobierte, die tatsächlich anfingen, über offenbar vergangene Leben zu berichten.

An Ian wagte ich mich zum ersten Mal heran, als wir uns eines Tages bei einer Probe langweilten. Er erzählte hochinteressantes Zeug, konnte sich nachher aber nicht mehr an seine Ausführungen erinnern. Als er ein paar Wochen vor seinem Tod bei mir Unterschlupf suchte, blieben wir oft lange wach und unterhielten uns über Gott und die Welt. Eines Nachts sagte ich zu ihm: „Sollen wir noch einmal die hypnotische Regression ausprobieren, mit dem Unterschied, dass wir dieses Mal alles aufnehmen, damit du es dir nachher anhören kannst?" Er willigte ohne zu zögern ein. Ich versetzte ihn erneut in Trance – das ging sehr leicht bei ihm – und schnitt seine Aussagen mit. Ich hatte es zuvor noch nie ein zweites Mal mit derselben Person versucht. Erstaunlich war, dass Ian exakt dieselben Dinge wie damals im Proberaum erzählte.

Die vollständige Mitschrift der Aufnahme, die ich bis heute besitze, ist noch nie veröffentlicht worden. Hier ist, was er mir berichtet hat.

[Aufnahme beginnt]
Ian … nur die Straße runter, von dort, wo ich war.
Bernard Wie heißt dein Freund?
Ian Tony.
Bernard Wie sieht er aus?
Ian [atmet aus] Er hat so … helle Haare.
Bernard Was machst du dort?
Ian Sitze … sitze am Randstein. Haben Lutscher, etwas Klebriges, Risse im … Bürgersteig. Kein Gras, wie eine Art … Moos, grünes Moos darüber. Grabe es aus, zwischen dem Randstein.
Bernard Sind da auch irgendwelche Autos auf der Straße?
Ian Nur ganz weit die Straße hinunter.
Bernard Kannst du sagen, welche Farbe sie haben?
Ian Dunkelblau.
Bernard Wie sehen die Häuser aus?
Ian Alle gleich.
Bernard Haben sie Gärten?
Ian Ja.
Bernard Wie alt bist du?
Ian Fünf.
Bernard Weißt du, welches Datum heute ist?
Ian Der 15. Juli.
Bernard Entspann dich einfach … Du bist absolut in Sicherheit … tiefer Schlaf. Ganz tiefer Schlaf. Hör auf meine Stimme. [unverständlich] … egal. Geh in die Zeit, als du drei Jahre alt warst. Erzähl mir, was du siehst.
Ian Mein Tantchen. Im Garten. Mein Großvater ist auch da.
Bernard Wie heißt deine Tante?
Ian Nell.
Bernard Und was machst du dort?
Ian Spielen. Bin im Garten gesessen. Sie haben einen Hund.
Bernard Wie sieht der Hund aus?
Ian Er ist sehr … sehr haarig. Die Haare wachsen ihm über die Augen. Sieht von hinten gleich wie von vorne aus.
Bernard Ist deine Tante auch bei dir im Garten?
Ian Ja. Und mein Onkel. Mein Dad. Meine Mum.

Bernard Seid ihr bei ihr zu Besuch?
Ian Ja.
Bernard Magst du deine Tante?
Ian Ja.
Bernard Kannst du dich selbst sehen?
Ian Ja.
Bernard Wie siehst du aus?
Ian Klein und dick. Rund. Rundes Gesicht. Nicht fett, rundlich. Pummelig, wie meine Mum sagt.
Bernard Deine Mum nennt dich pummelig?
Ian Das ist, was all- … weißt schon … nicht … nicht wirklich, denke ich. Es ist, was sie sagen.
Bernard Okay. Schlaf jetzt weiter. Wir bleiben mal beim Alter von drei. Verstehst du? Schlaf jetzt einfach. Schenke den Geräuschen keine Aufmerksamkeit. Warte einfach. Schlafe einfach. Entspanne dich und warte. Du bist absolut sicher. Ich möchte, dass du dahin zurückreist, wo du zwei Jahre alt bist. Kannst du dich an irgendetwas erinnern?
Ian Sitze auf dem Vorleger zuhause …
Bernard Im Haus deiner Eltern?
Ian Ja.
Bernard Kannst du das Zimmer beschreiben?
Ian Ja. Ein Feuer, ein Kohlenfeuer, ein komisches Metallding. Vielleicht, um es anzuzünden. Ich denke nicht, dass es funktioniert, es könnte abfallen. Da sind noch zwei Sessel und ein Sofa. Fernsehen. Der Teppich ist rot und beige. Der Vorleger rot.
Bernard Welche Farbe hat die Tapete?
Ian So ein Muster, golden. Da ist ein Tisch, eine Anrichte unter dem Fenster. Da sind zwei Fenster gegenüber voneinander. Braune Kacheln an den Rändern des Teppichs.
Bernard Nun, weißt du, welcher Tag ist? Kannst du mir das sagen?
Ian Ähm … nein.
Bernard Wie alt bist du?
Ian Zwei.
Bernard Zwei Jahre alt. Ich möchte, dass du noch weiter zurückgehst. Ins Alter von einem Jahr. Irgendetwas aus der Zeit, als du eins warst.

Ian Nur … Zimmerdecke.

Bernard Zimmerdecke?

Ian Im Schlafzimmer von Mum und Dad.

Bernard Sind Mum und Dad da?

Ian Nein. Meine Oma.

Bernard Deine Oma?

Ian Mmh, sie sieht mich einfach nur an.

Bernard Liegst du?

Ian Ja.

Bernard In einem Bett?

Ian Ja, denke schon.

Bernard Kannst du auf der Zimmerdecke ein Muster erkennen?

Ian [unverständliches Gemurmel]

Bernard Kannst du die Wand erkennen?

Ian Nein … da steht etwas im Weg.

Bernard Was, zwischen dir und der Wand?

Ian Mmh.

Bernard Beschreibe, was im Weg steht.

Ian Ich weiß nicht, es ist weiß … kann es nicht erreichen.

Bernard Kannst du dich selbst beschreiben?

Ian Mmm … kann gerade … kann nicht sehen … müde.

Bernard Dösig.

Ian Mmm.

Bernard Entspanne dich einfach und höre auf meine Stimme. Schlafe fest, aber höre auf meine Stimme. Ich möchte, dass du jetzt weiter zurückgehst, bevor du geboren wurdest.

Ian Bäume.

Bernard Bäume.

Ian Eine Menge Bäume.

Bernard Entspanne dich einfach. Dir kann nichts passieren. Was auch immer du siehst, was auch immer geschieht, dir kann nichts passieren, das verspreche ich dir. Sei ganz entspannt und erzähl mir, was du siehst.

Ian Da sind überall Bäume.

Bernard Ist es ein Wald?

Ian Ich glaube schon.

Bernard Kennst du den Ort?

Ian Nein.

Bernard Sind da noch andere Menschen?

Ian Nein, da bin nur ich.

Bernard Weißt du denn, warum du dort bist?

Ian Mmm …

Bernard Denke in Ruhe nach. Es ist genug Zeit.

Ian Ich bin erschöpft, meine Beine, als wäre ich … ziemlich lange gegangen. Ich glaube nicht, dass ich schon immer … hier gewesen bin.

Bernard Also bist du von woanders hierher gegangen.

Ian Ja.

Bernard Weiß du noch, wo das war?

Ian Äh … ein Haus. [Pause] Ich denke, ich habe mich verirrt.

Bernard Verirrt? Okay, entspann dich einfach. Gehe weiter zurück, in eine andere Zeit, zurück zu einer Reihe anderer Erinnerungen. Mach dir keine Sorgen, dir kann nichts passieren. Entspann dich einfach. Gehe zu einer anderen Erinnerung und erzähle mir, was du siehst.

Ian [Pause] … sitze … oh … gerade hingesetzt.

Bernard Wo hast du dich hingesetzt?

Ian Nur … zuhause.

Bernard Wo ist denn zuhause? Was kannst du erkennen?

Ian Ich lese.

Bernard Was liest du?

Ian Ein Buch über … ähm … es handelt von Gesetzen.

Bernard Ein Buch über Gesetze?

Ian Mmm.

Bernard In welcher Sprache ist das Buch geschrieben?

Ian Englisch.

Bernard Weißt du, wie alt du bist?

Ian Achtundzwanzig.

Bernard Achtundzwanzig? Sag das bitte noch mal.

Ian Achtundzwanzig.

Bernard Warum liest du ein Buch über Gesetze?

Ian Ich lese es schon … seit ein paar Tagen … ich lese Teile daraus und mache mir Notizen … ich mache Notizen.

Bernard Warum? Gehört das zu deinem Job, oder so?
Ian Etwas, das ich ... in der Nacht tue.
Bernard Ist es denn jetzt gerade Nacht?
Ian Ja.
Bernard Gibt es ein Licht in deinem Zimmer?
Ian Ja.
Bernard Beschreibe es mir.
Ian Das hellste ist die Feuerstelle. Ich sitze nahe am Feuer. [unverständlich]
Bernard Lebst du alleine?
Ian Nein.
Bernard Mit wem lebst du zusammen?
Ian Ich bin verheiratet.
Bernard Wie heißt deine Frau?
Ian [Pause] [Gemurmel]
Bernard Wie heißt du?
Ian John.
Bernard Wie bitte?
Ian John.
Bernard John. Wie noch?
Ian [Pause]
Bernard Lebst du in England?
Ian ... ja.
Bernard Was siehst du noch?
Ian Ich kann ... es ist sehr dunkel. Ich sehe ... was? Vom Fenster aus?
Bernard Ja.
Ian Die Straße darunter.
Bernard Ich möchte, dass du zum nächsten Tag weitergehst. Wenn es hell ist. Was kannst du jetzt sehen?
Ian Äh ... viele Menschen.
Bernard Wie sind sie angezogen? Suche dir eine Person aus und beschreibe, wie sie gekleidet ist.
Ian Hemd ... oder, oder Mantel ... Hosen, Schuhe ... Hut.
Bernard Was für eine Art Hut?
Ian Nicht sehr hoch.

Bernard Gibt es einen Namen für diese Art Hut?
Ian Ich denke schon, aber ich bin mir nicht sicher. Ich trage nie … bin mir nicht sicher.
Bernard Wie bewegen sich die Leute auf der Straße vor dir fort?
Ian Kutsche.
Bernard Wenn sie nicht gehen.
Ian Kutsche.
Bernard Kutsche. Wie bewegt sich diese Kutsche?
Ian Räder, sie wird gezogen.
Bernard Gezogen? Von was?
Ian Pferd.
Bernard Kannst du mir vielleicht das Datum verraten?
Ian Datum … es ist April.
Bernard Welches Jahr?
Ian April … Der 4. April.
Bernard Welches Jahr?
Ian 1835.
Bernard Sag das bitte lauter.
Ian 1835.
Bernard 1835. Nun, du arbeitest also?
Ian Ja.
Bernard Was ist dein Beruf, dein Job?
Ian Ich arbeite in einem Büro.
Bernard Was für eine Art Büro? In welcher Branche bist du tätig?
Ian Wir liefern Bücher an Läden. Schulen … hauptsächlich Läden.
Bernard Liest du gerne?
Ian Ja … ja. Ich mag den Job nicht.
Bernard Warum magst du den Job nicht?
Ian Es scheint irgendwie nicht … größer … es ist ein sehr kleines Unternehmen … nur die Familie.
Bernard Wie lautet der Name der Firma?
Ian Heyman.
Bernard Heyman? In welcher Stadt hat sie ihren Sitz?
Ian London.
Bernard Ist das auch die Stadt, in der du dich gerade befindest?

Ian Nein.
Bernard Ist das die Stadt, in der du arbeitest?
Ian Ja.
Bernard Du arbeitest in London. In welcher Straße befindet sich das Büro, in dem du arbeitest?
Ian [flüstert] Street …
Bernard Wie heißt sie, die Straße?
Ian Es ist keine Hauptstraße, es ist … schwer … sie liegt hinter … ein paar Gebäuden. Ein offener … wie ein offener Hof.
Bernard Liegt es in der Nähe einer wichtigen Straße?
Ian [Gemurmel]
Bernard In welcher Gegend von London?
Ian Knapp außerhalb der Stadt.
Bernard Knapp außerhalb der Stadt.
Ian Westminster.
Bernard Hast du schon immer in London gelebt?
Ian Nein.
Bernard Wo hast du früher gelebt?
Ian Meine Eltern lebten in … eine Weile lang … in Southampton.
Bernard Southampton. Hat es dir dort gefallen?
Ian Nein … Schiffe … die Docks …
Bernard Weshalb bist du nach London gezogen?
Ian Gute Arbeit.
Bernard Wie alt warst du, als du nach London gezogen bist?
Ian Neunzehn.
Bernard Wie alt warst du, als du geheiratet hast?
Ian Zwanzig … Zweiundzwanzig.
Bernard Gut, ich möchte, dass du weiter in der Zeit zurückreist. Weiter zurück in deiner Erinnerung. Weiter und weiter zurück. Aber entspanne dich, es ist alles ganz einfach. Jede Menge Zeit. Weiter zurück in deiner Erinnerung, in eine Zeit, die davor liegt. Entspanne dich und erlaube dir, dich daran zu erinnern. Weiter zurück in deiner Erinnerung. Weiter zurück durch die Zeit, bis du bei etwas innehältst. Schlafe jetzt tiefer. Schlafe tief und fest. Höre nur auf meine Stimme. Nur auf meine Stimme. Wo bist du jetzt?

Ian Ich bin in einem Zimmer.

Bernard Wie ist dieses Zimmer?

Ian Völlig leer … Türe ist abgeschlossen … Das Fenster ist sehr hoch oben.

Bernard Wie ist dein Name?

Ian Jus- …

Bernard Wie lautet der Name?

Ian Justin.

Bernard Sage es noch einmal lauter.

Ian Justin.

Bernard Justin. Was ist deine Nationalität?

Ian Ich wurde geboren … in England. Aber … als ich noch sehr klein war … zogen meine Eltern in die Niederlande.

Bernard Wie alt bist du?

Ian Vierzig …

Bernard [unterbricht] Vierzig …

Ian … neun- … oder vielleicht neunundvierzig. Nicht ganz sicher … vergessen …

Bernard Weißt du, welches Jahr gerade ist?

Ian Es ist … sechzehn- … -drei- … -undvierzig … oder -zweiundvierzig, das Jahr davor.

Bernard Sag das bitte lauter.

Ian Sechzehn-dreiundv- … -zweiund- … vielleicht den Überblick verloren.

Bernard Was machst du in diesem Zimmer? Warum bist du dort?

Ian Ich warte.

Bernard Auf wen?

Ian Niemanden. Bin hier gefangen … kein Ausweg.

Bernard Warum hält man dich hier fest?

Ian Ich weiß es … glaube … ich sollte. Verbrechen … fälschlicherweise … zuerst verübt. Die Kriege …

Bernard Du meinst … du wurdest fälschlicherweise beschuldigt, ein Verbrechen begangen zu haben?

Ian [Pause] … kämpfte … für die falsche Seite.

Bernard Du hast auf der falschen Seite gekämpft.

Ian Ja.

Bernard Meinst du im Krieg?

Ian [unverständliches Gemurmel]

Bernard Eine Schlacht?

Ian [unverständliches Gemurmel]

Bernard Worum ging es dabei?

Ian … immer dasselbe … kämpfe für wen auch immer … der …

Bernard Etwa für Geld?

Ian Nein … für … wessen Werte … richtig erscheinen zu dieser Zeit.

Bernard Für wen hast du zuletzt gekämpft? Was waren die Gründe?

Ian Ich kann mich nicht mehr erinnern … sowieso egal.

Bernard Warum?

Ian Es wird nichts ändern …

Bernard Wie alt bist du?

Ian Achtundvierzig, neunundvierzig.

Bernard Seit wann bist du eingesperrt?

Ian Mindestens vier … vielleicht länger.

Bernard Gut, wir müssen jetzt tiefer in den Schlaf eintauchen. Entspann dich. Wir gehen tiefer und tiefer. Zehn Jahre weiter. Entspann dich vollkommen. Dieselbe Person, zehn Jahre weiter. Sag mir, was du siehst.

Ian Nichts.

Bernard Du kannst nichts sehen? Gar nichts?

Ian Nein.

Bernard Gut. Gehen wir fünf Jahre weiter von dort, wo du in diesem Zimmer warst.

Ian K- … kann nichts sehen.

Bernard Okay, zurück in das Zimmer. Kannst du es sehen? Bewege dich ein Jahr weiter. Was siehst du?

Ian Nur das Zimmer.

Bernard Wie fühlst du dich?

Ian Ich würde sagen … krank … kalt …

Bernard Befindet es sich in England, dieses Zimmer?

Ian Nein, ist es nicht.

Bernard Wo ist es dann?

Ian In Frankreich.

Bernard Ist es Winter? Oder Sommer?
Ian Es ist Winter. Alles … kalt. Nicht Sommer.
Bernard Sprichst du jemals mit irgendjemandem?
Ian Nein.
Bernard Was ist mit den Leuten, die dir Essen bringen?
Ian Sie schieben es nur durch … die offene Tür … man … stellt es mir zur Tür … [unverständlich]
Bernard Was trägst du für Kleidung und die Leute, die …?
Ian Weiß nicht, nur … sie tragen normale Sachen.
Bernard Was meinst du mit „normale Sachen"?
Ian Hosen, Stiefel …
Bernard Was hast du an?
Ian So eine … eine Jacke … sie ist schon ein wenig abgenutzt.
Bernard Bist du ein großer oder ein kleiner Mann?
Ian Eher groß, würde ich sagen.
Bernard Welche Haarfarbe hast du?
Ian Dunkel, fast schwarz … sehr, sehr dunkel.
Bernard Gehe ein Jahr weiter. Ein Jahr weiter. Sag mir, was du siehst … Entspann dich und lass zu, dass es zu dir kommt.
Ian [schwach] Mauern.
Bernard Was siehst du?
Ian Mauern.
Bernard Bist du immer noch am selben Ort? Wo bist du jetzt?
Ian In einem Raum … sieht gleich aus … da ist ein anderer Geruch, er ist anders.
Bernard Beschreibe den Geruch, wie riecht es?
Ian Ich … ich weiß es nicht.
Bernard Sind da noch andere Leute?
Ian Ja.
Bernard Weißt du, warum du verlegt worden bist?
Ian Ich denke … ich habe Fieber.
Bernard Ist es ein Krankenhaus? Für die Kranken?
Ian Da sind noch andere Leute … Fieber.
Bernard Was für eine Sprache sprechen sie?
Ian Französisch.

Bernard Kannst du Französisch sprechen?

Ian Nein. Ich … kann es aber zuordnen … und fast verstehen …

Bernard Welche Sprachen sprichst du?

Ian Englisch ist die Sprache, die ich … benütze.

Bernard Wie alt bist du jetzt?

Ian Ähm … fünfzig … weiß nich' … einundfünfzig? Weiß … nicht mehr.

Bernard Also wurdest du in Frankreich gefangen gehalten. Weißt du, wo in Frankreich? Die Gegend?

Ian Ich … Lyon.

Bernard Lyon?

Ian Mmm.

Bernard Weil du gegen die Franzosen gekämpft hast?

Ian [schwach] Ja.

Bernard Als du gekämpft hast, welche Waffen hast du da verwendet?

Ian Wir verwenden … [schwach] Schwerter …

Bernard Was?

Ian Schwerter … Klingen … Pistolen.

Bernard Wurdest du im Kampf je verwundet?

Ian Ja.

Bernard Wo wurdest du getroffen?

Ian Am Bein.

Bernard Welches Bein?

Ian Zwei Mal am rechten, ein Mal links … und … Schnittverletzungen an beiden Armen … Seiten … alles verheilt.

Bernard In welcher Schlacht ist das passiert?

Ian Es war in … Frankreich … und in … in Spanien … und … das waren keine Schlachten … Kämpfe.

Bernard Kämpfe? War das mit der Armee, für die du gekämpft hast?

Ian Manchmal. Spanien … wo unser Heer ausgehoben wurde … um zu kämpfen … landesintern.

Bernard Die Familie, aus der du stammtest, waren das Adelige?

Ian Nein … nicht …

Bernard Wie lautet der Familienname?

Ian … nicht, nicht arm, trotzdem.

Bernard Wie ist der Familienname?

Ian Vaters … Englisch … er lautet Cheacott.
Bernard Wie?
Ian Cheacott.
Bernard Tea cup?
Ian Mutter … war … Flämin.
Bernard Flämin?
Ian Mmh. Ich weiß den Mädchennamen nicht mehr. Es scheint … lange Zeit, seit …
Bernard Entspanne dich. Höre nur auf meine Stimme, keine anderen Geräusche, meine Stimme.
[Aufnahme angehalten]
Bernard Wie ist dein Name?
Ian Justin.
Bernard Justin. Gibt es in deinem Leben eine Erinnerung, die besonders heraussticht?
Ian Nur Freunde, Leute, gute Freunde …
Bernard Hast du jemals einen Beruf gehabt?
Ian Nicht seitdem ich noch sehr, sehr jung war.
Bernard Woher bekommst du dein Gehalt? Woher kommt dein Geld?
Ian Scheine zu sparen … verlange … ein hohes Gehalt. Was auch immer, Unterkunft, Essen, immer alles da.
Bernard Warum wird es zur Verfügung gestellt?
Ian Bestellte Dienste.
Bernard Du stellst Dienstkräfte an. Als was? Welche Dienste?
Ian Ausgebildeter … Soldat.
Bernard Wie fühlst du dich?
Ian Sehr schwach.
Bernard Warum fühlst du dich schwach?
Ian Fiebrig, sehr, sehr heiß. Sehr … resigniert.
Bernard Du hast resigniert? Vor was?
Ian Das Ende. Es ist einfach … nehme ich an.
Bernard Das Ende deines Lebens? Würdest du sagen, du hattest ein gutes Leben?
Ian Darüber habe nicht ich zu … zu entscheiden.
Bernard Wer dann?

Ian Gott.

Bernard Also gut, ich möchte, dass du vorwärts gehst, bis zum Tag deines Todes. Entspann dich, weil dir nichts zustoßen wird. Keine Sorge. Beschreibe, wie du dich fühlst.

Ian Heiß.

Bernard Was?

Ian Heiß. Es brennt …

Bernard Was geht dir durch den Kopf?

Ian Zurück … und vorwärts.

Bernard Was meinst du damit?

Ian Ich werde … Gott treffen … Ich werde nicht … in das Zimmer zurückkehren. Hier zu sterben … [unverständlich] scheint sehr endgültig.

Bernard Hast du Angst?

Ian Nein.

Bernard Ich will, dass du dich zu dem Moment begibst, gleich nachdem du gestorben bist. Erzähle mir, was du siehst … Oder sag mir, was du fühlst.

Ian [schwach] Nur … Leere … nichts …

Bernard Du siehst nichts?

Ian [schwach] Nein.

Bernard Fühlst du irgendetwas?

Ian [Gemurmel]

Bernard Aber trotzdem existierst du noch …? Existierst du …?

Ian [Gemurmel]

Bernard Egal, entspann dich … Entspanne. Und gehe weiter zurück in der Zeit. Weiter zurück durch die Zeit. Bis zu einer weiteren Abfolge von Erinnerungen. Weiter zurück. Sorge dich nicht, dir wird nichts passieren. Weiter zurück durch die Zeit. Bis zu den nächsten Erinnerungen. Erzähle mir, was du siehst.

Ian Eine Kirche.

Bernard Eine Kirche? Welches Jahr ist gerade?

Ian 900 … und vier Jahre nach dem Tod von Christus.

Bernard Was tust du in der Kirche?

Ian Ähm … bin … eine … Art … Priester.

Bernard Wie lautet dein Name?

Ian K- … kann ich nicht erkennen. Es scheint sehr … kann es nicht erklären … ähm …
Bernard Entspann dich einfach und warte darauf, dass die Dinge klarer werden … Warte, bis du etwas siehst. Erzähle mir einfach, was du siehst.
Ian Äh, kann nur eine Kirche erkennen.
Bernard Sonst nichts?
Ian Umgeben von ländlicher Gegend, Gras, steht allein da, ziemlich groß … golden … bemalte Fenster, von Mauern umgeben, sehr großes Gebäude.
Bernard Was hast du an?
Ian Ich k- … kann nicht, kann nur die Außenseite … der Kirche.
Bernard Weißt du, wer du bist?
Ian Nein … nur das Gebäude, die Abtei.
Bernard Bist du dort ein Priester?
Ian Ich bin mir nicht sicher. Ich weiß, dass ich … ich lebe dort.
Bernard Egal. Gehe tiefer, gut? Tiefer in deinen Schlaf. Entspanne deinen Verstand. Entspanne deinen Körper. Mach dir um nichts Sorgen. Jetzt gehe weiter zurück in der Zeit, weiter zurück, zu den nächsten Erinnerungen. Erzähl mir, was du siehst. Konzentriere dich. Konzentriere dich.
Ian Ähm … ähm … kann nur … zusammenhangslos …
Bernard Wie zusammenhangslos?
Ian Nur … Bilder, ich kann nicht …
Bernard Es ist nicht wichtig, keine Sorge. Versuche einfach zu erklären, wie du dich in diesen Bildern fühlst.
Ian Da geht ein Mann über einen Hügel. Und da ist ein Feld mit vielen toten Menschen.
Bernard Tot?
Ian Aber sie sind anscheinend nicht … Es scheint nicht derselbe Ort, derselbe Landstrich zu sein.
Bernard Was meinst du damit?
Ian [schwach] Kann nicht …
Bernard Wie fühlst du dich? … Ist es eine bestimmte Zeit?
Ian Ich weiß nicht.
Bernard Du weißt nicht, auf was sich diese Erinnerung bezieht?

Ian Nein.

Bernard Oder warum sie da ist. Nein?

Ian Nein.

Bernard Also da sind nur die Felder … beschreibe sie noch einmal, nur noch ein Mal.

Ian Jemand geht über den Hügel, die Sonne scheint, und da ist ein Feld mit Hunderten toten Leuten.

Bernard Und sind sie blutüberstömt?

Ian Es fließt rot … floss …

Bernard Hat der Mann das … getan?

Ian Nein.

Bernard Weißt du, wer der Mann ist?

Ian Nein.

Bernard Kannst du dich selbst sehen?

Ian Nein.

Bernard Kannst du deine Füße sehen, wenn du an dir hinuntersiehst?

Ian Nein.

Bernard Kannst du dich selbst berühren?

Ian Nein.

Bernard Wirkt das Feld real?

Ian Ja.

Bernard Kannst du das Gras spüren? [Pause] Du kannst nur sehen. Okay, dann entspann dich einfach und höre auf meine Stimme, gut? Verstehst du? Kannst du meine Stimme hören?

Ian [Gemurmel]

Bernard Ich möchte, dass du wieder durch die Zeit zurück kommst, nach 1980. Zurück in dieses Zimmer. Ja? Weißt du, wo du jetzt bist?

Ian Ja.

Bernard Wie lautet dein Name?

Ian Ian.

Bernard Kannst du dich an alles erinnern, was ich zu dir gesagt habe? Alles, worüber wir gesprochen haben?

Ian Ähm … teilweise.

Bernard Über die unterschiedlichen Menschen? Die Erinnerungen, die du hattest? Die Visionen?

Ian Kann mich erinnern …

Bernard An was kannst du dich erinnern?

Ian Wir haben darüber gesprochen, wie es war, als ich klein war.

Bernard Aber nicht an das, was davor kam?

Ian Ich kann mich an ein paar Bilder erinnern.

Bernard Von was?

Ian Von einem Mann auf einem Hügel … und … so eine Art Massaker … Kampf oder so etwas.

Bernard Konzentriere dich einfach auf meine Stimme. Jetzt will ich, dass du dich bewusst daran erinnerst, wenn ich dich wecke, okay?

Ian Ja.

Bernard Gut, ich will, dass du dich daran erinnerst, ja? Vergiss das nicht.

Ian Ja.

Bernard Erinnere dich an alle deine Erinnerungen, wenn du nun deine Augen öffnest und dich aufsetzt.

Ian Ja.

Bernard Gut? Jetzt öffne deine Augen und setze dich auf. Und … erinnere dich einfach an alles. Ja? Aber du bist völlig in Ordnung. Total entspannt. Du wirst jetzt aufwachen, ganz aufwachen. Du wirst nicht länger schlafen. Du wirst aus dem Schlaf zurückkommen. Kannst du mich hören?

Ian [schwach] Ja.

Bernard Setze dich auf. Wie fühlst du dich?

Ian G- … gut. [atmet aus]

Bernard Kannst du dich an alles erinnern?

Ian Ich fühle mich … als hätte ich geträumt … [verständlich] … du weißt schon, als ob man sich am Morgen an einen Albtraum erinnert. Ich erinnere mich daran, in einem Zimmer gewesen zu sein … Weiß aber nicht mehr, warum ich da war.

Bernard Erinnerst du dich an eines der Gefühle, irgendeines der Gefühle, die du hattest, als du dort warst?

Ian Ja … kein sehr angenehmer Geruch … Ich hätte mich dort nicht hinbegeben sollen.

Bernard Fühlst du dich jetzt völlig wach?

Ian Ja … ähm … Ich kann mich an diese Figur, die über den Hügel ging, erinnern.

Bernard Was sonst noch vom Hügel?

Ian Weiß nich', er … kam einfach runter.

Bernard Siehst du ein Massaker? Leichen? [Pause] Du fühlst dich einfach so, als hättest du geträumt?

Ian Ja, ich fühle mich, als ob – du weißt schon – wie wenn man am Morgen aufwacht und … da sind noch Teile und das Gefühl von … Teile eben … [unverständlich]

Bernard Wie lange denkst du, dass du weg warst?

Ian Zehn Minuten? [Bernard schnaubt] Zwanzig Minuten? Eine halbe Stunde?

Bernard Du warst ungefähr … eine Stunde weg.

Ian Eine Stunde?

Bernard Vielleicht eine Stunde und fünfzehn Minuten.

Ian [unverständlich]

Bernard Es war sehr interessant. Ich habe alles auf Band.

Ian Nun, dann lass es uns anhören.

Bernard Äh?

[Ende der Aufnahme]

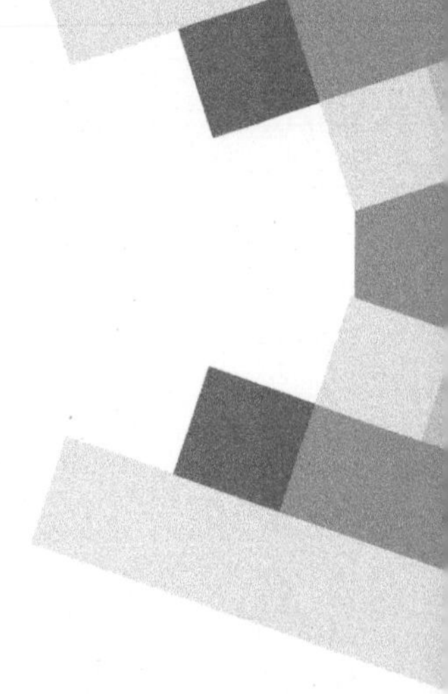

Register

T

U

V

W

Y

Z